普通高等教育"十三五"财政与税收专业规划教材

U0716751

政 府 采 购

【第二版】

主　编　宋丽颖

副主编　常向东　胡克刚

西安交通大学出版社
XI'AN JIAOTONG UNIVERSITY PRESS

内 容 提 要

　　政府采购是研究公共财政支出管理的经济学分支，主要分析市场经济条件下政府购买性支出活动及规律。本教材主要探讨政府采购理论，厘清政府采购当事人的权利和义务以及法律规范，分析政府采购运作、管理和监督的规律，探索提高我国政府采购效益及发展的途径。

　　政府采购是一门实践性和操作性很强的课程。本教材内容上改变了第一版将案例集中的编排方法，而是在每一章设置了"资料链接"与"案例分析"，通过案例及资料分析，将抽象的理论与实务有机结合在一起。这样既丰富了教学内容，拓宽了教学空间，为教师组织课堂讨论提供了便利；又可以使学生根据每个教学单元所学知识，在课后对案例与资料进行分析，开展自学。

　　本教材内容覆盖面广，系统性强，不仅适合高等学校财政与税收专业使用，也可供公共管理等经济和管理类相关专业使用，还可作为政府工作人员自学参考书，也适用于非经济管理类的其他学科作为选修课教材或自学参考书。

普通高等教育"十三五"财政与税收专业规划教材

编写委员会

学术指导: 刘尚希

总 主 编: 邓晓兰 （西安交通大学经济与金融学院财政系
教授,博导,全国高校财政学教学研究会理事）

编委会委员(按姓氏笔画排序):

策　　　划: 魏照民

总　序

　　中国作为发展中国家,正处于由计划经济向市场经济转型的历史阶段。经济转型不只是经济体制的转变,而是整个社会结构的一场深刻变革,国家、社会、市场以及个人之间的复杂关系正在被重新诠释和构建。伴随着以市场经济为基础的中国新型社会结构的形成过程,必然衍生出新的财政关系,"公共财政"这一新提法便是中国特定语境下新型财政关系的概括。在中国大地上展开的公共财政建设,无疑是借鉴人类共同文明成果基础上的一种制度创新,因为中国从来没有过"公共财政",而发达国家的"public finance＋"也难以照搬到中国来。中国公共财政的制度建设必将带有中国的特色,那就是地域广袤、人口众多的大国特征和经济社会发展阶段性的历史印迹。

　　中国的改革、开放、发展进入到一个新阶段,面临着经济全球化的新形势,我们如何从理论上对纷繁、复杂、多彩的财政经济现象做更透彻的理解与把握,如何科学地解释、解决经济社会发展和改革中的问题、矛盾与挑战,是理论工作者和实际工作者共同面对的重要任务。中国的发展,中华民族复兴伟业的实现,需要一代又一代人的努力。未来是不确定的,需要我们做好全方位的准备。人才的准备则是最重要的。作为培养各类高素质财经人才的财经类院系,其首要任务就是让学生——未来的财经理论工作者和实际工作者,能够得到科学、严格的专业训练,系统而深入地掌握财经学科的基本原理、基本方法,使之具备足够的能力,为他们将来能够科学地解释和有效地解决复杂的现实财经问题奠定扎实基础。

　　财经人才的培养,离不开财经教材的建设。这套财政学本科专业系列教材正是从这一宗旨出发,在这方面做了有益的探索。在阐述西方财政基本理论、基本方法的同时,该套教材紧密结合中国财经改革的实践,从理论与现实的结合中尝试形成对中国公共财政的科学诠释和合理的学科体系构架。要做到这一点,其实是很不容易的。其困难在于社会学科是介于科学与艺术之间的学科门类,尽量往"科学"一端靠,也只能是"软科学"。社会科学具有太多的不确定性,包括以价值判断为基础的假设前提、概念的语境变化,以及被观察对象的多变性和在时间维度上的随机性等等,使之难以"放之四海而皆准"和永远"正确"。财政学科自然也不例外。例如,自打"公共财政"这个概念提出,争议从来就没有停止过,一个重要的原因就是对其语境的理解不同。"公共财政"的中国语境和"public finance"的西方语境有很大差异,语境不同,那么,"公共财政"就不等于"public finance",反之亦然。抽象掉语境,这两个概念是可以互译的,但作为学术概念,则无法互译。因此,在教材建设中,要恰到好处地把中外学术成果融合起来,是相当困难的一件事情。

尽管如此,该系列教材还是尽可能地从"三个结合"上下功夫。

第一,中外理论与现实相结合。该系列教材尽可能吸收国内外同类教材的理论和方法,在此基础上,适当运用一些现实案例进行解读,以使读者有一定的感性认识,并和理性认识相融合。第二,中外已有成果与最新研究成果相结合。在一定意义上,教材是对"比较成熟"的理论和方法的系统梳理,比较稳定,而学术研究则是日新月异,教材很难处于理论前沿。该套教材在介绍已成熟理论与方法的同时,也尽力阐述相关理论、方法的创新点,以使读者感受学术研究的新动向。第三,写作范式上"国际规范"与"中国特色"相结合。学术界一直在讨论经济学在中国发展的"规范化"、国际化、现代化与"本土化"的关系问题。在没有"定论"以前,该系列教材尽力"土洋结合",以适合国人理解的方式来阐述基本理论和方法,努力做到深入浅出,通俗易懂。

该系列教材的作者来自全国十几所院校,他们接受过现代经济学、管理学的系统训练,大都是经济学博士,而且从事教学科研工作多年,他们对中外理论研究和现实状况有较全面和深入的了解,为这套系列教材在融合中外学术成果的基础上再上新台阶提供了条件。教材建设是一个长期的动态过程,同样需要与时俱进。该套教材也许还有种种不足之处,甚至存有缺陷,但以发展的眼光看,任何尝试都是值得的,都是对学界的一份贡献。

刘尚希

2007 年 3 月 26 日于北京

第二版前言

这本《政府采购》教材是编者在 2007 年编写并由西安交通大学出版社首次出版的基础上,进行结构和内容大规模调整、更新和补充后的第二版。这次修订教材的指导思想主要是:一方面与时俱进,根据我国政府采购法律、法规不断健全,政府采购范围不断扩大以及政府采购实践的不断深入,突出了政府采购法治规范的内容,增设了政府采购救济制度和政府购买公共服务相关等内容,使其在理论体系和内容方面更加完善和适应政府管理的需要;另一方面强化了案例分析与教材内容的联系性,希望通过案例教学巩固学生对政府采购基本理论知识的掌握,培养学生运用政府采购基本理论分析和解决现实中政府采购问题的能力,引导学生对现行政府采购法律和规章制度从专业角度进行分析评价,从而提高学生对政府采购课程学习的热情,克服教学中填鸭式死板僵化的弊端,使学生通过学习掌握的不仅仅只是政府采购的基本原理,更重要的是能够培养学生运用政府采购基本理论知识解析现实社会经济现象,用学到的知识规范地分析社会经济问题的能力。

将政府采购行为制度化是市场经济国家强化财政支出管理,增进国家治理的通行做法。我国 1995 年开始了政府采购实践探索,1998 年全面推行政府采购制度,时至今日,政府采购制度不断健全,运作管理越来越规范,实践活动不断创新,采购规模和范围持续扩大,政策功能日益显现,在实现经济社会发展目标、提供高效优质公共服务和提高政府公共治理能力等方面发挥了越来越积极的作用。特别是 2003 年,我国《政府采购法》实施以来,我国先后颁布实施了《政府采购法实施条例》《招投标法实施条例》《政府采购货物和服务招标投标管理办法》等,将政府实施的批量采购、政府购买服务、政府与社会资本合作改革纳入进来,极大地拓展了政府采购的内涵和外延。与此同时,政府采购的国际规则近年来也在不断规范与调整,我国政府采购的国际化进程也在不断加快。因此,根据政府采购理论与实践的深入,本教材进行了结构体系的调整和内容上的更新。同时,结合教学中推行政府采购案例教学的意图,本教材在课后思考题的形式上进行了变革。具体来看,本教材主要修订内容如下:

一是适当调整了教材结构体系,将第一版的第三章内容精简合并到第一章中,将原第四章侧重政府采购当事人的职能划分改为突出政府采购当事人的权利义务与法律规范,章节调整为第三章,增加了政府采购救济制度和政府购买公共服务两章内容,取消了中国政府采购制度的实践这一章。

二是教材内容较大规模的更新。除了在内容上增加了新的章节,更新了理论与数据,针对上一版将案例集中在最后一章,不便于在教学中拓展思维和开展案例思考的不足,第二版在每一章中以资料链接的形式融入了专栏资料或案例,增强教材的分析视角,强化教材在教学中的案例教学功能。

三是变革教材每章末尾复习思考题形式。第一版各章后的复习思考题是以关键词和思考练习题的形式,让学生对本章教材的理论内容进行理解和把握,第二版改为要求学生根据所学理论知识阅读专栏资料或案例,通过发散思维写出研究或分析报告。这种题型改变了学生课后练习题主要考察书本知识的把握,可以起到调动学生学习的主动性,通过拓展式练习,培养学生将理论知识运用于分析社会活动现实问题的思维方式和能力。

四是为了便于学生进行专栏资料和案例的思考,在书后以附录的形式增加了与政府采购活动密切相关的法律和规章。

本教材由长期从事政府采购理论教学科研工作的高校教师担任主编和副主编。第二版框架由西安交通大学经济与金额学院宋丽颖教授设计,并进行总纂定稿,兰州财经大学财税与公共管理学院常向东教授和西安财经学院财税学部胡克刚副教授配合协作完成教材修订的组织编撰工作。各章具体分工为:第一章由西安交通大学经济与金融学院宋丽颖教授修订,第二章由西安邮电大学经济与管理学院麻元元讲师修订,第三章由西安外事学院商学院郭敏副教授修改重写,第四章由西安交通大学经济与金融学院杨潭博士和钟飞博士修订,第五章由西安交通大学经济与金融学院刘源博士和张伟亮博士修订,第六章由西安财经学院财税学部胡克刚副教授修订,第七章由西北大学经济管理学院马小勇副教授和刘肖楠硕士研究生修订,第八章由西安交通大学经济与金融学院宋丽颖教授和高旭博士重新补充,第九章由湖南大学经济与贸易学院唐明副教授修订,第十章由兰州财经大学财税与公共管理学院常向东教授重新补充,第十一章由西安交通大学经济与金融学院宋丽颖教授和葡阳博士修订,第十二章由兰州财经大学财税与公共管理学院常向东教授修订,附录部分由张伟亮博士和张安钦硕士修订。

本教材在编写与修订过程中广泛参考并汲取了国内外学者与媒体的论著、教材、文献等研究成果,在此表示诚挚的谢意。本教材的出版是在西安交通大学出版社对我国财政改革与发展的重视、关心和支持下得以实现的,特别是魏照民编辑一如既往地关注、支持该教材的编撰修订工作,为该教材的出版与再版付出了辛劳,在此深表感谢。

本书难免存在不足与疏漏,恳请读者批评指正。

宋丽颖

2017 年 9 月于西安

第一版前言

政府采购制度最早源于 18 世纪西方国家,其发展已有二百多年的历史。从政府采购的原则到具体的操作方法,乃至采购合同的具体细节,西方国家已经进行了比较深入的研究。我国的政府采购工作试点始于 1996 年。2000 年在全国铺开。经过几年试点,初步形成了政府采购的制度框架。我国的《政府采购法》于 2002 年 6 月 29 日全国人民代表大会通过,于 2003 年 1 月 1 日起正式实施。这进一步规范和完善了政府采购制度,有力推进了我国政府采购的健康、稳定发展。

随着我国社会主义市场经济的建立和发展,市场经济的推动作用逐渐发挥出来,客观上也推动了我国政府职能及财政职能的转变,政府的职能逐渐从侧重于微观的具体事务性的管理模式向侧重于宏观调控性的管理模式转变,财政职能逐渐从侧重于财政资金的分配向注重财政资金的使用效率和强化财政资金支出管理转变。公共支出日益成为政府实现对社会经济进行宏观调控的重要杠杆,政府采购作为公共支出的一种重要方式,在加强财政支出管理,实现政府宏观调控,反腐倡廉和整顿财经秩序,抑制政府过度消费,减轻财政负担,提高公共支出效益等方面发挥着重要作用,同时政府采购制度的建立又保证了这些作用的发挥,使得政府采购成为规范化、制度化的政府公共支出方式。如何面对财政改革现实,科学地解释、有效地解决经济活动过程中业已存在或即将面临的一系列公共财政支出问题,不仅是实际经济工作者面对的重要任务,也是作为培养各类高素质经济建设人才的经济类院系教育工作者的责任和义务。然而,相对于迅速发展、内容丰富的中国政府采购制度改革实践,中国的政府采购理论更新,尤其是高校的教学内容与教材的更新却相对落后。基于这种认识,西安交通大学经济与金融学院财政系联合国内多所院校,作了积极探索,博采众长,编写了这本政府采购教材。

本教材的主要特点是:

第一,在结构体系上博采众长,分为政府采购理论篇、政府采购运作篇、政府采购管理效益篇和政府采购借鉴探索篇。以探讨政府采购的内涵,政府采购的起源和国际政府采购制度的形成,以及政府采购在公共经济中的职能为基础;以介绍政府采购的组织体系,政府采购模式与方式及其具体的运作程序为主体;以分析政府采购招投标管理,政府采购审计与监督以及政府采购中的博弈与效益为核心;以借鉴国际经验并探索我国政府采购制度的完善为终篇。

第二,在内容创新方面,本书力图广泛吸收国内外政府采购理论与制度及政策研究的最新成果,力求全面反映当代政府采购一般原理、制度与政策,同时,尽量贴近中国现实,在政府采购制度、政策的介绍上努力使一般经济原理与中国现实经济生活相结合。为此,本书附设了案例,试图以鲜活的案例弥补教材内容的抽象性缺陷。同时,也给教师灵活的课堂教学开辟新的空间。教师可以灵活地利用案例资料,对教学内容进行选择充实,培养学生分析解决问题的能力。

第三,在适用对象上,本书力图兼顾通用性与专业性,不仅适用于经济管理类学科的专业核心课程或选修课程,也适用于非经济管理类的其他学科作为选修课教材或自学参考书。因此,教材内容的覆盖面广,系统性强。

本书由西安交通大学经济与金融学院硕士生导师宋丽颖教授提出编写意图与编写大纲,在听取校内外学者意见后,对编写框架几经调整。初稿编写工作由西北大学王满仓教授、西安财经学院胡克刚副教授、西安交通大学经济与金融学院徐谦博士、组织安排。初稿完成后,由宋丽颖负责总撰。参加本书编写的人员与分工是:西安交通大学宋丽颖教授(第一章、第三章、第十二章、案例部分),西安邮电学院麻元元讲师(第二章),西安交通大学徐谦讲师(第四章),陕西行政管理学院王淑玲副教授(第五章、第八章),西安财经学院周宝湘副教授(第六章),西安财经学院胡克刚副教授(第七章、第十章),中南财经政法大学博士唐明(第九章),西安财经学院陈俊亚副教授(第十一章),西北大学王满仓教授(第十二章)。西安交通大学经济与金融学院 2005 级硕士研究生李霄同学负责了书稿的校对工作。

这本《政府采购》教材是教师们在总结多年的教学实践,广泛汲取国内外学者研究成果的基础上完成的。对于参考引用的成果我们将标列在脚注和书尾参考目录中,在此,对相关作者表示诚挚的敬意和谢忱。本书的出版得到西安交通大学出版社的大力支持,尤其是魏照民编辑自始至终关心、关注教材的编写,全力协调一切事项,为该书顺利出版付出了大量心血,对此,我们特别感谢西安交通大学出版社及其各位编辑所付出的辛勤劳动。

作者 2007 年 3 月于西安

目 录

第一章　政府采购基本理论

学习目标:本章从不同角度对政府采购进行介绍,回顾政府采购制度的历史渊源,分析政府采购思想演变与经济理论发展的关系。通过本章的学习,重点掌握政府采购的内涵与政府采购的基本特征,政府采购制度的起源与发展,我国政府采购制度的发展历程,政府采购与公共财政的内在关系,政府采购理论的发展。

第一节　政府采购概述

一、政府采购的概念

(一)采购的概念

政府采购是采购的一种形式。阐述政府采购的含义有必要先弄清采购的基本含义。采购是一个简单而又复杂的概念,它基本上是随着私有制的出现而同时诞生的,有很长的历史渊源。因此,对于"什么是采购",不同的人有不同的理解和回答。随着人类经济的不断发展,对采购的认识也不断深化。特别是进入资本主义自由竞争时期后,采购已经发展成为一种经常性行为。它既是一项实实在在的实践活动,又是一项的的确确的行为艺术。不可否认的是,采购已经成为现代工商业管理中的一种专门的学问和技能。

正是由于对采购的认识仁者见仁,智者见智,所以首先介绍一些有代表性的论述,以便对政府采购有一个多角度的认识。

其一,亨瑞芝的观点。美国采购学者亨瑞芝在其《采购原理与应用》一书中认为采购概念的范围远远大于交易行为本身,包括采购交易前的计划、供应货源的研究以及采购交易后的合同管理,比如交货之追查、货物之检验等。即"采购者不仅为取得需要的原料与物资之行为负责任,而且包括有关物资及其供应来源,计划、安排、决策以及研究与选择,确保正确缴获之追查,及与接受前之数量与品质检验。"

其二,利恩德斯和费伦的观点。加拿大学者米歇尔·R.利恩德斯和美国学者哈罗德·E.费伦在其《采购与供应管理》一书中更是将采购描述为一种过程(process)。"组织采购是这样一个过程,组织确定它们对货物与服务的需要,确认和比较现有的供应商和供应品,同供应商进行谈判或经其他方式同其达成一致的交易条件,签订合同并发出订单,最后接收货物或服务并支付货款。"

其三,叶彬的观点。台湾采购专家叶彬在《采购学》中认为,采购乃是一种技术。"采购者即是以最低总成本,于需要时间与地点,以最高效率,获得适当数量与品质之物资,并顺利交于需用单位及时使用的一种技术。"

不同的采购专家和学者基于不同的角度对采购的概念进行分析,为我们提供了一个对采购的多视角认识。在当今经济全球化和迅速变化的市场环境中,人们对采购的认识也更深刻。作者倾向于不仅仅把采购理解为一种行为,即采购人或采购实体基于生产、转售、消费等目的,购买商品或劳务的交易行为。或以合同方式有偿取得货物、工程和服务的行为,包括购买、租赁、委托、雇用等。同时也包括为了保证采购行为的有效实施,相应地实行合理的制度安排和必要的过程和绩效控制程序。随着经济的发展,采购不再仅仅被看作是一种操作层面的职能,而且是参与市场决策的不可或缺的一部分;不再仅仅被看作是降低成本的途径,而且是一个重要的"增值"过程;不再仅仅被看作是采购人员的日常工作,而且是需要各个相关部门积极参与的一个综合性的管理过程;不再仅仅局限于某个国家或地区,而是超越国界和自由贸易区界限的全球的采购与供应。

(二)政府采购的概念

过去由于翻译等方面的原因,有许多我们曾经用过的名词和"政府采购"在含义和内涵上差不多,只不过是表述不同罢了。而只有近几年来,"政府采购"这个概念作为一种比较规范的称呼才确定下来。与政府采购相近的一个概念是"公共采购"。通常公共领域的范围要比政府领域宽泛一些。公共领域一般包括中央政府及其许多部门和机构、地方政府、国有化企业,有时还包括社会保障基金。"政府"一词多少较为局限,它是指国家机关及其管理机构,通常不包括由政府组建、资助和经营但不属于政府管理机构内的企业、社会保障基金和为数众多的半自治组织。但就国外政府采购制度的规定来看,政府采购主体通常不仅包括政府部门自身,也包括直接或间接接受政府控制的企事业单位。所以,政府采购与公共采购实际上可以同义使用。

目前,国际上对政府采购尚没有统一的定义,1979年关税与贸易总协定制定的《政府采购协议》将政府采购作了如下定义:成员国的中央政府、次中央政府采购、租赁货物、服务、工程,以及对公共设施的购买营造。

中华人民共和国《政府采购法》的定义是:政府采购,是指各级国家机关、事业单位和团体组织,使用财政性资金采购依法制定的集中采购目录以内的或者采购限额标准以上的货物、工程和服务的行为。

世界各国都结合本国的实际情况,对政府采购进行定义。主要从四方面进行定义,一是采购目的,二是采购实体,三是资金来源,四是采购方式。

给"政府采购"下定义,应当抓住关键:一是,要明确政府采购的目的,即实现政府职能或向公众提供公共服务。二是,实行政府采购制度的,不仅仅是政府部门,还应包括其他各级各类国家机关和实行预算管理的所有单位。三是,强调使用财政性资金。使用属于财政性资金的预算外资金进行政府采购活动,也必须纳入政府采购制度管理。四是,强调购买方式的转变。将过去的由政府部门供应经费,再由各个单位分散购买所需货物、工程和服务的方式,转变为在财政部门的管理和监督下,按照规定的方法和程序,统一购买的方式。从一定意义上讲,这是建立政府采购制度的实质。不论如何表述,在给"政府采购"下定义的时候,上述关键问题必须有所体现。

在这里我们将政府采购定义为:政府采购,乃是一国政府及政府机构或其他直接和间接受政府控制的企事业单位,为实现其政府职能和公共利益,使用公共资金获得货物、工程或服务的行为。政府采购是社会集团购买的主要内容,既包括购买货物,也包括购买劳务。它是世界上大多数国家加强公共支出管理的一种手段,也是政府的一种强有力的宏观调控手段。政府采购的实质是将财政支出管理与市场竞争机制有机结合起来,利用商业管理方法来管理政府公共支出的一种基本手段。

二、政府采购的特点

政府采购既是一项政府行为,也是一项市场行为。因此,它是一种特殊的购买活动。归纳总结中西方采购专家和学者对这一问题的阐述,它有如下特点。

(一)公共性

政府采购的公共性体现在三个方面。首先,政府采购目的的公共性。政府采购也称公共采购,政府采购活动通过采购公共物品和公共服务,保证政府及公共服务部门的有效运转,实现为社会公众提供公共需要的目标。从这个意义上来说,政府采购在公共财政职能上体现了充分的公共性。其次,政府采购主体的公共性。政府采购的主体是行使国家权力或履行公共职能的国家机关、事业单位和社会团体。国家机关指的是负责国家管理和能够行使国家权力的机关。事业单位通常是指从事教育、卫生等相关的活动的组织,如国家创建的高等院校、医院等。团体组织包括基金会、行业性社团、联合性社团、学术性社团等,通常分为社会团体和民办非企业单位两类。第三,政府采购资金的公共性。根据公共财政理论,作为现代财政体系框架中的一部分,政府采购资金来源于政府财政拨款和由财政偿还的公共借债,即最终由纳税人的税收和公共服务收费形成的公共资金,政府使用财政性资金进行政府采购活动,为公共利益服务。由此可见,政府采购无论从目的,还是采购主体和资金来源方面都具有公共性。

(二)调节性

一国政府可利用政府采购作为调节本国经济的重要手段。由于政府采购对象涉及范围广,采购规模巨大,从而对一国的经济发展具有不可替代的作用,可以直接影响经济活动的效益,弥补市场对资源配置的不足,发挥政府对经济总量和结构调整的作用。通过公共采购计划,以保护民族工业,促进产业结构调整和优化,对鼓励的产业,政府可以通过扩大对这些产业产品或服务的采购量,扶持产业的发展,促进产业的兴盛;对限制的产业,政府可以减少采购规模,抑制该产业的发展,从而实现经济结构与产业结构的优化。

(三)管理性

政府采购具有公共管理性,现代各国都制定了系统的政府采购法律和条例,并建立了完善的政府采购制度,将政府采购纳入严格的法制管理轨道。政府采购活动几乎毫无例外地在严格的法律和管理限制下进行。政府采购不仅是指具体的采购过程,而且是采购政策、采购程序、采购过程及采购管理的总称,是一种对公共采购管理的制度。

(四)公开性

公开是政府采购的生命。人们之所以将政府采购称为"阳光采购",就是因为政府采购的各个环节和程序都是透明的,没有公开就没有公平,更不可能有公正。政府采购的有关法律和程序都是公开的,采购过程也是在完全公开的情况下进行的,一切采购活动都要做公开记录,所有的采购信息都是公开的。在政府采购中,通过公开保证"公平"或者说"平等待遇"是需要强调的重要因素。例如,政府采购运用公开招标时,应向符合标准的企业发出邀请,要有一致的标书评价标准,不得对供货企业或承包企业歧视。

(五)竞争性

一般来说,政府采购没有既定的供应商,供应商的地位都是平等的,任何供应商都不能垄断政府采购。竞争是市场经济最为显著的特点,也是政府采购的内在要求。只有竞争才能实现政府采购效益最大化,才能优中选优,廉中选廉,使采购单位获得物美价廉的商品或服务,实现提高财政资金使用效益的目的;只有竞争,使更多的供应商参与到政府采购活动中,形成监督,才能有效地预防腐败;只有竞争,才能刺激产品质量和服务水平的提高,从而提高政府采购水准,实现政府采购的良性循环。

[资料链接1-1]
公共部门与私人部门的区别

私人部门是指那些产权明晰从而可以分散决策的个人、家庭与企业。公共部门则是那些产权无法细分、产权边界模糊从而必须集中决策的政府及其他经济组织。从经济学的角度观察,公共部门与私人部门的区别至少体现在以下几个方面:

(1)产权基础。私人部门的产权基础是私有产权,公共部门的产权基础是公有产权。私有产权与公有产权的最大不同,就在于其产权边界是否清晰,是否可以细分。由于界定产权需要一定的成本,因此,只有当界定产权的收益大于成本时,产权界定才具有经济意义。而那些(界定产权的)成本大于收益的产权项目,自然就成为公有产权。

(2)动力与约束机制。私人部门的行为目的是私人利益最大化(消费者在收入约束下的效用最大化、生产者在资本约束下的利润最大化);公共部门的行为目的是公共利益最大化,相应地,其预算约束是全社会拥有的资源。表面上看,两者的区别仅仅表现为"公"与"私",但由此而引起的实现目标的途径和行为特征则大相径庭。

(3)决策方式。产权基础的区别必然导致决策(即行使产权)方式的区别。私人部门由于建立在私有产权的基础上,其决策权必然是分散地、自主地行使;而公共部门由于建立在公有产权的基础上,其决策权必然只能集中行使,至于决策形成过程,则是通过公共决策机制(政治体制)规定的。

(4)交易机制。私人部门的经济活动的交易机制是市场机制,产权通过有偿方式在私人部门内部让渡,这种有偿让渡确保了产权对行为主体的有效激励与约束,从而使私人部门的资源配置至少在微观上具有了效率。而公共部门的经济活动的交易机制一般是非市场机制,产权的让渡可以无偿地进行。一方面,它无偿地从私人部门取得一定的资源;另一方面,它又无偿地提供供公众消费的商品和劳务。

资料来源:杨灿明,李景友.政府采购问题研究[M].北京:经济科学出版社,2004.

三、政府采购制度

(一)政府采购制度概念

实施政府采购是为了使政府的购买行为合理有效、经济节省、公开透明,为此,国家必须通过制定法律和规章,要求采购机关用一种公开的、竞争的方式和程序完成采购活动。

制度是在一定历史条件下形成的,旨在为人类行为设定制约和控制,并为人们所接受或公认的规则和习惯,它作用于各种社会主体并由权威予以保障。其外在表现形式是规则和习惯。基于对制度的一般认识,我们将政府采购制度定义为:政府采购制度是在长期的政府采购实践中形成的,旨在管理政府采购行为的一系列规则和惯例,其表现形式是一国管理政府采购活动的法律和惯例。一句话,政府采购制度是对政府采购行为的规范化、具体化和制度化。或者说,政府采购制度,就是规范采购主体、程序、范围以及仲裁等法律、法规的总和。

（二）政府采购制度内容

政府采购制度因各国法律制度、政治制度的不同而有所差异。在一些国家,政府采购制度的内容涵盖了与管理政府采购活动有关的所有规则和惯例。就采购管理而言,包括采购政策的制定及实施,采购的组织管理,采购活动的监督和审查,采购不当的救济等;就具体的采购活动而言,包括采购计划的制定,采购资金的预算和划拨,采购方法的选择,采购程序的控制和管理,采购合同的管理等。

具体地讲,一国政府采购制度的内容通常包括:(1)采购政策,其中最重要的是采购目标和原则,它是政府采购制度的灵魂。(2)采购方法和程序,它是政府采购制度的核心内容。(3)采购的组织管理,它是政府采购制度有效运行的基础。(4)救济制度,它是制度规则受到损害时依靠制度的权威对制度的强制性维护。

（三）现代政府采购制度特征

1.采购程序的规范性

现代政府采购实行法制化管理,通过一系列法律、法规、规章和办法明确规定政府采购的范围和领域、采购实体、各实体招标的门槛价、招投标程序、投标质疑程序和仲裁机构、争端解决方法、贸易补偿领域等政策性和技术性问题。各国都建立了专门管理政府采购工作的部门,保证政府采购法律法规的落实,从而,在政府采购的采购人、采购机构、供应商等当事人之间形成制约关系。

[案例分析 1-1]

政府采购评审阶段的规范要求

要点提示:

1.参加评审工作的所有人员应严格遵守评审工作纪律。

2.组织评审活动的代理机构有责任维护评审纪律。

【案情概述】

20××年7月,某学院委托Z招标公司,就"某学院餐厅厨房用具采购项目"进行公开招标。7月22日,Z招标公司在中国政府采购网发布招标公告,标书发售期间,共有3家供应商购买了招标文件。8月15日投标截止,3家投标人均按时提交了投标文件。开标仪式结束后,Z招标公司组织了评标工作,由2名采购人代表和5名随机抽取的专家组成的评标委员会共同完成了评标工作,17日Z招标公司得到采购人的确认后,发布中标公告,A公司为中标人。

公告发布后,财政部门接到投标人实名举报,称:本项目在评审过程中有评标委员会存在不符合法律法规的情况,请求财政部门对本项目评审过程进行审查,保护投标人的合法权益。

【调查情况】

本案的焦点是评标委员会在评审过程中是否存在不符合法律规定的情况。因此,财政部门调取了评审录像,经调查录像显示,采购人、Z招标公司在评标前未对评标委员会成员的手机等通信工具进行统一保管,评审中,评标委员会成员多次查看使用手机,部分评标委员会成员多次用手机接听电话并进出评标现场。

【问题分析与处理情况】

本案集中反映了评审过程中采购代理机构和评审专家应该注意的问题。政府采购评审工作应该有严肃的工作纪律,采购代理机构应该在评审工作开始之前介绍评审程序以及强调评审纪律,对评审专家的通信工具进行统一保管,对评审专家进出评审会场和接打电话做出明确的要求。评审专家应该配合采购代理机构的工作,无故不得离开评标现场,不得擅自使用通信工具。本案中,采购代理机构没有做好评审过程中的组织及管理工作,部分评标委员会成员没有遵守评审纪律,导致了关注评审工作的投标人发现了评审过程中不严肃的行为,从而向财政部门进行了举报。

因此,财政部门认为:《政府采购货物和服务招标投标管理办法》(财政部令第 18 号)第 44 条规定"评标工作由招标采购单位负责组织。"《关于进一步规范政府采购评审工作有关问题的通知》(财库〔2012〕69 号)规定"三、严肃政府采购评审工作纪律。在评审工作开始前,将手机等通信工具或相关电子设备交由采购人或采购代理机构统一保管"。本项目中采购人、Z 招标公司未依法组织评标工作,评审活动违反评审工作纪律,可能影响中标结果。

综上,财政部门做出处理决定如下:本项目违反了《政府采购货物和服务招标投标管理办法》(财政部令第 18 号)第 44 条和《关于进一步规范政府采购评审工作有关问题的通知》(财库〔2012〕69 号)的规定,决定本次采购行为违法,责令重新开展采购活动。

资料来源:http://www.ccgp.gov.cn/aljd/201702/t20170213_7915999.htm(2017 - 06 - 09 日访问).

2. 采购活动的集中性

传统政府购买大多是分散进行的,现代政府采购以集中采购为主。将政府公共事业的物资和服务的采购与供应都集中于政府所设立的特定机构进行,即集中采购制,已成为各国实行政府采购组织管理的统一模式。政府采购集中制能够体现政府采购的经济性和有效性,因为,集中采购可以集中供应品使用机关的需求,使采购数量增多,从而可以降低采购价格;同时集中采购便于采购程序标准化,减少分散采购的重复和浪费,从而降低采购成本,所以集中采购较之于分散采购更能实现采购的经济性和有效性目标。同时,现代政府采购制度也允许一些适宜分散采购的物品实行分散采购。

3. 完善有效的救济性

在制度的某些方面受到损害、出现"失灵"的情况下,完善而有效的救济程序是保证制度健康运行的重要保障,因此救济程序成为有效的政府采购制度必不可少的一项内容。各国都在其采购法律中规定了这种程序,允许采购双方通过司法、行政等手段对不当的采购行为提出质疑。同时由于采购活动的特殊性,救济程序更重视协商、仲裁和调节手段的重要性,以减轻对簿公堂的诉累。

4. 采购信息的透明性

为了保证政府采购活动严格按照法律规章运行,现代政府采购制度对政府采购的透明性做出了严格的规定。政府采购的透明性主要表现在,政府采购过程要公开,要接受管理部门和公众的监督。尤其是一些大宗的、关键的政府采购项目,通常要求采用公开竞争的招标采购方式进行,公开招标采购方式,不仅政府采购当事人之间互相形成监督,社会公众也可以对整个采购过程进行监督。

[资料链接 1 - 2]

政府采购管理的意义

政府采购虽然并不以营利为目的,但是作为市场经济的组成部分,也应该要求一定的经济效益,由此来保证公共财政投资的合理、合法性,确保国有资产的保值与增值。

首先,提高公共财政的效益必须从加强政府采购的管理入手。政府采购必须建立公开、公平、公正的竞争环境,以达到降低交易成本,提高政府采购的效益水平,节约资金、提升质量、提高办事效率的目标。

其次，政府采购管理的重要内容就是要确保政府采购的方式、程序以及评价标准，严格执行国家法律法规，使政府采购成为市场经济活动法制化、有序化、规范化的典型和样板，并由此带动整个市场经济走向法制化的进程。

最后，政府采购管理还对政府的依法执政、廉政建设具有极其重要的意义。政府采购中普遍存在着采购主体有限理性的问题，在采购的过程中由于决策和行为当事人不仅掌握着财政资金，而且作为公共权力的代理人，具有"超经济"的垄断地位，这种垄断地位很容易导致政府采购过程中的行政垄断，并最终导致"寻租"腐败。因此，政府必须加强对政府采购的管理。

资料来源：陈建飞.试论我国政府采购制度的公共财政性[J].经济,2010(5).

第二节　政府采购与公共财政

一、公共财政的概念

财政作为一种以政府为主体的分配方式或资源配置方式，在不同的社会经济形态与体制下，财政的本质与特点是不同的。人类社会迄今为止存在着三种经济体制，相应有三种财政类型。这就是与自然经济相适应的"家计财政"，与市场经济相适应的"公共财政"，以及与计划经济相适应的"国家财政"。

自然经济条件下，奴隶制和封建制王室财政模式统称为"家计财政"。因为，整个国家的财产，不管实际掌握在谁手中，最终都归属于君主所有。在这种情况下，国家财政与王室财务并无本质的区别。由于君主直接掌握着土地等重要的生产资料，因此当时财政收入的主要来源于王室的财产收入或特权收入，如地租、专营收费等。而财政支出也主要是满足王室和整个官吏阶层的消费性需要，即使存在兴修水利、防灾救灾等公共项目开支，其目的也是君主为维护自己"家天下"的统治之稳固。至于由于君主的命令即是法令而导致的财政收入和支出的随意性以及王室财政的不受监督则更是一个普遍的现象。

计划经济体制下的财政又称"国家财政"。"国家财政"不是一般的以国家为分配主体的财政模式，而是特指在计划经济体制下财政活动的一种特殊历史类型，"国家财政"不同于"家计财政"，作为财政主体的国家完全摆脱了"家计财政"下"君临天下，唯我独尊"的状态，在政治上，国家是全体人民利益的代表，是全民所有制财产的所有人，根本不存在国家财政与个人财务相混淆的情况。"国家财政"也不同于"公共财政"，它建立在比较纯粹的全民所有制基础之上，虽然从政治上而言人民的利益和需要是摆在第一位的，但在经济实现途径上，国家利益和国家需要是至高无上的，而个人或企业的利益即使不是完全否定，也是被压抑到尽可能低的程度。在这种情况下，建立在私人需要基础上的公共需要也缺乏产生的土壤，"国家财政"的阶级性被强调到了无以复加的程度。"国家财政"的具体内容可以通过其对社会三大经济问题，即效率、公平和稳定的解决办法上得以体现。

公共财政是指在市场经济条件下国家提供公共产品或服务的分配活动或分配关系，是满足社会公共需要的政府收支模式或财政运行机制模式，是与市场经济相适应的一种财政类型，是市场经济国家通行的财政体制和财政制度。"公共财政"的公共性只是财政操作层面的本质体现，无法抹杀财政最深层次的本质联系，即国家分配关系。不过，站在公共需要的角度要求政府提供财政服务、筹集公共收入，这的确是人们观察财政问题的一个新的视角。它满足了市场经济发展要求中主体人格独立的要求,尊重了市场在某些领域失效的客观事实,同时也突出了为满足公共需要而进行财政支出的地位,将财政收入的筹集活动限制在财政支出适应公共需要这一个限度内。这对于国家职能的转变,对于督促国家财政更好地为市场经济提供高效优质服务提供了理论突破点。

我国改革开放以后,国内一些著名财政学家开始将"public finance"译成公共财政,以区别于我国计划经济时期的"国家财政",尤其是 1998 年我国提出建立社会主义公共财政框架以来,公共财政的提法开始在我国财政界普及起来,如厦门大学张馨教授在《公共财政论纲》中将公共财政定义为:公共财政指的是国家或政府为市场提供公共服务的分配活动或经济活动,它是与市场经济相适应的一种财政类型和模式。由此可见,我国目前提出公共财政的概念,绝不是为了翻译上的别出心裁,而是从我国历史发展的角度对财政内容所做出的一种新的定位。公共财政是指在市场经济条件下国家提供公共产品或服务的分配活动或分配关系,是满足社会公共需要的政府收支模式或财政运行机制模式,是与市场经济相适应的一种财政类型,是市场经济国家通行的财政体制和财政制度。因此,公共财政属于财政,是财政的一种特定形态。理解公共财政的内涵,需要把握其具有的以下三大特征。

1. 公共性

公共财政是"公共"的财政,是指公共财政着眼于满足社会公共需要。公共财政要求每一笔政府收支都必须建立在公众根本利益的基础之上,必须由代表全体人民的人代会来决定。公共财政的职能范围是以满足社会公共需要为口径界定的,凡不属于或不能纳入社会公共需要领域的事项,财政就不去介入;凡属于或可以纳入社会公共需要领域的事项,财政就必须涉足。社会公共需要涵盖的范围颇广,包括政府执行其职能以及执行某些社会职能的需要。诸如行政、国防、文化教育、卫生保健、生态环境保护的需要,也包括基础设施、基础产业、支柱产业和风险产业的投资;从广义上讲,还包括为调节市场经济运行而采取各种措施和各项政策提供的服务等等。综上所述,财政的运行完全以满足社会公共利益的需要为出发点和落脚点,作为财政分配主体的国家或政府没有独立的特殊利益,不得超越市场机制活动的界限,行使其分配权力,对待市场经济活动的其他主体应该坚持一视同仁的公平原则。公共性是公共财政模式最主要的特征。

2. 非营利性

公共财政的收支安排是以公共利益的极大化,而不是以政府投资赚钱或带有投资赚钱的因素为出发点和归宿的。公共财政的非营利性决定于政府活动和公共财政的公共性,在市场经济条件下,政府作为社会管理者,其行动的动机不是,也不能是取得相应的报偿或盈利,而只能以追求公共利益为己任。其职责只能是通过满足社会公共需要的活动,为市场的有序运转提供必要的制度保证和物质基础。即便有时提供的公共物品或服务的活动也会附带产生数额不等的收益,但其基本出发点或归宿仍然是满足社会公共需要,而不是盈利。表现在财政收支上,便是财政收入的取得,要建立在为满足社会公共需要而筹集资金的基础上;财政支出的安排,要始终以满足社会公共需要为宗旨。

3. 法治性

公共财政是法治化的财政,即公共财政收支行为具有规范化与法制性。一方面,政府的财政活动必须在法律法规的约束规范下进行;另一方面,通过法律法规形式,依靠法律法规的强制保障手段,社会公众得以真正决定、约束、规范和监督政府的财政活动,确保其符合公众的根本利益。公共财政以满足社会公共需要为基本出发点,与全体社会成员的切身利益直接挂钩。不仅财政收入要来自于社会成员的缴纳,财政支出要用于向社会成员提供公共物品和服务的事项,而且财政收支出现差额带来的成本和效益,最终仍要落到社会成员的身上。市场经济是法治经济,如果没有法律的规范,人们就无法正常开展市场活动。政府活动和行为也应当置于法律的根本约束和规范之下,财政作为政府直接进行的活动,在市场经济条件下显然也必须受到法律的约束和规范,从而具有了法治性。

[资料链接1-3]

我国"公共财政"提出的背景

1992年"十四大"确立中国经济体制改革的目标是建立社会主义市场经济,与此同时,财政学界开始注重对源于西方的"公共财政论"的认识与辨析,在探讨中国财政改革的目标模式时提出了公共财政,并将其认定为财政改革的方向,这也引起一场关于传统的"国家分配论"和"公共财政论"的理论争论。1998年年末的全国财政工作会议确立了构建公共财政基本框架的奋斗目标,这场论战告一段落。随着财政改革的逐步开展,"公共财政"一词已深入人心。

我国公共财政的提出主要是适应经济体制改革,满足社会公共需要,同时为社会提供公共产品,弥补市场失灵。

资料来源:闫坤,刘新波.中国公共财政理论发展研究综述与评析[J].首都经济贸易大学学报,2011(3).

二、政府采购与公共财政内在关系

公共财政是国家或政府为满足社会公共需要,为市场提供公共产品和服务的分配活动或经济活动,它是与市场经济相适应的一种财政模式。政府采购是国家各级政府和公共部门,为从事日常的政务活动或为了满足公共服务的目的,利用国际财政性资金和政府借款购买货物、工程和服务的行为,它是市场经济国家管理支出的一种手段,政府采购也是国家宏观调控的重要手段。在社会主义市场经济条件下,政府采购在多方面体现着公共财政职能的发挥。

1.实现资源有效配置

在市场经济条件下,国家对经济的管理,由直接管理转变为间接管理。资源配置由政府配置全部资源转变为以市场为主体的配置方式。在市场上,所有的经济主体都是通过成本内部核算和追求利益最大化,使私人产品具有排他性、独占性和竞争性,由此导致市场只能提供私人产品,不能有效地提供公共产品和服务。针对"市场失灵"的领域如国防、外交、行政事务、社会治安、公共设施、基础教育、基础科研、卫生保健、环境保护、物资储备等等,则作为社会公共需要的范畴仍需政府继续发挥职能作用。政府采购制度是实现公共资源优化配置的一种机制。国际经验表明,在公共资源的配置过程中,依靠道德自律或互相监督不能杜绝小集团与政府部门采购官员之间的合谋和腐败现象,而公开竞争机制的引入则大大降低其合谋的概率,提高了采购活动的透明度。

2.调节收入公平分配

收入分配的公平包含了经济公平和社会公平两方面。市场机制本身的作用能使以追求自身利益最大化作为行动动机的"经济人"充分发挥其活力、积极性和创造力,实现经济效益,但无法保障社会公平。因此,国家为保障经济社会的顺利运行,必须采取一定措施来校正和改善这种分配不公的生产关系。政府采购就是政府按照公平、正义的原则,从市场上购买公共产品和服务,并将其应用于开展政务活动和向社会提供公共产品。同时还具有扶助弱势群体,进行社会保障,从而调节收入分配,以实现社会正义与公平的作用。

3.促进经济稳定发展

从促进经济稳定与发展的角度看,政府采购也具有重要的作用。在市场经济中,经济稳定包含着充分就业、物价稳定、国际收支平衡和产业结构合理等多重含义。为实现经济稳定和发展,政府需要应用包含政府采购在内的多种宏观经济政策手段,纠正市场失灵,调节财政收入与支出,稳定物价,保护民族产业,维护市场秩序,保证国民经济的稳定增长。

[资料链接1-4]

公共采购理论与公共财政学的关系

公共采购理论是公共财政学的一个主要分支,但不同于公共财政学。公共财政学是研究政府与预算有关的经济行为。公共采购理论是公共财政学中衍生出来的一个理论,与公共财政关系密切。公共采购理论在许多方面体现了公共财政学的特性。首先,公共采购理论是公共财政职能的具体体现。公共财政所承担的提供公共产品和服务的职能主要是通过公共采购手段来实现的;公共财政所承担的调整收入分配结构职能主要是通过公共采购行为来实现;公共财政所承担的纠正市场失灵、调节社会总需求、稳定物价和促进就业、保护民族产业和维护市场秩序等职能也是主要通过公共采购制度及政策行为来实现。其次,公共采购制度行为体现公共财政的特性。公共采购本身公开、公平、公正和廉洁透明规范的要求是公共财政内在要求的贯彻和体现;公共采购的规模集中采购是公共财政实现职能的重要手段;公共采购法律法规制度体系体现了公共财政规范化的要求;公共采购的存在与发展以及管理采购的有机结合和分离体现了公共财政改革及其科学化精细化的要求。公共采购是预算执行的主要方面,它如何与公共预算、国库支付甚至资产管理有机结合,也是该理论与财政学需要解决的问题。

资料来源:黄冬如.厘清公共采购与相关学科的关系[N].中国政府采购报,2012-06-18.

第三节　政府采购制度的起源与发展

一、西方国家政府采购制度的起源与发展

简单的政府采购活动具有非常久远的历史,它是伴随着财政的产生而产生的,其基本特征是大量的货币性财政收入转化为政府行政所需要的物资,以弥补实物性财政收入的不足。现代意义的政府采购自18世纪末产生以来,其发展大致经过了三个阶段:

第一阶段为18世纪末至二次世界大战前,这是政府采购制度的形成时期。1782年,英国设立了文具供应局,作为政府部门所需公用品采购的特别机构,并采用招标的方式进行采购,开政府采购之先河。这一机构逐步发展成为国家物资供应部门,专门负责对政府各部门所需物资进行采购工作,称为“公共采购”。政府采购制度首先在英国出现,有其客观原因:一是英国从18世纪60年代开始的产业革命,为政府采购提供了充裕的产品;二是财政支出规模扩大,要求财政提高支出效益,而实施政府采购是其方法之一;三是财政收入总额增加。1755年,英国关税超过150万英镑,消费税超过350万英镑,与1688年相比,关税增加近一倍,消费税增加5倍。1694年成立了英格兰银行,标志着中央银行的产生,推动了公债制度的发展。1749年,英国国债达到8100万英镑,在7年战争(1756-1763年)开始时,国债达12200万英镑。

美国是世界上最早对政府采购进行立法的国家,早在1761年就颁布了《联邦采购法》,该

法律对各国政府采购立法产生了深远的影响。1792年,美国联邦政府将政府采购制度引入其民用部门,联邦政府通过法律将采购供应品的责任赋予美国首任财政部长亚历山大·汉密尔顿。1861年,联邦政府制定的一项法律要求每一项采购至少有三个投标人。1868年,国会通过法律确立了公开开标和公开授予合同的程序,政府采购制度逐步完善。这一时期正是自由资本主义的发展时期,政府采购制度主要局限于加强财政支出管理,实行这一制度的国家一般都是自由市场经济比较发达的资本主义国家,政府采购的规模较小,对经济和社会发展的影响不大。

第二阶段为二次世界大战至20世纪70年代中后期,这是政府采购制度的发展时期。19世纪末至20世纪初,资本主义社会由自由资本主义阶段转入垄断资本主义阶段,一味依靠市场机制的自发调节,已经不能维持资本主义经济的均衡发展。20世纪30年代的经济大危机以及随后而来的持续的大萧条,就是这种状况发展到极点的表现。在这种背景下,凯恩斯主义应运而生,并于第二次世界大战以后被各国资本主义政府奉为"国策"。根据凯恩斯主义的政策主张,各国政府纷纷放弃自由放任的传统信条,采取国家直接干预经济的措施,并将财政政策作为主要的政策手段。正因为如此,政府采购不仅是优化支出管理的方法,而且还是国家调控经济的手段。政府采购制度受到世界各国的普遍重视,几乎所有实行市场经济的国家都陆续建立了政府采购制度。政府采购的规模迅速扩大,对经济和社会生活的影响与日俱增。"二战"之后,各国经济增长最快的部门是服务业,而服务业中增长最大的是公共服务。1929年,美国公共服务在全社会产品和服务采购总值中占12.5%,到1963年占27%以上。1929年,美国有446.5万人受雇于政府和公共服务机构,占劳动力总额的9.7%。1960年,有1358.3万人在公共服务机构中工作,占总就业人数的20%。1950—1960年,在经济领域内增加的每10个新职位中,有9个属于公共部门。美国《联邦采购法》也明确规定公共工程属于政府采购的范畴。

1947年,美国国会通过《武装部队采购法》,确立了国防采购的方法和程序,并将武装部队军需品集中采购的责任赋予国防后勤局。1949年国会通过《联邦财产与行政服务法》(Federal Property and Administramtive Serimce, Act)。该法为联邦总务管理局(General Servieces Administration, GSA)提供了统一的采购政策和方法,并确立了GSA为联邦政府的绝大多数民用部门组织集中采购的权利。美国总统预算和行政管理办公室的专设机构——联邦采购政策办公室——负责采购立法,制定采购政策,管理联邦采购管理委员会,协调立法机构、采购委员会、产业界、法院等部门之间的关系。

在发达国家的带动下,各发展中国家也纷纷着手建立政府采购制度。例如,韩国自1949年建立一套局部集中采购制度以来,政府采购制度经历多次改革,日趋完善。

为了提高政府采购的效率,韩国在1949年1月建立了第一个统一采购机构——对外援助临时供应办公室,该办公室同时还负责利用政府外汇基金向外购买政府所需物品。1955年1月,韩国政府采购制度进行了一次重大改革,将采购和供应集中到一个机构,即对外供应办公室,采购资金来源包括政府外汇基金、外国援助基金和政府贷款。1966年,韩国成立了供应办公室(为了与国际接轨,1997年1月,韩国将供应办公室改为采购厅),统一负责对外采购和国内采购、重点工程采购、对企业需要的重要原材料贮存采购以及供应事务。

由此可见,在现代资本主义市场经济时期,政府采购取得了很大的发展,而且在逐渐地走向成熟。因此,尽管政府采购制度起源于资本主义自由经济时期,而且在自由经济时期政府采购也得到了一定的发展,但完整意义上的政府采购制度却是现代市场经济发展的产物。这与市场经济国家中政府干预政策的产生和发展密切地联系在一起。

第三阶段为 20 世纪 70 年代中后期开始至今,是政府采购的国际化阶段。随着世界经济的区域化和全球化进程的加快,曾经是封闭和独立的政府采购市场逐步走向开放,政府采购开始进入国际贸易领域,成为国际贸易谈判的重要内容。20 世纪 70 年代初,欧共体相继通过了两个有关政府采购的法律,即"政府工程招标指令"和"政府部门货物采购招标指令",率先将政府采购区域化。1980 年,关贸总协定经过几轮艰难的谈判终于通过了《政府采购协议》,并正式生效。《政府采购协议》是世界上第一个规定在政府采购方面各缔约国权利和义务的法律框架,为政府采购在法律、规则、程序和措施方面设立了统一的国际标准。它将关贸总协定的一些基本原则,如最惠国待遇、国民待遇和透明度原则延伸到政府采购领域。从此以后,各个地区经济组织和国际经济组织相继在有关的贸易政策中明确了政府采购的准入条款,或者专门制定政府采购协定。在这些条款或者协议中规定,缔约方应给予同等机会的市场准入、建立公平竞争和非歧视性的政府采购机制。

二、政府采购制度国际化

政府采购制度本身是财政管理制度的一部分,其管理对象是公共支出,但是由于支出是一种消费行为,这就出现了由谁来提供消费品的问题。正是由于支出与消费存在着非常直接的关系,政府采购制度在加强支出管理的同时,客观上回避不掉与贸易的关系。1979 年以前,政府采购与贸易的关系很好协调,即购买国内产品,因此,各国的政府采购是封闭的,不对外开放。1947 年由各国共同制定《关税和贸易总协定》(简称《关贸总协定》)时,规模巨大的政府采购市场却被刻意排除在外,主要是考虑到避免与当时各缔约国普遍采购国内产品、保护本国产业的政策相冲突。因此,国际政府采购制度的形成是伴随着国际贸易一体化的进程而来的,但却落后于这一进程。

(一)国际政府采购协议的签订

随着国际贸易的发展,一方面,一些发达国家亟待为本国产品开拓国外市场,部分国家借以打破贸易壁垒解决本国贸易失衡问题,因此国际贸易自由化的呼声越来越高;另一方面,政府采购的规模越来越大,目前,发达国家每年政府采购的金额达数千亿美元,占国际贸易总额的 10% 以上,政府采购潜在的巨大市场,在国际贸易领域日益受到重视。同时,在政府采购中的歧视性做法也越来越明显,歧视性政府采购已成为国际贸易的一个严重障碍。于是,一些欧美国家纷纷提出应将政府采购纳入国际协议,并在 1976 年利用关贸总协定东京回合谈判的机会,成立了专门小组,讨论政府采购问题。1979 年东京多边贸易谈判在日内瓦签订了《政府采购协议》(Government Procurement Agreement,GPA),但其性质是非强制性的,由各缔约国在自愿的基础上签署,通过相互谈判确定政府采购的开放程度。当时有美国、加拿大、欧共体及 15 个缔约方、中国香港、以色列、日本、韩国、列支敦士登、荷属阿鲁巴、挪威、新加坡、瑞士等国家和地区签署了该协议,成为协议的一员。《政府采购协议》的形成,标志着国际政府采购制度的初步形成。

《政府采购协议》于 1981 年开始生效。它仅适用于门槛价达到 15 万特别提款权以上的中央政府采购项目,1988 年门槛价降为 13 万特别提款权。尽管如此,《政府采购协议》涵盖的政府采购市场仅是各国政府采购总额的一部分,其在国际贸易中发挥的作用是非常有限的。

在关贸总协定乌拉圭回合谈判期间,曾对《政府采购协议》的内容进行了修订。新的《政府采购协议》规定,采购实体不仅包括中央政府,还包括地方政府以及公用事业单位,并相应规定了中央政府、地方政府、公用事业单位货物、工程和服务采购的门槛价。新的《政府采购协议》于1996年1月1日正式生效实施。《政府采购协议》仅对签字成员有约束力,许多发达国家先后签署《政府采购协议》。《政府采购协议》成员国希望有更多的国家加盟,并采取一些强制性措施迫使想加入世界贸易组织的国家签署《政府采购协议》。

在国际贸易一体化的背景下,我国已于2001年11月11日正式签署了加入WTO的协议,并于同年12月11日正式开始承担WTO的权利和义务。尽管我国大陆目前还没有承诺加入《政府采购协议》,但从国际政府采购制度的发展趋势看,将来随着我国经济实力的不断提高,我们肯定会逐渐地介入到《政府采购协议》之中。

[资料链接1-5]

我国加入GPA的谈判

《政府采购协议》(GPA)是世界贸易组织(WTO)的一项诸边协议,目标是促进成员方开放政府采购市场,扩大国际贸易。GPA由WTO成员自愿签署,目前有美国、欧盟等14个参加方,共41个国家和地区签署了协议。

2007年12月,我国启动了加入GPA谈判,在提交申请和进行谈判之前,我国政府已做好充分的准备,并决心加入GPA,使我国政府采购制度与国际接轨,实现市场化运作。

加入GPA谈判涉及市场开放范围和国内法律调整两个方面。其中,政府采购市场开放范围由各参加方以出价清单的形式,通过谈判确定。出价清单包括5个附件和1份总备注。其中,附件一至三是采购实体开放清单,分别载明承诺开放的中央采购实体、次中央采购实体、其他采购实体及各自开放项目的门槛价;附件四和五是采购项目开放清单,分别载明各采购实体开放的服务项目和工程项目;总备注列明了执行GPA规则的例外情形。

资料来源:中国政府采购网 http://www.ccgp.gov.cn/wtogpa/(2017-06-09日访问)

世界银行为了保证其贷款资金的有效利用和管理借款国的政府采购行为,于1985年颁布了以强化对招标采购的严密管理而著称的《国际复兴开发银行贷款和国际开发协会信贷指南》,并且采取了一系列监管措施,从而在世行成员国范围内大大促进了政府采购的实际工作,越来越多的人认识到完善的政府采购制度对促进公共资金的有效利用、对一国经济的发展以及对树立廉洁、公正的政府形象的重要意义。

联合国国际贸易法委员会自1966年成立以来,一直致力于通过制定国际协定或示范法等基本法律的形式促进国际贸易法律的规范化和统一化。采购法律由于涉及各国的民事、刑事法律规定、文化传统以及国家的对外贸易政策,很难达成一致。因此,为了促进各国政府采购立法的统一和帮助正在进行政府采购立法的国家建立一个经济有效的政府采购法律和运行制度,1994年,联合国国际贸易法委员会在其第27届年会上通过了《关于货物、工程及服务采购的示范法》。

(二)区域性政府采购协议的发展

在原关贸组织开始就政府采购市场的开放问题进行多边谈判的同时,许多区域性组织也将政府采购纳入地区贸易自由化之中。

欧共体在其区域内建立国际政府采购制度的努力要比关税与贸易总协定通过《政府采购协议》早13年。为了实现在欧共体范围内消除贸易壁垒,促进货物、资本和人员的自由流动这一欧共体条约目标,欧共体早在 1966 年就在《欧共体条约》中对政府采购做出了专门规定。后来欧盟在该条约的指导下,相继颁布了关于公共采购各领域的《公共指令》,构成了独具特色的公共采购法律体系。在这个体系中,有四部指令是关于政府采购的实体性法律,有两部是程序性的法律。前四部分别是 1992 年颁布的《关于协调授予公共服务合同的程序的指令》和 1993年颁布的《关于协调公共供应品合同的程序的指令》《关于协调授予公共工程合同的程序的指令》和《关于协调水、能源、交通运输和电信部门采购程序的指令》;后两部分别是 1989 年颁布的《关于协调有关对公共供应品合同和公共工程授予审查程序的法律、规则和行政条款的指令》和 1992 年颁布的《关于协调有关水、能源、交通运输和电信部门采购程序执行共同体规则的法律、规则和行政条款的指令》。这六部指令是适用于欧共体范围内的公共采购的主要规则,欧共体通过这六部指令建立了其范围内的国际政府采购制度。

亚太经济合作组织(APEC),根据 1995 年 12 月的 APEC 部长级会议和领导级非正式会议通过的《大阪行动议程》,将政府采购列为 APEC 贸易投资自由化与便利化的 15 个具体领域之一,并成立了由各成员国参加的政府采购专家组,负责政府采购在亚太经济合作组织内部的具体落实。亚太经济合作组织有关政府采购的总目标是力求让各成员国最迟在 2020 年相互开放政府采购市场,并分几个阶段来进行,其中一个阶段是在 2000 年前制定了《政府采购非约束性原则》,要求亚太经济合作组织中的发达国家在 2010 年开始执行"非约束性原则",到2020 年,组织内的各成员统一执行。

政府采购非约束性原则就是非强制性原则,具体包括透明度原则、公平交易原则、公开和有效竞争原则、国民待遇原则、物有所值原则等五个原则,就目前来说,得到确认的是透明度原则。所谓透明度原则就是有关政府采购的各种信息应及时进行广泛的发布,如因商业保密原因不能公布的信息要说明原因。

非约束性原则实际上是亚太经济合作组织的政府采购准则,尽管政府采购非约束性原则对组织内各成员国没有强制性约束,但却在一定程度上影响了各成员国政府采购的立法和改革进程,促进了成员国间贸易的规范和发展。

目前,WTO 的《政府采购协议》、欧共体的《委员会指令》、世行的贷款《国际复兴开发银行贷款和国际开发协会贷款指南》和联合国的《关于货物、工程及服务采购的示范法》这四部国际政府采购规则基本代表了国际政府采购制度的标准规范。

我国政府采购市场的适当开放是大势所趋。事实上,尽管我国没有声明对外开放政府采购市场,但在某些领域,我们已经对外开放了。如:当我们接受世界银行的某些贷款时,世界银行会给我们提出一些限制性条件,要求我们采取国际性招标的方式进行采购等等。

三、我国古代政府采购制度的变迁

在我国漫长的古代社会中,政府实物性财政支出需要主要通过纳贡和赋税来满足,但并不是所有的实物都可以通过贡税来取得,有一部分支出所需的物资通过政府在市场上直接采购来满足。这可以说是政府采购的原始形态。

在西周时期的二百多年间,我国的工商业发展已经达到一定的规模,政府为了稳定经济,在市场上收购一些多余的物资,既可以用于财政支出,又可以用于调节物价。《周礼·地官·廛人》记载:"凡珍异之有滞者,(廛人)敛而入于膳府。""敛"指管理市场的官员大量低价收购积压的珍禽异兽,集中到膳府,既解决了商品积压的问题,又降低了膳食成本。另据《周礼·地官

·泉府》记载："泉府,掌以市之征布(币),敛市之不售、货之滞于民用者,以其贾买之,物楬而书之,以待不时而买者,买者各从其抵。"

春秋战国时代,政府购买行为日益影响到社会的方方面面。《太平御览》记载："秦始皇四年七月,立太平仓,丰则籴,欠则粜,以利民也。"而真正的政府大量采购——均输制度始于汉代。《汉书》记载："诸官各自市相争,物以故腾跃,而天下赋输或不偿其傭费,乃请置大农部丞数十人,分布主郡国,设置均输盐铁官,令远方各以其物以异时商贾所转者为赋,而相灌输。"在传统贡纳制度中,各部门在各地争购物资,导致物价昂贵;而各郡国向中央输送贡物,因长途运输,有的运费超过原价。均输是官府把各地贡物运到卖价高的地方出卖,钱交给中央或购买所需物资(孙翊刚,1984)。

东汉时,均输平准的对象已由粮食扩大到所有货物,采购的时间、对象相当复杂。《后汉书》记载："开委府于京师,以笼货物,贱则买,贵则卖,是以县官不失实,商贾无所利,故曰平准。"(注:《盐铁论校注》,古典文学出版社 1958 年版,第 4 页)朝廷还设立"常平仓"进行实物周转。在宋代实行市易制度,"选官于京师置市易务,商旅物货滞于民而不售者,官为收买。……赐内藏库钱一百万缗为市易本钱"(注:《宋会要辑稿》第六册,第 5455 页)。以后历朝历代都有此类制度。

唐朝设立采购机关,安排专门从事政府采购的官员,在此期间,"和籴"思想具有政府采购思想的雏形。到了宋朝,随着社会生产的不断发展,相关的政府采购制度体系逐步成熟,市易制得到发展。

[资料链接 1-6]

我国古代政府采购的特点

政府采购行为古已有之,但由于社会、经济、体制等方面的差异,不同朝代的政府采购各具特色。概括起来,我国古代政府采购的特点如下:

一方面,古代政府采购只是单纯的作为商品、劳务市场上一部分,虽有些用于民生、公共工程领域,但是大部分采购目的集中在满足统治阶级生活需要方面。使得采购规模小、范围窄、采购活动自主且分散,整体上缺乏现代政府采购意义,但作为政府采购原始的一种形式,体现了封建政府的职能作用。

另一方面,古代政府缺乏对政府采购的监管,许多政府采购执行人欺下瞒上虚报商品价格。清朝,负责皇官采购的内务府经常虚报商品价格。如一枚鸡蛋售价三四十两,道光皇帝修补龙袍需要三千两白银。《南亭笔记》记载,一日光绪皇帝手拿一只鸡蛋问老师翁同龢:"此种贵物,师傅亦尝食否?"翁同龢知道其中采购猫腻,但是不敢直言,只说道:"臣家中或遇祭祀大典,偶一用之,否则不敢也。"

资料来源:余加伟.我国政府采购制度变迁及信息化建设研究[D].云南:云南财经大学,2016.

四、我国现代政府采购制度的建立与改革

在计划经济时期,政府采购行为是通过计划进行管理的。改革开放后,随着计划手段的淡化,没有及时建立起适合我国社会主义市场经济体制要求的政府采购制度,政府采购行为缺乏相应的约束,从而导致了盲目采购、重复采购等现象。为了加强财政支出管理,规范政府采购行为,在广泛借鉴国际经验的基础上,我国 1996 年开始了国际上通行的政府采购试点工作,2000 年试点范围逐步扩大,2003 年试点工作迅速在全国范围内推开。

(一)试点初创阶段(1996—2000 年)

1.初创阶段的标志和成果

初创阶段的标志和成果,主要体现在下列三个方面:

(1)1996 年,国务院领导指示有关部门研究政府采购制度。1995 年 11 月,APEC 在日本大阪召开领导人会议,在这次会议上,通过了《大阪行动议程》。在这个议程中,政府采购列入了 APEC 贸易和投资自由领域。在当时 APEC 的 18 个成员中,除我国外,其他成员都建立了政府采购制度。为此,为了尽快缩小与 APEC 发达成员的差距,国务院领导指示有关部门要将建立我国政府采购制度提到议事日程。

(2)财政部门率先在政府采购领域取得重大研究成果。财政部在 1995 年开始研究财政支出改革问题,其中,政府采购制度成为一项重大课题。1996 年 10 月,财政部完成了第一阶段的研究任务。研究结果表明,政府采购是加强财政支出的一种有效手段,它的运作涉及预算资金安排、国库拨款、支出管理政策等财政方面的事务,因此,财政部应当责无旁贷地承担起建立我国政府采购制度的改革任务。到 1997 年,财政部正式向国务院原法制办提出制定政府采购条例的请示,与此同时,初步完成了政府采购条例的草拟稿。

(3)上海市财政局启动了政府采购试点活动。1996 年 3 月,上海市财政局按照国际政府采购规则,对上海市胸科医院采购双探头装置实行政府采购,比原计划节省外汇 5 万美元,节汇率为 10.4%。由于实行政府采购的节支效果显著,河北省、深圳市等地区陆续开展了政府采购试点活动。卫生部在中央单位率先开展了政府采购试点。

2.初创阶段的主要特征

这期间的主要特征有:

一是机构建设。1998 年,国务院实行机构改革,在批复财政部的"三定"方案中,赋予了"拟定和执行政府采购政策"的职能。财政部在预算司设立了专门机构,负责执行政府采购管理职能。一些省、直辖市、自治区和计划单列市也开始在财政部门建立政府采购管理机构,有的还同时建立了集中采购机构,负责集中采购事务,如政府采购中心。

二是制度建设。1999 年 4 月,财政部颁布了《政府采购管理暂行办法》,这是我国第一部有关政府采购的全国性部门规章,从而填补了我国政府采购长期以来无法可依、无章可循的局面。在此之前,深圳市人大还颁布了深圳特区的《政府采购条例》,成为我国第一部政府采购的地方性法规。截至 2000 年 6 月,全国绝大部分地区都颁布了地区性的政府采购管理办法。

三是政府采购范围不断扩大,规模迅速增长。政府采购的范围,由简单的标准商品扩大到部分复杂品目。政府采购规模由 1998 年的 31 亿元扩大到 1999 年的 128 亿元。

四是推行政府采购制度引起了全国人大和中纪委的高度重视。1999 年 4 月,全国人大将政府采购法列入了"九届全国人大常委会立法规划"。在 1999 年中纪委召开的第四次全会上,把推行政府采购制度列入了反腐倡廉的一项治本措施。

(二)试点扩大阶段(2000—2002 年)

2000 年 6 月,财政部对内部机构进行改革,政府采购的管理职能由财政部预算司调整到新组建的国库司,国库司内设立了政府采购处,负责全国政府采购的管理事务。各省、市、自治区财政厅局内部也相应建立了政府采购管理机构。新机构组建以来,在继续扩大政府采购范围和规模的同时,主要任务是抓规范化建设,从制度上、管理上和操作上规范采购行为,提高采购活动的效率和透明度。2001 年,初步建立了政府采购招投标办法和协议供货制度,制定出台了《中央国家机关全面推行政府采购制度的实施方案》。从 2002 年起,中央各单位正式编制政府采购预算。2002 年 6 月 29 日,第九届全国人民代表大会常务委员会第二十八次会议通过了《政府采购法》,这表明政府采购已经走上了规范化和法制化的轨道。这些法律法规的实施对推动政府采购的改革和管理起到了积极的作用。

(三)全面实施阶段(2003 年至今)

2003 年 1 月 1 日,《政府采购法》正式实行。为了使《政府采购法》顺利实施,2004 年,我国开始研究政府采购相关的经济和社会政策,制定并公布实施了《政府采购货物和服务招标投标管理办法》、《政府采购员信息公告管理办法》和《政府采购供应商投诉管理办法》。2005 年,我国政府采购有了更多的实质性研究成果和整改措施。

2006 年,我国就加入世界贸易组织《政府采购协议》的谈判与美国开展了技术性磋商,与欧盟进行了对话,我国还正式承诺在 2007 年 8 月出台《国务院办公厅关于建立政府强制采购节能产品制度的通知》。2006 年底,我国启动了加入世界贸易组织《政府采购协议》的谈判。

2007 年,财政部和美方开展了第二次政府采购技术性磋商。同年 12 月,财政部公布了《政府采购进口产品管理办法》。2010 年 12 月,正式实施新的《政府采购代理机构资格认定办法》。2013 年 10 月,财政部部务会议审议通过《政府采购非招标采购方式管理办法》,并于 2014 年 2 月 1 日起正式施行。2014 年 12 月,国务院第 75 次常务会议通过《中华人民共和国政府采购法实施条例》,并于 2015 年 3 月 1 日起施行。

综上所述,我国政府采购制度建设从 1996 年启动,虽然经历的时间只有 20 来年,但是,在这期间,我国政府采购制度建设不断向前推进,在法律、实践、组织体系等方面已经取得了较大的进展。

第四节　政府采购思想的理论渊源

历史上,政府采购思想萌芽于古典经济学家对公共部门经济的分析,并随着政府采购实践的发展而不断演化。按照经济理论演变过程中对政府行为的解释,政府采购思想可以归纳如下。

一、自由竞争时期政府采购思想

(一)亚当·斯密和萨伊的政府采购思想

在《国富论》中,亚当·斯密从效率角度出发,在经济自由主义的总体框架下,主张在教育和司法这些公共经济中引入竞争,提出了政府在安排财政支出时同样要遵循市场机制的引导,成功地实现个人利益和社会利益的和谐统一,从而有效地实现资源的最优配置。斯密指出在公共经济中要同样引入竞争的思想,已触及财政支出同样要讲究效率的政府采购实质。斯密之后,萨伊 1804 年在《政治经济学概论》中继承和发展了这一思想。萨伊是从公共消费开始研究财政问题的,他认为公共消费和私人消费同样影响社会财富。他斥责了公共消费中的浪费行为,因为政府浪费的不是他自己的东西,政府事实上仅仅是公共财富的托管人,这一思想是西方现代政府采购中纳税人和政府之间委托代理关系的萌芽。他首次认为部分公共消费品可以由私人供应,并称之为"对公共消费有实际贡献的人"。他还看到了法国因军事采购管理不善而出现的舞弊现象,并在其"小政府"和"小财政"的思想指导下,提出尽可能减少政府采购从而减少政府采购舞弊的问题。萨伊还敏锐地观察到政府采购中的公共土木工程可刺激私人生产,这可以说是凯恩斯财政政策的思想先驱。

(二)边际革命对政府采购思想的影响

产生于19世纪70年代的边际革命,使边际效用价值论被用于政府提供的公共服务上,从而使财政学成为一门研究生产活动的科学,使人们用经济学的核心原理来研究财政行为,也就使得有效配置资源的私人经济原则,开始运用于政府财政研究。以庇古为代表的福利经济学专门运用边际效用价值论的基本原理考察了公共支出的最佳安排问题,其成本效益分析法和公平理论,使社会效益最大化和公平原则进入了政府采购的评优标准。他对政府支出的转移性支出和消耗性支出分类,具有较强的经济学意义。就消耗性支出而言,可以表明财政支出在哪些方面对经济产生影响,为20世纪30年代凯恩斯经济政策奠定了基础。联合国的"国民核算体系"提供公共支出分类的核心内容之一,就是在庇古的基础上,为了预算的目的,将公共支出按经济性质分为购买支出和转移支出。

二、国家干预理论下政府采购思想

(一)凯恩斯的政府采购思想

凯恩斯主义是在经济思想史上对财政理论的发展起到重大作用的一个思想体系。凯恩斯打破旧的收支平衡的观点,引入"功能财政"的观念,即人们应该主动用财政政策去弥补市场机制的缺陷。在其代表作《就业、利息和货币通论》中,凯恩斯提出了一套较为完整的理论,他认为,为了提高有效需求,实现充分就业,防止经济衰退,就必须借助政府的力量,政府干预经济可采取货币政策和财政政策。在经济萧条时期,货币政策的作用是有限的,因为为刺激投资需求而降低利率可能使货币政策落入流动性陷阱中,从而丧失增加社会需求的效力。因此,政府应充分运用财政政策来解决失业问题,利用稳定的政府采购政策推动经济增长就必然成为政府干预经济的一种手段。当经济发生危机时,私人消费和私人投资急剧减少,但政府的购买支出相对稳定,这是恢复市场和经济增长的动力,在通货膨胀时期,稳定的购买支出亦可起到平抑物价的作用。他认为,在实施补偿性措施时,在财政支出项目中不能仅利用一般行政性开支,最好利用公共工程、住宅建设、额外失业保险及军事开支等项目,这些项目随经济的兴衰而增减,这使政府采购结构成为影响经济发展的重要因素。除此之外,在特殊时期利用公债进行政府采购也进入了凯恩斯的理论框架中。

(二)福布斯的政府采购思想

美国福布斯于1929年出版了《政府采购》一书,是第一部系统论述政府采购问题的专著。该书从三个方面论述了政府采购:一是政府集中采购的优点。作者根据美国和加拿大的政府采购的经验,将集中性采购和分散性采购比较,指出前者的优点有:减少采购人员以减少成本;降低单位成本,提高发送服务;减少繁杂的文件;有利于招标过程中标准化和规范的运用;可实行集中监管,调剂部门间的盈余存货;对支出实行严密的会计控制;通过迅速付款获得折扣;可雇佣专职采购人员以提高采购技术和减少贪污和偏袒;简化供应商手续。二是集中采购的缺点。缺点主要有:采购质量可能不符合部门的需要;延迟发货的时间;采购组织倾向于获得比实际需要更大的存货量。三是采购人员的选拔和考核。福布斯主张对政府采购官员进行严格选拔,并建立职业化的采购队伍,采取高薪养廉的措施来保证采购队伍的廉洁。

(三)鲍莫尔的政府采购思想

凯恩斯革命爆发后,政府干预深入人心。在此背景下,鲍莫尔于1947年发表《政府购买论》一文,首次探讨了政府采购与物价、宏观经济的关系。作者将政府购买的方法分为四种:公开市场购买法、招标法、商讨价格法、公布价格法。他认为,不同的政府购买方法对宏观经济的运行效果是不一样的:公开市场购买法对于物价的影响与普通消费者突然决定增加其购买量的影响相同,如购买数量不多,则对物价并无影响,如购买数量巨大,则物价趋于上涨。该方法可节省商讨、广告和行政费用,但容易刺激物价上涨。招标法可使政府获得便宜的物资,由于政府所支付的是最低价,故新增的货币流通量及其对物价的影响也小。商讨价格法一般在卖方数量少或政府仅愿意与少数商家成交的情况下采用。公布价格法即政府宣布在一定价格上购买一定数量或无限数量的某种货物。当经济不景气、物价持续下跌时,此法可阻止物价下跌,刺激物价上升。

最后,作者还讨论了政府购买货物的品质和数量问题。他认为,政府购买有时并不要求所有货物都是完全相同的。如不完全相同,政府的欲望与市场上普通消费者的偏好相近,则政府购买对市场影响不大。反之,则政府购买将对市场产生特别影响,如卖给政府的货物,将限于政府估价较市场高的货物。关于交货的数量,政府购买中可能由商家和政府达成允许变动的协定。具体交货数量可由商家和政府确定,也可根据一定的公式来确定。

该文发表之前,尽管政府购买在政府财政中占有重要地位,但其对宏观经济的影响少有人研究。鲍莫尔填补了这一空白。

三、政府改革思潮下政府采购思想

(一)公共选择学派的政府采购思想

以布坎南为代表的公共选择学派从研究政府失灵出发,主张恢复古典预算平衡的财政理论,削减政府采购支出的规模,反对盲目运用政府采购政策刺激经济增长,反对用预算赤字实行政府采购。他认为:私人如轻率采购,需要为此付出代价,但对于公共部门,自私而有理性的采购官员却不会为轻率采购而付出代价。因此,布坎南反对有财政伸缩能力的政府部门自行采购,主张将其委托给私人采购机构进行采购决策,以使资源得到有效配置。布坎南认为必须制订周密而严格的政府采购程序,如规定尽可能实行公开招标,实行公平竞争的招标程序和严谨的支付办法,从制度上最大限度地防止贪腐问题发生,同时还要求公众加强对政府采购的监督。

后来的公共选择学派学者继承并发展了布坎南的政府采购思想,他们认为政府行为实质上是个人行为和以个人行为为基础组合而成的集团行为通过政治过程的一种表现,故研究财政就不能不研究个人和集团行为对财政的影响,他们通过对政治市场上经济人的研究,探讨了政府采购中的寻租行为。因此,不能单纯从政治家是否正直去找原因,而应该检讨选拔与制约政治家的程序和规则,当发现低效率现象很普遍时,就应该审视体制问题。

公共选择学派在西方国家政策的影响体现在,选取有经验的专职人员担任政府采购官员,防止政府采购人员的政治化,以消除政治对政府采购的影响。

(二)李、道布勒、佩奇的政府采购思想

美国斯坦福大学教授李(Lamar Lee,Jr)与美国科罗拉多州立大学商学院教授道布勒(Donald.W.Dobler)于1977年合著的《采购和供应管理》一书专门论述了政府采购问题。他

们认为政府采购人员应由采购部门推选有经验的私人采购人员从事政府采购工作,而不应由政府任命。通过比较分析,他们认为,在竞争性招标采购之外,有必要发展协商采购、询价采购、单一来源采购等方法。同时他们对国防采购市场进行了探讨,国防采购市场和其他政府采购市场的区别在于,联邦政府是独一无二的消费者,作为统治者,它能决定市场的交易条件,比如政府通过立法给予买方检查供货商运行成本记录的权利。此外,国防采购环境是非市场环境,国防产品卖方极少,缺乏保护市场的自由价格机制和竞争机制。正是由于市场的不完全性,联邦政府就需要制定一系列政策和程序,主要武器系统的采购采用单一来源方式,该方式并不意味着政府在不合理的价格基础上购买,相反,它意味着价格必须协商,而不是由竞争决定。

《采购和供应管理》一书还比较了私人采购和政府采购的异同。相同点在于,两者都是希望物有所值,私人采购的方法、管理技巧、经验在政府采购中得到推广和借鉴。不同点在于,公共采购部门履行的是托管人的职能,因为受雇的管理人花费的资金来源于税收和捐助,雇主依靠这些资金代表他们的客户和捐助人提供服务。因此,政府的采购职能就成了一个受管制而透明的过程,受到法规、政策、程序的限制。

在李、道布勒之后,美国采购专家佩奇于1980年出版《公共采购和物料管理》一书,系统分析了政府采购和私人采购的区别,分别从采购资金的性质、采购目的、采购过程公开化程度、采购程序、采购监督、采购对市场的作用等视角进行了研究。

(三)麦克阿菲和麦克米兰的政府采购思想

麦克阿菲和麦克米兰于1989年合著《政府采购与国际贸易》一文,从国际贸易角度探讨政府采购在国际贸易的地位和作用,他们认为:由于政府采购市场上存在不完全竞争,每一个投标者比其他投标者和政府部门更清楚自己的成本,由于比较优势的存在,国内企业的成本不同于国外企业的成本,政府并不一定从出价最低的投标者那里购买商品,而是通过价格优惠政策使采购成本最小。他们在Myerson(1981)最优拍卖设计理论基础上,对如何实现政府采购成本最小化问题进行了深入探讨,并提出了相应的拍卖模式选择问题。同时,他们认为,歧视性的采购政策不像表面上那样需要付出更大的代价,将它与关税政策相比是不恰当的。

(四)普雷姆詹德的政府采购思想

普雷姆詹德是IMF财政发展部的官员,于1993年出版《公共支出管理》,从组织管理学的角度对政府采购作了综合探讨。他认为,资源的分配和有效利用是公共支出管理的核心,编制预算是资源的分配,政府采购是资源的有效利用,政府采购本质上是公共支出管理的一个关键环节和手段。他比较了中央计划经济体制和市场经济体制的政府采购的异同:在前种条件下,所有的购买均按计划进行,反映了公共部门的主导地位,成本不能反映市场价值;在后种条件下,成本能反映市场价值,故有利于提高支出效益。此外,作者还讨论了其他问题:政府采购范围问题、预算报告分类问题、政府采购招标程序问题、政府采购中的腐败问题等,提出了解决腐败问题的办法是加强内部控制,决策的制订公开化。

(五)麦肯尼的政府采购腐败论

美国学者麦肯尼于1995年出版《公共部门和非营利机构的有效财务管理》,论述了政府采购部门和采购代理机构的舞弊问题及其防范对策。他首先用FWA定义政府采购中的舞弊,其一般特征是:它是对公众信任的违反,公共利益向私人利益转化,用权利和利用不能接受的命令;不能履行法规,或不能有效约束行为;故意或非故意地对公共资源使用或浪费。他认为,腐败的根源在于政府采购官员和采购代理机构雇员的利益冲突,对此,麦肯尼主张从加强内控制度入手加以防范和治理。

[资料链接1-7]

政府采购的理论依据

第一,公共产品理论。经济学家对公共产品的研究较多,大卫·休谟、亚当·斯密、约翰缪勒等对此都有系统论断。19世纪80年代,萨克斯等学者使公共产品理论建立在边际效应价值论的基础上,将边际效用理论运用到公共财政问题上,使公共服务成为具有价值的公共产品。

根据萨缪尔森的定义,相对于私人产品而言,公共产品具有两个基本特征:供给上的非排他性和消费上的非竞争性。具备这两个特征的产品是纯公共产品。但在现实生活中,更多的是位于纯公共产品和私人产品之间的准公共产品。公共产品的存在是导致市场失灵的重要原因之一,它为政府干预和调节经济提供了依据。公共产品的政府提供比公共产品的市场提供改进了资源配置效率。公共产品的提供不等于生产,提供是谁付费的问题,生产则是谁建造或制造的问题。政府可以通过政府生产和政府安排私人生产的方式向社会提供公共产品,对于纯公共产品,一般由政府来生产;对于准公共产品,通过政府安排私人来生产。

第二,契约理论。契约论由美国经济学家科斯创立,经哈特等多位经济学家的发展,目前契约论已成为企业理论的主流学派。现代契约论的核心观点是:企业是一系列契约的有机联结。契约论因其对现实问题的解释力和分析角度截然不同于新古典经济学,而被广泛应用于许多领域。科斯首次从交易费用角度对企业性质和边界问题进行了阐释。科斯还从理论逻辑上证明了市场交易费用的存在,认为市场与企业是资源配置的两种可互相替代的手段。

麦克林和詹森认为最优的所有权结构应权衡两种筹资方式的利弊,使代理费用最小,他们将研究重点放在订立的契约代理成本问题上。他们认为所有的契约都存在代理费用和监督问题,合作生产只解释了与企业本质有关的个人行为的一小部分。张五常在此基础上修正了科斯的理论,认为企业制度的创立是用高效的市场取代低效的市场,企业与市场只是契约安排的两种不同形式,企业的设立仅仅是用要素市场取代了产品市场。1983年张五常在《企业契约的性质》一文中指出,企业取代市场是不十分确切的,应该说是用一种契约形式取代另一种契约形式,或者说是用劳动市场取代中间产品市场。这是张五常对科斯理论的重大发展。他提出了"要素市场"中代理费用的概念,认为在边际上当产品市场中交易费用的节省等于正在形成的"要素市场"中代理费用的增加时,就达到了均衡状态。后来,格罗斯曼等人发展了所有权结构的模型,格罗斯曼和哈特将数理模型和分析方法应用到契约关系的研究中,提出了契约的不完全性问题。他们认为有意义的比较,不应存在于非一体化和一体化交易之间,而应存在于一种一体化和另一种一体化交易之间;一体化虽然能够改变机会主义者的动机和扭曲的行为,但并不能消除这些激励问题。

政府采购是政府部门从市场上购买货物、工程、服务的行为,由于市场与企业是资源配置的两种手段,而企业具有比较优势,所以政府采购实质上是政府部门与供应商即企业的契约关系,履行政府采购程序后的结果就是由政府部门与企业签订政府采购合同。

第三,委托代理理论。委托代理理论是最近几十年制度经济学的最重要的发展成果之一,被广泛应用于企业分析。该理论将两个参与者的关系模型化:一个参与者通过契约性的协议使另一个参与者按照前者的利益和意图选择行动,前者成为委托人,后者成为代理人。在委托代理框架下,常常出现信息不对称,即代理人掌握的信息不为委托人所知的现象,代理人可能并不按委托人的利益行事,而是将自己的利益作为最重要的行为准则。对于降低这种委托代理风险,学者主要有三点建议:一是严格选定代理人;二是增强激励,培养代理人的忠诚度;三是加强对代理人的监督。

在政府采购中存在多重委托代理关系,在政府部门内部有政府部门与少数政府采购人员的委托代理关系,在外部有政府部门与采购代理机构的委托代理关系,每一种委托代理关系都存在委托代理风险。

第四,博弈论。博弈论,又称对策论,是使用严谨的数学模型研究对抗冲突条件下最优决策问题的理论。在实际的经济关系中,经济主体的相互依赖性越来越突出,而博弈论正是分析经济主体间相互作用的一种有效工具。在博弈论中,个人效用函数不仅依赖于自身的选择,而且还依赖于他人的选择,个人的最佳选择是其他人选择的函数。在博弈论的机制设计中,应该解决好如何激励的问题,机制设计的目的是要使一个有理性的参与人有兴趣接受所设计的机制,同时又必须接受相关的约束。

政府采购是一种实际的经济关系,政府采购市场中各当事人的相互作用突出,政府部门的采购人员或领导、采购代理机构、评审专家、政府监管的职能部门存在着错综复杂的博弈关系,博弈论是科学设计政府采购制度、有效抑制腐败的理论依据。

资料来源:斐赓.公共财政框架下的政府采购问题研究[D].北京:财政部财政科学研究所,2011.

本章小结

1. 政府采购是采购的一种形式。阐述政府采购的含义有必要先弄清采购的基本含义。采购是一个简单而又复杂的概念,它基本上是随着私有制的出现而同时诞生的,有很长的历史渊源。随着人类经济的不断发展,对采购的认识也不断深化。特别是进入资本主义自由竞争时期后,采购已经发展成为一种经常性行为。它既是一项实实在在的实践活动,又是一项的的确确的行为艺术。不可否认的是,采购已经成为现代工商业管理中的一种专门的学问和技能。

2. 政府采购,乃是一国政府及政府机构或其他直接和间接受政府控制的企事业单位,为实现其政府职能和公共利益,使用公共资金获得货物、工程或服务的行为。政府采购具有公共性、调节性、管理性、公开性和竞争性的特点。

3. 政府采购制度是在长期的政府采购实践中形成的,旨在管理政府采购行为的一系列规则和惯例。其表现形式是一国管理政府采购活动的法律和惯例。现代政府采购制度具有采购程序的规范性、采购活动的集中性、完善有效的救济性和采购信息的透明性等特征。

4. 政府采购是国家各级政府和公共部门,为从事日常的政务活动或为了满足公共服务的目的,利用国际财政性资金和政府借款购买货物、工程和服务的行为,它是市场经济国家管理支出的一种手段,政府采购也是国家宏观调控的重要手段。在社会主义市场经济条件下,政府采购在多方面体现着公共财政职能的发挥。

5. 西方国家现代意义的政府采购自18世纪末产生以来,其发展大致经过了三个阶段:18世纪末至二次世界大战前,这是政府采购制度的形成时期;二次世界大战至20世纪70年代中后期,这是政府采购制度的发展时期;20世纪70年代中后期开始至今,是政府采购的国际化阶段。

6. 为了加强财政支出管理,规范政府采购行为,在广泛借鉴国际经验的基础上,我国1996

年开始了国际上通行的政府采购试点工作,2000 年试点范围逐步扩大,2003 年试点工作迅速在全国范围内推开。

7. 历史上,政府采购思想萌芽于古典经济学家对公共部门经济的分析,并随着政府采购实践的发展而不断演化。按照经济理论演变过程中对政府行为的解释,政府采购思想演变可以分为:自由竞争时期政府采购思想,国家干预理论下政府采购思想和政府改革思潮下政府采购思想三个阶段。

关键概念

政府采购　政府采购制度　公共财政　私人部门　公共部门　公共采购　私人采购

本章案例和专栏资料分析题

1. 根据政府采购的特点,阅读资料链接 1-1"公共部门与私人部门的区别",结合国内外社会经济现实情况分析政府与市场关系的处理。

2. 参照案例分析 1-1"政府采购评审阶段的规范要求",举例说明我国在规范政府采购行为、流程方面的相关规定。

3. 结合现代政府采购制度特征,阅读资料链接 1-2"政府采购管理的意义",总结我国加强政府采购管理的成效与不足。

4. 阅读资料链接 1-3"我国'公共财政'提出的背景",描述公共财政相比于家计财政、国家财政的优点。

5. 阅读资料链接 1-4"公共采购理论与公共财政学的关系",理解政府采购与公共财政学的理论逻辑关系。

6. 了解《政府采购协议》的制定背景及主要内容,阅读资料链接 1-5"我国加入 GPA 的谈判",对比归纳 GPA14 个参加方出价清单的异同。

7. 参考资料链接 1-6"我国古代政府采购的特点",查找相关资料,对比唐、宋、明、清政府采购制度的差异及演变历程。

8. 分析资料链接 1-7"政府采购的理论依据",概括政府采购理论依据和政府采购思想之间的勾稽关系。

第二章 政府采购的职能、目标与原则

学习目标:本章界定了政府采购的职能和目标,列举了政府采购应遵循的原则。通过本章的学习,重点掌握政府采购制度的行政管理职能、竞争政策职能及宏观调控职能,掌握政府采购的三个基本目标和六个基本原则。总体上来说,政府采购的职能、目标与原则的探讨是建立和完善政府采购制度的重要理论基奠。

第一节 政府采购的职能

一、政府采购制度职能的界定

对于政府采购制度职能,许多学者都提出过自己的看法,他们的表述各不相同,但都代表了对政府采购职能的一种认识。有学者将政府采购的职能总结为以下几项:"(1)健全的政府采购制度,可以使有限的公共资金获得最大的使用效率;(2)健全的政府采购制度有利于促进公平竞争,促使货物、工程、服务质量的提高,增强本国供应商的竞争力;(3)很多企业的经营主要依赖于政府的订购合同,政府是最大的顾客。适度规模的政府采购可以从宏观上调节国民经济;(4)建立完善的政府采购制度有利于将政府采购活动置于阳光之下,遏止政府采购中的贪污腐败。"[①]另外一些学者将政府采购的职能总结为:"(1)实行政府采购有利于加强财政支出管理,提高财政资金使用效益;(2)实行政府采购是增强国家宏观调控能力的重要手段;(3)实行政府采购有利于提高采购活动的透明度,促进廉政建设;(4)建立政府采购制度是推动并实现政府消费行为市场化的重要途径;(5)建立政府采购制度,是有利于我国开拓国际、国内市场,壮大民族经济的必然选择。"[②]根据众多学者的论述,我们可以将政府采购职能归纳为三种:行政管理职能、竞争政策职能和宏观调控职能。

二、政府采购制度的三种基本职能

(一)行政管理职能

公共行政管理的全部任务,就是要保证公共行政权力的有效运用。政府采购本身是一种政府行为,直接涉及对公共权力的一种运用。权力的扩张性和政府的相对优势地位很可能使政府采购行为违反规范。各国制定政府采购法运用法律规范以规范政府行为,直接目的就是

---

① 湛中乐.政府采购基本法律问题 OB/LE 北大法律信息网(hinalawinfo.com),2003 - 11 - 12.
② 苏明.政府采购[M].北京:中国财政经济出版社,2003:5.

提高政府在采购行为中的行政效率,节约行政成本,建立廉政、精简的政府机构。同时,政府制定的政府采购法作为人们从事政府采购经济活动的重要制度,通过规定各种优惠或限制条件,即规定人们能做什么,不能做什么,该怎么做,不该怎么做,为政府采购主体从事有关政府采购行为提供了明确的行为规范。借助政府采购法提供的信息,政府采购主体可以确定自己的行为方向以及预期与之相关的其他政府采购主体的行动。诚如美国制度经济学家拉坦·布罗姆利所言:"制度提供了对别人行动的保证,并在经济关系这一复杂和不确定的世界中给予预期秩序和稳定性。"①这就是作为制度的政府采购法可以使一个经济主体正确预期他人行动的原因所在,从制度上体现了政府采购制度的行政管理职能。

政府采购制度的行政管理职能古已有之,最初是基于政治目的,即主要是为了维护统治,但这一职能中所含的内容随着时间而不断丰富,现代行政管理更为强调政府采购中政府的托管人地位以及提供公共产品和服务的职能,它的经济作用和社会作用开始受到了重视。

(二)竞争政策职能

市场经济条件下的立法要求社会利益的最大化,经济法必须实现市场主体自由竞争与政府宏观市场管理的统一。政府采购作为经济法的重要组成部分,也是通过"看不见的手"和"看得见的手"两种方法共同作用于市场,达到公平与效率的统一。政府采购制度的竞争政策职能就是指政府采购促进市场公平竞争,发挥市场资源配置的基础性作用的职能。

[资料链接 2-1]

"看不见的手"与"看得见的手"

"看不见的手"最早是由亚当·斯密在他著名的《国富论》(1776 年)当中提出的。置身于当时工业革命的时代,亚当·斯密可以说是第一位把握自由经济精髓的学者。在他的观点当中,一个中心论点就是:厂商以及个人在追求自身的自利目标时,被一只看不见的手所引导,往往也增进了社会的福利,尽管这可能并非其本愿。在个人只顾追求自身利益的动机下,最后所增进的社会利益往往比他有心去增进社会福利的结果还来的大。他认为自利心这只看不见的手将使人们的行为符合社会的要求。市场机制中最重要的就是价格体系,在亚当·斯密看来,价格就像一只"看不见的手"协调着人们的经济行为及其活动。市场机制之所以会使经济活动有序地进行,就在于价格在市场经济中有两大功能,即:价格提供了信息,价格提供了激励。价格的相对高低在市场经济中反映了商品和生产要素的稀缺程度,正是价格所提供的信息,加上企业的利润动机,生产者便将决定应该生产什么、生产多少以及如何生产。所以我们现在说"看不见的手"就是指市场机制中的价格体系。

"看得见的手"出自英国另一位经济学家凯恩斯的《就业、利息和货币通论》(1936 年)一书,指的是国家对经济生活的干预。看得见的手一般是指政府宏观经济调控或管理,也称"有形之手",是"看不见的手"的对称提法。其手段和作用是通过制订计划(经济手段),指明经济发展的目标、任务、重点;通过制定法规(法律手段),规范经济活动参加者的行为;通过采取命令、指示、规定等行政措施(行政手段),直接、迅速地调整和管理经济活动。其最终目的是为了补救看不见的手在调节微观经济运行中的失效。如果政府的作用发挥不当,不遵循市场的规律,也会产生消极的后果。市场经济下的政府在经济发展中的主要作用是:提供国家安全、法制基础;提供稳定的宏观环境(例如,稳定的货币供给、物价、合理的利率和汇率);保护资源和

---

①　布罗姆利.经济利益与经济制度[M].陈郁,郭宇峰,汪春,译.上海:上海人民出版社,1996:23.

环境;反对垄断,维护公平的市场竞争秩序;照顾缺乏竞争力的弱势群体。

资料来源:根据网络资料整理.

政府采购的竞争政策职能主要体现在以下两个方面。

1.保护供应商的合法权益

政府采购的一项重要内容,就是对供应商权利的保护。供应商作为政府采购活动的直接参加者,在参与政府采购的过程中,与各类主体之间的矛盾和冲突是难免的。而与各类主体相比较,供应商处于弱势地位,特别是来自政府采购人不正当的干预,同时由于利益的驱动,供应商的求租现象也会影响其他供应商的合法权益。各种国际采购规则都将保护供应商的合法权益作为自己努力的方向,对供应商的保护可以分为两个方面:一方面要保护供应商的公平竞争机会,另一方面要努力锻造公开、公平、公正的市场环境,有效发挥市场调节的作用。

2.防止恶意垄断

由于政府采购主体的特殊性,相对于供应商,采购主体即"政府"仍具有其他采购者所没有的"权力",如果政府滥用这种"权力"造成恶意垄断,不但损害了供应商的积极性,更重要的是会威胁到政府采购制度的正常运行。统一、公开的政府采购制度从一定程度上冲击了地方保护主义和行业垄断,统一、公开的政府采购制度要求政府采购在国内统一市场上甚至是国际市场上进行,而不能仅限于某一区域,每一个合格的供应商都有公平的竞争机会,这就使地方保护主义最起码在程序上失去了可能。政府采购中竞争机制的引用使得整个采购过程透明公开,任何企业都只有增强内在修为,才能以实力赢得政府采购合同,同时完善的监督机制也完善了市场秩序。

政府采购的政策职能能否有效发挥,首先是由政府采购规模的大小决定的。政府采购规模越大,范围越广,通过运用政府采购规律科学合理地调整政府采购的规模、频率、方向,其政策职能发挥才能越直接、迅速,越显著。

政府采购的规模和政府职能、财政支出成正比,也就是政府职能越大、支出越大,政府采购规模就越大。每个国家政府的职能大小与该国体制有关系,我国是大国,行政体系庞大,从政队伍人员多,也意味着财政支出就大。2005年,我国政府采购量就高达2200亿,这还不包括军队采购,也不包括各单位的分散采购,可以说我国的政府采购规模理论上应该远远高于目前这个数量。因为在实际操作中,目前的政府采购目录与法律要求的范围差距很大,很多内容,如工程采购等还没列入政府采购范围。按正常发展的西方国家比例应达到GDP的10%～15%(我国2015年政府采购突破2万亿,仅占到当年GDP的3.06%),按照2016年我国GDP总量744127亿元,我国政府采购规模应达到74412.7亿元～111619.05亿元的年采购量。如此庞大的一个政府采购市场也就意味着要有强大的政策调控作用职能。中国经济增长方式主要是靠政府来拉动经济消费市场,只要增长方式不变,政府扮演的角色不变,政府的政策调控职能就不会变。尤其是我国政府采购工作刚起步,更离不开政府的调控手段,在社会经济发展转型期政府采购的竞争性政策职能也将发挥重要的作用。

(三)宏观调控职能

《政府采购法》第九条明确规定,政府采购应当有助于实现国家的经济和社会发展政策目标,其宏观调控职能则是显而易见的。政府采购支出的数额巨大,一般而言,一国的政府采购金额占当年GDP的10%左右,这被经济学家称为"一个巨大的黑洞"。政府作为国家最大的买家,其采购数量、品种和频率,直接影响国民经济的总体运行。政府采购政策与其他经济政策相结合,能够实现政府的重大经济目标和其他政策目标。

第一,通过建立政府采购制度,调节社会供求总量,从而实现社会总供求的平衡。通过统一的政府采购,可以贯彻政府在总量调控方面的意图。政府根据宏观经济冷热程度及其发展态势,在可利用的弹性区间内适时、适量地安排政府采购行为,并产生政府支出的乘数效应,就是调节总量的一种可选方法。例如,当经济过热、通货膨胀、供给与需求矛盾加剧时,政府可以通过压缩和推迟采购,减少社会总需求,从而抑制厂商商品和劳务的供给;反之,当经济偏冷、商品过剩、失业增加时,政府可以加大和提前采购,以刺激厂商的积极性,从而带动需求的增加,摆脱市场疲软的状态。这样,便通过经济手段(必要时也可辅之以其他手段)调控了社会总供需的平衡关系。

第二,通过建立政府采购制度,调整产业结构和产品结构,实现经济的协调和均衡发展。在市场经济条件下,整个社会的产业结构和产品结构大多是由众多厂商的生产经营行为所形成的。国家对产业结构和产品结构的调整,往往不能借助行政手段,而是要靠经济手段来实现结构调整目标。政府采购制度是一种运用简便、效果明显的调控手段。政府采购客观上对于不同的产业有一定的选择余地,可以据此体现不同的政策倾向。例如,对于那些政府根据合理的产业政策和技术经济政策认为需要给予一定扶持的新兴产业或技术项目,可以考虑在政府采购招标方案安排中多包含它们的产品,这样对这些产业或项目,既可形成财力的注入,又可在社会上产生示范效应,从而鼓励、刺激其发展;反之,如果政府意在紧缩或限制哪种产业或产品,则可以采取少采购或不采购的方式来达到目的。这也就意味着,政府采购实际上具有一种"导向仪"或"晴雨表"的作用。

更为重要的是,鉴于我国宏观经济中存在着深层次的结构性矛盾,在我国政府采购市场尚未全面开放之前,配合国家的产业政策,通过制定有利于保护民族工业的采购方法,通过对供应商的选择及为其创造平等的竞争环境,完成我国市场的契约化过程,并实现经济结构的优化,是非常必要的。另外,在目前内需不足的情况下,一定规模的政府采购活动可以起到刺激经济增长、扶持地方企业发展的作用。

第三,通过建立政府采购制度,充分发挥其稳定物价的调控作用。政府采购具有"成规模"的特点,对市场价格的水平和走向可以产生一定的影响。政府在统一的采购中以竞争方式压低供给价格的行为和效应,一般将体现为对同类商品价格及至价格总水平的平抑和稳定。政府也可以有意利用这种调节能力,在某些商品的购买时机、数量等方面做出选择,在一定范围、程度上形成积极的价格调控。

第四,通过建立政府采购制度,体现政府的政策意图,实现某些特定的社会经济目标。由于政府采购行为的实施可以积极地影响整体经济的运行,所以政府在产业走向、环境保护、社会保障等方面所追求的一些特定政策目标,就可以纳入政府采购的通盘考虑之中。例如,在政府采购的统一安排中,可以适当向包含技术含量较高的高新技术产品、向生产有利于环境保护的新产品和运用有利于环境保护的新工艺的厂商、向吸收劳动力就业较多的厂商倾斜等,这样就可以体现出政府对这些产业、产品和厂商的支持,传达了政府鼓励其发展的特定政策意图。

总之,由于政府采购活动本身的特点,决定了政府采购制度作为一项制度性安排,在健全财政职能、加强财政支出管理、提高支出经济效益、强化预算约束、减轻财政负担、防治腐败、加强廉政建设等方面,尤其是在强化政府对经济的宏观调控方面具有极其重要的作用。

[案例分析 2－1]

发挥政府采购的宏观调控功能以减缓经济危机影响

要点提示：

1.政府采购与总需求之间的关系。

2.如何应用公共财政政策发挥政府采购的作用？

当前,世界经济出现了意外的历史性变局。源自美国的次贷金融问题已演变为经济危机,从资本市场传导到生产市场,从一个国家蔓延到世界其他国家和地区。我国毫不例外地成为这场危机的受害者,而且是中国经济自改革开放以来所受到的外部冲击和影响程度最为严重的一次。

我国政府采购是顺应市场经济、为构建公共财政体系而实施的一种制度,它是公共财政的一个重要组成部分。政府采购在现代经济条件下,已不仅仅是一种简单的商品交易关系,更兼具政策导向和宏观调控功能。政府作为一个国家最大的消费者,其政府采购额一般占国内生产总值的 10%。由此可见,政府采购政策不仅影响供应商等生产和经销企业的生产和经营效益,而且影响整个国民经济的宏观运行,通过政府采购宏观调控功能作用的发挥,一方面在经济过热时,政府可以减少采购规模,实行紧缩性的财政政策;另一方面在内需不足时,政府可以通过增加采购规模,刺激萧条的经济。即通过增加或减少采购数量,来刺激或抑制市场需求,从而调节经济总量的平衡。

因此,政府采购作为公共财政和社会总需求的重要组成部分,不仅在正常的经济生活中对加强宏观调控、刺激市场需求发挥着重大功能,而且在全球金融危机形势下,对拉动内需、调节经济总量的平衡,同样发挥着其他手段和措施所不可比拟的特殊作用。

1.政府采购在全面落实好扩大内需政策、减缓和降低金融危机带来的影响方面发挥着重要作用。

2.政府采购在倾斜民族产品、减缓和降低金融危机带来的影响方面发挥着重要作用。

3.政府采购在强化制度建设,通过优质服务来扩大内需、减缓和降低金融危机带来的影响方面发挥着重要作用。

4.政府采购在创新服务方式,通过引入融资担保、减缓和降低金融危机带来的影响方面发挥着重要作用。

资料来源:陈佩钢.中国财经报,2009－08－05.

第二节　　政府采购的目标

政府采购作为公共支出的重要组成部分,是政府行使其职能的重要手段。在西方契约政府理论中,政府为了实现政府职能而向纳税人征税从而形成了公共资金,政府在分配和使用公共资金的过程中履行的是公共托管人的角色。所以在政府采购过程中,所进行的每一笔交易同样必须符合广大纳税人的共同利益。它所体现的具体目标有以下三个。

一、经济性与有效性目标

这是政府采购资金使用过程的一个原则性目标。政府采购所用的每一分钱都是纳税人的劳动所得,政府在运用的过程中,必须对纳税人高度负责,力图使每一分钱都花在刀刃上,每一分钱都应取得最大效益。因此政府必须遵循市场规则,合理利用竞争机制,计算采购资金现金流的成本与收益。经济性要求政府在采购过程中必须追求物有所值,通过鼓励充分竞争使财政资金的使用效益最大化。但值得指出的是这里的效益最大化并不是传统意义上的成本—效益分析,因为这里的成本不是所购物品的现价,而是指寿命周期成本,即所采购物品在有效使用期内发生的一切费用减去残值。政府采购追求的就是寿命周期成本最小而效益最大。有效性是指在使采购的物品、工程、服务具有良好的质量、合理的价格的同时,还要注意采购的效率,要在合同规定的合理时间内完成采购任务,以满足使用部门的需求。

[资料链接 2 - 2]

政府采购的经济效益

经济效益一般是指社会再生产过程中投入和产出的比较。

投入(inputs),是指在生产过程中耗费或占用的人力、物力和财力的总和,一般称为劳动消耗或劳动占用量。产出(outputs),是指在生产过程中提供的劳动成果,一般指满足社会需要的劳动成果。从投入产出角度分析政府采购的经济效益,实际是指政府在市场购买过程中所投入(消耗掉的)资金,与它所产生的社会经济效用,或满足社会需求的满意程度的比较。

政府采购经济效益包括微观经济效益与宏观经济效益。政府采购微观经济效益是从单个实体角度讨论政府的购买行为。如某机关单位通过政府集中采购,购买的办公设备,即节约了资金,又使办公效率大大提高;如政府采购实施的公益性道路工程建设,改善了城市交通状况,使人们出行更加方便快捷;再如政府采购的园林绿化,使城市空气新鲜,环境更加优美等等。政府采购宏观经济效益是指政府购买在经济总体运行过程中所起的作用和产生的效益,是从国民经济总体角度考虑的全社会的经济效益,是研究政府采购在社会总需求和总供给之间的平衡中所起的作用。

资料来源:根据网络资料整理而成.

二、国内政策目标

政府采购作为一种支出管理方式,政府可以将这种微观采购行为与宏观经济调控行为结合起来,以实现政府的国内政策目标。具体来讲,有以下几点。

(一)调整产业结构

随着科学技术的不断发展和新能源的逐渐出现,为了实现资源配置的帕累托最优,使每一种资源都有最大产出,必然会在各种产业之间进行资源的重新整合,资源的重新配置必然会客观要求各种产业的市场份额发生变化,以增强或是收缩该产业部门对资源的吸纳能力。政府可以通过政府采购这一支出方式有效地起到这种作用。政府面对产业结构的变化,正确判断哪些产业规模应该扩大,哪些产业规模应该缩小。对于决定扶持的产业,政府可以扩大对其产品的购买,以扩大它的市场份额,促使商家扩充生产规模;而对于决定控制的产业,政府可以减少对这些产业产品的采购,最终形成帕累托最优的产业结构。

[资料链接 2 - 3]

什么是帕累托最优

帕累托最优(Pareto optimality),也称为帕累托效率(Pareto efficiency),是指资源分配的一种理想状态,假定固有的一群人和可分配的资源,从一种分配状态到另一种状态的变化中,在没有使任何人境况变坏的前提下,使得至少一个人变得更好。帕累托最优状态就是不可能再有更多的帕累托改进的余地;换句话说,帕累托改进是达到帕累托最优的路径和方法。帕累托最优是公平与效率的"理想王国"。这个概念是以意大利经济学家维弗雷多·帕累托的名字命名的,他在关于经济效率和收入分配的研究中最早使用了这个概念。

资料来源:高鸿业.西方经济学[M].6版.北京:中国人民大学出版社,2014.

(二)促进政府官员廉洁

建立和推行政府采购制度可增加采购中的透明度,消除分散采购中的腐败现象,促进我国的廉政建设。政府采购遵循公开、公正、公平原则,多以招标的形式公开竞价,公平竞争,并按严格的采购程序进行。而在过去不健全、不完善的市场法制环境中,一些厂商采用小到请客送礼,大到各种名目的回扣,暗中从政府官员那里争取到慷国家之慨的优惠待遇,使分散采购过程中的设租、寻租的行为时有发生,扰乱了市场秩序,损害了党和政府的形象。实施政府采购后,形成财政、审计、供应商和社会公众全方位的监督机制,财政资金由财政部门直接拨付给供应商,减少了分散采购环节的寻租行为,促进了廉政建设。

(三)控制价格,稳定物价

利用政府采购来调控价格,这一方式在中国汉朝就已经出现了。公元前110年,汉武帝采纳了桑弘羊的建议,在全国实行均输平准政策。所谓的均输平准政策就是:通过政府采购在市场价格降低时购入商品,以减少市场供应量来拉高价格;在市场价格居高时,卖出所购商品来扩大市场供应量,拉低价格,以此达到政府宏观调控的目的。因此,政府通过在经济发展的不同时期灵活地使用政府采购方式,能够有效实现控制价格、稳定物价的目标。

(四)促进就业

政府采购要达到促进就业的目的,有两种方式:一是间接的方式,劳动力作为一种经济资源,它的流动取决于不同产业部门的需求量,而政府可以通过采购的方式,刺激某些行业或是特殊厂家的产量,从而间接拉动它们对劳动力的需求,促进就业;二是直接的方式,这种方式往往是以政府采购的资格审查,附加条款的形式存在的。比如对参与采购竞争的企业资格审查,如果该企业存在歧视妇女、残疾人就业的情况,就剥夺它的竞标资格;对于拿到政府采购合同的企业,可以在附加条款中要求该企业必须接受一定数量的劳动力等。

(五)环境保护

在经济发展的过程中,环境问题日益严重,作为当家人的政府,必须要考虑产品的外部性问题。相对而言,私人采购并没有涉及这个问题,因为微观经济个体不用考虑他所购买的产品对社会的副作用。但政府可以通过集中采购很好地控制厂家,使其产品的生产符合相关的环境法规。政府对其所采购的对象,在环保标准上可以进行明确规定,达不到技术要求的不予购买,以此推动生产者改进生产技术,减少产品生产对环境的破坏作用。

(六)加强对国有资产的管理

在政府采购前,采购部门必须向财政部门提出购买申请,其中包括购买的物品名称、数量等,在买前立项,在买后备案。当下次申请购买或更新换代时,要对前一次所购物品的处理做出说明,这样便于财政部门加强对国有资产的控制,防止国有资产的流失、闲置和浪费。

三、国外政策目标

随着经济一体化的发展,国与国之间的贸易壁垒逐渐被打破,商品得以在各国之间自由流通。一方面政府要激励本国企业积极融入经济全球化中;另一方面出于某些原因,政府还必须设置一些障碍来限制外来商品,以鼓励本国同类商品的生产。政府采购可以帮助政府有效地实现这两个目的。

（一）保护民族产业

虽然自由贸易是当今世界经济发展的主流,但实际上许多国家都通过立法,强制性地要求政府在一般情况下优先购买本国产品,以实现保护民族产业的目标。如美国在 1933 年颁布的《购买美国产品法》,这里所称的美国产品是指最终产品中美国零部件含量不低于 50% 的产品。该法的宗旨是"扶持和保护美国工业,美国工人和美国投资资本",要求美国政府购买本国的货物和服务。虽然现在美国已经加入了 WTO 的《政府采购协议》,但该法仍然对非 WTO 成员有效,并且在某些领域对世贸成员也实行保护。由此可见,政府采购对于保护民族工业发展具有积极的作用。

（二）促进国际贸易

政府通过加入国际性或区域性经济组织的政府采购协议,使国内企业以较优惠的条件进口原材料,同时也为国内企业开辟了新的市场,让国内企业到外国政府采购市场上争取合同,增加出口,促进国际贸易。因此,我国的企业应积极行动起来,为即将开放的政府采购市场做好准备,一方面要掌握国际惯例,到国际市场去争取合同;另一方面,要努力提高自己产品的质量,增强在国际上的竞争力。

［案例分析 2－2］

以政府采购援建就业"跑道"

要点提示:

1.政府采购与就业的关系是什么?

2.政府采购在促进就业的过程中是如何体现公共财政职能的?

2007 年 2 月,《残疾人就业条例》从法律层面规定了政府采购扶持就业的政策功能。条例第 18 条规定,同等条件下,政府应优先购买集中使用残疾人的用人单位的产品或者服务。2008 年 3 月,《中共中央、国务院关于促进残疾人事业发展的意见》提出,要加强残疾人职业培训和就业服务,增强残疾人就业和创业能力。面对这些政策,全国政府采购在试水、破题。

财政部在 2012 年政府采购工作要点中提出,要"逐步扩大公共服务、商务服务及专业服务的政府采购实施范围",为政府购买就业服务提供了前提。在今年的政府采购工作要点中则明确提出要"完善和细化支持残疾人就业的政府采购扶持政策",而其中提到的管理本国产品采购、促进中小企业发展、提高政策执行效果等则从客观上推动了政府采购对就业的扶持。2012 年 12 月,人保部、财政部联合印发《关于进一步完善公共就业服务体系有关问题的通知》,要求对基层公共就业服务平台提供的基本公共就业服务,可采取政府购买服务的方式给予补偿。上述政策层面的要求已经在全国各地落实到了具体实施层面,体现出全面、有效等共性,各种做法遍地开花。

2012 年,杭州市将公共就业服务纳入其政府采购目录之中。2011 年青海省《关于进一步促进残疾人事业发展的意见》《关于进一步做好促进就业工作的实施意见》提出,应通过政府采购对城乡各类失业人员及农民工实施 1～2 年的免费长期定向技能培训、技能鉴定、职业介绍的要求。

在青岛,参与政府采购活动的供应商如果安置残疾人就业达到一定比例,在投标时将给予加分，最高可达 4 分。福建、浙江、成都等省市则对政府采购提出优先购买残疾人就业产品的要求。

上海、西藏、商丘等地直接向相关人员提供了公益服务就业岗位。截至 2011 年年底，上海市已经通过政府购买公益性岗位，帮助了近 25 万名就业困难对象走上工作岗位。

对应届毕业生、农民工等弱势就业群体的扶持则主要体现在就业培训层面。湖南省结合高校毕业生的特点，着力在基础管理、就业推荐、岗位见习、扶持创业、技能培训、购买公益性岗位等 6 个方面加大援助力度，其就业援助对象的范围涵盖了省内普通高校湖南籍毕业生和户口档案已迁回湖南省的湖南生源省外普通高校离校后未实现就业的毕业生等。2012 年，河南省新乡市则通过政府采购选出涉及计算机操作员、计算机维修工、中式烹饪、车工、数控类、家用电器维修工、保健按摩师等 24 个专业的农村劳动力职业技能培训定点机构。

政府采购通过多种手段发力，促进就业，使政府采购离百姓生活越来越近。我们有理由相信，在未来，也许每一个社会公众都能够切身感受到来自政府采购的温度。

资料来源：张静远.中国政府采购报,2013 - 03 - 11.

第三节　政府采购的原则

政府采购是财政支出管理与市场化的商业运作的有机结合，有其自己的运行轨迹，因此也有其自身遵循的原则。政府采购应当遵循公开透明原则、公平竞争原则、公正原则、经济效率原则、诚实信用原则和物有所值原则等。

一、公开透明原则

公开是政府采购市场管理的有效手段，是政府采购法制化的精髓所在。公开与透明的关系十分密切，公开是实现透明的途径，透明是公开的结果，二者密不可分。政府采购的公开透明原则是指政府采购的法律、政策、程序和采购活动的有关信息和要求都要向社会公开。由于采购机关组织实施政府采购使用的是公共资金，因此就对公众产生了一种管理的责任，也即谨慎地执行采购政策并使采购活动具有透明度。

首先，政府采购的法律、法规、实施细则和各类政策性文件都必须公开，任何部门、企业、团体或个人都可以随时了解和掌握。其次，政府采购的程序必须公开。第三，政府采购的项目必须公开，以便于承包商、供应商提前做好准备，参加公平竞争。项目的公开主要指公开刊登采购广告、发布采购通告等。第四，政府采购的条件必须公开，诸如合同的要求、投标商资格的审查标准、投标的评价标准等都要事先公布，并且只能按此标准评标授标。第五，政府采购的开标必须公开，并向社会公开采购资金的使用情况。最后，政府必须接受投标人的质疑和投诉，维护招标过程及结果的公开透明。

从公开的途径看，政府采购信息的公开有以下几种方式：通过报纸、杂志、广播、电视、互联网等大众传媒公开；将有关资料、文件置于采购中心或某一特定地点，供潜在供应商和社会公众索取；由采购机关直接向供应商交付有关资料、文件；通过专人、电话、互联网等途径接受供应商和社会公众的个别查询与质疑。上述方式可以并行，但应当以第一种为主，因为这种方式的公开程度最广泛。为了解决媒体众多、信息零乱分散等问题，我国财政部确定了发布政府采购信息的三个官方途径——一份报纸、一份杂志和一个网站①。

二、公平竞争原则

公平性原则主要有两个方面的内容：一是机会均等，指政府采购原则上应使所有的潜在供应商参加政府采购的机会均等，凡符合条件且有兴趣参加政府采购的供应商、服务提供者都有资格参加，这是用他们依法享有的权利来参加竞争，而且资格审查和投标评价对所有参加政府采购的供应商使用同一标准，采购机关向所有投标人提供的信息都应一致；二是待遇平等，指政府采购应对所有的潜在供应商一视同仁，给予其同等的待遇。当然，在公平性原则中还应体现政府采购的国家政策，要兼顾政府采购社会目标的实现，如对中小企业、少数民族企业给予一定的照顾，扶持其发展。必要的时候，出于保护扶持民族工业的考虑，政府还需要给予国内企业优先参加政府采购的权利，以保护国内市场。

借鉴国际组织和各国（地区）关于政府采购的规范，在我国政府采购中，竞争原则应当具体表现为：通过公开政府采购信息，吸引众多的供应商参与竞争；公开招标投标是高级的竞争形态，政府采购方式首选公开招标，其次是限制性招标；除竞争性招标外，政府采购还有其他非竞争性采购方式（如单一来源采购），这些采购方式的适用应当遵循严格的条件；在采购过程的每个阶段，应该给予供应商适当的时间充分准备，以便展开有效的竞争。在政府采购中应当排除行政垄断和地方保护主义，不得滥用行政权力排斥本地区、本系统、本行业之外的供应商参加竞争，在全国范围内建立起统一、开放、竞争、有序的政府采购大市场。由此可见，竞争原则的含义不仅包括公平竞争，而且包括充分、有效的竞争在内。

三、公正原则

政府采购需要建立一种公正的制度，使采购主体与承包商或供应商之间建立一种公平的交易关系，实现公平竞争。作为采购机关，要达到公正原则，首先必须对各供应商提出相同的供货标准和采购需求信息，对物品的验收要实事求是、客观公正、严格执行合同的标准，不得对供应商提出合同以外苛刻的要求或不现实的条件。作为政府采购的中介机构，主要是参与采购中的开标和评标，因此，公正原则必须体现在开标和评标的过程中。在评标时，对各供应商提供的标书进行客观、科学的评价，既要看到各种标的优点，也要指出其缺陷和不足，尽可能采用评分的方法进行评价，用分数的高低来评出优劣及等次，为决标提供显而易见的依据，尽量使各供应商口服心服，得到真正的公正结果。

四、经济效率原则

政府采购制度的经济效率原则是指采购主体力争以尽可能低的价格采购到质量理想的物品、劳务或服务。效率原则是政府采购的基本原则，这一原则体现在两个方面：一是"货币价值最大化"，用少量的资金支出，购买到较多的商品和劳务，尽量为采购单位考虑，少花钱，多办事，并且把事情办好，到目前为止还没有出现采购单位不满意的投诉事件；二是节约采购时间和采购管理费用，在采购申报经办过程中，力求避免采购程序过于烦琐，采购周期较长，采购管理费用较多，造成政府采购效率低下的问题，应尽可能节省采购时间和降低采购管理费用，争

---

① 一份报纸是指《中国财经报》；一份杂志是指《中国政府采购》；一个网站是指中国政府采购网。

取采购单位最大程度的称心如意。

过去,由于我们没有建立规范的政府采购制度,政府采购当中很少进行成本效益核算,重复投资,盲目采购,采购效率低下,结果给国家造成了极大的损失和浪费。美国法律经济学家波斯纳指出:"政府部门往往倾向于不计成本地向社会提供不恰当的服务,造成浪费。"①所以我们的政府采购制度必须充分体现经济效率原则,确保政府采购过程自身的微观效益与政府采购的社会效益两者的统一,最大限度地节约公共资金,用好公共资金,把劳动者用血汗换来的每一分钱都用在刀刃上,用极为有限的资金为社会谋取最大的利益。我们的政府采购制度除了要体现实质上的经济效率原则以外,还要体现采购程序上的经济效率原则,政府采购的方式可以多种多样,除了招标投标这种主要的方式之外,还有谈判采购、询价采购等,采购主体可以根据具体的采购需求按照经济效率原则来确定采用什么样的采购方式。

［资料链接 2－4］

财政的经济效率

经济效率是社会经济运行效率的简称,是指在一定的经济成本的基础上所能获得的经济收益。财政效率实质上反映的就是政府配置资源的效率和政府行政运行的效率。

所谓财政经济效率,是指财政职能的履行应当有利于促进社会资源的合理配置和经济机制的有效运行,具体而言,政府应通过合理的运用财政税收手段,调节经济运行,使得经济活动中各生产要素能够通过合理配置达到最佳经济效果,保证经济发展的速度和社会物质财富的积累程度。比如针对经济中存在的外部成本大于外部收益的情况,政府通过课以重税、增加财政补贴等财政税收手段的应用,对其进行调节,从而有效地矫正了外部效应,使得社会资源能够得到合理配置,这就实现了其经济效率。

财政经济效率是一个特殊的效率范畴,是效率在财政领域的体现。追求财政效率最根本的目的是实现财政的职能。一般意义上的效率涵盖了两个层次:一是指要素资源配置的效率,即经济效率;二是指人和社会和谐发展的效率,即社会效率。因此,从理论上讲,财政效率也应该包括两个方面的内容:财政的经济效率和财政的社会效率。

资料来源:根据网络资料整理.

五、诚实信用原则

诚实信用,《布莱克法律词典》将其解释为:"是否怀有善意;诚实地、公开地和忠实地;没有欺诈或欺骗;清白无辜地,持信任和信赖的态度;真实地,实际地,真正地和不假装。"②在普通用法中,这一词语被用来描述目的诚实和不欺诈的内心状态。概言之,即忠实于自己的义务或责任。诚实信用原则的本质主要由三个层面构成:首先,是道德心理层面。在道德心理意义上,诚实信用原则是由一定社会的综合社会条件所决定的关于善意真诚、守信不欺、公平合理的一般道德心理。其次,是法律规范层面。在该层面上,诚实信用原则是一种以道德为由而具有法律强制力的行为规范。第三,是客观事实层面。在客观事实层面上,它是合同当事人及司法者以该原则为依据所进行的一切行为。它包括当事人一切适当的合同行为,法官据以裁判

---

① 理查德. A. 波斯纳. 法律的经济分析(上). [M]中文版. 蒋兆康,译. 北京:北京中国大百科全书出版社,1997:29.

② BLACK'S LAW DICTIONARY(5THed),by Henery Campbell Black,published by WEST Publish Company Limited,1979:623—624.

案件的所有行为,以及由这两种行为所构成的法律程序。其中,法官依据该原则的自由裁量是该事实的重要特征。诚实信用要求政府采购部门首先对自身的行为高度负责,比如采购信息的发布、供应商的评价等各个环节必须客观公正,不得出现任何形式的弄虚作假;其次,要对参与采购活动的供应商高度负责,对供应商的资质、信誉等情况进行全面细致的考察,及时取消不符合条件的供应商的资格;另外,当然还要对社会公众以及政府采购监督管理部门负责,自觉接受来自社会各界的监督。

六、物有所值原则

物有所值原则(value for money)是西方国家在政府采购法中确立的基本原则之一,对发展中国家产生过较大的影响。通常的含义是指投入(成本)与产出(收益)之比,这里的投入不是指所采购物品的现价,而是指物品的寿命周期成本,即所采购物品在有效使用期内发生的一切费用再减去残值。

政府采购是为政府机关、事业单位采购办公用品。如果将物有所值原则理解为不一定接受最低报价,在政府采购的实践中有可能造成一系列误解。一方面供应商会认为这是政府采购部门选择自己意向中的供应商的最好托词,是新生腐败的源头。另一方面以成本为准绳拒绝最低报价还存在不少问题。如各供应商自身内部的经营状况、管理水平、进货渠道不尽相同。因此,其内部成本也就不一定一样。相同报价对不同供应商来说,是否低于成本价在销售环节很难衡量。500万的报价对甲来说可能是低于成本的报价,对于乙来说就不一定是低于成本的报价。在实际操作中我们无法用一个统一的标准来衡量最低报价是否低于成本价。可见,以物有所值原则来拒绝最低投标报价恐怕在实践中很难让供应商信服。

政府采购是在为各行政事业单位采购办公必需的物品、工程及服务,采购来的物品目的是要满足各行政事业单位的需要,而不是再次交换,以获取经营利润。因此,政府采购中的物有所值就没有必要强调商品的价值,应当强调的是商品的使用价值。而使用价值是没有大小(量)区分的,它只有一个原则:可用与不可用。只要政府采购的东西是可用的,能够满足用户的需要,其最终目的就实现了,不需要关注是否采购的是低于成本的商品。

诚然,政府采购还担负着配合调节国家宏观经济的经济责任;还担负着反腐败的政治责任等。但所有这些责任都只有在以最少的代价换取了政府需要的物品、工程及服务之后才能体现出来。所以我们认为政府采购物有所值原则应以使用价值为重,即应以满足用户的需要为首要任务。

在政府采购的过程中最关键的一环就是对投标报价的评审,这也是物有所值原则被运用最频繁的一个环节。贯彻好这一原则就是要把握好评标的方法、评标的尺度。

[案例分析 2-3]

江西政府采购封杀国货

2006年12月12日,中国公路项目信息网等媒体发布了一则招标公告,江西省高等级公路管理局委托中国交通进出口总公司通过公开招标方式,为江西昌泰高速公路等单位购买铣刨机、多功能装载挖掘机、双钢轮压路机、摊铺机、沥青路面修补设备若干。其中沥青路面修补设备、洒布车等多种设备在"技术规格"一栏中居然明确要求是"国外知名生产厂家原装产品或在国内投资组装"。这意味着占据了国内市场较大份额,甚至在国际市场拥有一席之地的国产自主品牌路面设备,不具备此次政府采购的入围资格。

　　负责组织此次采购事宜的江西省高等级公路管理局机务处处长陈雪飞介绍,本次政府采购是江西省高速公路路面养护等设备的首次公开招投标,采购设备总值约3000万元。她表示,本次设备采购完全是按照"国际惯例"进行的,质优价低者中标。之所以大范围拒绝国产自主品牌的设备,主要原因是国产自主品牌质量不过关,远不如国外品牌设备质量相对稳定可靠。她还表示,国外品牌的设备在购置费用上普遍比国内品牌高出30%甚至更多,为防止国内一些小厂商以"价低质劣"的设备恶意低价中标,只能在招标文书中预先设槛,将这些国内小厂家拒之门外。

　　中国公路学会筑路机械分会秘书长刘文华分析说,中国的高速公路养护等路面设备的生产和销售已经有20多年历史,国内自主品牌的路面设备已经形成系列,产量大幅度增加,年产值高达数十亿元,不仅能满足国内不同市场的需求,甚至获得了国际市场的认可,相当数量的产品具备了国际一流水平。一些报名时就被拒之门外的国内厂商反映,江西此次政府采购所称的"国际知名品牌"概念模糊,容易出现人为的操纵;另外,所谓的"国外厂家在国内投资组装"早已花样翻新,一些厂家打着进口品牌的幌子,在国外注册一家公司,作为企业形象宣传使用,而所有的生产都在国内完成。一位专业人士称,有些招标条款已露出了"马脚",比如能够满足"国内投资组装"这一条款的,全国只有一到两家,江西的开标结果甚至可以"精确预测"。

　　上海市政工程行业协会副会长李祖耀认为,江西此次政府招标文书显然不合行业规范。采购方称,指定国外知名品牌主要是担心国内一些小厂家以最低价中标,造成最低价买到最差设备的局面。但实际上,采购方完全可以在招标的技术规格表述中,设置相应的技术参数和售后服务要求,甚至对公司实力提出较高的商务条款,比如注册资金、以往的销售业绩等,这样完全可以避免"低价低质"情况的出现。李祖耀说,江西此次政府采购并没有提出这些限制条件,而是笼统地把国产自主品牌拒之门外,这是不合理的,"很有可能是为了达到某种目的而采用的非常办法"。

　　我国的政府采购法明文规定,"政府采购应当采购本国货物、工程和服务",除非"需要采购的货物、工程或者服务在中国境内无法获取或者无法以合理的商业条件获取的",或者"为在中国境外使用而进行采购"以及"其他法律、行政法规另有规定的"可以例外。业内人士指出,显然,在江西高速公路上使用的养护设备不属于例外的范畴。该法律同时还规定,"任何单位或者个人阻挠和限制供应商进入本地区或者本行业政府采购市场的,责令限期改正","拒不改正的,由该单位、个人的上级行政主管部门或者有关机关给予单位责任人或者个人处分"。

本章小结

　　1.对于政府采购制度的职能,许多学者的看法各不相同,但所有看法可以大致归纳为三种:行政管理职能、竞争政策职能和宏观调控职能。

　　2.各国制定政府采购法运用法律规范以规范政府行为,直接目的就是提高政府在采购行为中的行政效率,节约行政成本,建立廉政、精简的政府机构。政府采购制度的竞争政策职能就是指政府采购促进市场公平竞争,发挥市场资源配置的基础性作用的职能。政府采购应有助于实现国家的经济和社会发展目标,其宏观调控职能则是显而易见的。

　　3.政府采购的目标必须体现采购资金的公共资金性质,以最有利的价格等条件采购到质量符合要求的物品、工程或服务,进而实现调节国内国外政策的目标。

　　4.政府采购的基本原则是贯穿于政府采购法的根本规则,是指导政府采购立法、司法和进行政府采购活动的带有普遍指导意义的基本准则。政府采购原则的选择与确定,将奠定政府采购立法的基调,并且反映出政府采购的立法目的。

关键概念

竞争政策职能 经济性与有效性 诚实信用 物有所值

本章案例或专栏资料分析题

1.阅读资料链接2-1"'看不见的手'与'看得见的手'",结合政府职能来分析政府采购是如何体现"看得见的手"的调控作用。

2.参照案例分析2-1"发挥政府采购的宏观调控功能以减缓经济危机影响",思考政府采购在我国经济发展的各个阶段如何发挥宏观调控的作用。

3.阅读资料链接2-2"政府采购的经济效益",总结政府采购的经济效益与私人企业的经济效益有何区别。

4.阅读资料链接2-3"什么是帕累托最优",描述政府采购如何促进产业机构的帕累托最优。

5.参照案例分析2-2"以政府采购援建就业'跑道'",分析政府采购对扶持弱势群体就业的经济意义,并以大学生就业为例进行说明。

6.阅读资料链接2-4"财政的经济效率",思考政府采购的经济效率原则应重点考虑哪几个方面。

7参照案例分析2-3"江西政府采购封杀国货",延伸阅读课外资料"格力废标案",思考政府采购应遵循的原则在实施过程中面临的难点是什么。

第三章 政府采购当事人及其法律规范

学习目标: 本章主要介绍了政府采购当事人及其监督管理部门的权力、义务和职责,并分析政府采购当事人及其监督管理部门的法律责任。通过本章的学习,重点掌握政府采购各当事人的内涵,明确政府采购各当事人的权利与义务及其应承担的法律责任,了解政府采购的监督管理部门的内涵、职责和法律责任。

第一节 政府采购当事人及其法律规范概述

为了规范政府采购行为,提高政府采购资金的使用效益,维护国家利益和社会公共利益,保护政府采购当事人的合法权益,促进廉政建设,必须制定相关法律规范,以明确政府采购活动中各参与方的权利、义务及法律责任。

一、政府采购当事人概述

政府采购行为包括政府采购的管理行为和执行行为。采购当事人是政府采购的执行行为主体,指的是参加政府采购活动的各类合法主体,都是直接参与政府采购商业活动的各类机构,不包括政府采购的监督管理部门。只有明确政府采购的各方当事人,才能根据不同主体的行为特征做出相应规定,明确各主体参加政府采购活动的权利和义务。

政府采购当事人应当包括三种人:一是采购人,是指依法进行政府采购的国家机关、事业单位、团体组织。二是政府采购代理机构,采购代理机构为集中采购机构和其他社会代理机构。按规定,只有设区的市、自治州以上的人民政府根据本级政府采购项目组织集中采购的需要才设立的集中采购机构。集中采购机构的性质属于非营利事业法人,根据采购人的委托办理采购事宜。三是供应商,是指向采购人提供货物、工程或者服务的法人、其他组织或者自然人。

二、政府采购当事人的法律规范

政府采购当事人在政府采购活动中依法享有相关权利,同时应当依法承担相关义务,自觉接受财政部门的管理与监督。政府采购属于采购人与供应商进行的一种商业性交易活动,如果不加强管理,或者缺乏规范化规定,很容易受利益的引诱,滋生腐败。同时,由于政府采购资金是财政性资金,不是单位自有资金,因为不是个人资金,必须有很强的责任心和制度作保障,否则,会对政府和社会,甚至国家造成不可估量的负面影响。另外,在政府采购活动中,政府采购当事人虽然是平等的民事主体,但需求方均为政府性机构,掌握着商业机会的分配权,容易发生寻租现象。因此,必须禁止政府采购当事人的不正当行为,维护公平竞争,捍卫政府采购的公正性。

(一)政府采购当事人不得相互串通和排斥其他供应商参与竞争

政府采购中的当事人相互串通和排斥其他供应商的行为多种多样。按规定,下列行为应当属于禁止之列:①采购人员向某些供应商泄露标底;②采购人员在报价前为某些供应商撤换标书或者修改报价,或者泄露其他供应商的投标信息;③采购人员为了使某个供应商在投标中处于优势地位,利用行政手段或者在招标文件中制定歧视性的技术规格,排斥其他供应商;④采购人员与供应商或者采购代理机构串通抬、压报价;⑥供应商之间私下形成联盟,抬高报价等。

(二)供应商不得以不正当手段谋取中标或成交

供应商是市场主体,以营利为目的,应当严格按照规定的正当渠道获得商业机会。对不择手段如找关系、跑路子,拉拢腐蚀直接影响政府采购合同授予的有关机构和人员的供应商和行为要坚决予以制止。按规定供应商不得向采购人、采购代理机构、评标委员会组成人员、竞争性谈判小组的组成人员、询价小组的组成人员行贿或者采取不正当手段谋取中标或成交。

(三)采购代理机构不得以不正当手段谋取非法利益

采购代理机构应当包括取得规定资格的社会中介机构和集中采购机构。这些机构的收入来源于接受采购人委托收取代理服务费和预算拨款。由于市场竞争激烈,商业机会有限,而且采购委托事务容易受到行政干预,有些代理机构为了招揽代理业务,往往会采取行贿或者服务费分成等办法。另外,有的采购代理机构为了取得更多收入,容易出现与供应商串通的行为,通过各种方式帮助特定供应商中标,然后从中标供应商处获利。为了规范采购代理机构的行为,保护采购当事人各方利益,规定采购代理机构不得向采购人员行贿或者采取其他不正当手段谋取非法利益。

[案例分析 3-1]

采购当事人权利与义务的履行

要点提示:

1.政府采购人的权利与义务应如何履行?

2.供应商的合法权益如何维护?

【案情概述】

某竞争性谈判采购,共有3家供应商参加。谈判过程中采购小组当场将技术要求做了相应的调整。随后,谈判小组经过比较,觉得3个参加谈判的供应商中,A和B的第一次报价较合理,C的价格偏高,因此认定C的成交希望不大,决定将其排除。于是,谈判小组口头通知了A、B两家供应商关于技术要求的相应调整,并请他们重新报价,最终根据在满足配置、服务的前提下价格最低的原则,确定B供应商成交,并当场宣布了采购结果。

【调查情况】

本案例的焦点在于两点:一是该采购中心的采购做法有无不妥,二是C应采取怎样的做法维护自己的合法权益? 案例中共有3家供应商参加。谈判过程中,谈判采购小组经过仔细研究发现,原先采购文件中提出的技术要求有较大的偏差,为此经与采购人代表现场商议,谈判采购小组当场将技术要求做了相应的调整。随后,谈判小组经过比较,决定将第一次报价偏高的C排除。并口头通知了A、B两家供应商关于技术要求的相应调整,并请他们重新报价,最终确定 B 供应商成交,并当场宣布了采购结果。

【问题分析与处理情况】

《政府采购法》第三十八条规定,谈判小组从符合相应资格条件的供应商名单中确定不少于三家的供应商参加谈判,并向其提供谈判文件。谈判文件有实质性变动的,谈判小组应当以书面形式通知所有参加谈判的供应商。

谈判小组的做法在三个方面均不符合采购法的相关规定:

1. 谈判小组调整相关技术要求后,没有根据法律规定通知包含 C 供应商在内的所有参与谈判的供应商;

2. 未采用书面的形式通知供应商;

3. 由于没有通知 C,最终的二次报价,实际上只是两家供应商参加,不符合"不少于三家"的有关规定。

由于在谈判过程中,谈判小组仅凭主观推断就认定 C 没有成交希望,从而人为地剥夺了 C 在技术调整后参加二次报价的机会,对 C 供应商的合法权益造成了严重损害。

根据政府采购法的相关规定,C 供应商如果认为合法权益受到损害,可在知道受害之日起七个工作日内向政府采购中心提出书面质疑,采购人应当在收到供应商的书面质疑后七个工作日内做出答复,并书面通知质疑供应商和其他有关供应商,但答复的内容不得涉及商业秘密。质疑供应商对采购人、采购代理机构的答复不满意或者采购人、采购代理机构未在规定的时间内做出答复的,可以在答复期满后十五个工作日内向同级政府采购监督管理部门投诉。

政府采购监督管理部门应当在收到投诉后三十个工作日内,对投诉事项做出处理决定,并以书面形式通知投诉人和与投诉事项有关的当事人。

政府采购监督管理部门在处理投诉事项期间,可以视具体情况书面通知采购人暂停采购活动,但暂停时间最长不得超过三十日。

投诉人对政府采购监督管理部门的投诉处理决定不服或者政府采购监督管理部门逾期未做处理的,可以依法申请行政复议或者向人民法院提起行政诉讼。

资料来源:中国政府采购网 http://www.caigou2003.com(2017-07-08 访问).

三、政府采购当事人的法律责任

政府采购当事人法律责任,是指政府采购当事人对其违法行为所应当承担的法律后果。法律作为国家制定并由国家强制力保障实施的行为规范,一经颁布,任何人都必须遵守,如有违反,就要承担相应的法律后果,受到法律的制裁。

(一)政府采购当事人法律责任的形式

1. 民事责任

民事责任是违法行为人依法所应承担的法律后果。政府采购虽然是一种行政行为,但在采购人和中标供应商签订政府采购合同后,双方都必须严格依法按约定履行义务。政府采购合同的双方当事人不得擅自变更、中止或者终止合同。政府采购合同继续履行将损害国家利益和社会公共利益的,双方当事人应当变更、中止或者终止合同。有过错的一方应当承担赔偿责任;双方都有过错的,各自承担相应的赔偿责任。

2. 行政责任

政府采购主体的特殊性决定了行政责任是政府采购法律责任的主要形式,行政责任包括行政处分和行政处罚。

行政处分,是指法律规定的国家机关或单位,依照行政隶属关系,给予有违法失职行为而未构成刑事犯罪的人员的一种行政制裁,我国《政府采购法》中行政处分主要是针对采购人违反政府采购法律规范的行为做出的。我国《政府采购法》第二十八条规定:"采购人不得将应当以公开招标方式采购的货物或者服务化整为零或者以其他任何方式规避公开招标采购。"第六十四条规定:"采购人必须按照本法规定的采购方式和采购程序进行采购,任何单位和个人不得违反本法规定。"第七十四条规定:"采购人对应当实行集中采购的政府采购项目,不委托集中采购机构实行集中采购的,由政府采购监督管理部门责令改正;拒不改正的,停止按预算向其支付资金,由其上级行政主管部门或者有关机关依法给予其直接负责的主管人员和其他直接负责人员处分。"根据《国家公务员条例》规定:"公务员行政处分的种类有警告、记过、记大过、降级、降职、撤职、开除等。"

行政处罚是指特定的行政主体依法对违反行政管理秩序但尚未构成犯罪的行政相对人给予的行政制裁。在政府采购中,行政处罚主要是针对供应商或政府采购业务代理机构等主体违反政府采购法律规范的行为,由政府有关部门依法做出的。我国《政府采购法》规定的行政处罚的形式包括警告、罚款、没收非法所得、吊销营业执照、列入不良记录名单等形式,其中列入不良记录名单是政府采购领域的一种特定的行政处罚形式。

3.刑事责任

刑事责任由《刑法》规定,《政府采购法》对与《刑法》衔接的问题作了原则规定,即有关单位和个人违反《政府采购法》规定,"构成犯罪的,依法追究刑事责任"。

(二)政府采购当事人法律责任的构成要件

1.政府采购法律责任主体

政府采购法律责任的主体范围广泛,它既包括政府采购的当事人如采购人、供应商和采购代理机构,也包括政府采购监督管理部门的工作人员。

2.违法行为

政府采购中违法行为不仅包括积极的行为,也包括消极的行为,我国《政府采购法》第二十五条规定:"政府采购当事人不得相互串通,损害国家利益、社会公众利益和其他当事人的合法权益;不得以任何手段排斥其他供应商参与竞争。供应商不得向采购人、采购代理机构、评标委员会的组成人员、竞争性谈判小组的组成人员、询价小组的组成人员行贿或者采取其他不正当手段谋取中标或者成交。采购代理机构不得以向采购人行贿或者采取其他不正当手段谋取非法利益。"同时,对政府采购监督管理部门消极对待供应商的投诉,逾期不做处理的行为,则应对直接主管人员和直接责任人员给予行政处分。

3.损害后果

损害必须是客观存在的事实,而非虚构的、主观意识造成的。我国《政府采购法》第十一条规定:"政府采购的信息应当在政府采购监督管理部门指定的媒体上及时向社会公开发布,但涉及商业秘密的除外。"若信息不真实,即可造成损害结果的发生。当然,损害并不是以实际损害的发生为条件。如对供应商实行歧视待遇,侵害的客体是政府采购的市场秩序,但是对供应商的歧视待遇并不一定要有对政府采购的市场秩序造成实际损害后果的证明。

第二节　采购人及其法律规范

一、采购人概念

采购人是指依法进行政府采购的国家机关、事业单位、团体组织,也是政府采购的货物、工程和服务的购买人和使用人。根据我国宪法规定,国家机关包括国家权力机关、国家行政机关、国家审判机关、国家检察机关、军事机关等。事业单位是指政府为实现特定目的而批准设立的事业法人。团体组织是指各党派及政府批准的社会团体,如协会、学会、工青妇组织等。按此规定,政府采购适用范围不包括企业单位,但应当包括专职承办委托采购业务的企业。政府采购的具体购买行为属于商业性交易活动,作为交易活动就有需方与供方之分。政府采购的需方包括使用财政性资金进行采购的各类政府采购机构。只要是纳入财政预算管理的单位,采购资金来源于财政预算拨款,不管是政府,还是法院、检察院,也不管是国家机关、事业单位或者其他的社会团体,都可以称为政府采购人,并且除了特殊情况外(如涉及国家秘密和国家安全的采购事项),也都要受有关政府采购的法律法规的约束。采购人不包括集中采购机构,但包括部门内设的部门集中采购机构。理由是,集中采购机构是一个特殊机构,其职能是代理采购人开展采购活动,享有的权利和义务与其他采购机构不同。

在国际上将政府采购的需方一般统称为采购实体或者采购机构。目前,除了采购人这一称呼外,在我国政府采购实践中,甚至于有关政府采购的规章制度中类似的名称还有采购机关、采购单位、采购机构和用户等。作为政府采购当事人之一,采购人处于特殊地位,扮演着重要角色。其特殊主要表现在:他是采购项目的使用者,采购效果好与不好,采购人最有发言权,而且作为政府部门,相比于供应商和采购代理机构,采购人似乎有着与生俱来的优越性;说其重要,是因为没有采购人的支持和参与,政府采购制度改革将难以成功。

二、采购人的权利与义务

(一)采购人的权利

采购人具有以下合法权利:

(1)有权申请依法保护其采购合法权益,政府采购人的合法权益受国家法律法规保护。

(2)有权自行选择采购代理机构。可以委托经国务院有关部门或省级政府有关部门认定资格的采购代理机构,应当由采购人与采购代理机构签订委托代理协议。任何单位和个人不得以任何方式为采购人指定采购代理机构、纳入集中采购目录,除属于通用的政府采购项目应委托集中采购代理机构除外,属于本部门(系统)有特殊要求的项目可实行部门集中采购,属于本单位有特殊要求的项目,经省级以上政府批准也可自行采购。

(3)有权决定非集中采购目录内项目的采购。采购未纳入集中采购目录的政府采购项目,经采购监督管理部门批准后可自行采购,也可委托集中采购机构在委托范围内代理采购。

(4)有权拒绝他人违规指定的供应商,依照法定的政府采购方式和程序进行采购。

(5)有权规定采购项目的特定条件,根据采购项目的特殊要求,规定供应商应当具备一般条件之外的特定条件,但不得以不合理的条件对供应商实行差别待遇或歧视待遇。

(6)有权审查供应商资格。采购人有权要求参与政府采购的供应商提供有关资质证明文件和业绩情况,并根据供应商的必备法定条件和采购项目的特定要求,对供应商的资格进行审查。

(7)有权通过合同规定采购联合体的连带责任,可以向以联合体形式参与政府采购的供应商索取联合协议,与联合体各方共同签订采购合同,规定联合体各方应承担的连带责任。

(8)有权认可供应商采取分包方式履行采购合同,中标、成交供应商可以依法采取分包方式履行合同,应经采购人同意,并就采购项目和分包项目向采购人负责。

(9)有权控告检举采购违法行为,针对政府采购活动中的违法行为向有关部门和机关进行控告和检举。政府采购人认为自己的合法权益受到损害,可以向政府采购监督管理部门提出书面投诉。

[案例分析 3 - 2]

采购人的权利范围

要点提示:

1.政府采购人是否有权指定货物的品牌、服务的供应商和采购代理机构?

2.采购人在委托采购中是否有权指定品牌型号?

【案情概述】

某政府单位组织某设备采购,在采购预算下达后,经单位领导层集体研究决定,本次采购依然指定购买 A 型设备。为此,该单位向某集中采购机构提出了书面委托,并向集中采购机构提供了有关该产品的四家代理商名单,随后在该机构的组织下,向该四家代理商发出了招标邀请,并在 10 日内举行了邀请招标。请问:该项目的采购实施情况如何? 为什么?

【调查情况】

本案例的焦点在于两点:一是政府采购人是否有权指定货物的品牌、服务的供应商和采购代理机构,二是采购人在委托采购中是否有权指定品牌型号。本案例中的采购人,在采购前,根据前一段时间系统内对 A 设备使用情况的了解,觉得某厂生产的某型设备性能和质量均能满足使用要求,且价格较为适中,因此在采购预算下达后,经单位领导层集体研究决定,本次采购指定购买该型设备。并向某集中采购机构提出书面委托,向其提供了有关该产品的四家代理商名单,随后在该机构的组织下,向该四家代理商发出了招标邀请。

【问题分析与处理情况】

《政府采购货物和服务招标投标管理办法》第六条、第二十一条规定:任何单位和个人不得阻挠和限制供应商自由参加货物服务招标投标活动,不得指定货物的品牌、服务的供应商和采购代理机构,以及采用其他方式非法干涉货物服务招标投标活动。招标文件不得要求或者标明特定的投标人或者产品,以及含有倾向性或者排斥潜在投标人的其他内容。

本案例是一起典型的采购人在委托采购中指定品牌型号的案例。集中采购机构在接受委托后,竟然完全屈从于采购人的不合理要求,在没有经过采购方式审批的情况下,简单地向采购人推荐的四家代理商发出了招标邀请,并在 10 日内进行了邀请招标,这是一种严重违法、违规采购的行为。不但指定品牌采购违法,而且整个招标过程也违法。既没有向政府采购监管机构报批非公开招标方式,也没有依法按照规定的程序选择供应商,虽然有四家供应商参加,但供应商产生的程序不合法。

此外,还没有按照《政府采购法》第三十五条"货物和服务项目实行招标方式采购的,自招标文件开始发出之日起至投标人提交投标文件截止之日止,不得少于二十日"的规定,在发出邀请 10 日内就举行了邀请招标。

资料来源:中国政府采购网 http://www.caigou2003.com(2017 - 07 - 08 访问).

(二)采购人的义务

采购人应履行以下义务:

(1)维护国家利益和社会公共利益及促进经济发展,自觉规范采购行为,提高采购资金使用效率,维护国家利益和社会公共利益,促进廉政建设,使政府采购有助于实现国家经济和社会发展政策目标;除法定特殊情形外,应当优先采购本国货物工程和服务。

(2)依法实行政府采购制度和遵循政府采购原则,法律规定应当实行政府采购的项目都要实行政府采购;应由集中采购机构执行的项目,要委托集中采购机构实行集中采购;遵循公开透明、公平竞争、公正诚信的政府采购原则。

(3)维护政府采购市场秩序和确保供应商公平竞争。不得阻挠和限制供应商自由进入本地区(行业)政府采购市场;不得对供应商实行差别待遇和歧视待遇;不得排斥其他供应商参与竞争;不得与采购当事人相互串通损害国家、社会和其他当事人的合法权益;不得接受政府采购相关人员的贿赂和其他利益

(4)认真编报和严格执行政府采购预算。将财政年度政府采购项目及资金预算部门(单位)预算,报本级财政部门汇总和审批;严格按照批准的预算执行政府采购。

(5)按照法定方式进行采购。把公开招标作为政府采购的主要采购方式,因特殊情况需采用非公开招标的,应事先获得县以上政府采购监督管理部门批准;不得将应公开招标的项目化整为零,或以其他方式规避公开招标;在采用邀请招标、竞争性谈判、单一来源、询价等方式时,应当分别符合其他法定的具体采购条件。

(6)按照法定程序进行采购。无论采取何种采购方式,都应遵循法定程序。如需采取其他特殊方式采购的,应事先经政府采购监督管理等有关部门批准;采购人应组织对供应商履约的验收。凡大型或复杂项目应邀请国家认可的质量检测机构参与验收工作,验收方成员应当在验收书上签字负责。

(7)严格执行政府采购合同的有关规定。按照规定在中标、成交通知书发出之日起 30 日内,与供应商签订书面的政府采购合同。如果委托采购代理机构签订合同的,应提交授权委托书作为合同附件;于采购合同签订之日起 7 个工作日内将合同副本报同级政府采购监督管理部门备案;在履行合同中如需追加与合同标的相同货物、工程或服务,应依法与供应商签订采购金额不超过原合同额 10% 的补充合同;不得擅自变更、中止或终止合同。过错一方或双方应承担相应的责任。

(8)严格遵守政府采购回避的文件保存的有关规定。采购人员与供应商有利益关系的必须自行回避,或接受供应商的申请进行回避;采购活动所有法定必备的采购文件应妥善保存至少 15 年,不得伪造、编造、隐匿或销毁。采购人员及相关人员与供应商有利害关系,是指采购人员及相关人员:①现在或者在采购活动发生在前三年内,与供应商存在雇佣关系;②现在或者在采购活动发生前三年内担任供应商的财务顾问、法律顾问或技术顾问;③现在或者在采购活动发生前三年内是供应商的控股股东或实际控制人;④与供应商的法定代表人或者负责人有直系血亲、三代以内旁系血亲及姻亲关系;⑤与供应商之间存在其他影响或可能影响政府采购活动依法进行的利害关系。

(9)正确对待政府采购质疑与投诉事项。及时就供应商对采购活动的质疑依法作出答复;

应在收到供应商提出的书面质疑后 7 个工作日内做出书面答复,并书面通知质疑者和其他有关供应商;采购投诉处理期间,如果政府采购监督管理部门书面通知要求暂停采购活动的,采购人应当暂停采购活动。

(10)自觉依法接受有关部门的监管。应接受政府采购监督管理部门和其他有关部门对其政府采购活动情况、执行政府采购法律法规规章情况以及执行采购范围方式程序等情况的监督检查,如实反映情况和提供有关资料;采购人的有关政府采购活动,应当依法接受国家审计机关的审计监督。

三、采购人的法律责任

我国《政府采购法》对采购人的法律责任作了如下规定。

(一)采购人规避集中采购法律责任

根据《政府采购法》的规定:采购人采购纳入集中采购目录的政府采购项目,必须委托采购机构代理采购;纳入集中采购目录属于通用的政府采购项目的,应当委托集中采购机构代理采购;属于本部门、本系统有特殊要求的项目,应当实行部门集中采购;属于本单位有特殊要求的项目,经省级以上人民政府批准,可以自行采购。采购人对应当实行集中采购的政府采购项目,如果不委托集中采购机构实行集中采购,属于违法行为,给予如下处分:

1. 限期改正

采购人对应当实行集中采购的政府项目,不委托集中采购机构实行集中采购的,由政府采购监督管理部门责令改正。集中采购目录由省级以上人民政府根据需要确定并公布的集中采购项目范围,是提高采购效益,确保采购质量的重要基础。纳入集中采购目录的政府采购项目,除个别确有特殊要求的项目,经省级以上人民政府批准,可以自行采购以外,采购人都必须委托集中采购代理机构代理采购。对于采购人不委托集中采购机构代理的行为,政府采购监督管理部门应当责令改正。

2. 停止按预算支付资金

采购人对应当实行集中采购的政府采购项目,不委托集中采购机构实行集中采购的,经政府采购监督管理部门责令改正而拒不改正的,停止按预算向其支付资金。这是对采购人较为严厉的一种制裁措施,也是督促采购人纠正违法行为的有效办法。

3. 给予直接负责的主管人员和其他直接责任人员处分

采购人对应当实行集中采购的政府采购项目,不委托集中采购机构实行集中采购,经政府采购监督管理部门责令改正而拒不改正的,由其上级行政主管部门或者有关机关依法给予直接负责主管人员和其他直接责任人员处分。

(二)采购人一般违法行为法律责任

我国《政府采购法》第七十一条的规定,采购人的一般违法行为种类及应当承担的法律责任如下:

1. 一般违法行为的种类

(1)应当采用公开招标方式而擅自采用其他方式采购。根据《政府采购法》的规定,政府采购原则上以公开招标采购为主,特殊情况可以经批准采取邀请招标、竞争性谈判、单一来源采购、询价以及国务院政府采购监督管理部门认定的其他采购方式,所以,公开招标是政府采购的主要采购方式。采购人应当采用公开招标但因特殊情况而需要采用公开招标以外的其他采购方式采购货物或服务的,应当在采购活动开始前获得设区的市、自治州以上人民政府批准,政府采购项目未经批准擅自采用其他地方式采购,属于违法行为。

（2）擅自提高采购标准。采购标准一经确定和公开,即成为采购人和供应商的共同依据,采购人不得擅自变更,否则,属于违法行为。

（3）委托不具备政府采购业务代理资格的机构办理采购事务。根据《政府采购法》的规定,采购人采购纳入集中采购目录的政府采购项目,必须委托集中采购机构代理采购;采购未纳入集中采购目录的政府采购项目,可以自行采购,也可以委托集中采购机构或者经国务院有关部门或者省级人民政府有关部门认定资格的采购代理机构,在委托范围内办理政府采购事宜。采购人不按照法律规定委托集中采购机构或者委托没有政府采购业务代理资格的机构办理采购事务,都是不允许的,应当承担相应的法律责任。

（4）以不合理的条件对供应商实行差别待遇或者歧视待遇。公平对待所有供应商是采购人的法定义务,采取任何方式偏袒某些供应商,而对其他供应商实行差别待遇或者歧视待遇,属于法律禁止的行为。

（5）在公开招标采购过程中与投标人进行协商谈判。这一行为直接影响到采购活动和采购结果的客观、公正,应当予以禁止。

（6）中标、成交通知书发出后,不与中标、成交供应商签订采购合同。政府采购合同是采购人与供应商之间约定相互权利和义务的法律凭证,是保证中标、成交结果得以有效执行的基础。按照政府采购法的规定,采购人与中标、成交供应商应当在中标、成交通知书发出之日起30日内,按照采购文件确定的事项签订政府采购合同。如果采购人在中标、成交通知书发出之后的规定日期内,不与中标、成交供应商签订采购合同,对中标、成交供应商的合法权益是一个极大的损害,应当被法律所禁止。

（7）拒绝有关部门依法实施监督检查。按照《政府采购法》的规定,政府采购监督管理部门、对政府负有行政监督职责的政府有关部门、审计机关、监察机关有权对采购人依法实施监督检查,采购人、采购代理机构必须依法接受监督检查。采购人如果拒绝有关部门依法实施监督检查,则属于违法行为,应当追究法律责任。

2.应承担的法律责任

根据《政府采购法》第十七条的规定,采购人有上述情形之一的,责令限期改正,给予警告,可以并处以罚款,对直接负责的主管人员和其他直接责任人员,由其行政主管部门或者有关机关给予处分,并予以通报。

（三）采购人重大违法行为责任

1.采购人重大违法行为的界定

采购文件是采购人、采购代理机构从事采购活动的书面凭证,包括采购活动记录,采购预算、招标文件、投标文件、评标标准、评估标准、定标文件、合同文本、验收证明、质疑答复、投诉处理决定及其他有关文件、资料。按照政府采购法的规定,采购人对政府采购项目每项采购活动的采购文件应当妥善保存,不得伪造、变造、隐匿或者销毁。采购文件的保存期限从采购结束之日起至少保存15年。采购人违法规定,隐匿、销毁应当保存的采购文件或者伪造、变造采购文件,属于重人违法行为。

2.重大违法行为的法律责任

《政府采购法》有关采购人违反规定隐匿、销毁应当保存的采购文件或者伪造、变造采购文

件所应承担的规定,具体包括:

(1)罚款。采购人违反政府采购法规定隐匿、销毁应当保存的采购文件或者伪造、变造采购文件的,由政府采购监督管理部门处以2万以上10万以下的罚款。

(2)处分。采购人违反政府采购法规定隐匿、销毁应当保存的采购文件或者伪造、变造采购文件,其直接负责的主管人员和其他直接责任人员负有不可推卸的责任,应当依法对其给予处分。

(3)追究刑事责任。采购人违反政府采购法规定隐匿、销毁应当保存的采购文件或者伪造、变造采购文件,构成犯罪的,依法追究刑事责任。

[资料链接3-1]

采购人法律责任在执行中应注意的问题

采购人法律责任在实际执行中应注意以下两个问题:

一是只能由政府采购监督管理部门对其处以罚款。采购人违反《政府采购法》规定隐匿、销毁应当保存的采购文件或者伪造、变造采购文件的,只能由政府采购监督管理部门对其处以罚款,其他部门、机关在监督检查中如果发现采购人、采购代理机构有上述违法行为,可以依法予以制止,但是不能对其处以罚款。

二是对直接负责的主管人员和其他直接责任人员依法给予处分,应由有关行政主管机关或者有关监察机关做出。采购人违反《政府采购法》规定隐匿、销毁应当保存的采购文件或者伪造、变造采购文件的,对其直接负责的主管人员和其他直接责任人员依法给予处分,应当由有关行政主管机关或者有关监察机关做出;政府采购监督管理部门在对违法行为进行处理时,只能向有关行政主管机构或者有关监察机关提出处分建议,而不能自行给予处分。

资料来源:孙文基,戴民辉.政府采购理论与实务[M].苏州:苏州大学出版社,2014.

第三节　供应商及其法律规范

一、供应商资格认定

(一)供应商的概念

政府采购供应商是指向采购人提供货物、工程或者服务的法人、其他组织或者自然人,也是政府采购当事人之一。根据《民法通则》第十七条的规定,法人是指具有民事权利能力和民事行为能力,并依法享有民事权利和承担民事义务的组织,包括企业法人、机关法人、事业单位户、农村承包经营户等,自然人是指《民法通则》规定的具有完全民事行为能力,能够承担民事责任和义务的公民。

理论上政府采购供应商应当包括中国供应商和外国供应商。《政府采购法》对参加政府采购市场合法的供方主体,供应商应具备的条件作了明确规定,但由于目前我国政府采购市场是封闭的政府采购市场,不对国外供应商开放,所以没有对外国供应商的准入条件做出规定。供应商为国内供应商,是指在我国境内注册登记的法人和其他组织以及中国公民,不包括在我国境外注册登记的法人和其他组织以及外国公民,不包括在我国香港特别行政区和澳门特别行政区注册登记的供应商,也不包括在我国台湾省注册的供应商。

(二)供应商资格条件

对供应商进入政府采购市场做出资格要求规定的主要原因:一是政府采购项目都是为了

满足政府机构更好地提供社会公共服务的需要,必须保证效率和质量。二是政府采购机构多为政府机构,是法律和制度的制定和执行者,因此,在采购活动中,应当率先做到自觉遵纪守法,维护社会公共利益和国家利益,鼓励诚信,为社会公众起示范和带头作用。三是从源头上促进公平竞争。

我国政府采购法规定参加政府采购活动的供应商应当具备六个方面的基本条件,这也是所有政府采购活动的通用条件。采购人根据采购项目的特殊性,还可以规定特定条件。

1. 具有独立承担民事责任的能力

从要求的条件看,供应商主要是指企业法人。按照现行有关规定,企业法人必须具备以下条件:一是必须依法成立。二是法人的设立程序必须合法。三是有自己的名称、组织机构和场所。四是能够独立承担民事责任。在经济活动中发生纠纷或争议时,法人能以自己的名义起诉或应诉,并以自己的财产作为自己债务的担保手段。规定供应商要具备独立承担民事责任的能力,是供应商参加政府采购活动必须具备的最基本条件,目的是为了要保护采购人的合法权益。如果供应商不具备独立承担民事责任的能力,很难保证采购合同的履行,而且一旦出现违约等问题,无法采取补救措施,最终损害采购人利益。

2. 具有良好的商业信誉和健全的财务会计制度

良好的商业信誉是指供应商在参加政府采购活动以前,在生产经营活动中始终能做到遵纪守法、诚实守信,有良好的履约业绩,就是用户信得过的企业。健全的财务会计制度,是指供应商能够严格执行现行的财务会计管理制度,财务管理制度健全、财务清晰,能够按规定真实、全面地反映企业的生产经营活动。在市场经济条件下,信誉是一个企业的生命,讲信誉、善管理的企业,生命力强,有发展前景,政府应当给予鼓励。而且将政府采购项目交给这样的供应商办理,能够增强政府信心。

3. 具有履行合同所必需的设备和专业技术能力

具有履行合同所必需的设备和专业技术能力,这是保质保量完成政府采购项目必备的物资和技术基础。根据规定,政府采购合同不能转包,虽然允许分包,但中标或者成交的供应商要全面承担履约责任,即使分包,也应承担合同的主要部分或者关键部分,因此参加政府采购的供应商必须具备履行合同必需的设备和专业技术能力。供应商以联合体形式参加政府采购时,采购人根据采购项目的特殊要求规定供应商特定条件的,联合体中至少应当有乙方符合采购人规定的特定条件。由同一资质条件的供应商组成的联合体,应当按照资质等级较低的供应商确定联合体的资质等级。

4. 具备依法纳税和缴纳社会保障资金的良好记录

作为供应商,依法纳税和缴纳社会保障资金是应尽义务,是起码的社会道德要求。如果这一点做不到,说明供应商已经丧失了最基本的信誉。这一规定,是为了抑制一些供应商依靠偷逃税款、逃避缴纳社会保障资金等手段降低成本的行为,是从源头上促进公平竞争的措施之一。

5. 参加政府采购前三年内,在经营活动中没有重大违法记录

在经营活动中没有重大违法记录,包括高级管理人员犯罪、走私、诈骗等记录。一则,是否有重大违法记录,这是衡量一个企业信誉的重要标准。二则,由于政府采购时使用财政性资金,采购目的是为了社会公众提供服务,因此,从对社会发展和国家负责的角度,也需要对供应商提出特殊要求。三则,仍然给有违法行为记录的供应商以参与政府采购活动的机会,只是要有三年间隔期,并不是永远不能参加政府采购活动。

6.法律、行政法规规定的其他条件

如有符合国家的产业政策,要履行节能环保义务,要保护妇女和残疾人利益等。凡是不符合国家规定和要求的供应商,一律不得参加政府采购活动。

对于特殊行业的供应商,国家还有特别要求。例如,建筑行业的供应商,应当取得建筑资质。至于这些特定条件,应根据采购项目的特殊性而定,有的项目对供应商有资质要求,有的项目有特种设备要求,有的项目有财务状况要求或者特殊专业人才要求等。虽然允许采购人对供应商提出特定条件,但采购人不得通过设定特定资格要求来妨碍充分竞争和公平竞争,制造人为的歧视政策。

[资料链接 3 - 2]

供应商资格条件的国际通行做法

规定供应商参加采购活动必须具备的资格条件是国际通行做法。联合国贸易委员会《货物、工程和服务采购示范法》是指导发展中国家制定政府采购法律的范本。《示范法》第六条要求参加政府采购活动的供应商必须具备一定的资格,并列明了五项基本资格:一是具有改造合同所需的专业和技术资格,专业和技术能力,财力资源、设备和其他物质设施,管理能力,可靠性、经验、声誉和人员。二是具有订立合同的法定权能。三是并非处于无清偿能力、财产被接管、破产或停业状态,其事务目前并非由法院或司法人员管理,其业务活动并未中止,而且也未因上述任何情况而成为法律诉讼的主体。四是履行了缴纳本国税款和社会保障款项的义务。五是在采购过程开始前若干年(颁布国规定)内,该企业或其董事包括主要工作人员未犯有与其职业行为有关的,或者与以假报或虚报资格等手段骗取采购合同有关的任何刑事犯罪,也未存在曾在其他方面被行政管理部门勒令停业或取消采购合同的问题。美国、韩国、意大利等国家都有关于供应商参加政府采购活动的资格规定。

资料来源:施锦明.政府采购[M].北京:经济科学出版社,2010.

(三)供应商资格审查

供应商的资格审查是指由政府采购机构对潜在供应商或参加投标的卖方企业进行技术、资金、信誉、管理等多方面的评估审查。资格审查分为资格预审和资格后审。资格预审,指在投标前对潜在供应商(投标人)进行资格审查;资格后审,指在开标后评标委员会对供应商进行的资格审查。采取资格预审的,应当在资格预审文件中载明对资格预审的条件、标准和方法;采取资格后审的,应当在招标文件中载明对供应商资格要求的条件、标准和方法。采购人不得载明的资格条件或者以没有载明的资格条件对潜在的供应商或者投标人进行资格审查。

[资料链接 3 - 3]

供应商资格审查的意义

供应商的资格审查是政府采购活动中必不可少的环节,重要性表现在:

第一,供应商的资格审查是确定政府采购方式的重要手段。对潜在的供应商进行资格审查,可以了解能达到具体采购各方面要求的潜在供应商数量,从而决定本次采购是采用公开招标、邀请招标、竞争性谈判还是采用其他的采购方式。因此,对供应商的资格审查直接涉及采购程序、采购规划的制定以至整个活动的进行。

第二,供应商的资格审查是保证采购项目保质保量完成的必要手段。政府采购项目一般金额大、数量多,为确保合同顺利完成,必须对供应商进行资格审查,审查其是否具有适当的融资能力及管理水平等,这样可以防止在履行合同时出现交货质量与实际需要不相符的情况。

第三,可以提高政府采购机构的工作效率,降低成本。在具体采购操作中,当发出标书后潜在供应商中前来准备参加投标的可能有许多。如对这些供应商一一评估,就会大大增加招标采购的工作量,同时会增加招标的成本。经过资格预审,可以筛选掉大部分不可能中标的投标人,是有资格参加本次采购活动的供应商数量缩小到合理范围之内,从而提高工作效率,降低采购成本。

因此,对供应商的资格进行有效审查是加强供应商管理,防范供应商违法违纪以及在合同履行过程中出现违约行为等风险的前提和保障。

资料来源:李月.论政府采购中供应商公平竞争权的法律保护[D].辽宁:东北财经大学,2011.

1.供应商的资格审查主体

在国际上,对供应商的资格审查分为两种形式:一种是集中审查,主要是政府采购主管机构统一审查资格,合格供应商列入供应商库,供应商可以随时向主管机构申请审查。进入供应商库的供应商的有效期一般不超过三年,然后进行重新审查。在有效期内,违反有关规定的供应商将被除名,并禁止在一定时期内参加政府采购活动。另一种是分散审查,即由各采购人自行审查。在一个采购人审查合格的供应商,其他采购人可予以免审,减轻审查工作负担。如果一个采购人经审查发现供应商存在重大问题,其他采购人都不得允许其参加政府采购负担。

根据政府采购法规定,供应商资格的审查或确认由各采购人负责。在具体采购活动中,采购人还可以要求供应商提供证明其履约能力的文件,如资质和业绩情况等。所有这些条件和要求,必须提供相应的文件,以备审查或确认。例如,涉及资质要求的供应商应当提供由有关行政主管部门颁发的资质证书。涉及业绩情况的,供应商应当提供以前在相关领域的业绩,包括项目名称、效果及用户意见等。

2.供应商的资格审查方式

(1)由供应商提交能够提供的资格证明文件。在规定的供应商条件中有的是供应商自身能够提供,有的主要是涉及政策性要求的条件,需要有关部门提供。采购人可以要求供应商对有关政策性条件以保证或声明方式提供。采购人审查完供应商资格后,要将结果分别通知符合和不符合条件的供应商。如果有供应商对其他供应商条件有异议,采购人应当及时核实。对于情况属实的,应当取消资格,并将处理结果报本级政府采购监督管理部门备案。

(2)科学确定审查供应商资格的方式。在审查供应商资格时,采购人采取三种方式:一是按照国际上通行的做法,采取集中审查和分散审查两种方式。集中审查可以由政府采购监督管理部门依照政府采购法的规定,制定供应商资格审查办法,再由执行机构统一对供应商进行资格审查,并建立供应商信息库,经审查合格的供应商可以列入政府采购供应商库,对列入供应商库的供应商可以规定三年以下的有效期,在有效期内,采购人或者采购代理机构在实施采购活动时可在供应商库中随机抽取一定数量的相关供应商参加政府采购活动,而不必每次采购都要进行资格审查;分散审查就是由各采购人或者采购代理机构在实施具体采购活动时根据采购项目特点和技术要求规定供应商的特定条件,自行对供应商的资格进行审查。二是采用两阶段招标方法,即先进行资格招标,通过资格招标专门评审供应商的资格,然后再进行商务招标,只有在资格招标中通过资格评审且具备商务投标资格的供应商才能参加商务招标的投标,这种方式适用于对供应商有特定条件要求的采购项目。三是在采购活动实施过程中,要求供应商在参与投标(或谈判、报价)时,先查阅其资格证明文件,随后查阅投标文件(谈判文件、报价文件)一并送采购人,采购人在评标(谈判、评价)时,先查阅其资格证明文件,对其资格进行审查或评审,只对符合这个条件的供应商的投标(报价)进行评审,对条件不符的供应商的投标作废标(谈判资格或报价无效)处理,不予评审。

(3)一个采购人对供应商资格的审查结果在全国范围内有效。为了避免重复审查,一个采购人应当将对供应商条件审查结果在财政部指定的政府采购信息发布媒体上公开,在规定时间内无异议的,纳入供应商库。其他采购人在采购相同或者相似采购项目时,对于已经列入供应商库的供应商,对其资格应当免审。

3. 供应商的资格审查内容

对供应商的资格进行审查,可以分为两个方面的内容,即基本资格审查和专业资格审查。

基本资格审查,主要是审查供应商是否具备政府采购法规定的基本条件。对基本资格的审查,主要包括以下三个方面的内容:一是对供应商的注册、登记情况进行审查。二是对供应商的资信情况进行审查。三是对供应商遵纪守法情况进行审查。专业资格审查,主要是结合采购项目的具体特点和特定要求,从供应商的资质状况及许可证情况、代理及授权情况和产品质量检测认证情况、经验和商业信誉情况、人员及专业技术能力情况、机械设备以及财务状况和售后服务情况等方面,审查供应商是否具有相应的专业资格。

4. 供应商资格的审查步骤

对供应商的资格审查一般包括以下三个步骤:

(1)收集信息。收集潜在供应商信息是进行资格审查的前提和基础,由于政府需要经常采购各种各样的物资,因而有必要尽可能地收集有关供应商的信息。系统化的信息收集一般是针对政府采购中经常采购的物资产品及相关的供应商信息。一方面是因为政府采购物资繁多,不可能把所有的物资产品收集完全,另一方面采购机构也不可能有足够的财力物力去做到这些。因此,应建立一个全国共享的供应商信息资源库,由政府采购主管部门对参与政府采购市场竞争的供应商进行审核管理,对于有诸如制售假冒伪劣产品、走私贩私、偷税漏税、逃避债务、违约毁约等违背诚信原则行为的供应商,拒绝其进入政府采购市场;对已进入政府采购市场的供应商,根据其在参与政府采购项目竞标过程中的表现和履约记录进行信用考核与评分,评定信用等级并与政府采购项目的评标挂钩,这样可以使各地政府采购部门降低收集供应商信息的成本,提高效率,同时也可以使收集的供应商信息更加规范、可信。

(2)进行资格审查。进行资格审查的过程实际上就是根据审查的标准对一定范围内的供应商进行审核的过程。

首先,应制定统一的审查标准。制定审查标准应包括以下几方面内容:①供应商是否具有完成采购项目所需要的充足资金来源或具有获得这种资金的能力,是否具备必要的组织、经验,财务与业务控制技术或获得部门的能力,是否具有必要的生产施工和技术设备设施或获得它们的能力,以保证质量;②供应商是否具有良好的商业行为记录,良好的合同履行记录,以及具有按照采购计划按期交货的能力;③能否保证提供有关的售后服务。另外,对于大型的工程项目和特殊的采购项目,采购人员必须在有关专家技术人员的帮助下制定特殊的标准。

其次,根据采购计划和有关法律的规定,确定审查范围。第一,确定在全国范围还是在各地区地方采购。某些采购如服务项目只能由本地区供应商承办的,在资格审查时要根据采购计划对确定范围内的供应商进行审查。第二,对所需采购商品或技术仅能由国外供应商提供或国外市场提供,应根据有关法律的规定对国外供应商进行审查。第三,根据采购法律的规定不可以参加购买项目竞争的供应商,如被禁止进入政府采购市场的合同人,被暂停营业的或被提议暂停营业的公司或被宣布能力不合格的人员,应被排除在资格审查供应商名单之外。

再次,根据有关规定实施优惠政策。对供应商的资格审查应涉及的供应商数量大、范围广,故对于一般经常采购的物资项目,在系统收集信息时予以审查,对审查合格者进行注册登记,建立资格合格者名单,并予以定期审核,补充新的名单。在具体每次采购前,一般都出资格预审通告,获取供应商更详细的资料。这样两者结合可以节省成本和劳动。应尽量避免资格审查与招标同时进行或招标在前、资格审查在后即资格后审的情况,以避免时间上安排的冲突,增加不必要的竞争对手和采购机构的工作量,甚至出现干扰评价标准确性的不利情况。

(3)确定供应商资格。通过审查,供应商如果完全符合这个审查机构所确定的供应商能力的各项指标,并且出具了有关资信证明,即可被认为是合格供应商。具体的供应商确定后,即可以公开通告,或分别通知供应商邀请其参加招标采购。

[案例分析3-3]

供应商资格审查的规范

要点提示:

1.评标委员会可否对未实质性响应招标文件的投标文件进行比较与评价?

2.投标人的资格条件能否作为评分因素?

【案情概述】

20××年6月3日,受采购人委托,某政府采购代理机构开始就其所需的实验室教学设备项目进行公开招标。6月25日,开标活动如期举行。6月29日,采购代理机构公布了中标结果。看到中标结果后,Q公司认为中标供应商G公司有3项资格未达到招标文件的要求,不是合格投标人,不应该中标。但Q公司于7月3日提出质疑后却迟迟未得到采购代理机构的答复。7月27日,Q公司向当地财政部门提起了投诉。

【调查情况】

本案例的焦点在于两点:一是评标委员会可否对未实质性响应招标文件的投标文件进行比较与评价,二是投标人的资格条件能否作为评分因素。根据招标文件的实质性要求,投标人应具有ISO质量管理体系认证证书,并提供复印件(验原件);投标人应提供近两年来在相关领域内不少于三项成功案例的合同复印件(验原件)。而在此次采购中,参加投标的5家投标人中,仅投诉人Q公司提供了本公司的ISO质量管理体系认证证书复印件及不少于三个成功案例的合同,但评标委员会却将四家投标人的投标文件全部纳入比较与评价范围,直接进行比较与评价。另据了解,在这个采用综合评分法进行评审的项目中,采购代理机构还将投标人的资格条件列入了评分因素。

【问题分析与处理情况】

本案集中反映了评标委员会对供应商资格审查应该注意的问题。根据《政府采购货物和服务招标投标管理办法》第五十四条的规定,评标应先对投标文件进行资格性审查和符合性审查……符合性检查是依据招标文件的规定,从投标文件的有效性、完整性和对招标文件的响应程度进行审查,以确定是否对招标文件的实质性要求做出响应。而在比较与评价环节,是对资格性检查和符合性检查合格的投标文件进行商务和技术评估,综合比较与评价。本案例中,既然招标文件把"提供ISO质量管理体系认证证书复印件及不少于三个成功案例的合同"列入了实质性要求,那么,如果有投标人未能按要求提供,那就意味着其在符合性检查时即被淘汰了,不应进入比较与评价的环节。

根据财政部《关于加强政府采购货物和服务项目价格评审管理的通知》的规定,投标人的资格条件,不得列为评分因素。因此,本案例中,招标文件出现了明显的不符合政府采购规定的内容。但由于根据《政府采购法》,供应商认为采购文件使自己的权益受到损害的,可以在知道或者应知其权益受到损害之日起7个工作日内,以书面形式向采购人提出质疑。对质疑答复不满的,可以在质疑答复期满后十五个工作日内向同级政府采购监督管理部门投诉。而Q公司拿到采购文件已经一个多月,所以已经错失了质疑投诉的良机。不过,业界专家也提醒,监管部门在审理投诉时还是有必要指出招标文件中欠完善的地方,以便于采购代理机构改进工作。

对于本案例中,采购代理机构对投标人的质疑置之不理的做法,业界专家普遍认为,应追究其责任。因为根据《政府采购法》,采购代理机构应当在收到书面质疑后七个工作日内做出答复,并以书面形式通知质疑供应商和其他有关供应商。

资料来源:中国政府采购网 http://www.caigou2003.com(2017-07-09访问).

二、供应商的权利与义务

供应商可以是单独的自然人或法人,两个以上的自然人、法人或者其他组织可以组成一个联合体,以一个供应商的身份共同参加政府采购。以联合体形式进行政府采购的,参与合体的供应商各自均应当具备《政府采购法》规定的条件,并应当向采购人提交联合协作载明联合体各方承担的工作和义务。联合体各方应当共同与采购人签订采购合同,就采购合同约定的事项对采购人承担连带责任。

(一)供应商的权利

供应商享有的权利:①参加政府采购招标活动;②可以及时获得采购信息;③对政府采购程序有疑义的,可向政府采购监督管理部门咨询或投诉;④对其他供应商在政府采购活动中的欺诈行为或营私舞弊行为提出指控;⑤法律、法规和规章规定的其他权利。

(二)供应商的义务

供应商应承担的义务:①遵守政府采购的法律、法规和规章;②按照政府采购招标文件的要求,编制投标文件,对招标文件提出的要求和条件做出实质性响应;③中标后,按规定与采购人签订采购合同;④严格按采购合同全面履约。为采购人提供符合规定质量标准的货物、工程和服务;⑤接受政府采购监督管理部门的监督、管理;⑥法律、法规和规章规定的其他义务。

三、供应商法律责任

(一)供货商违法行为的种类

根据《政府采购法》第七十七条的规定,供货商违法行为分为以下几种:

(1)提供虚假材料谋取中标、成交的;

(2)采取不正当手段诋毁、排挤其他供货商的;

(3)与采购人、其他供货商或者采购代理机构恶意串通的;

(4)向采购人、采购机构行贿或者提供其他不正当利益的;

(5)拒绝有关部门监督检查或者提供虚假情况的;

(6)在招标采购过程中与采购人进行协商谈判的;

(二)应承担的法律责任

根据《政府采购法》第七十七条的规定,供货商有上述违法行为的,应根据情节轻重分别承担如下法律责任：

  (1)处以采购金额千分之五以上千分之十以下的罚款；

  (2)列入不良行为记录名单；

  (3)在一至三年内禁止参加政府采购活动；

  (4)有违法所得的，处没收违法所得；

  (5)情节严重的，由工商行政管理部门吊销营业执照；

  (6)构成犯罪的，依法追究刑事责任；

第四节 代理机构及其法律规范

一、政府采购代理机构的概念

  政府采购代理机构是指政府设立的集中采购机构和经认定资格的采购代理机构。认定资格的采购代理机构是指经省级以上财政部门认定资格的，从事政府采购货物、工程和服务采购代理业务的社会中介机构。取得资格认证的社会中介机构包括取得招投标代理资格的招标公司和设计、检验等社会中介机构。

  我国政府采购代理机构分为两类：一类是由政府设立的集中采购机构（即政府采购中心），属事业法人；一类是由财政部门认定的社会代理机构，为企业法人。

二、集中采购机构

(一)集中采购机构的概念和性质

  政府集中采购机构是各级政府依法成立的负责本级政府机关、事业单位和社会团体纳入集中采购目录项目采购的非营利性事业单位。集中采购机构是政府采购代理机构之一。集中采购机构是非营利事业法人，根据采购人的委托办理事宜。所谓非营利事业法人，是指集中采购机构为事业单位，并且不能以盈利为目的，表明集中采购机构或全额财政拨款，或财政差额补助，但无论采取什么预算机制，其收费等各项收入都要上缴国库，实行"收支两条线"管理。

  我国的集中采购机构不能设立为企业性质的经营实体，是因为政府采购是一种政府行为和行政活动，企业既没有行政手段，也不能由企业将政府行为通过企业经营机制运作。否则，将从机制上动摇和影响政府采购法规定的原则。

  [资料链接3-4]

集中采购的国际经验

  从国际经验看，集中采购通常是由集中采购机构负责组织实施事务。实行政府采购制度的国家和地区在20世纪80年代以前，集中采购机构的设置主要有两种形式，一是政府独立设置，如美国、英国等，二是设在财政部门，如韩国、比利时等。几乎所有的集中采购机构都是政府机关。目前，集中采购机构的设置主要是上述两种形式，但有些国家将这些机构改革成了企业性质的经营实体，如法国、英国等。这种变化的主要原因：一是西方国家人力资源短缺，政府工作繁重，能让市场承担的事务尽量市场化；二是作为政府机构承担采购事务，效率不高，不能满足采购单位要求。

  资料来源：李月.论政府采购中供应商公平竞争权的法律保护[D].大连：东北财经大学,2011.

(二)集中采购机构设立原则

设置集中采购机构是政府职能,作为政府采购代理机构的集中采购机构在设立时应当遵循下列原则:

1. 地域性原则

设区的市、自治州以上的人民政府根据本级政府采购项目组织集中采购的需要设立集中采购机构。

2. 非强制性原则

一般来说,设不设置集中采购机构主要视当地政府采购的实际情况而定,只有采购批量大的地方才设置,如地级市才设置。是否设立集中采购机构,应当根据采购规模具体确定。如果集中采购的规模不大,也可以不设立专门的集中采购机构。县级以上地方人民政府可以根据本级政府采购项目组织集中采购的需要设立集中采购机构,并报上级人民政府备案。

3. 独立设置原则

集中采购机构应当依法独立设置,隶属于同级人民政府,不得与任何政府部门、法人或其他组织存在隶属关系或其他利益关系。集中采购机构不得设立在政府采购监督管理部门,同时采购代理机构与行政机关不得存在隶属关系或者其他利益关系。没有主管部门的,应当独立设置。

(三)集中采购机构条件

集中采购机构应当具备如下条件:

(1)具有独立承担民事责任的能力;

(2)具有一定数量的政府采购职业资格专业人员;

(3)拥有固定的办公场所和开展政府采购招标代理业务所需设施及办公条件;

(4)具有完善的内部管理制度、业务操作流程和采购业务资料库等。

(四)集中采购机构职责

集中采购机构根据采购人的委托办理采购事宜。其主要职责是:

(1)组织政府采购活动。负责组织实施本级年度集中采购目录以内或限额标准以下的政府采购项目;办理政府采购监督管理部门交办的其他采购项目。

(2)发布政府采购信息。在政府采购监督管理部门指定媒体发布政府采购公开招标公告、中标公告等有关采购信息。

(3)编制采购文件。指定招标书、评标原则和评分标准等。

(4)向同级政府采购监督管理机构报送有关政府采购项目的招标公告、招标书、评标办法、评标报告等管理政府采购项目文件档案。

(5)组织对供应商履约的验收。受采购人委托办理政府采购项目组成的其他事宜。

(6)日常使用和联系政府采购"专家库"中的专家,按政府采购项目组成"评标委员会"。

(7)登记管理政府采购"供应商库"。

(8)受理和处理供应商的询问或者质疑。

(9)管理采购人员。负责机构内部工作人员的教育和培训;定期考核采购人员的专业水平、工作实绩和职业道德状况。科学设置内部机构,制定内部工作管理办法。

(10)接受同级政府采购监督管理机构的业绩考核和监督检查。

集中采购机构是为采购人代理集中采购目录范围内的采购,只有接受了采购人的委托才能开展采购活动。国际经验表明,集中采购机构容易滋生官僚主义作风,责任心不强,工作效率不高,服务意识浅薄等弊端。集中采购机构进行政府采购活动时,应当符合采购价格低于市场平均价格,采购效率更高,采购质量优良和服务良好的要求。

(五)集中采购机构业务范围

集中采购机构的职能主要是受委托代理采购人组织采购活动。作为代理机构,其业务范围有强制性的,也有非强制性的。其中,强制性部分,主要是政府采购法中规定的集中采购范围,必须由集中采购机构按照采购人委托的业务范围组织好采购活动。对于规定中的集中采购范围之外的采购项目,是否委托代理机构组织采购,由采购人自行决定,集中采购机构不得进行干预。无论是强制性还是非强制性委托,集中采购机构都必须与采购人签署委托采购协议书,明确委托活动中协议各方应当履行委托采购协议中规定的权利和义务。除上述规定由集中采购机构负责的采购事务之外的其他政府采购项目,由采购人按照《政府采购法》的有关规定自行组织采购或委托采购。

《国务院办公厅关于进一步加强政府采购管理工作的意见》规定:"在集中采购业务代理活动中要适当引入竞争机制,打破现有集中采购机构完全按行政隶属关系接受委托业务的格局,允许采购人在所在区域内择优选择集中采购机制,实现集中采购活动的良性竞争。"该规定打破行政隶属关系接受委托引入竞争机制,竞争所导致的优胜劣汰让所有的集中采购机制都不可能安于现状,不思进取。只有不断提升业务水平和服务水平才能够获得采购人的认可,才能在竞争中拥有一席之地。

(六)集中采购机构考核

建立对集中采购机构和社会代理机构的考核评价制度和不良行为公告制度,严格对集中采购机构的考核,考核结果向同级政府报告。政府采购监督管理部门应加强对集中采购机构的考核。考核的主要内容包括:

(1)集中采购机构执行法律、法规的情况,有无违法违纪行为;

(2)采购方式和采购程序的执行情况;

(3)集中采购机构建立和健全内部管理制度情况;

(4)集中采购机构对投标保证金等的管理情况;

(5)集中采购机构从业人员的职业素质、专业技能和廉洁自律情况;

(6)采购价格、资金节约情况;

(7)集中采购机构对质疑的处理情况;

(8)集中采购机构的服务质量情况;

(9)省级以上人民政府财政部门规定的其他事项。

同时,政府采购监督管理部门应加强对集中采购机构整改情况的跟踪监管,对集中采购机构的违法违规行为,要严格按照法律规定予以处理。

三、政府采购社会代理机构

(一)政府采购社会代理机构的概念

政府采购社会代理机构(以下简称代理机构),是指经省级以上人民政府财政部门认定资格的,依法接受采购人委托,从事政府采购货物、工程和服务的招标、竞争性谈判、询价、单一来源等采购代理业务,以及政府采购咨询、培训等相关专业服务的社会中介机构。

代理机构在采购人委托范围内,按照国家有关法律法规以及政府采购的工作程序和规定组织实施政府采购活动,包括内部管理、业务受理、采购文件论证和制作、信息公告发布、评审专家抽取、采购活动组织、收费管理、采购文件备案、档案管理、质疑答复和协助投诉处理、信息统计、参加培训等内容。

我国自实行政府采购试点工作以来,一直鼓励采购人将招标采购事务委托社会中介机构承办。由于政府采购是一项新制度,政策性和技术性都很强,专业水平要求高。在试点初期各采购人普遍缺乏规范的操作能力,对采购程序掌握不够全面,对招投标技术和技巧不够熟练,难以按照政府采购制度的要求开展采购活动。因此,为了规范政府采购行为,财政部门要求各采购人要扬长避短,充分利用社会资源,发挥招标公司等社会中介机构的优势,允许并鼓励采购人将采购项目委托有资格的采购代理机构承办,或者仅将采购的招标等事物委托有资格的采购代理机构办理。

我国已经产生一批有能力、有资格代理政府采购事务的社会中介招标代理机构。就招投标而言,我国自推行招投标制度以来,社会上从事招标事务的社会中介机构很多,但在招标能力和管理水平等方面存在较大差异。为了加强对招标中介机构的管理,规范招标行为,保证招标质量,省级以上有关部门如外经贸部,国家经贸委、建设部等,都依据招标投标法规定,制定了招标机构的从业标准,建立了资格认定制度。目前,经国家或者有关部门认定的与政府采购事务有关的其他社会中介机构还有质量认定、工程质量监理、咨询服务机构等。

[资料链接 3 - 5]

政府集中采购机构与社会代理机构之间的区别

政府集中采购机构与社会中介代理机构无论是在机构属性、行使的职能还是在发挥的作用以及运行目的方面都有根本区别。

第一,政府集中采购机构与社会代理机构所从事活动的目的不同。《政府采购法》规定,集中采购机构是非营利性事业法人,根据采购人的委托办理采购事宜。因此,集中采购机构属于为党政机关各部门办理采购工作的服务性机构。同时,行政性事业单位的性质也决定了集中采购机构属于公益性组织,不以营利为目标,它的运行和从事的集中采购活动全部依靠国家财政来维持。而社会代理机构作为一个市场经济条件下的理性经济人,追求利润最大化是其根本目标,它很难像政府集中采购机构那样,较好地做到经济效益和社会效益兼顾。

第二,社会代理机构面向的是社会上各类市场主体,除了公共部门以外,更多的是为企业提供中介代理服务。其行为准则主要是参与市场活动,遵守市场活动的基本规则。可见,社会中介代理机构不具备像政府集中采购机构那样的功能和作用,在这方面,二者之间有着明显的差别。

这些区别也决定了集中采购机构在政府集中采购活动中的重要地位,它对于国民经济的宏观调控,财政资金的支出管理和国内市场的规范运行都起着举足轻重的作用。当然,社会中介代理机构在政府集中采购活动中所起的辅助作用也是不容置疑的。

资料来源:施锦明.政府采购[M].北京:经济科学出版社,2010.

(二)社会代理机构资格认定制度

政府采购代理机构资格认定由省、自治区、直辖市以上人民政府财政部门(以下简称省级以上财政部门)依据资格认定办法规定的权限和程序实施。财政部负责全国政府采购代理机构资格认定管理工作。省级以上财政部门负责本行政区域内政府采购代理机构资格认定管理工作。政府采购代理机构认定,应当遵循公开、公平、公正原则、便民原则和效率原则。由政府依法设立的集中采购机构,不实行政府采购代理机构资格认定制度。政府采购代理机构资格认定分为确认资格和审批资格两种方式。

1.政府采购代理机构确认资格

确认资格适用于招标代理机构申请确认其原招标代理业务范围以内的政府采购项目招标代理的资格,也就是对其他部委已经认定的工程招标和国际招标代理资格进行简单确认,经财政部确认后,该机构即可从事相应的政府采购代理业务。招标代理机构是指经国务院有关部门或者省级人民政府有关部门依照法律,行政法规规定认定资格的从事工程建设项目等招标代理业务的机构。

已获得甲级招标代理机构资格的招标代理机构,应当向财政部提出确认资格的申请。其他招标代理机构,应当向其住所所在地的省级财政部门提出确认资格的申请。招标代理机构提出确认资格申请的,应当提交资格认定申请书,并提供下列材料:①国务院有关部门或者省级人民政府有关部门颁发的招标代理机构资格证书;②企业法人营业执照和税务登记证明;③证明其经营业绩和财务状况良好的材料;④法律,行政法规的其他材料。

省级以上财政部门对招标代理机构提交的申请材料,应当依照规定的程序进行核实,经核实无误的,确认其具有原招标代理业务范围以内的政府采购项目的招标代理资格,并颁发《政府采购代理机构资格证书》。省级财政部门应当自确认招标代理机构的政府采购代理机构资格之日起15日内,将获得资格的政府采购代理机构名单报财政部备案。

招标代理机构经财政部门确认资格后,可以从事原招标代理业务范围以内的政府采购项目的招标代理事宜;也可以在依法经财政部门审批资格后,从事原招标代理业务范围以外的政府采购项目的采购代理事宜。

2.政府采购代理机构审批资格

财政部的审批资格适用于招标代理机构以外的机构申请政府采购代理机构资格,以及招标代理机构申请原招标代理业务范围以外的政府采购项目采购代理资格。其中,审批的政府采购代理机构资格分为甲级资格和乙级资格。取得乙级资格的政府采购代理机构只能代理单项政府采购预算金额1000万元以下的政府采购项目。甲级政府采购代理机构资格由财政部负责审批。乙级政府采购代理机构资格由申请人住所所在地的省级财政部门负责审批。

(1)甲级资格条件。甲级政府采购代理机构应当具备下列条件:①具有法人资格,且注册资本为人民币400万元以上;②与行政机关没有隶属关系或者其他利益关系;③具有健全的组织机构和内部管理制度;④拥有固定的营业场所和开展政府采购代理业务所需设备、设施等办公条件;⑤具有良好的商业信誉以及依法缴纳税收和社会保障资金的良好记录;⑥申请政府采购代理机构资格前三年内,在经营活动中没有重大违法记录;⑦有参加过规定的政府采购培训,熟悉政府采购法律、法规、规章制度和采购代理业务的法律、经济和技术方面的专业人员,其中:技术方面的专业人员具有中专以上学历的不得少于职工总数的70%,具有高级职称的不得少于职工总数的20%。

(2)乙级资格条件。乙级政府采购代理机构应当具备下列条件:①具有法人资格,且注册资本为人民币50万元以上;②与行政机关没有隶属关系或者其他利益关系;③具有健全的组织机构和内部管理制度;④拥有固定的营业场所和开展政府采购代理业务所需设备、设施等办公条件;⑤具有良好的商业信誉以及依法缴纳税收和社会保障资金的良好记录;⑥申请政府采购代理机构资格前三年内,在经营活动中没有重大违法记录;⑦有参加过规定的政府采购培训,熟悉政府采购法律、法规、规章制度和采购代理业务的法律、经济和技术方面的专业人员,其中:技术方面的专业人员,具有中专以上学历的不得少于职工总数的 50%,具有高级职称的不得少于职工总数的 10%。

申请人申请甲级政府采购代理机构资格的,应当向财政部提交资格认定申请书;申请乙级政府采购代理机构资格的,应当向其住所所在地的省级财政部门提交资格认定申请书。

申请人在提交申请书的同时,应当提供下列资料:①企业法人营业执照和税务登记证副本及其复印件;②机构章程,内部机构设置和人员配备情况说明,以及符合规定条件的技术方面专业人员的学历、职称证书复印件;③会计师事务所出具的验资报告或者上年度的财务审计报告;④拥有固定的营业场所和开展政府采购代理业务所需设备、设施等办公条件的相关证明材料;⑤依法缴纳税收和政府保障资金的证明;⑥申请政府采购代理机构资格前三年内无重大违法记录的情况说明;⑦法律、行政法规规定的其他材料。

受理申请的财政部门工作人员应当及时将申请人提交的企业法人营业执照和税务登记证复印件与副本进行核对,核对无误后应当及时将副本予以退回。申请人的申请符合规定的甲级政府采购代理机构条件的,财政部应当批准其甲级政府采购代理机构资格,并颁发甲级《政府采购代理机构资格证书》。申请人的申请符合规定的乙级政府采购代理机构条件的,省级财政部门应当批准其乙级政府采购代理机构资格,并颁发乙级《政府采购代理机构资格证书》。《政府采购代理机构资格证书》应当载明政府采购代理机构名称、代理业务范围、资格有效期限起止日期等事项,并加盖颁发证书的财政部门印章。《政府采购代理机构资格证书》分为正本和副本,有效期为三年,不得出借、出租、转让或者涂改。

招标代理机构以外的机构经财政部门审批资格后,可以从事招标代理机构业务范围以外的政府采购项目的采购代理事宜;也可以在依法取得招标代理机构资格后,从事招标代理机构业务范围以内的政府采购项目的招标代理事宜。

(三)社会代理机构代理范围

根据规定,采购人采购纳入集中采购目录的政府采购项目,必须委托集中采购机构代理采购;采购未纳入集中采购目录的政府采购项目,可以自行采购,也可以委托集中采购机构代理或者经国务院有关部门或省级人民政府有关部门认定资格的采购代理机构。这样,集中采购目录以内的政府采购项目必须强制由集中采购机构代理,集中采购目录以外的政府采购项目代理形成一个竞争市场,由采购人选择集中采购机构或其他有资格的招标代理机构来组织实施。采购人有权自行选择采购代理机构,任何单位和个人不得以任何方式为采购人指定采购代理机构。各代理机构通过各自的专业咨询与服务,通过公平竞争赢得项目代理权。

四、政府采购代理机构职责

政府采购代理机构为采购人采购代理活动时,其职责包括:

(1)根据采购单位审查批准的政府采购项目预算,按采购单位要求和政府采购操作规程,组织进行政府采购活动。

(2)统一组织纳入政府采购目录范围的各品目的集中采购。

(3)审查招标采购项目是否符合政府及财政部门的规定标准。

(4)审查投标人的资格。

(5)组织和参与评标。

(6)确定招标结果,组织签订中标经济合同,监察政府采购项目。

(7)受理其他采购机关委托招标、采购事宜。

(8)组织非集中采购项目的监督和检查。

(9)组织办理财政部门交办的其他政府采购事务。

五、政府采购代理机构的权利与义务

(一)政府采购代理机构权利

(1)接受采购人的政府采购委托,承办实施有关采购项目的采购事宜。

(2)执行政府采购法律法规、规章制度和政策规定。

(3)建立政府采购信息网络,搜集和整理供应商、产品和服务信息,调查市场供求状况,记录政府采购过程。

(4)组织实施具体采购工作,要按照有关规定编制招标文件、公布采购信息,组织招标、评标和定标。

(5)可以按照委托协议的要求,代理采购人与中标供应商签订合同并监督采购合同的履行,代理采购人对采购结果进行验收。

(6)代理采购过程结束后,以法律的形式向社会公开采购结果,接受社会监督。有责任及时将中标文件、采购过程记录、采购中标通知书、采购合同副本等以书面形式上报政府采购管理监督机构。

(7)有权拒绝和防范任何单位和个人对采购过程的非法干预,有权按规定向采购人收取法定的代理费用。

(二)政府采购代理机构的义务

(1)凡是政府设立的政府采购代理机构,都应当自动接受采购人的委托代理集中采购目录以内、限额标准以上的政府采购项目;社会招标代理机构应当按照谁委托出资,就为谁实施代理工作,任何单位和个人都不得干预和指定社会招标代理机构。

(2)对代理的公开招标项目,应当在财政部或省级财政部门指定的政府采购信息披露媒体上发布采购信息,不属于公开招标的采购信息,如果有供应商提出要求,政府采购代理机构同样有义务将有关情况告知供应商。

(3)必须按照政府采购有关规定开展采购代理业务,并遵守有关制度和政策要求,提供良好的服务。

(4)必须按照政府采购监督管理部门的监管和社会各方面的监督。

[案例分析 3 - 4]

代理机构审查的范围

要点提示:

1.代理采购单位组织机构代码证年检日期应当以何规定为准?

2.中标供应商提供的相关售后服务承诺能否作为有效投标的判断标准?

【案情概述】

2016 年 11 月,山西省省级政府采购中心受采购人委托,组织了"两区"村级文化活动室书柜项目公开招标采购活动。中标结果公布后,山西省省级政府采购中心接到了供应商的质疑。

质疑供应商认为,该招标项目的评标过程存在不公平现象,具体包括:质疑供应商投标文件中所附组织机构代码证书因没有进行年检被视为无效投标,而中标供应商的组织机构代码证同样未进行年检却中标;质疑供应商投标文件中所附机构代码证未经年检,但评标期间补充了已经年检的机构代码证原件,却未被认可;中标供应商未实质性响应招标文件要求、存在重大偏离等。山西省省级政府采购中心对此作出答复,质疑供应商对答复不满,提起投诉。

【问题分析与处理情况】

山西省财政厅政府采购管理处在征询了投诉供应商的意见、查阅了相关材料后,依法做出处理决定:按照现行规定,单位组织机构代码证应当进行年检,但具体年检日期各地没有统一规定,应当以发放组织机构代码证机关的具体规定为准,中标供应商的组织机构代码有效期为2016年12月21日~12月21日,检验时间要求为每年年底,12月21日前通过年检即可,经评标委员会共同认定其代码证符合规定,评标委员会的认定并无不当;中标供应商提供的相关售后服务承诺为实质性响应投标,服务承诺中的某项具体因素应作为评分要素进行处理,不能作为是否有效投标进行判断,投诉供应商对招标文件理解存在一定误差。基于上述事实,山西省财政厅政府采购管理处驳回投诉。

山西省财政厅政府采购管理处在处理该投诉事项时,通过大量的调查和查阅相关法律法规,最终做出了合理的处理决定。在投诉事项的处理过程中,监管部门重申了政府采购"三公"原则,明确了政府采购代理机构的权利和义务,再次提出何谓"实质性响应招标文件"的话题,并引出了各方对投标供应商单位组织机构代码证年检有效性的思考,为其他兄弟单位处理同类投诉事项提供了借鉴。

资料来源:中国政府采购网 http://www.caigou2016.com(2017-07-09访问).

六、政府采购代理机构的法律责任

(一)一般违法行为的法律责任

《政府采购法》第七十一条对采购代理机构一般违法行为所应承担的法律责任做出了规定,即采购代理机构有下列情形之一的,责令限期改正,给予警告,可以并处罚款,对直接负责的主管人员和其他直接负责人员,由其行政管理部门或者有关机关给予处分,并予通报。

1.一般违法行为的种类

(1)应当采用公开招标方式而擅自采用其他方式采购。根据《政府采购法》的规定,政府采购原则上以公开招标采购为主,特殊情况经批准采取邀请招标、竞争性谈判、单一来源采购、询价以及国务院政府采购监督管理部门认定的其他采购方式。政府采购应当采用公开招标,但因特殊情况而需要采用公开招标以外的其他采购方式采购货物或服务的,应当在采购活动开始前获得设区的市、自治州以上人民政府采购监督管理部门的批准。采购代理机构在采购活动中不采用规定方式或擅自改变采购方式,属于违法行为。

(2)擅自提高采购标准。采购标准一经确定和公开,即成为采购人和供应商的共同依据,采购代理机构不得擅自变更,否则,属于违法行为。

(3)以不合理的条件对供应商实行差别待遇或者歧视待遇。公平对待所有供应商是采购人、采购代理机构的法定义务,采取任何方式偏袒某些供应商,而对其他供应商实行差别待遇或者歧视待遇,属于法律禁止的行为。

(4)在公开招标过程中与投标人进行协商谈判。这一行为会直接影响采购活动和采购结

果的客观性、公正性,应当予以禁止

(5)拒绝有关部门依法实施监督检查。按照《政府采购法》的规定,政府采购监督管理部门,对政府采购负有行政监督职责的政府有关部门、审计机构、监察机关有权对采购代理机构及其工作人员依法实施监督检查,采购代理机构必须依法接受监督检查,拒绝则属于违法行为。

2.应承担的法律责任

政府采购代理机构有以上违法行为的,应承担以下的法律责任:

(1)责令限期改正。责令限期改正是对我违法行为采取的一种补救性行政措施,要求当事人在规定时间内停止违法行为,并予以纠正。《政府采购法》规定的责令限期改正,是指政府采购监督管理部门对于有上述违法行为的采购代理机构,要求其对应当采用公开招标方式的项目进行公开招标,取消对供应商实行差别待遇或者歧视待遇的不合理条件,停止与投标人进行协商谈判,接受有关部门依法进行的监督检查等。

(2)警告。警告是行政机关对违法行政管理秩序的行为给予的告诫性质的行政处罚,处罚力度相对较轻。这里的警告属于行政处罚,它与行政处分中的警告虽然名称相同,但性质完全不同。

(3)罚款。罚款是行政机关对违反行政管理秩序的行为给予的财产性质的行政处罚。《政府采购法》虽然规定了对犯有一般违法行为的采购代理机构处以罚款,但没有规定罚款的具体数额或者幅度。

(4)处分。这里所指的处分是指行政处分,包括对直接负责的主管人员和其他直接责任人员的处分,由其行政主管部门或者有关机关根据情节轻重,做出警告、记过、记大过、降级、降职或者开除的处理决定,并给予通报。

(二)严重违法行为的法律责任

1.严重违法行为的种类

《政府采购法》第七十二条对采购代理机构严重违法行为做出了如下界定:

(1)采购代理机构的工作人员与供应商恶意串通,或者与采购人恶意串通;

(2)在采购过程中接受贿赂或者获取其他不正当利益;

(3)在有关部门依法实施的监督检查中提供虚假情况;

(4)开标前泄露标底。

2.应承担的法律责任

(1)构成犯罪的,依法追究刑事责任。刑事责任是指由《中华人民共和国刑法》(以下简称《刑法》)规定的对触犯《刑法》构成犯罪的人适用的并由国家强制力保障实施的刑事制裁措施,由于刑事责任是由《刑法》规定,因此《政府采购法》只就本法与《刑法》的衔接问题做了原则规定,即有关单位和个人违反本法规定,"构成犯罪的,依法追究刑事责任"。

(2)尚未构成犯罪的,应追究法律责任。采购代理机构及其工作人员虽有上述严重违法行为,但尚未构成犯罪的,应当依法追究下列形式的法律责任:①处以罚款。②没收违法所得。没收违法所得是行政机构对其违反行政管理秩序行为给予的财产性质的行政处罚。没收违法行为人的违法所得,使其在经济上得不到任何好处,增强了制止违法行为的针对性和有效性。在《政府采购法》规定的严重违反行为中,除在有关部门依法实施的监督检查中提供虚假情况以外,采购代理机构及其工作人员与供应商恶意串通,在采购过程中接受贿赂或者获取其他不正当利益,开标前泄露标底,都是与获得经济利益密切相关的,这些经济利益一旦实现,就构成了违法所得。

根据《政府采购法》第七十二条的规定,采购代理机构及其工作人员实施了上述违法行为,除了依法处以罚款以外,对有违法所得的,应当同时没收其违法所得。

(三)政府采购代理机构的违法行为影响中标、成交结果的处理办法

《政府采购法》第七十三条规定,影响中标、成交结果或者可能影响中标、成交结果的,按下列情况分别处理:

(1)未确定中标、成交供应商的,终止采购活动。在未确定中标、成交供应商之前,一旦发现采购代理机构有上述违法行为,而且有事实证明这种违法行为已经影响中标、成交结果或者可能会影响中标、成交结果,应当由有关监督部门责令终止采购活动。这是在中标、成交结果形成之前采取的一种比较简便的处理方法。

(2)中标、成交供应商已经确定但采购合同尚未履行的,撤销合同,从合格的中标、成交候选人中另行确定中标、成交供应商。这种办法比较复杂,它要求撤销已经签订的政府采购合同,取消原有中标、成交供应商的中标、成交资格,同时,采购人、采购代理机构还应当从合格的中标、成交候选人中另行确定中标、成交供应商,并与其签订政府采购合同。

(3)采购合同已经履行的,给采购人、供应商造成损失的,由责任人承担赔偿责任。在采购合同已经履行的情况下,重新选择中标、成交供应商已不可能,赔偿损失成为一种可行的办法。根据《政府采购法》的规定,采购代理机构及其工作人员的违法行为给采购人、供应商造成损失的,责任人必须承担赔偿责任。这里的赔偿责任是一种民事责任。民事责任是平等主体之间违反民事法律规范依法必须承担的法律后果。

(四)政府采购代理机构违反规定隐匿、销毁应当保存的采购文件或者伪造、变造采购文件所应承担的法律责任

《政府采购法》第七十六条规定:"采购代理机构违反本法规定隐匿、销毁应当保存的采购文件或者伪造、变造采购文件的,由政府采购监督部门处以2万元以上10万元以下的罚款,对直接负责的主管人员和其他直接责任人员依法给予处分;构成犯罪的,依法追究刑事责任。"

1.罚款

政府采购代理机构违反政府规定隐匿、销毁应当保存的采购文件或者伪造、变造采购文件的,只能由政府采购监督部门对其处以2万元以上10万元以下的罚款,其他部门、机关在检查中如果发现采购代理机构有上述违法行为,可以依法予以制止,但不能对其罚款。

2.给予处分

采购代理机构违反《政府采购法》规定隐匿、销毁应当保存的采购文件或者伪造、变造采购文件的,应当由有关行政主管机关或者有关监察机关对其直接负责的主管人员和其他责任人员依法给予处分,政府采购监督管理部门在对违法行为进行处理时,只能向有关行政主管机构或者有关监察机关提出处分建议,不能自行给予处分。

3.追究刑事责任

采购代理机构违反《政府采购法》规定隐匿、销毁应当保存的采购文件或者伪造、变造采购文件,构成犯罪的,依法追究刑事责任。

(五)政府集中采购代理机构在业绩考核中违法所应承担的法律责任

《政府采购法》第八十二条规定:"集中采购机构在政府采购监督管理部门考核中,虚报业绩,隐瞒真实情况的处以 2 万元以上 20 万元以下的罚款,并予以通报;情节严重的,取消其代理采购资格。"根据《政府采购法》第六十六条的规定,政府采购监督管理部门应当对集中采购代理机构的采购价格、节约资金效果、服务质量、信誉状况、有无违法行为等事项进行考核,并定期公布考核结果。如果集中代理采购机构在政府采购监督管理部门考核中,虚报业绩,隐瞒真实情况,就不能保证政府采购监督管理部门的考核真实、有效,从而直接削弱对集中采购代理机构的监督力度,不能有效地遏制集中采购代理机构可能滋生的腐败行为。因此,集中采购代理机构在政府采购监督管理部门考核中,虚报业绩、隐瞒真实情况的,政府采购监督管理部门可以对其给予以下处罚:

1.罚款

政府采购监督管理部门对集中采购机构在接受考核中有违法行为的,可以对其处以 2 万元以上 20 万元以下的罚款。

2.在一定范围内予以公开

根据《政府采购法》第八十二条规定,对集中采购机构在接受考核中的违法行为及处理结果,有关部门必须予以通报,通过公开对当事人及其他相关单位产生警示作用。

3.取消其代理采购资格

根据《政府采购法》第八十二条规定,集中采购机构在接受考核中虚报业绩,隐瞒真实情况,情节严重,应当取消其代理采购资格。

第五节　监督管理部门及其法律规范

一、政府采购监督管理部门的概念

政府采购监督管理部门是指政府采购管理和监督工作的职能机关。我国《政府采购法》第十三条规定:"各级人民政府财政部门是负责政府采购监督管理的部门,依法履行对政府采购活动的监督管理职责。各级人民政府及其他有关部门依法履行与政府采购活动有关的监督管理职责。"

［案例分析 3 - 5］

政府采购监督管理部门及其权利

要点提示:

1.该采取公开招标的方式而没有采用,是否得到政府采购监管部门的审批?

2.在采购过程中,根据会场领导要求,采购中心组织专家组先与每位供应商进行了谈判是否妥当?

【案情概述】

某省举办大型扶贫物资采购,总金额 500 万元。因为时间紧急,若采用公开招标的方式无法满足采购需求,因此采购中心接到任务后,考虑到该批货物规格、标准统一,且现货货源充足,经中心领导研究,决定采用询价采购的方式,并迅速成立了项目小组。经过采购中心经办同志的努力,他们在核实了项目需求后,以最快的速度发出了询价单,询价单中明确规定最低价成交。5 天后,采购大会如约举行,除了有关部门领导到场外,纪检、监察以及采购办均派人参加了大会,并进行全程监督。在采购过程中,根据会场领导要求,采购中心组织的专家组先与每位供应商进行了谈判,同时还要求他们对自己在询价单上的报价做出了相应的调整。报价结束后,根据各供应商二次报价的情况及各单位的资质情况,专家组进行了综合评分,并根据得分的高低向领导小组推举本次采购各个分包的项目中标候选人,圆满完成了采购任务。

【问题分析与处理情况】

《政府采购法》第二十六、二十七条规定,公开招标应作为政府采购的主要采购方式。因特殊情况需要采用其他采购方式的,应当在采购活动开始前获得设区的市、自治州以上人民政府采购监督管理部门的批准。本案例由于时间问题,且"该批货物规格、标准统一,且现货货源充足",因此选择询价方式应该是正确的。但关键是,应该采取公开招标的方式而没有采用,有没有得到政府采购监管部门的审批?本案例该方式只是得到采购中心领导的内部审批。因此,在没有得到政府采购监管部门审批的情况下就直接进行询价采购的行为明显是一种违法采购行为,根据采购法第七十一条的规定,采购中心应受到相应的处理。

根据政府采购法第四十条规定,在询价中询价小组应要求被询价的供应商一次报出不得更改的价格,同时应根据符合采购需求、质量和服务相等且报价最低的原则确定成交供应商,并将结果通知所有被询价的未成交供应商。而本案例不仅让供应商"二次报价",且违背"低价成交"的原则,通过综合评分的方式最后确定成交供应商。此做法更像是竞争性谈判采购,说明了采购中心在操作行为上的不规范与不合法。

本案例之所以出现上述情况是因为"会场领导的要求"。这实际上是一种在有法可依的情况下的随意行为,没有体现出政府采购行为的严肃性。

资料来源:中国政府采购网 http://www.caigou2003.com(2017 - 07 - 12 访问).

二、政府采购监督管理部门的职责

为了明确政府采购监督管理部门监督检查的职责和主要内容,《政府采购法》第59条对政府采购监督管理部门监督检查职责和主要内容做出了规定,即政府采购监督管理部门应当加强对政府采购活动及集中采购机构的监督检查。监督检查的主要内容是:有关政府采购的法律、行政法规和规章的执行情况;采购范围、采购方式和采购程序的执行情况;政府采购人员的职业素质和专业技能。政府采购监督管理部门的主要职责是:

(1)拟订和执行政府采购政策;

(2)审批政府采购预算和计划;

(3)拟订集中采购目录、限额标准和公开招标数额标准;

(4)指导政府采购业务、监督检查各项政府采购活动;

(5)组织政府采购人员的培训;

(6)依法对政府采购活动监督管理;

(7)依法对集中采购机构监督管理;

(8)编制采购机关年度政府采购预算;

(9)处理政府采购中的投诉事项;

(10)办理其他有关政府采购的事务。

监督管理部门履行职责的状况,对于保证法律正确实施至关重要。同时,也要确保监督管理部门不超越法律规定的职责,影响正常工作开展。因此,本法对政府采购监督管理部门加强监督检查的重点提出了要求,政府采购监督管理部门必须坚决贯彻落实。政府采购监督管理部门加强对政府采购活动的监督检查,应当是全方位、多层次的监督检查,既包括对采购人、采购代理机构的采购活动进行检查,也包括对供应商参加政府采购活动的情况进行监督检查,尤其要对集中采购机构加强检查。也就是说,凡是涉及政府采购活动的,政府采购监督管理部门都必须加强监督检查,及时发现问题、解决问题,并对违法行为依法进行处理。但是,政府采购监督管理部门加强政府采购活动的监督,范围广、内容多,法律中不能一一作出规定。本法采用列举的办法,对政府采购监督管理部门应当加强监督检查的主要内容做出了规定。

[资料链接3-6]

执行监督管理部门监督检查职责应注意的问题

执行《政府采购法》关于政府采购监督管理部门监督检查职责和主要内容的规定,需要注意以下几个问题:

1. 政府采购监督管理部门应对所有政府采购当事人进行监督检查。

本法明确了政府采购监督管理部门应当加强集中采购机构的监督检查,并不是指只能对集中采购机构进行监督检查,对其他政府采购当事人就不需要加强监督检查。

2. 政府采购监督管理部门应对政府采购活动进行全方位的监督检查。

政府采购监督管理部门在实施监督检查中,主要应当关注有关政府采购的法律、行政法规和规章的执行情况,采购范围、采购方式和采购程序的执行情况,政府采购人员的职业素质和专业技能,同时还要对政府采购活动中的其他情况进行监督检查。

资料来源:廖少刚,熊小刚.政府采购[M].北京:对外经贸大学出版社,2013.

三、政府采购监督管理部门的法律责任

(一)政府采购监督管理部门法律责任的种类

1. 滥用职权、玩忽职守、徇私舞弊

根据《政府采购法》第八十条的规定,政府采购监督管理部门滥用职权、玩忽职守、徇私舞弊,依法给予行政处分;构成犯罪的,依法追究刑事责任。

2. 对供应商的投诉逾期未做处理

根据《政府采购法》第八十一条的规定,政府采购监督管理部门对供应商的投诉逾期未做处理的,给予直接负责的主管人员和其他直接责任人员行政处分。

3. 对集中采购机构业绩考核中的相关法律责任

政府采购监督管理部门对集中采购监督机构业绩的考核,有虚假陈述、隐瞒真实情况的,或者不做定期考核和公布考核结果的,应当及时纠正,由其上级机关或监察机关对其负责人进行通报,并对其直接责任人依法给予行政处分。

(二)政府采购监督管理部门法律责任的成因及表现形式

政府采购监督管理部门承担法律责任的主要起因是违法行政和不当行政。

1. 违法行政的主要表现

(1)行政失职。政府采购监管部门不行使应行使的职责,或者行使不力。如玩忽职守、应查不查、监督视察或贻误、监督不到位。

(2)行政越权。超越法律、法规授予的权限实施监督行为。

(3)滥用职权。行使的职权背离法律法规的目的。

(4)程序违法。实施的监督检查行为,包括方式、形式、手段、步骤、时限等,不符合法律法规的规定。如没有实行回避制度、行政处罚未履行听证告知程序、没有依法送达当事人等。

（5）证据不足。做出的政府采购监管结论或决定所依据的事实不清,证据不足。

（6）适法错误。实施政府采购监管的依据和做出的结论或决定在适用法律条款方面发生错误。如本适用甲依据却用了乙依据,或适用法律条款不正确等。

2.不当行政的主要表现

不当行政是基于自由裁量权行为而存在的,虽然不违法,但要明确,自由裁量不是任意裁量。不当行政在政府采购监管中的主要表现形式是政府采购监管结论或处理决定显失公正,明显违反了客观、合理、适度的原则。比如:不适当的考虑,如考虑了人际关系等;不适当的处理,如对不同单位类似的违法行为给予畸重畸轻的不同处罚;不适当的方式,如要求被处罚当事人提供不必要的材料,负担调查费用等。

（三）在政府采购监督工作中如何避免法律责任

随着政府采购监督管理行为和结果的产生,财政机关或政府采购监管人员就自然成为普遍意义上的责任承担者。通过上面的分析可知,行政失职、行政越权、滥用职权、程序违法、证据不足、适法错误和显失公正的不当行政是政府采购监管可能遭受行政复议或行政诉讼的主要原因,但就某一具体的监管事项来看,财政机关或政府采购监管人员承担法律责任的构成要件有:客观上存在违法行为,主观上存在过错,没有明确的法律依据。否则财政机关或政府采购监管人员就不应该承担责任。针对以上分析,财政部门在实施政府采购监管中避免行政复议或行政诉讼的对策主要有:

1.坚持权利与责任挂钩、与利益脱钩的原则

要全面实行行政执法公开、持证上岗执法,推行执法责任制、评议考核制和质量控制,通过相关制度约束每个人、每个部门和每项工作事项;要通过培训、学习考核、考试等方法,提高执法人员的政治素质、业务能力和执法水平;对越权、失职、失察、滥用职权、行政不当的执法人员要追究其责任。

2.严格履行政府采购监管的各项职责,遵循政府采购监管规定、规则和工作要求,保持良好的职业道德

日常监管职责范围内的监管事项,一定要依法履行应该执行的程序和事项,既不能失职不作为,也不能越权乱作为。

3.增强独立性和原则性

按照公开、公平、公正原则,严格执法。执法不严,滥用权力,都容易带来行政复议或法律诉讼。执法人员要合理使用自由裁量权,切实贯彻执法必严、违法必究的原则,把对违纪违法单位的处罚和追究有关责任人的责任有机结合起来,充分发挥政府采购法律法规的威慑力和强制力。

4.进一步强化纠错机制

行政诉讼实行"不告不理"的原则。若处理决定下发后,发现事实有待进一步考查或适用法律不当,要通过重新审查及时纠正,用足用好行政机关先行处理政策。

5.聘请熟悉政府采购法律法规的法律顾问处理有关问题

《政府采购法》明确要求指标数额较大或采取国际招标的建设项目,项目法人应聘请有资格的律师对相关招标文件和合同文本出具法律咨询意见。律师作为法律顾问参与政府采购,能够从法律角度处理采购过程中涉及的法律问题,为政府采购项目的合法性和合规性提供专业咨询意见,起到技术、经济专家无可替代的作用。

本章小结

1.政府采购行为包括政府采购的管理行为和执行行为。采购当事人是政府采购的执行行为主体,指的是参加政府采购活动的各类合法主体,都是直接参与政府采购商业活动的各类机构,不包括政府采购的监督管理部门。明确政府采购的各方当事人,才能根据不同主体的行为特征做出相应规定,明确各主体参加政府采购活动权利和义务。

2.政府采购当事人应当包括三种人:一是采购人,是指依法进行政府采购的国家机关、事业单位、团体组织。二是政府采购代理机构,采购代理机构为集中采购机构和其他社会代理机构。按规定,只有社区的市、自治州以上的人民政府根据本级政府采购项目组织集中采购的需要才设立的集中采购机构。集中采购机构的性质属于非盈利事业法人,根据采购人的委托办理采购事宜。其他采购代理机构,是指依法成立的,接受采购人委托、提供政府采购代理业务的社会服务中介组织。三是供应商,是指向采购人提供货物、工程或者服务的法人、其他组织或者自然人。采购当事人都应该依法履行自己的职责,行使职权,承担义务。政府采购当事人在政府采购活动中依法享有相关权利,同时应当依法承担相关义务,自觉接受财政部门的管理与监督。

3.政府采购属于采购人与供应商进行的一种商业性交易活动,如果不加强管理,或者缺乏规范化规定,很容易受利益的引诱,滋生腐败。政府采购当事人对其违法行为所应当承担的法律后果,即政府采购当事人法律责任。法律作为国家制定并由国家强制力保障实施的行为规范,一经颁布,任何人都必须遵守,如有违反,就要承担相应的法律后果,受到法律的制裁。

4.我国政府采购代理机构分为两类:一类是由政府设立的集中采购机构(即政府采购中心),属事业法人;一类是由财政部门认定的社会代理机构,为企业法人。政府集中采购机构与社会中介代理机构无论是在机构属性,行使的职能还是在发挥的作用以及运行目的方面都有根本区别。

5.政府采购监督管理部门是指政府采购管理和监督工作的职能机关。我国《政府采购法》第十三条规定:"各级人民政府财政部门是负责政府采购监督管理的部门,依法履行对政府采购活动的监督管理职责。各级人民政府及其他有关部门依法履行与政府采购活动有关的监督管理职责。"政府采购监督管理部门应当加强对政府采购活动及集中采购机构的监督检查,政府采购监督管理部门会因违法行政和不当行政等行为而承担相应的法律责任。

关键概念

政府采购当事人　采购人　供应商政府采购代理机构　集中采购机构　社会代理机构监督管理部门

本章案例或专栏资料分析题

1.参照案例分析3-1"采购当事人权利与义务的履行",阐述政府采购当事人权利与义务有哪些,应如何履行?

2.参照案例分析3-2"采购人的权利范围",结合案例实际阐述政府采购人的权利范围。

3.根据采购人的法律责任,阅读资料链接3-1"采购人法律责任在执行中应注意的问题",结合我国社会经济现实情况分析采购人法律责任应如何落到实处。

4.根据我国供应商资格认定的条件,阅读资料链接3-2"供应商资格条件的国际通行做法",结合国际通行做法,谈谈我国供应商资格条件如何与国际接轨。

5.阅读资料链接3-3"供应商资格审查的意义",举例说明供应商资格审查对政府采购工作的影响。

6.参照案例分析3-3"供应商资格审查的规范",阐述我国供应商资格审查的主体、方式、内容和步骤的相关规定。

7.阅读资料链接3-4"集中采购的国际经验",说明与国外政府采购代理机构相比,我国集中采购机构有什么不同。

8.参考资料链接3-5"政府集中采购机构与社会代理机构之间的区别",说明应如何协调集中采购机构与社会代理机构之间的关系。

9.参照案例分析3-4"代理机构审查的范围",说明我国政府采购代理机构的资格审查应注意哪些细节问题。

10.参照案例分析3-5"政府采购监督管理部门及其权利",阐明政府采购监督管理部门的概念及其权利范围。

11.阅读资料链接3-6"执行监督管理部门监督检查职责应注意的问题",思考执行监督管理部门监督检查职责应注意哪些问题。

第四章　政府采购方式

学习目标: 本章详细介绍了政府采购的方式,根据不同的属性将采购方式进行了分类。分析比较了发达政府采购的相关规则的差异。通过本章学习,重点掌握政府采购的分类方式与不同种类政府采购的方式的特点。通过国内外政府采购方式比较,进一步学习并了解了国内外政府采购方式的不同。通过了解政府采购手段的多样性对我国政府采购有着更深刻的学习。

第一节　政府采购方式分类

政府采购方式就是指政府在采购货物、工程和服务时应采取什么方式和形式来实现。采购方式的选择,决定着采购主体所需货物、工程和服务的支出效率、效果和效益,决定着采购主体采购目标值的寿命、性能、可靠性、所购货物、工程和服务的水平及其寿命周期费用。它是政府进行经济调控、社会扶助、民主建设等社会责任的必然选择。所以,对政府采购方式的研究任重而道远。

一、按是否具备招标性质分类

按是否具备招标的性质,可将政府采购方式分为招标性采购和非招标性采购两大类。采购金额是确定招标性采购和非招标性采购的重要标准之一。一般来说,达到一定金额以上的采购项目,采用招标采购的方式;不足一定采购金额的采购项目,采用非招标性采购方式。

(一)招标性采购方式

招标性采购是指通过招标的方式,邀请所有的或一定范围的潜在的供应商参加投标,采购实体通过某种事先确定并公布的标准从所有的投标中评选中标供应商,并与之签订合同的一种采购方式。招标性采购又可以按照招标的范围、接受投标人的范围和招标的阶段具体进行分类。

1. 按招标范围分类

根据招标范围,可将政府采购方式统一规范为公开招标采购、选择性招标采购和限制性招标采购。世界贸易组织的《政府采购协议》就是按这种方法对政府采购方式进行分类的。

(1)公开招标采购,公开招标采购是指通过公开程序,邀请所有有兴趣的供应商参加投标的经济活动。即公开招标是招标人在指定的报刊、电子网络或其他媒体上发布招标公告,吸引所有感兴趣的投标人参加投标竞争,最后招标人按照规定程序从中择优选择中标单位的招标方式。

（2）选择性招标采购。选择性招标采购是指通过公开程序，邀请供应商提供资格文件，只有通过资格审查的合格供应商，才能参加后续招标；或者通过公开程序，确定特定采购项目在一定期限内的候选供应商，作为后续采购活动的邀请对象。选择性招标方式确定有资格的供应商时，应平等对待所有的供应商，并尽可能邀请更多的供应商参加投标。选择性招标采购共分为两个阶段：第一阶段，投标申请。接到竞争邀请后，申请人必须在规定的时间内提出投标申请。签约机构经过审查并排除那些不符合技术规格要求以及不符合资格标准的申请人后，向其余申请人发出书面投标邀请和合同文本。第二阶段，正式投标。接到投标邀请的候选人必须在规定的第二个截止日期前呈递其标书。

（3）限制性招标采购是指不通过预先刊登公告程序，直接邀请一定数目的供应商，向其发出投标邀请书，邀请他们参加投标竞争的方式。这种方式也称邀请招标。其条件为：公开招标或选择性招标没有供应商参加，或没有合格标；供应商只有一家，没有选择的余地；出现了无法预见的紧急情况如向原供应商采购替换零配件；属于研究用的实验品、实验性服务；追加工程，必须由原供应商办理，且追加金额未超过合同金额的50%；与原工程类似的后续工程，并在第一次招标文件中已做规定的采购等情况下才可使用。一般选择3～10个供应商参加较为适宜，当然要视具体招标项目的规模大小而定。由于参加投标的竞争者有限，不仅可以节约招标费用，而且提高了投标者的中标机会。

邀请招标与公开招标相比，因为不刊登招标公告，招标文件只送几家，投标的有效期大大缩短，这对采购那些价格波动较大的商品是非常必要的，可以降低投标风险和投标价格。如鱼粉是采用国际限制性招标最典型的例子。世界上只有少数几个国家生产，如果采用公开招标，会导致开标后无人投标的结果，这样的情况在实际业务中确有发生。例如在欧盟的公共采购规划中，如果采购金额超过法定界限，必须使用招标方式的，项目法人有权自由选择公开招标或邀请招标，而由于邀请招标有上述的优点，所以在欧盟的成员国中，邀请招标被广泛使用。

［案例分析4-1］
采购行业"乱收费"何时了？
案例材料

一县级市未成立集中采购机构，采购单位将采购项目放在当地综合招标投标中心执行。其发生在综合招标投标中心的各项费用清单如下：

1. 入场会费（含报名费）：综合招标投标中心向每个报名供应商收取的。入场年会费标准：新会员6000元，老会员2000元。

2. 项目代理服务费：综合招标投标中心向采购单位收取的。收费标准：采购标的额在100万元（含100万元）以内按2‰收取，采购标的额在100万元以上按1.8‰收取。

3. 标书费：采购代理中介机构向符合资格条件的供应商收取的。收费标准：一般项目1600元，特殊项目2000元。

4. 中标、成交服务费：采购代理中介机构向中标、成交供应商收取的。收费标准：采购标的额在100万元（含100万）以内按1%收取，采购标的额在100万元以上按0.8%收取。

5. 程序公证和合同公证费：公证部门向采购单位、中标成交供应商收取的。收费标准为采购标的额的0.2‰。

6. 编制标底场地费：综合招标投标中心向编制标底的社会中介机构收取的。收费标准为每天500元。

7.开标答疑会务费、协调服务费:综合招标投标中心向采购代理中介机构收取的。收费标准按每场 800 元收取。

资料来源:夏曙锋.我国政府采购方式运用问题研究[D].首都经济贸易大学,2007.

2.按接受投标人范围分类

招标性采购按接受投标人的范围,分为国际竞争性招标采购、国内竞争性招标采购、国际限制性招标采购和国内限制性招标采购。国际竞争性招标采购是指没有国籍限制,采购实体通过国际性的媒体公开发布招标公告,邀请所有符合要求的供应商参加投标的一种采购方式。国内竞争性招标采购是指采购实体使用本国文字在国内主要媒体上发布招标公告,邀请国内所有符合要求的供应商参加投标的一种招标采购方式。国际限制性招标采购是指采购单位不发布招标公告而直接邀请国外供应商参加投标的一种采购方式。国内限制性招标采购是指采购实体不发布招标公告而直接邀请国内供应商参加投标的一种采购方式。国内、国际限制性招标采购,又称邀请采购。

3.按招标阶段分类

按招标所经历的阶段,可将政府招标采购分为单阶段招标采购和两阶段招标采购。

(1)单阶段招标采购,也称一阶段招标采购,就是通过一次性招标,让投标商提交价格标和履行商务承诺的采购方式。

(2)两阶段招标采购是一种特殊的招标采购方式,即对同一采购项目要进行两次招标。第一次招标是采购实体要求供应商提交不含价格的技术标,目的是征求各供应商对拟采购项目在技术、质量以及其他方面的建议。第二次招标是采购实体根据第一阶段征求的建议修改招标文件,要求供应商按修改后的招标文件提交最终的技术标和价格标。两阶段招标很少使用,只是对大型复杂或技术升级换代快的货物如大型计算机和通信系统,以及特殊性质的土建工程等,且事先准备好完整、准确的技术规格有困难或不易实现时,才采用两阶段招标方式。

与两阶段招标采购性质相接近的,还有一种形式称征求建议采购。它有着与两阶段采购相同的采购环境,20 世纪 80 年代开始在美国确立其地位。1994 年,联合国的《采购示范法》也将其同两阶段招标、竞争性谈判一起列入同一环境下的采购方法。征求建议是这样一种采购程序,采购实体通常与少数的供应商或承包商接洽,先征求建议,再与他们谈判有无可能对这一建议书的实质内容做出更改,从中提出"最佳和最后的建议",然后按照原先公开的评价标准,以及根据原先向供应商或承包商公开透露的相对许诺比重和方式,对那些最佳和最后的建议进行评价和比较,选出最能满足采购实体需要的供应商或承包商。这一方法仅在《采购示范法》中使用,而其他三个国际采购规则和我国政府采购法都没有规定这种方法。

(二)非招标性采购方式

非招标性采购是指除招标采购方式以外的采购方式。达到一定金额以上的采购项目一般要求采用公开招标方式。但在有些情况下,如需紧急采购或者来源单一等,招标采购并不是最经济、最有效的采购方式,需要采用招标采购方式以外的其他采购方式。同时在招标限额以下的大量的采购活动,也需要明确采购方式。非招标性采购方式很多,通常使用的主要有:国内或国外询价采购、单一来源采购、竞争性谈判采购、自营工程等。

(1)国内和国外询价采购,也称货比三家,是指采购实体向国内外有关供应商(通常不少于三家)发出询价单,让其报价,然后在报价的基础上进行比较,并确定中标供应商的一种采购方式。这种采购方式只适用采购现货或价值比较小的、标准规格的设备,或者小型简单的土建工程,或者投标文件的审查需要较长时间才能完成、供应商准备投标文件需要消耗高额费用以及供应商资格审查条件过于复杂的采购。

(2)单一来源采购即没有竞争的采购,它是指达到了竞争性招标采购的金额标准,但所采购的商品来源渠道单一或属专利,首次制造,合同追加,原有项目的后续扩充等特殊情况。在此情况下,只能由一家供应商供货。单一来源采购也称直接采购或单向采购。

(3)竞争性谈判采购是指采购实体通过与多家供应商进行谈判,最后从中确定中标供应商的一种采购方式。这种方式适用于紧急情况下的采购或涉及高科技应用产品和服务的采购。

(4)自营工程是土建项目中所采用的一种采购方式,是指采购实体或当地政府不通过招标或其他采购方式而直接使用当地的施工单位来承建的土建工程。在世界银行的《采购指南》中有所规定,但有较高的使用限制条件。主要适用于:一是无法事先确定所涉及的工程量;二是工程小而分散,或位于边远地区,有资格的供应商不大可能以合理的价格投标;三是必须在不破坏在建项目秩序的情况下施工;四是不可避免的工作中断的风险由采购实体承担比由供应商承担更为合适的情况;五是需要迅速采取采购行动的紧急情况。对自营工程必须严格控制,否则会出现地方保护的问题。

二、按采购规模分类

按采购规模分类,可将政府采购方式分为小额或单件采购方式、批量采购方式和大额或大规模采购方式。

(一)小额采购方式

小额采购是指对单价不高、数量不大的零散商品的采购。具体采购方式可以是询价采购,也可以直接到商店或工厂采购,包括单件采购。

(二)批量采购方式

批量采购,即一定数量物品的集中采购。其适用条件为:有一定的规模,且可以得到供应商价格或服务优惠的采购。具体采购方式可以是询价采购、招标采购或谈判采购等。

(三)大额采购方式

大额采购是单项采购金额达到招标采购标准的采购。这一概念也可延伸为综合货物、工程、服务的集中采购,而且达到了较大规模,能够采取集中支付手段。其适用的具体采购方式有招标采购、谈判采购等。

三、按采购手段分类

政府采购方式按运用的采购手段可分为传统采购方式和现代化采购方式,传统采购方式与现代化采购方式主要在结算方式上存在较大差异。传统采购方式大多依赖现场付款的手段,而现代化采购方式则采用采购卡及电子贸易等现代化的采购手段。

(一)传统采购方式

传统采购方式是指依靠人力来完成整个采购过程的一种采购方式。如通过报纸杂志来发布采购信息,采购实体和供应商直接参与采购每个环节的具体活动。采购实体的采购官员在完成采购后付款时,进行现场付款,采用非招标性采购方式。

(二)现代化采购方式

现代化采购方式是指主要依靠现代科学技术的成果来完成采购过程的一种采购方式。如采购卡采购方式和电子贸易方式。采购卡类似于信用卡,与信用卡的不同点在于,采购卡由财政部门统一发放给采购实体,采购实体的采购官员在完成采购后付款时,只需刷卡就可以完成交易。刷卡记录包括付款时间、付款项目、付款单位和总价等信息,这些信息将报送财政部门备案审查。采购卡一般适用于小额采购,由于这种采购方式不需要签订合同,对于每年数以万次的小额采购来说,能够节约大量的纸张费用。电子贸易采购是指运用电子技术进行业务交易,包括电子邮件、电子信息、国际网络技术以及电子数据交换即 EDI 等。通过电子贸易来发布采购信息并完成采购交易,解决了传统采购方式下难以克服的时间和空间问题,使采购活动更加方便、快捷,大幅度降低了采购成本,提高了采购效率。

四、按采购途径分类

按政府采购途径划分,政府采购可分为政府采购机构直接购买、委托中介机构购买、租赁和雇佣四种。

(一)政府采购机构直接购买

直接购买指对于技术规范和要求相对稳定,有技术标准检测办法和检测机构,或已成熟稳定的商品工程或服务进行的采购。这种途径适宜批量大、规模效益显著的商品、服务和工程的采购。

(二)委托中介机构采购

这种采购方式适宜对于技术复杂,如升级换代快的大型设备,专用设备和高新技术产品以及大型建筑工程的采购。

(三)租赁

这种购买方式是只可拥有使用权,而不具备货物、建筑物等所有权。这种方式首期和运行费用小,对一些用户来说可减免税,可长期享受专业技术人员的服务,减少设备或建筑物的淘汰风险,可适应季节性工作等。这不失为政府采购中的一种少花钱、办大事的方法。因此,我国政府采购法也给予其与采购一样的同等采购地位。

(四)雇佣

对物是租赁,对人既是雇佣。政府采购主体可不解决其用工条件,仅根据政府及其所属单位或任务的需要召集相关人员,提供相应费用,即时清算的一种临时用工方式。

我国《政府采购法》规定的采购方式有:

(1)公开招标;

(2)邀请招标;

(3)竞争性谈判;

(4)单一来源采购;

(5)询价;

(6)国务院政府采购监督管理部门认定的其他采购方式。

但同时明确规定,公开招标作为政府采购的主要采购方式。

[资料链接 4-1]

科学合理地运用政府采购方式

政府采购是一种复杂的、多样化的行为,这就决定了没有一种采购方式能够完全适应所有的采购情况,只有根据具体的情况采用具体的最适应的方式才能使采购行为最有效、最经济。

在早期,政府采购制度的设计者们一直致力于对公共官员在采购中行为的监督和约束,因此在采购方式的设计和选用上也着重于防止公共官员与供应商的共谋,所以能够最广泛地促进公开竞争方式成为主要的采购方式。但是这一方式并不能适用于所有的采购情况,一旦不适应就会提高采购成本,而且越不适应采购成本就越高。假如提高的采购成本大于发生共谋可能造成的损失,那么这一采购方式就不是最经济的采购方式。

随着政府采购实践经验的积累和采购制度的发展完善,采购方式的多样化已成为政府采购发展的必然趋势。为此,政府采购方式必须依政府采购法的规定,在适用范围上不断进行调整,在公开招标采购方式作为首选方式的基础上,充分运用和发挥竞争性谈判、邀请招标等多种采购方式的优势,通过实践探索出真正符合经济发展和行政管理需求的政府采购方式。

资料来源:夏曙锋.我国政府采购方式运用问题研究[D].首都经济贸易大学,2007.

第二节　发达国家政府采购方式分析

一、美国政府采购方式分析

政府采购在美国已有200多年的历史,政府采购开始只是国防部门实行,后来扩大到联邦民用机构。美国也是较早建立政府采购制度的国家之一,18世纪末就开始制定政府采购的规章制度,其后不断修改和补充完善。美国没有统一的政府采购法但有统一的采购条例,国防采购和民用采购是分别立法的,前者遵循的是《武器装备采购法》,后者遵循的是《联邦财产和管理服务法》,无论是国防部门还是民用机构都要统一执行《联邦采购条例》的规定。美国是一个联邦制国家,联邦的法律不适用于地方,但地方的政府采购法律不能违背联邦有关法律的精神。美国政府采购在具体的采购方式上,分为大额采购和小额采购两种类型。美国有关法律规定:合同金额超过25000美元的采购为"大额采购",应使用公开招标及谈判采购。25000美元以下的政府采购为"小额采购",以灵活的方式进行。近年来,大额采购合同金额占政府采购总数的40%左右。

(一)公开招标

公开招标在美国被称为"密封投标",是大额采购方式之一。采用公开招标的采购方式,采购部门应在刊物上发布广告,邀请投标人广泛参与竞争。经过筛选,被授予合同的供应方将是报价最低、各项条件最优的一方。该方必须满足采购的一切要求,投标一经开始该方不得重新更改投标。

经过将近两个世纪的政府采购实践,美国政府采购也逐渐在公开招标的基础上,变通出一些更方便、节省的采购方式,如《1994年联邦政府采购合理化法》规定:政府机构招标采购后可同时将合同授予几家供应商,与他们签订一个"计件交货合同"。供应方在合同签订后按照具体履约内容,根据实现确定的数额交货。而在此新规定出台之前,政府采购经过一轮竞争后,由采购部门与一个中标方签订合同。这样做虽然保证了授予合同过程中的竞争,但是,中标方在签订合同后的履约期内,有可能依赖他对合同的控制,不思进取,向政府采购部门提出合同约定以外的条件。因此,政府采购部门不但应推进招标过程中的竞争,也应设法促进履约过程中的竞争。这样,多家供应商之间为更好地满足政府部门的具体要求而展开合理的公平竞争,跟踪市场的变化,使采购的商品、工程或服务质量更好、技术水平更高、交货更及时。

(二)谈判采购

谈判采购在美国称为协商采购,是大额采购的另一种表现形式。谈判采购是政府采购机构就合同的各项条件与供应商逐项讨价还价的签约方式。这种采购方式比较灵活,是各级采购部门比较偏爱的使用方式。但是由于这种方式常被用来逃避竞争,所以,美国政府采购法规一直限制使用。

直到1962年,美国国会对有关法案进行了修订,才肯定了"在竞争的氛围中与卖方谈判协商"这一原则的重要性。1984年,美国国会更加明确了谈判采购的优点,指出了公开招标也有程序复杂、对某些采购不适应的缺陷,如果采用协商采购方式,政府可以根据商品的质量对价格进行协商,只要报价方商品质量可靠,政府还可以适当提高采购价格。

由于协商采购方式灵活多变,可以保证各级政府机构买到货真价实的商品及高质量的服务,越来越多的政府机构选择这种采购方式,为了更有效地运用协商采购过程中的竞争优势,各级政府对法律制度也做了相应的调整,如《1996年克林格尔-科亨法案》规定,政府采购部门对报价做出评估后,可以进行谈判,以减少竞争者的数目。这一规定为那些取胜可能性不大的报价方节省了时间,避免了其进行不必要的修改投标、重新报价的过程,同时也使政府避免对不必要的报价进行评估,达到节省时间和经费的目的。

(三)小额采购

金额在25000美元以下的合同采购为小额采购,其手续应简单易行、运行成本低廉。美国各种政府采购方式中,使用频率最大的仍是小额采购。近年来,政府采购中的60%都低于或等于25000美元。对此,美国政府各部门使用两种比较灵活的采购方式。

低于2500美元的商品或劳务的采购,各级政府机构使用的"采购卡",利用互联网进行订货,"刷卡",便能从地方买到价格合理的商品或劳务,完成采购工作。政府利用采购卡采购,由于使用采购卡的管理压力较小,可以使政府提高采购效率,解决劳动力减少的问题。

采购金额在2500~25000美元的采购,各级政府机构一般采用"货比三家"的询价采购方式。买方基于自己对当地贸易的了解,对小额商品报出有竞争力的优惠价格(如果没有同种小额商品,使价格不具竞争力,可以报出价格具有竞争力的其他商品),满足各级政府的需要,并根据电话联系时的三家报价发出采购订单。如果采购的金额巨大,政府机构往往运用在合同中不规定交货日期,也不规定采购数量,他们往往运用一些简单的技术,使合同签约各方展开激烈的商业竞争,最后才决定订货。这种方法既简单有效,又与成本效益密切相关,它充分运用竞争的手段,使政府达到低价采购商品的目的,这种方法类似于协议采购。

目前,美国的小额政府采购基本上实现了电子商务管理。"电子商务"是指利用计算机进行商业信息交流和商务交易,包括电子邮件、电子信息牌、采购卡、电子资金承兑(即通过电脑进行付款、信息传递)以及电子数据交换技术(EDI)。目前,美国的政府采购网络通过因特网,无偿地向企业发出商业信息。其内容包括:第一,政府采购信息窗:可查找任何有关《联邦采购条例》、各级政府机构、各种法律文件及其他相关网络的电子资料;第二,采购及贸易机会:提供政府采购招标通告、采购计划及其信息;第三,通过交流培训信息,进行政府采购培训,教授基本、专门的采购办法;第四,使用电子目录及电子合同网络系统,对合同业务进行分类安排。这样,政府机构运用电子技术就可以浏览合同目录或网络系统,通过电子技术直接订货。

政府采购电子贸易方式的使用,有利于政府采购,特别是小额采购走向"零成本交易",缩短了订货周期,提高了政府采购的效益,同时加强了政府与企业双方的沟通。

[资料链接 4-2]

美国如何利用政府采购中涉及国家安全的例外条款？

美国半导体和计算机工业发展的早期,其产品主要是由国防部和国家宇航局出面采购。1960 年集成电路产品刚刚问世时,100% 的集成电路产品由联邦政府购买。在产品的成长中政府购买量占比才逐步递减,1962 年,购买量占 94%,到 1968 年,仍占 37%。政府的有力支持促进了这一新生产业的发展。激励了高新技术成果的转化,促进了高新技术的产业化,西部硅谷地区和东部 128 公路沿线高新技术产业群的快速发展就是典型的例证。20 世纪 90 年代,在克林顿政府的"全面经济计划"中,为鼓励创新产品开发,仅就计算机相关的新产品的政府购买支出就达 90 亿美元。通过政府采购,美国扶植了 IBM、惠普、得克萨斯仪器公司等一批国际 IT 业巨头。而 2006 年 3 月,我国联想集团通过激烈竞争获得美国国务院 1.6 万台电脑采购订单,却被美国政府以国家安全为由拒绝在政府机密领域使用联想电脑的联想"安全门"事件,就是美国在政府采购中充分利用涉及国家安全的例外条款的典型案例。

资料来源:杨珍增,郝碧榕.知识产权保护与离岸采购——基于美国制造业数据的研究[J].国际贸易问题,2017(4):62-73.

二、英国政府采购方式

英国政府采购的基本方式可以概括为:

(1)竞争性投标。精心挑选供应商,要求供应商各自以产量、产品规格和生产执行情况进行竞争性投标。

(2)公开招标。对于以价格为主要因素又相对容易的合同,各部门采取公开招标的方式,让任何对合同感兴趣的供应商都参加投标竞争。

(3)协商和竞争性投标相结合。对于较复杂的合同,如私有经济项目,则应采取协商和竞争投标相结合的方式进行。

(4)协商谈判。对于少数极为复杂的合同,采取竞争性协商谈判的方式。

(5)单方面投标。对于极其廉价的采购或极其例外的特殊情况,采取单方面投标的方式。

(6)投标后再协商。这种采购方式可以更好地用好资金和改进合同细节,对买卖双方都有利。

随着电子技术的发展,英国财政部要求政府各部门利用电子商务,通过网上交易简化实物交易过程中的烦琐环节,以节省政府的采购费用。

三、法国政府采购方式

法国的政府采购制度历史悠久,比较完善。加入欧盟组织后,根据欧盟《指令》要求,自1992 年开始,陆续颁布了一系列政府采购的政令或共和国总统令,修订和完善原有的政府采购法律法规,其现行的采购制度与《指令》的规则基本上一致。法国的政府采购实行集中采购和分散采购相结合的采购模式,政府采购的主管部门是经济财政部,中央的集中采购机构也设在该部。

(一)发票结算

这实际上是一种小额采购适用的方式。它只适用于价值不足 9 万欧元的采购合同。由于金额小,所以操作方式应尽可能简单。法律规定这类合同可以不用法律规定的合同授予程序,而是在供应结束后直接由供应商凭发票向采购方结算。一般用于社会公益、文教卫生以及法律援助等方面的小金额合同。

(二)简单竞争

这种方式一般适用于中央政府采购金额为 9 万至 13 万欧元以下的合同,或者金额在 20 万欧元以下的地方项目的采购合同。其特点是具有较大的灵活性,既可以采用公告—招标—评标—授标的方式,也可以允许采购机构通过与供应商磋商,而后授予合同的方式。

(三)邀请招标与询价采购相结合

这是法国政府采购中一种比较灵活的采购方式。它关键在于,不完全按照招标固定的评标模式确定中标人,而是通过多方面的评判来综合评价,决定最终的中标人。合同金额超过 13 万欧元的中央政府采购项目或超过 20 万欧元的地方项目,可以采用这种方式。

(四)单向采购

这种方式完全是依据欧盟《公共货物采购法》和 WTO 的《政府采购协议》规定的方式设立的。在一些无法采用公开招标竞争和邀请招标的特殊情况下,采购方可以通过与供应商、承包商直接谈判的做法,完成政府采购任务。

四、德国政府采购方式

德国的政府采购法规定了三种采购方式,它与 WTO 的《政府采购协议》所规定的三种采购方式是一致的。

(一)公开招标

这种方式不限制投标人的数量,在广泛的范围内发出招标公告和采购消息,经过综合评估,从条件优秀的供应商中选择中标者。

(二)邀请招标

这种方式在事先选择的范围内邀请合格的供应商或承包商,邀请其投标,按照规定的评估标准评价投标,选择中标人并授予合同。

(三)单向采购

在上述两种招标的先决条件都不能满足的特殊情况下,采购机构直接与一家供应商洽谈,并与之签订合同。

德国法律要求采购实体使用公开招标方式,其次选择邀请招标方式,当采购条件十分特殊的情况下,才可以运用单向采购方式。所以,公开招标方式是德国政府采购最常使用的采购方式。

[资料链接 4-3]

注重严谨与细节——德国政府采购中的"工匠精神"

在德国,政府采购有着悠久的历史,早在 19 世纪,德国就有关于政府采购方面的专门立法。20 世纪以来,政府采购逐渐成为德国竞争政策的重要组成部分。1998 年,德国第 6 次修订《德国反对限制竞争法》时,就增加了政府采购内容,详细规定了政府采购的原则、范围、程序以及救济机制。德国年平均采购规模超过 2200 亿美金,加入欧盟以后,德国政府采购受国内法律和欧盟法律的双重约束。在最新发布的《国际比较法律指南:公共采购 2016》中,在以跨境视角调整欧盟各国国内政府采购立法框架时,德国国内的政府采购立法仍独居德式的严谨特色。

德国的政府采购法主要针对欧洲公共合同,即对达到欧洲公共采购门槛价及以上采购项目合同做出明确规定,其法律依据核心是《德国反对限制竞争法》的第四部分内容,同时《德国政府采购合同规定》中的相应规定也可作为采购法的部分法律依据。在德国,不同政府采购项目流程的具体执行办法,通常参照《德国政府采购法》授权制定的相关规定要求执行,主要包括《政府采购公共工程规定》《政府采购商品与服务规定》《政府采购专业服务采购规定》。

《德国政府采购法》采购人中的公共部门,主要包括德国联邦政府和各级地方政府和机构,也包括下属的特别基金会,如大学、社会保险机构,养老基金机构等。上述公共部门参与的一些团体和组织,也属于《德国政府采购法》的政府采购招标单位。

《德国政府采购法》采购单位还包括一些私营主体,这些私营主体提供非营利性的、满足一般公众需求的服务,并且主要由联邦政府和地方政府提供资金支持。私营的垃圾处理公司、地区发展公司、政府资助建立的足球俱乐部等,都属于这一范畴内。

运营项目则涉及交通、水务和能源领域的私营主体,如果项目属于国家赋予的特殊独占经营权范围,或者项目运营由政府公共部门或政府下属企业主导,同样属于《德国政府采购法》采购招标单位中的私营主体范围。

私营主体如果接受政府部门或下属企业的资助,运营民用工程项目、修建亿元、体育场馆、休闲和娱乐设施、学校或政府办公大楼,如果资助金额占比 50% 以上,也属于《德国政府采购法》中的采购招标单位。

资料来源:白留杰.德国政府采购法律制度[J].中国政府采购,2007(10):11-12.

五、日本政府采购方式

日本政府采购方式包括公开招标、邀请招标和单向招标三种。

(一)公开招标

这种方式在日本称为一般竞争方式。日本的会计法规定,国家与民间签订合同应采用"一般竞争契约方式优先主义",即应优先选取公开招标方式,这是招标采购的基本原则。

(二)邀请招标

这种方式在日本被称为指明竞争方式,它是一般竞争方式的例外,其适用的情况有:一是参加竞争的人可以认为是少数。二是不利于采用一般竞争方式。三是采购金额较小。包括预定价格不超过 500 万日元的工程或制造;预定租金不超过 160 万日元的租赁,预定价格不超过 100 万日元的出售,预定租金不超过 50 万日元的出租;其他合同金额不超过 200 万日元的采购。

(三)单向招标

这种方式在日本被称为随意契约方式,它是日本会计法规定的例外方式,其在下列情况下通过谈判、协商达成合同的招标方式:采购项目必须具有特殊性、专业性和复杂性等要求,如火箭研发;或者仅有少数特定厂商可以提供;或紧急情况下所需要的;或经多轮招标采购后仅有部分有能力的厂商参与投标。

日本前首相小渊惠三在其任内曾推动政府采购的电子化程序方案,其计划在 2001 年年底前完成采购手续电子化及资格审查统一化两相目标。新的审查制度有三项要点:第一,将当时机构各自为政的资格审查标准予以统一;第二,日本虽不准备成立统一的采购厅,但计划筹建一个专门的审查单位统筹办理相关事宜,以简化手续;第三,建立定期审查制度。

日本政府推动电子招标的困难之处在于,日本企业使用互联网不如美国普遍,且出于对网络安全的担心,采购机关也不主张使用 E-mail 传递招标信息及接受网上投标。日本政府曾于 1999 年研究在 2005 年前引进电子招标系统,计划通过互联网提出标单并在网络上开标,有关合同签订书及所需文件也可以通过电子邮件传递,目前这一研究仍在进行之中并进行了若干试验,其难点在于如何保证供应商的商业机密不致泄露。

六、新加坡、韩国政府采购方式

(一)新加坡政府采购方式

新加坡是一个没有地方政府的城市型国家,政府采购活动的执行由一些部、厅以及法定机构(类似我国的事业单位)负责,而财政部只负责少量物品如计算机等实行集中购买,并负责对为政府采购提供一般商品和服务的供应商提供注册,制定政府采购政策和指南,与卫生部、建筑开发委员会共同负责政府采购活动的管理。

1.小额采购

小额采购是指采购金额在 1000 新元以下的采购方式。进行小额采购,如果采购部门通过和约或广告等形式已经了解商品或服务的价格,则可以直接向单一的供应商采购;如果不了解情况,则鼓励采用口头报价进行采购。

2.报价采购

报价采购是指采购金额在 30000 新元以下的采购方式。这种采购由两位官员负责,官员 A 负责邀请、接收、评估和推荐报价,官员 B 负责批准报价。在这种采购过程中,官员 A 至少要邀请 3 个供应商报价,即谓"货比三家"。

3.公开招标

采购除非符合选择招标或有限招标的条件,否则 30000 新元以上(包括 30000 新元)的政府采购项目都必须公开招标。公开招标对供应商没有限制,任何供应商都有资格参加。公开招标必须要在报刊上刊登广告,也可以通过电子资讯如国际互联网公布招标通告。

(二)韩国政府采购方式

韩国目前政府采购采用三种招标方式,即竞争性招标、选择性招标和直接谈判。招标公告等信息必须发布在政府公报和政府指定的电子信息网(http://www.sarok.go.kr)等媒体上。

第三节　我国政府采购方式分析

一、公开招标

(一)公开招标的特点

公开招标体现了市场机制中公开信息、规范程序、公平竞争、客观评价、公正选择以及优胜劣汰的本质要求。公开招标因为投标人数较多、竞争充分,且不易串标、围标,有利于招标人从广泛的竞争者中选择合适的中标人并获得最佳的竞争效益。

(二)公开招标的优点

关于公开招标的优点,在我国较早翻译的一本招标投标著作(美国,斯特门德主编:《国际经济知识:招标与承包》上海社会学出版社 1988 年出版)中,美国的法学专家曾将其归纳为以下三点:"第一,在涉及使用公共基金时,政府代理机构必然对所有与公共基金有直辖或间接捐款关系的潜在投标人提供均等的机会;第二,竞争的结果有利于最经济地利用公共基金;第三,公开竞争性招标的方法可以起到防止浪费、贪污和偏袒的保证作用。"美国学者总结的三个优点,直至今日,仍然是公开招标的主要优点。但考虑到我国的实际情况,其顺序应当改变。

1.有效地防止腐败

我国的招标投标市场,存在着严重的腐败问题,其根源在于招标过程中的暗箱操作。而公开招标要求招标的过程应当公平、公正、公开,并且在"三公"的程度上要求很高,招标采购程序规范,操作透明,监督健全,使腐败分子无机可乘。

2.能够最好地达到经济性的目的

达到经济性的目的是招标制度最原始的目的。因为公开招标允许所有合格的投标人参加投标,因此能够让最有竞争力、条件最优厚的潜在投标人参加投标。因此,公开招标能够最好地达到经济性的目的。

3.能够为潜在的投标人提供均等的机会

在公开招标中,招标人应依法公开发布招标公告。特别是国际和国内招标采购,使所有符合资格的潜在供应商都有机会均等地参加投标。凡愿意参加投标的单位,都可以按公告中指明的地址领取或购买较详细的介绍资料和资格预审表,并将资格预审表填好后寄给招标单位。招标单位对所有申请资格预审的单位进行审查,经审查被认为合格者可向招标单位购买招标文件,参加投标。特别对于政府投资的项目,这种公平性是十分重要的。

(三)公开招标的缺点

1.单纯依靠书面文件确定中标人的缺陷

在公开招标中,只能依靠书面文件确定中标人,这在利弊方面是一把双刃剑。一方面能够体现公平;而另一方面,由于投标人的所有情况并不是都能够通过书面文件反映出来,有时体现的是一种编制投标文件的能力,因此,反而不公平。对于招标人而言,不能选择一个合适的中标人,也是招标不成功的表现。

2.招标成本高

公开招标的成本高。这体现在两个方面:一是社会成本,由于公开招标必然导致较多的人投标,而中标人与其他招标方式一样都只有一个人,从结果看未中标的其他人只是做了无用功,是一种社会成本的浪费;二是招标人个体成本,因为从理论上说,招标的有些成本,如发布招标公告等,应当由招标人承担,投标人只能承担复制招标文件的费用,因此,招标人的成本也比较高(我国目前招标文件的售价较高,招标人或招标代理人不但能用此售价弥补所有支出,甚至能赚钱的现象是不正常的)。

3.招标周期长

由于公开招标要求尽量让潜在的投标人都尽量了解招标文件的内容,且潜在投标人的方向是不确定的,因此,公开招标的程序必须给招标信息的流动以较长的时间,这样会不可避免地导致招标周期较长。

(四)公开招标是政府采购的主要方式

虽然公开招标有一定的缺陷,但在一般情况下,只有公开招标才能最好地实现政府采购的目标。因此,我国《政府采购法》规定:公开采购应作为政府采购的主要采购方式。

但是,公开招标采购存在着成本高、周期长的缺陷,因此,对于公开招标采购有采购数额的限制,如果采购人采购规定数额标准以上的政府采购项目,应当采用公开招标方式。制定规定数额标准的权限,属于中央预算的政府采购项目,由国务院规定;属于地方政府的政府采购项目,由省、自治区、直辖市人民政府规定。我国《政府采购法》和财政部的《政府采购管理暂行办法》都没有规定限额标准。但有些地方规定了限额标准,如深圳经济特区《政府采购条例》规定:"符合下列条件之一的,应当公开招标:(1)合同价值10万元以上的物资;(2)合同价值20万元以上的租赁、修缮和绿化项目;(3)合同价值10万元以上的服务项目;(4)采购目录规定应当集中采购的项目。"考虑到深圳市是我国经济最发达的地区之一,我们认为其他地方的限额标准不宜超过深圳市。另外,在某些特殊情况下,比如时间特别紧的情况下,也可以不采取公开招标方式进行采购,但应当在采购活动开始前获得本级政府采购监督管理部门的批准。

[资料链接 4-4]

公开招标的流程

1. 招标资格与备案

招标人自行办理招标事宜,按规定向建设行政主管部门备案;委托代理招标事宜的应签订委托代理合同。

2. 确定招标方式

按照法律法规和规章确定公开招标或邀请招标。

3. 发布招标公告或投标邀请书

实行公开招标的,应在国家或地方指定的报刊、信息网或其他媒介,并同时在招标公司官方网站上发布招标公告;

实行邀请招标的应向三个以上符合资质条件的投标人发送投标邀请。

4. 编制、发放资格预审文件和递交资格预审申请书

采用资格预审的,编制资格预审文件,向参加投标的申请人发放资格预审文件。

5. 资格预审,确定合格的投标申请人

审查、分析投标申请人报送的资格预审申请书的内容,招标人如需要对投标人的投标资格合法性和履约能力进行全面的考察,可通过资格预审的方式来进行审核。招标人可按有关规定编制资格预审文件并在发出三日前报招标投标监督机构审查,资格预审应当按有关规定进行评审,资格预审结束后将评审结果向招标投标监督机构备案。备案三日内招标投标监督机构没有提出异议,招标人可发出"资格预审合格通知书",并通知所有不合格的投标人。

6. 编制、发出招标文件

根据有关规定、原则和工程实际情况、要求编制招标文件,并报送招标投标监督机构进行备案审核。审定的招标文件一经发出,招标单位不得擅自变更其内容,确需变更时,须经招标投标管理机构批准,并在投标截止日期前通知所有的投标单位。招标人按招标文件规定的时间召开发标会议,向投标人发放招标文件、施工图纸及有关技术资料。

7. 编制、递交投标文件

投标人按照招标文件要求编制投标书,并按规定进行密封,在规定时间送达招标文件指定地点。

8. 组建评标委员会

评标委员会由招标人或其委托的招标代理机构熟悉相关业务的代表,以及有关技术、经济等方面的专家组成,成员人数为五人以上单数,其中技术、经济等方面的专家不得少于成员总数的三分之二。

9. 开标

招标人依据招标文件规定的时间和地点,开启所有投标人按规定提交的投标文件,公开宣布投标人的名称、投标价格及招标文件中要求的其他主要内容。开标由招标人主持,邀请所有投标人代表和相关人员在招标投标监督机构监督下公开按程序进行。

10. 评标

评标是对投标文件的评审和比较,可以采用综合评估法或经评审的最低价中标法。评标委员会根据招标文件规定的评标方法,借助计算机辅助评标系统对投标人的投标文件按程序要求进行全面、认真、系统地评审和比较后,确定出不超过3名合格中标候选人,并标明排列顺序。

11. 定标

招标人根据招标文件要求和评标委员会推荐的合格中标候选人,确定中标人,也可授权评标委员会直接确定中标人。使用国有资金投资的项目,招标人应当确定排名第一的中标候选人为中标人。排名第一的中标候选人放弃中标,因不可抗力提出不能履行合同,或者招标文件中规定内容未满足的,招标人可以确定排名第二的中标候选人为中标人,以此类推。所有推荐的中标候选人未被选中的,应重新组织招标。不得在未推荐的中标候选人中确定中标人。

12. 中标结果公示

招标人在确定中标人后,对中标结果进行公示,时间不少于3天。

13. 中标通知书备案

公示无异议后,招标人将工程招标、开标、评标、定评情况形成书面报告送招标投标监督机构备案。发出经招标投标监督机构备案的中标通知书。

14. 合同签署、备案

资料来源:李显冬,魏昕主持.政府采购法实施条例条文理解与案例适用[M].北京:电子工业出版社,2015.

二、邀请招标

(一)邀请招标的特点

邀请招标能够按照项目需求特点和市场供应状态,有针对性地从已知了解的潜在投标人中,选择具有招标项目需求匹配的资格能力、价值目标以及项目重视程度均相近的投标人参与投标竞争,有利于投标人之间均衡竞争,并通过科学的评标标准和方法实现招标需求,招标工作量较小,既可以省去招标公告和资格预审程序及时间,又可以获得基本或者较好的竞争效果。

(二)可以采用邀请招标的采购项目

在公开招标之外规定邀请招标方式的原因在于,公开招标虽然最符合招标的宗旨,但也存在着一些缺陷。而邀请招标恰恰能够有效地克服公开招标的这些缺陷。按《招标投标法》的原理,以下项目可以采用邀请招标:①技术比较复杂或者专业性很强的货物、工程、服务,潜在投标人较少或者招标人与潜在投标人比较了解;②期限紧张或者是采购价值低;③需要保密。

但是,应当承认的是,公开招标的优点是主要的,缺点是次要的,只有在一些比较特殊的招标项目中公开招标的缺点才会变得不可克服,只有在这种情况下才能采用邀请招标。邀请招标作为限制性的招标方式,最大的缺点是限制了竞争,不能使所有的潜在投标人处于平等的竞争地位。特别是对于新产生或者新发展起来的潜在投标人更是如此。所以,邀请招标只有在招标项目符合一定条件时才可以采用。因此,我国《招标投标法》第 11 条规定:"国务院发展计划部门确定的国家重点项目和省、自治区、直辖市人民政府确定的地方重点项目不适宜公开招标的,经国务院发展计划部门或省、自治区、直辖市人民政府批准,可以进行邀请招标。"联合国《贸易法委员会货物、工程和服务采购示范立法指南》规定只有在两种特殊情况下可以采用限制性招标:①技术复杂或专门性的货物、工程和服务,只能从有限范围的供应商取得;②采购价值低,采购实体只能通过投标人数来达到节约和效率的目的。

我国《政府采购法》也对可以采用邀请招标的政府采购项目作了限制性规定,符合以下情形之一的货物或者服务,可以采取邀请招标方式进行采购:①具有特殊性,只能从有限范围的供应商处采购的;②采用公开招标方式的费用占政府采购项目总价值的比例过大的。

三、竞争性谈判方式

(一)竞争性谈判采购的含义及适用条件

竞争性谈判是《政府采购法》规定的政府采购方式之一,在特殊情况下,这种采购方式具有采购周期短、采购成本低等优点,方便灵活。但是在具体实施过程中需要认真把握、操作准确,在采购人和评审专家出现重"判"轻"谈"或者只"判"不"谈"情况时,政府采购代理机构一定要及时制止,以保证政府采购的严肃性。

竞争性谈判采购,是指采购人通过与多家供应商就采购事宜进行直接谈判,最后从中确定成交供应商的一种采购方式。简单地说,就是指采购人与供应商一对一地就价格、质量、售后服务等进行比较性的讨价还价。这种采购方式在公共领域中主要用于紧急情况下的采购或涉及高科技应用产品的采购。与招标采购项目下商品的特点相比,谈判项目下的商品具有特别的设计或者特殊的竞争状况。此类产品很少形成竞争性的市场,也没有确定的价格。因此在采购人和供应商双方对产品的制造、移交和服务的成本存在不同的估价时,就不可避免地要采用谈判方法。

我国《政府采购法》第三十条规定:符合下列情形之一的货物或者服务,可以依照本法采用竞争性谈判方式采购。

(1)招标后没有供应商投标或者没有合格标的或者重新招标未能成立的;

(2)技术复杂或者性能特殊,不能确定详细规格或者具体要求的;

(3)采用招标所需时间不能满足用户紧急需要的;

(4)不能事先计算出价格总额的。

(二)竞争性谈判方式与竞争性招标方式的比较

实施政府采购最基本和首要的政策目标是保证采购活动的经济性质和有效性,简单地说就是以尽可能小的投入获得尽可能大的产出,即所谓的物有所值。该目标的实现,是建立在采购主体责权明确,采购过程公开透明、公平的竞争机制之上。作为实现这个目标的有效方式,公开招标采购得到各国的广泛认可,被普遍地认为最能体现现代民主竞争精神,能最有效地促进竞争、节约费用和实现高效率及其他采购目标。尤其是国际性或区域性经济组织对此更为重视。如在世界贸易组织的《政府采购协议》中,强制规定中央政府在采购的货物、工程或服务价值达到一定金额时,必须实行竞争性招标采购。之所以有这些强制性规定,是因为各国更多的是使用其他采购方式,而这些方式客观上成为一种非关税壁垒,使政府采购市场不能彻底得到对外开放。而采用竞争性招标，可以通过最广泛竞争，使采购人得到物美价廉的货物、工程和服务，促进各国开放本国政府采购市场。

各国实践表明，实际使用竞争性招标采购方式所占的比例并不高。统计资料表明，一个国家真正采用竞争性公开采购方式进行的政府采购一般占 30%～40%，而且实行竞争性招标采购方式的范围仍在不断缩小。虽然，这并不意味着其所占采购金额也是这个比例，其往往高达近 90%。究其原因，主要有三点：一是由于竞争性招标采购方式的程序复杂烦琐，从准备文件到合同的最终签订和履行，需要很长的时间。特别是对于一些更新换代很快的产品，等到合同签订和履行时，原有的产品可能已经升级换代，而且价格和汇率也可能出现不利的变化。二是竞争性招标采购缺乏弹性，具有不可更改的性质。招标文件的制定比较繁杂，必须仔细考虑全面，如果出现疏漏之处，往往陷于被动局面。而且一旦有了最低评标价的投标，采购人必须选择它，并不得向中标供应商提出在招标文件中已做出明确规定的其他任何要求。采购实体有些时候发现某些供应商的投标设备的确非常好，也愿意购买，但由于该供应商的报价尽管没有突破预算但却不是最低评标价，采购实体就不能选择该投标供应商，这对采购实体和供应商都是一种损失。三是采用其他采购方式可以有效规避国民待遇原则和非歧视性原则，为本国国内供应商提供更多的中标机会，有利于保护民族产业，实现政府采购的一些政策性目标。

然而在竞争性招标采购方式比例下降的同时，竞争性谈判采购逐渐取得了与竞争性招标并驾齐驱的地位。台湾著名的采购学者叶彬在其《采购学》中指出："招标采购方法手续烦琐费时且重视价格因素，而忽略厂商以往服务实绩，对于特殊规格或紧急采购之物资难以适用。在此种情况下，谈判采购方法之采用，则易见到功效。"美国 1984 年颁布合同竞争法，认为竞争性谈判和密封投标均为"完全和公开竞争"方法，竞争性密封招标方式不再具有优先地位。究其原因，竞争性谈判既有竞争性招标采购方式的某些优点，又有其自身的一些独特优势：

一是周期缩短，工作量较小，能使采购项目更快的发挥作用和满足需求。由于竞争性谈判采购方式不是进行广泛招标，因此也就不存在准备标书、投标、开标、评标等一系列大量的工作，采购实体直接与各供应商进行谈判或协商，有利于提高工作效率，减少采购成本，获得采购收益。

二是采购实体可以与供应商进行更为灵活的谈判。这是竞争性招标方式不可比拟的。采购实体可以根据实际情况，就拟采购的商品的品牌、数量、价格、性能以及售后服务等情况与供应商进行一次乃至多次谈判，以最终能够买到符合预期目标要求的商品或服务。

三是有利于对民族产品和企业的保护。实行竞争性谈判采购方式，可以对供应商的范围和数量进行限制，这样可以让采购实体充分选择国内供应商，并购买国货。

四是能够激励供应商将各自的高科技应用到采购商品中去，同时又能转移采购实体的采购风险。这是其他任何采购方式所不具备的一个优点。对于技术复杂或者性质特殊，不能确定详细规格或具体要求的，采购实体事先提出拟采购商品的性能要求，参与竞争的供应商为在激烈竞争中取胜，必须充分展现各自的科技优势，最终所购的商品性能有可能"物超所值"。同时，采用这种方式政府还可以转移采购风险，即供应商最终提供的商品如果达不到预期的性能，采购实体可以拒收，损失将由供应商自己承担。

因此，竞争性谈判采购既能充分体现竞争，又具有灵活谈判的优点，我们应当从应有的高度重视竞争性谈判采购方式。

[案例材料 4 - 2]

竞争性谈判结果缘何"难产"?

在政府采购活动中,尽管采购前的准备工作做得很充分,待采购活动正式开始后,常会出现一些始料未及且非常棘手的"特情",致使活动无法正常进行,面对这种情况,代理机构往往显得很窘困,如果停止,则要面对采购人的埋怨、不解与催促;倘若继续,又违反法律规定,势必导致违规操作,到底该何去何从? 一起无果而终的竞争性谈判活动相信会给从业者一些启迪。

1.一起未宣布成交结果的竞争性谈判案例

某采购人预算为 40 万元的内部宣传资料印刷业务,因时间紧急,采购方式为竞争性谈判,并委托招标代理公司采购,前来响应这次采购活动的供应商很少,谈判小组好不容易筛选出 A、B、C 三家印刷厂并向其发出谈判邀请。谈判活动开始后,代理公司特意请了一名公证员对活动进行公证,所幸三家供应商都来了,从数量上看已符合法定要求。竞争性谈判文件规定参加谈判的供应商必须向谈判小组递交一式三份的包括报价单、资格证书影印件等相关资料,并交纳谈判保证金,C 是新开办时间不长的供应商,对投标谈判之道不谙,虽递交了有关资料,但内容不全、份数不足,也就是说不符合谈判文件的规定。为促成这次采购活动,代理公司、采购人、谈判小组均采取"忽略"的方法让 C 过关,在接下来的谈判中似乎很平静,最终报价显示 C 最低,按照谈判文件规定该供应商应成交,可其他两家供应商很有意见均称 C 未按规定递交相关资料,按照谈判文件规定,代理公司受托应当场宣布成交结果,可碍于 A、B 激烈反对,活动结束后,代理公司并未宣布成交结果。

A、B、C 三家都想要个结果,于次日接踵来到政府采购监管部门"告状",A、B 反映 C 未按谈判文件要求提供相关资料,因而不能成交;C 则认为自己报价最低理应成交,代理公司说其相关证件提供不全,C 说家里都有。代理公司和采购人认为,请来三家供应商很不易,如果谈判时将其中一家"废"了,谈判活动就要失败,重新组织,时间来不及,因此,在明知 C 供应商存在"缺陷",还是凑合着进行,有趣的是当时参加谈判的四位评审专家竟无一提出异议,在没有结论的谈判结论书上居然还签了字,拿了评审费走人。

2.调查与处理

政府采购监管部门调查后发现此次竞争性谈判活动存在以下问题:

导致未能确定成交结果的直接原因是:①报价最低的 C 印刷厂未能按照竞争性谈判文件要求提供一式三份的相关谈判资料,而谈判文件规定资料提供不全者不具备谈判资格,可见 C 不具备谈判资格,虽然其报价最低;②代理公司的竞争性谈判文件存在重大缺陷,一是在谈判文件中未列出供应商资格条件,特别是对印刷许可证这一特殊资格条件只字未提,让人感觉模糊不清,难以捉摸,二是谈判文件中没有规定成交供应商无故弃标或履行不当的违约责任,三是谈判文件未明确质量和服务相等的标准,也未要求供应商对谈判项目的具体要求作书面承诺;③代理公司为促成采购活动,因担心"废"掉一家后,供应商数量不足三家,活动失败,明知 C 印刷厂有问题,不具备谈判资格,还继续谈判,属于违规操作。

针对上述问题,政府采购监管部门做出如下处理意见:

要求采购人和代理公司立即停止此次竞争性谈判活动,此次谈判活动所作结论无效,退还供应商已交的保证金,做好解释工作;责成采购人和代理公司修改竞争性谈判文件,重新组织采购活动;对代理公司进行警告,令其在以后的招标采购活动中严格依法定方式和程序操作。

3.反思

所幸上述案例并未确定成交结果,实际工作中,为促成采购活动而放弃政府采购法律原则规定的案例并不鲜见,尤其是社会中介代理机构、"自收自支"的集中采购机构代理的项目,往往促成的概率较大。究竟原因,一是代理机构为了生存而急于揽活收费,在组织采购活动时也有一定的成本投入,因追求营利把规范操作放在第二位,见利忘法,忽视了规范操作的极端重要性,还有些代理机构处处"讨好""迁就"采购人;二是采购人"一手摔",所有事务均由代理操作,至于规范与否并不过问,只着急要个结果;三是监管部门监督不力,对采购活动的现场监督跟不上,公证员未起到公证作用,公证不能替代监管,以至于竞争性谈判过程出现了违规操作行为仍旧照常进行;四是一些新开办的供应商误打误撞,不懂规矩,缺乏细心和耐心,按规矩办事的习惯有待培养,自己不符合条件应主动退出的意识有待强化。

　　资料来源:吴小明主持.政府采购实务操作与案例分析[M],北京:经济科学出版社,2011.

(三)国际上有关竞争性谈判的规定

WTO的《政府采购协议》(简称《协议》)第十四条规定,在以下两种情况下可以采用谈判程序:

一是采购实体在采购过程中,即在采购通知中已表达了使用谈判程序进行采购的意图;二是按通知和招标文件规定的具体评估标准进行评估时,发现没有一项投标具有优势。

前一种情况明显地体现了《协议》的一个特点,即《协议》是在参加方反复讨价还价和妥协的基础上形成的,对谈判适用的条件只规定了最低要求:采购机构在采用谈判程序时至少应事先明确通知供应商。后一种情况是在采用招标程序失败时将谈判程序作为一种补充程序使用,《协议》对此规定得很明确,谈判只能用于评定投标的优劣。

竞争性谈判虽然具有很多优点,但是竞争谈判也存在着相关缺点,例如无限制的独家谈判,造成厂家抬高价格,违反自由竞争精神,助长企业垄断价格,阻碍工商业发展。为了降低竞争性谈判的弊端,一般要从两个方面入手:一方面要限制竞争性谈判的范围,严格按照法律规定的适用范围进行操作,不允许自由扩大。联合国《贸易法委员会货物、工程和服务采购示范法》(简称《示范法》)规定:当采购项目涉及国防或国家安全,或在紧急情况下急需得到货物、工程和服务,或采购标的的性质使得采购实体不可能拟定出详细的采购规格,或采购实体为了签订一项有关研发项目的不带赢利性质的合同,或采购实体依照所设定的标准拒绝了所有投标商,若再进行新的招标程序也不大可能会产生采购合同的时候,政府可以采用竞争性谈判的方式。对此我们则应严格按《示范法》规定的四种情形适用。另一方面要规范竞争性谈判采购的程序,保证通过充分的竞争性谈判,使得政府能够在采购中获得最大的综合经济利益。美国1962年制定生效的《真实谈判法》提供了两条重要的指南:一是要求采购实体预先根据一些主要因素确定竞争范围,以确保所有具有成交实力的供应商都能取得谈判的机会。谈判结束后,所有参加谈判的供应商都应该提出最后或最佳建议,采购实体应该依据事先确定的标准确定最后的成交供应商。二是要求潜在的供应商预先提供有关成本或价格的数据,然后再进行价格谈判。这两条指南已为许多国家采用。最后,竞争性谈判采购应当遵循有效竞争原则、平等原则、保密原则、最佳报盘评选原则等基本原则。

四、单一来源采购方式

（一）单一来源采购方式的含义及适用条件

单一来源采购，即没有竞争的一种谈判采购方式，是指达到竞争性招标采购的金额标准，但在适当条件下采购人向单一的供应商征求建议或报价来采购货物、工程或服务。通常是所购产品的来源渠道单一或属专利、艺术品、秘密咨询、属原形态或首次制造、合同追加、后续扩充等特殊的采购。

我国《政府采购法》第31条对此做了相应规定。符合下列情形之一的政府采购项目，可以依照本法采用单一来源方式采购：

（1）只能从唯一供应商处采购的；

（2）发生了不可预见的紧急情况不能从其他供应商处采购的；

（3）必须保证原有采购项目一致性或者服务配套的要求，需要继续从原供应商处添购，且添购资金总额不超过原合同采购金额10％的。

（二）国际上有关单一来源采购的规定

单一来源采购被各国和各种形式的国际经济组织所广泛采用。《指南》（是世界银行《国际复兴开发银行贷款和国际开发协会信贷采购指南》的简称）在"招标以外的采购方法"一章中规定的直接签订合同方法即单一来源采购。《示范法》第51条规定了单一来源采购，此外，《协议》第7条规定了限制性招标，也相当于单一来源采购。《指令》（是欧盟《政府采购指令》的简称）规定了谈判程序，其中不带竞争邀请的谈判程序也是单一来源采购。

由于单一来源采购只同唯一的供应商签订合同，所以就竞争态势而言，采购人显然处于不利的地位，有可能增加采购成本，不利于政府采购目标的实现，并且在谈判过程中容易滋生行贿受贿等腐败现象。所以，对这种采购方式的适用，必须规定严格的适用条件。各种国际规范规定采用单一来源采购的情况如下：

（1）招标失败。在采用公开和限制程序情况下，没有合适投标，且原招标合同条款未做重大改变。招标失败的原因或是无人投标，或是串通投标，或是投标由不符合参加条件的供应商所提出。《协议》和《指令》都有此规定，我国则将此种情况在竞争性谈判方式中加以规定。

（2）采购标的来源单一。即在此种情况下，基于技术、工艺或专利保护的原因，产品、工程和服务只能从特定的供应商，且不存在任何合理的选择或者替代。即"只此一家，别无选择"。《协议》《指令》《示范法》《指南》都有此规定。对此，我国《政府采购法》第31条第1款予以明确规定。

（3）紧急采购时效的需要。即由于出现不可预见的事件导致出现异常紧急的情况，基于时效性，使公开和限制程序的时间限制难以快速得到满足，且出现该紧急情况的情势也非归因于采购人和供应商任何一方。同样，《协议》《指令》《示范法》《指南》都有此规定。对此，我国《政府采购法》第31条第2款予以明确规定。

（4）附加合同。如《指令》规定，就供应商而言，在原供应商替换或扩充供应品的情况下，更换供应商就会造成不兼容或不一致的困难。但此类合同的期限不能超过三年。就工程合同而言，现存合同的完成需要未预料到的额外工程，该额外工程即不能同主合同分开（经济和技术的原因），又非常必要，只要该额外工程仍由原承包商完成且其价格不超过原合同的50％。就服务合同而言，实际上不能同主合同分离，且为主合同的完成所必需的、未曾料到的额外服务，只要该额外服务的总价值不超过主合同价值的一半并且该额外合同仍然授予原服务提供者。《协议》《示范法》《指南》也都有类似规定。对此,我国《政府采购法》第31条第3款予以明确规定。但与之不同的是,我国规定的条件更为严格,要求添购资金总额不超过原合同采购金额10%方可采用,相比50%而言,无疑更为严格。

(5)研究、试验和开发合同。采购人为谋求与供应商订立一项研究、试验、调查或开发工作合同,但合同中包括的货物生产量足以使该项业务具有商业可行性或足以收回研究开发费用者除外。除《指南》外,《示范法》《协议》和《指令》都有此规定。我国尚无相关的规定。

(6)重复合同。需要增加购买、重复建设或反复提供类似的货物、工程或服务,并且该原合同是通过竞争邀请程序授予且新合同授予同样的供应商。除《示范法》外,《指南》《协议》和《指令》都有类似规定。我国尚无相关规定。

(7)设计竞赛。如《协议》规定,与设计竞赛获胜者签署合同的情况,只要该比赛是按照公开邀请所有资格合格者都参加的方式公开而有组织地进行的,并且比赛是由独立的评判团判定。《指令》中也有此规定。

另外,除了以上共同适用的条件外,国际规则还有各自独特的适用条件。

《示范法》规定,在采购人的采购涉及国防或国家安全,并断定单一来源采购为最适当的采购方法;或出于经济发展、就业、国内优惠等政策考虑情况下,也可以适用单一来源采购。《示范法》对各国政府采购立法均有示范作用。我国没有类似直接规定,值得考虑。但根据《政府采购法》第9条"政府采购应当有助于实现国家的经济和社会发展政策目标,包括保护环境,扶持不发达地区和少数民族地区,促进中小企业发展等"的规定,基于上述考虑的情形时,我们认为也可以采用单一来源采购方式,这在一定程度上体现了真正的公平原则。

《指南》规定,如果负责工艺设计的供应商要求从某供应商采购关键部件,并以此作为性能保证的条件,那么采购人也可以采用直接签订合同的采购方式。

《协议》规定,在商品市场上采购的产品或只有短期时间内出现的条件极为有利的采购,也可以适用单一来源采购方式。

[资料链接4-5]

单一采购方式基本流程

1. 接受委托。

2. 采购方式申请报批符合下列条件之一的,可以申请采取单一来源采购方式:(1)只能从唯一供应商处采购的;(2)发生了不可预见的紧急情况,不能从其他供应商处采购的;(3)必须保证原有采购项目的一致性或者服务配套的要求,需要继续从原供应商处添购,且添购资金总额不超过原合同采购金额百分之十的。属于第3种情况的,经同级政府采购监管部门批准后,采购人可从单一供应商处直接续签合同购买。

3. 成立谈判小组:谈判小组成员必须是三人以上的单数组成,其中专家人数应为总数的三分之二以上。采购人代表应当作为小组成员之一。

4. 组织谈判并确定成交供应商:谈判小组与供应商进行谈判达成一致意见后,采购人必须对谈判结果进行认可,并填写单一来源采购审核表。确定成交供应商的原则:符合采购人需求且成交价格低于市场平均价。

5. 成交供应商提交履约保证金。

6. 组织签订合同:根据采购人的委托要求,中心按规定做好合同签订工作。

7.单一来源采购资料归档:项目经办人应将采购过程中形成的采购资料按中心有关规定进行归档。

8.合同的履行和验收:凡采用单一来源采购方式且金额较大的项目,采购中心应主动配合采购人做好有关项目验收和跟踪管理工作。

资料来源:李显冬,魏昕.政府采购法实施条例条文理解与案例适用[M].北京:电子工业出版社,2015.

五、询价采购方式

(一)询价采购方式的含义及适用条件

公共询价采购,也称货比三家,是指采购人向国内外有关供应商(通常不少于三家)发出询价通知书,让其报价,然后在报价的基础上进行比较,按照符合采购需求、质量和服务相等且报价最低的原则确定成交供应商的一种采购方式。

适用询价采购方式的项目,主要是对现货或标准规格的商品的采购,或投标文件的审查需要较长时间才能完成、供应商准备投标文件需要高额费用以及供应商资格审查条件过于复杂的采购。

我国《政府采购法》第32条对此也作了相应的规定:"采购的货物规格、标准统一、现货货源充足且价格变化幅度小的政府采购项目,可以依照本法采用询价方式采购。"

(二)国际上有关询价采购的规定

对于询价采购的适用条件,《指南》和《示范法》也作了规定。《指南》和《示范法》规定的适用条件相同,即采购人在经主管部门审批后,可以在下列情况下采用询价采购方式:

(1)采购现成的并非按采购人的特定规格特别制造或提供的货物或服务;

(2)采购合同的估计价值低于采购条例规定的数额。

另外,《示范法》还特别规定,采购人不得为了采用此方式而分解合同。我国《政府采购法》中也有类似的规定。《政府采购法》第28条规定:"采购人不得将应当以公开招标方式采购的货物或者服务化整为零或者以其他任何方式规避公开招标采购。"

(三)询价采购方式的特点

与其他采购方式相比,询价采购方式具有以下特点:

(1)邀请报价的供应商的数量至少为三家。《指南》和《示范法》都规定应至少有三家,《指南》还规定在采用国际询价采购时,应邀请至少来自两个不同国家的三个供应商。

(2)只允许供应商提供一个报价。《示范法》规定,每一供应商只许提出一个报价,而且一经报出,不允许再改变其报价。采购人不得同任何供应商就其报价进行谈判。对报价的提交形式,《指南》规定可以采用电传或传真的形式。

(3)报价的评审。《指南》规定,报价的评审应按照买方公共或私营部门的良好惯例进行。《示范法》规定,采购合同应授予符合采购实体需求的最低报价的供应商或承包商。

[**案例分析4-3**]

询价采购方式是否可以走人情漏洞?

1.案例基本情况

某县政府集中采购机构于当年6月25日通过"询价采购"方式为某采购人实施了一宗小型采购业务。采购的标的是三台台式电脑及其桌椅与软件等,预算价是19000元。集中采购机构共向当地的A、B、C三家电脑经营公司询问了报价,并确定了A公司以18300元的最低报价中标,采购代理机构于 6 月 27 日向中标商 A 公司发了中标通知书,同时向未中标的 B、C 公司通报了询价结果。

举报人 D 公司也是该县县城的一家电脑经营商,据其反映,该县政府集中采购机构在 6 月 25 日实施的询价采购活动中,仍使用过去惯用方法,直接指定询价对象,并且经常只向 A、B、C 这几个"人情关系商"询价,从而导致中标商也经常就是这几个经销商,不仅直接排斥其他供应商公平参与竞标的权利,而且还存在着围标之嫌,从而导致采购工作缺乏竞争力,询价采购的价格较高。对此,D 公司请求,要严肃查处集中采购机构的舞弊行为,同时要求取消此次采购结果,重新进行规范化的采购操作。

针对这起投诉案例,该县的政府采购监督管理部门在收到举报信当日就奔赴该集中采购代理机构进行调查。首先,听取集取采购机构的工作报告。监督部门要求其详细回忆这宗采购业务的操作程序和相关环节,包括接受委托、准备采购操作、拟询价对象的确定、具体的询价过程、中标对象的确定等操作环节。其次,查阅了该笔采购业务的档案资料。从采购代理机构提供的所有资料中,调查人并没有发现确定拟询价对象的任何资料,同时,调查人还一并抽查了几笔以前的询价采购资料,同样也没有发现如何确定询价对象的凭证资料。最后,调查人又询问了相关的采购操作人员,发现在该宗询价采购业务的实际操作过程中,采购代理机构并没有依法成立询价小组,并且,采购操作人员之间缺乏必要的内部牵制关系,整个"询价环节"仅是某一个人操作完成的。

针对调查中发现的上述问题,调查人员明确要求采购代理机构澄清"询价对象"的确定是随机抽取的,还是直接"指定"的。对此,采购代理机构坚持在询价对象的确定过程中,是他们通过微机从供应商信息库中随机抽取的,只是由于他们档案管理工作比较薄弱,没有注意收集相关的证据资料,从而导致一时拿不出具有说服力的操作依据,同时还申辩有人投诉是由于那些人没有机会参与竞标而嫉妒,投诉人肯定也拿不出他们的投诉证据。针对采购代理机构的申辩。调查人则认为.无论投诉人的投诉有无真凭实据,但作为采购代理机构,没有按规定制作采购活动记录,拿不出能够反映其操作程序客观公正性的档案资料却是事实。再加之其不按规定组建询价小组.不按法定程序实施采购操作等,这已是被查证的事实。严格地讲,该项操作明显违反了《政府采购法》的有关规定,是一种违法采购行为。

由于该采购业务发生的时间不长,因而回忆起来方便、清楚,对此,调查人员要求采购代理机构就询价的时间、地点、人员、环节等按照实际发生的操作程序来"完善"采购档案和资料,以便做进一步深入具体的调查。根据采购代理机构的回忆,该笔采购业务的询价对象是由张某在当年 6 月 25 日上午从供应商信息库中随机抽取的,并由他负责实施具体操作。对此,调查人员打开了采购代理机构的微机,并详细地查看了供应商信息库的使用情况,结果从电脑中惊人地发现,该供应商信息库的"最近"使用时间是 6 月 18 日上午的 9 时 30 分,而在 6 月 18 日的下午至调查日止,该供应商信息库根本就没有使用过,针对这一与采购代理机构的陈述严重不符的事实问题,采购代理机构无法再做更多的解释。结果,张某最终承认,由于他们工作繁忙,因此没有从供应商信息库中随机抽取拟询价对象,而是简单地直接向几个"老"客户询问了报价。

2.处理意见

针对集中采购机构已承认了的变相暗箱操作行为,采购监督管理机构认为,投诉人的举报基本属实,他们的潜在权益应当受到尊重,再加之集中采购代理机构的这种"惯用"违法行为过去也经常发生,于是根据《政府采购法》等有关规定,取消该笔询价采购业务中标结果的决定,要求其重新询价采购。同时责令相关的责任人作书面检查。对此处理决定,采购代理机构表示愿意接受,并自认为要引以为戒,规范操作,下不为例。

3.案例启示

本案例的舞弊行为极具隐蔽性,不易被人识破,它的发生及揭露对我们有几点启示:一是要全面规范采购代理机构的执业行为,特别是对一些极不引起人们注意的却是非常关键的采购操作环节,要增强内部牵制力度,提高采购操作的透明度,并要加大监管力度。二是特别要规范采购档案的收集管理工作,以完善的档案促进采购工作的规范化和法制化,增强采购操作环节中的监督和牵制力度,增强采购操作的透明度。三是要畅通各种监督途径和评议渠道,增强对违法行为的举报查处和打击力度,以切实保障采购当事人的合法权益。

资料来源:吴小明.政府采购实务操作与案例分析[M].北京:经济科学出版社,2011.

本章小结

1.政府采购方式指政府为实现采购目标而采用的方法和手段。政府采购方式有较多种类,并且在实施过程中需要根据实际情况进行选择采用。具体的分类方式有:按是否具招标性质分类、按采购规模分类、按采购手段分类。

2.世界各国根据其各自政府采购制度和各自国情的不同,采用不同的政府采购方式。我国《政府采购法》规定,我国的政府采购方式有:公开招标、邀请招标、竞争性谈判、单一来源采购、询价和国务院政府采购监督管理部门认定的其他采购方式。其中,公开招标是我国政府采购的主要采购方式。

3.通过实际案例及我国现状可以发现,竞争性招标采购仍是主要的采购方式,但比重逐渐下降;竞争性谈判采购方式逐渐占据了主导地位。同时信息产业的高速发展和信息产品的普遍使用,将会为传统的采购手段带来一次彻底的改革,今后的采购手段将以电子化为主,采用通过网络媒体发布采购信息并进行电子招标等采购方式。

关键概念

政府采购模式　政府采购方式　公开采购方式　竞争性采购方式　邀请采购方式　单一来源采购方式　询价采购方式

本章案例或专栏资料分析题

1.参照案例4-1"采购行业'乱收费'何时了?",并根据本章内容总结采购行业乱收费的弊端,分析采购行业乱收费的原因。并通过实际例子说明如何治理采购行业的乱收费。

2.结合政府采购方式的相关介绍,阅读资料链接4-1"科学合理地运用政府采购方式",谈谈如何更好地进行采购方式多样化建设。

3.参照资料链接4-2"美国如何利用政府采购中涉及国家安全的例外条款",并根据本章内容总结发达国家政府与我国政府采购模式的区别。

4.阅读资料链接4-3"注重严谨与细节——德国政府采购中的'工匠精神'",学习发达国家政府的采购法律法规与我国政府的差异。

5.根据公开招标的特点,阅读资料链接4-4"公开招标的流程",结合我国实际状况,分析政府公开招标流程中的核心环节。

6.参照案例4-2"竞争性谈判结果缘何'难产'",分析竞争招标中的问题,以及竞争性谈判中的风险点,通过阅读材料,思考如果规避。

7.阅读链接4-5"单一采购的基本流程",概括单一采购的优缺点。

8.参照案例4-3"询价采购方式是否可以走人情漏洞",分析询价采购中的风险把控要点。并分析如何规避询价采购中的风险点。

第五章 政府采购运作程序

学习目标: 本章主要介绍了政府采购的运作程序。通过本章的学习,重点掌握编制政府采购预算,汇编政府采购计划,采购单位申报具体采购项目,确定采购方式并组织采购,订立及履行采购合同,验收,结算付款。

第一节 政府采购预算编制

一、政府采购预算概念和特点

(一)政府采购预算含义

政府采购预算是指政府在一个财政年度内为满足公共需要,为各预算单位实施采购货物、工程或服务的计划。它反映预算单位年度政府采购项目及资金计划,是财政部门预算的重要组成部分。政府采购作为政府的重要支出计划,反映政府预算中用于货物、工程或服务采购项目的开支,规定了政府在预算年度内的活动范围、方向和重点。政府采购预算由部门单位采购预算和财政采购预算组成,政府采购预算在年度政府预算或部门预算编制时同时编报。

(二)政府采购预算特点

与其他预算相比,政府采购预算属于功能性预算,是政府为了加强对政府采购活动的管理与控制,实现政府采购目标而编制的预算。因此,政府采购预算实质上是一种预算政策和对预算执行情况考核的预算。它具有以下基本特征。

1. 政府采购预算具有从属性

政府采购预算的编制不能脱离财政支出总预算这个框架,是部门预算的重要组成部分。政府采购预算必须根据财政预算限定的拨款数额来确定货物、工程或服务购买的数量和品质。同时还要贯彻国家的方针、政策和国民经济发展计划。

2. 政府采购预算具有完整性

政府采购预算不仅包括财政支出总预算安排的专项采购资金,而且还包括单位用预算外资金及自筹资金配套的部分,从而全面反映采购人的整个采购活动。

3. 政府采购预算具有公开性

由于政府采购预算细化到每个项目,作为财政预算的一个重要组成部分需经过人民代表大会批准,并向全社会公布,使采购单位的需求公开化,使政府采购预算置于全社会的监督之下,从而提高政府采购预算的透明度。

4. 政府采购预算具有控制性

政府采购预算体现着对政府支出的控制和约束,从某种意义上看,政府采购预算就是政府采购行为成本的体现。

　　[资料链接 5 - 1]

国采中心发布《采购项目需求论证办法》

　　为落实政府采购公开、公平、公正原则,保障采购需求的合规、完整和明确,保证投标人的合法权益,保护采购人的权益,进一步提高采购效率和质量,根据政府采购法实施条例等新出台的法规政策对科学合理确定采购需求提出的明确要求,以及对加强需求论证和社会参与做出的具体规定,国采中心为做好相关政策的细化落地工作,制定《采购项目需求论证办法》(以下简称《办法》),并于 7 月 21 日发布之日起施行。同时废止 2015 年 12 月 15 日印发的《中央国家机关政府采购中心采购项目需求公示论证办法》。

　　《办法》具体规定:需求论证是指采购人根据项目特点,委托国采中心就确定采购需求征求相关方意见,采购人承担采购需求确定的主体责任。同时,对于灵活选用论证方式,《办法》明确了公开征求意见、专家论证和第三方专业机构论证三种主要论证方式。具体方式不设优先级,可根据项目特点,灵活选用。采购人未采纳通过公开征求意见方式获得的修改意见,且未提供充足证明材料佐证其采购需求合理性的,应当组织专家或第三方专业机构论证。涉及政府向社会公众提供公共服务的项目,应当公开征求意见。对于采购需求较为复杂、性质特殊,社会影响较大、关注度较高,及国采中心认为确有必要的,只要符合以上其中之一情形的采购项目,均可进行采购需求论证。

　　《办法》明确了论证结果的处理方案。实践中,采购人拒绝采纳论证修改建议的问题普遍存在,为切实解决业务处特别是采购项目经办人的压力,提升项目进度,防范"倾向性需求"造成的项目风险,《办法》明确,对于采购人拒绝修改需求时,采取具体情况具体分析的思路。当拒绝修改的需求已经论证存在违法性或明显不合理性时,采购人可选择由所在部门的政府采购监管机构来函确认,或者报请财政部门同意。一般性需求修改建议由采购人自行斟酌,采购人作为需求的责任主体应对可能产生的不利后果,自行承担风险责任。《办法》同时明确需求论证仅进行一轮,保证效率,避免循环论证。此外,针对不同方式梳理对应论证程序。《办法》明确,重点根据采购实践,分别对其流程进行简化和优化。对于组织专家论证项目的具体要求,《办法》也予以了明确。

　　资料来源:中国政府采购网[OL/EB]2017 - 07 - 29.

二、政府采购预算编制原则

　　政府采购预算是做好政府采购工作的重要前提和基础,编制好下一年度的政府采购预算,应把握好以下四个原则:

　　一是严肃性。政府采购预算是部门预算的一个有机组成部分,经人大审批后,具有法律效力,非特殊情况不得随意增减采购金额或变更采购项目,因此,各行政事业单位一定要严肃、认真编制政府采购预算,克服随意性。

　　二是真实性。要重视工作的计划性和预见性,做到心中有数,明确所需采购项目。让政府采购预算反映单位的真实需求,避免盲目性。

　　三是合理性。为满足正常工作需要,每个单位一年内需要采购若干项目,但由于资金有限,所需项目不能全部实现,因此,必须坚持量入为出,做到统筹兼顾、合理安排,保证必需。

　　四是完整性。按照《预算法》《政府采购法》的具体要求,打足预算、细化预算、编准编精,防止出现该编的未编、漏编预算,尽量减少追加预算。

三、政府采购预算编制组织工作

编制政府采购预算是一项复杂而细致的工作,在编制政府采购预算时应做好精心细致的准备工作:

1. 政府向社会公布本级政府集中采购目录

政府集中采购目录是编制政府采购预算的前提,政府集中采购目录必须符合实际,切实可行,过粗或过细都不利于政府采购预算的编制。

2. 制定内部工作程序

通过制度确定财政内部各职能部门之间在政府采购上的工作分工和工作流程,明确各职能部门的权利、职责和义务。

3. 做好调查研究工作

对每一个采购人在编制政府采购预算前要进行详细的调查、研究,主要是调查预算单位(包括下级单位)的规模、单位的资金总额(包括预算内、预算外、自筹资金)、单位年度计划以及单位以前年度的采购规模,做到心中有数。

4. 设计和确定预算表格

预算表格是政府采购预算的具体表现形式,在设计政府采购预算表格时,既要使表格内容规范、齐全,满足实际需要,又要尽量使表格简明扼要、一目了然、便于填报。

5. 做好政府采购预算编制人员的培训工作

对采购单位的管理人员和财务人员进行政府采购预算编制的业务培训,使他们了解政府采购的程序、范围以及政府采购预算的具体编制方法。

[资料链接 5 - 2]

加强政府采购管理的策略

首先,建立和完善财政管理机制。在现实的政府工作中,采购制度的建立需要预算部门和国库支付的支持,要把三者有机地结合统一起来,不断完善政府采购预算的财政制度,使政府采购预算管理透明化、公开化,建立科学的政府采购制度。

其次,增加政府采购预算的监督。在采购任务下发后,做出相应的预算标准,各个采购单位按照要求完成采购任务。在执行采购工作过程中,不能改变预算资金的用途和超标采购,没有进入采购标准中的东西,一律不准进行采购。

再次,对政府采购预算进行科学有效的审核。政府采购工作要做好报告,各级部门明确采购任务才能得到采购批准。通常采购的审批流程是:审核采购项目的相关性,审核采购项目的真实性,审核采购项目的合理性,审核采购项目的科学性和完整性等。

最后,确保预算编制的规范与统一。要利用预算技术指标、预算项目指标的方式确保预算编制的规范与统一。还要编制政府年度采购预算,实行部门与政府采购预算的统一。

资料来源:杨凌云.关于加强政府采购预算管理的策略思考[J].科技经济导刊,2017(3).

四、政府采购预算编制程序和方法

(一)政府采购预算编制程序

政府采购预算的编制程序与预算管理体制相适应,一般采用自下而上的方法和"两上两下"的程序。

第一步:"一上"——由下至上逐级填报、汇总政府采购预算草案申请。负有编制部门预算职责的部门在编制部门预算时,按照财政部门规定的部门预算表格及政府采购预算表格和要求,将本财政年度政府采购的项目及资金来源渠道预算列出,汇总报财政部门审核。

第二步:"一下"——由上至下审核、修改政府采购预算。部门预算分为收入预算、基本支出预算、专项(项目)支出预算和政府采购预算。专项支出预算是政府采购预算的主要资金来源。财政部门接到各部门报来的政府采购预算后,结合核定的各部门的支出控制数以及专项支出预算一起进行审核,在审核的基础上重新编制各部门政府采购预算,并将重新编制的政府采购预算下达给各采购人征求意见。

第三步:"二上"——由下至上重新编制政府采购预算。各单位根据财政部门下达的预算控制数,结合本单位预算年度收支情况,特别是财政拨款(补助)数变动情况,对相关收支项目进行调整,包括调整政府采购预算,编制正式部门预算。部门在调整政府采购预算时,应根据事业发展计划和工作任务,提出具体采购项目预算金额及实施时间。各部门要按规定时间将正式预算报送主管部门审核汇总,由主管部门报财政部门汇总报批。

第四步:"二下"——由上至下批复下达政府采购预算。财政部门将各单位包括政府采购预算在内的部门预算汇总编入本级的财政预算,按法定程序批准后,随同各单位的部门预算一起逐级下达给各预算单位。预算下达各部门后,各部门要按照随同下达的政府采购预算编制《政府采购计划表》,并应在规定的时间内上报政府采购计划。

(二)政府采购预算编制方法

政府采购预算由部门单位采购预算和财政采购预算组成。

1.单位政府采购预算的编制方法

单位政府采购预算由各单位按预算级次、项目和品目等内容向财政部门报送货物采购、工程采购和服务采购预算。财政部门经审核确定单位采购项目资金,编制单位汇总政府采购预算。政府采购预算的主要内容包括:①单位、科目编号、单位代码、单位名称;②采购品目:采购商品的名称,如拟购置的商品是组合型的,可填写该类物品的总称;③采购数量:本年度计划购置的该商品的总数量;④市场单价:拟购置的商品当前的市场平均价格(至少是三家供应商当前市场价的平均价格);⑤政府采购预算资金:采购数量与市场单价的乘积。

2.财政采购预算的编制方法

财政预算的资金来源主要是财政支出总预算安排的建设性资金和专项资金,按价值管理和实物管理相结合的办法,在财政支出总预算中单独按货物采购、工程采购和服务采购三大类编制财政采购预算,并细化到每一个单位和项目,汇编成财政采购预算。这一部分预算的编制主要由有预算分配权的部门如计划与财政部门一起编制。

财政部门根据财政采购预算和单位采购预算,将采购项目和采购资金来源分类汇总,构成本级的政府采购预算。政府采购预算一经批复下达,一般不得随意变更。采购人因特殊情况需要追加、调减政府采购预算的,必须严格按照有关规定办理。预算内变更的,送财政部门按程序报批;预算外变更的,按编制政府采购预算的程序办理。

第二节　政府采购计划确定

一、政府采购计划概念和内容

　　采购人应根据批准的政府采购预算,编制政府采购的具体计划。政府采购计划是指采购实体为了满足自身的特定业务的需要,根据政府采购预算,按照政府采购目录或类别汇编的反映各采购单位需求情况及其实施要求的计划。政府采购计划是政府采购预算的具体实施方案,也是年度政府采购执行和考核的依据。政府采购计划分为政府集中采购计划、部门集中采购计划和分散采购计划三部分。属于政府集中采购目录通用类的政府采购项目,应编入政府集中采购计划;属于政府集中采购目录部门特殊类的政府采购项目,应编入部门集中采购计划;属于政府集中采购目录以外、政府采购限额标准以上的政府采购项目应编入分散采购计划。

　　政府采购计划的内容主要包括品目代码、品目名称、计量单位、单价、采购数量、采购预算、资金来源构成、需求时间、建议采购方式等。其中,属于政府采购目录的品目或项目应集中采购,采购资金由集中采购机关统一组织实施;非政府采购目录的品目或项目属于分散采购,由采购单位组织实施。达到公开招标数额标准,建议采用公开招标以外采购方式的采购项目,应在报送政府采购计划的同时提出申请报告,报送政府采购管理办公室审批。属于协议采购范围的政府采购项目,应当在政府采购计划中列明。

二、政府采购计划特点

(一)政府采购计划反映政府活动的范围和政策取向

　　政府采购计划要严格按照国家有关政策执行,应与政府宏观经济政策相适应。制订政府采购计划首先要符合政策导向,国家禁止采购的,一律不得列入采购计划;国家鼓励消费的且采购人有需求的,应积极支持。

(二)政府采购计划体现政府采购目标

　　政府采购目标指政府通过政府采购活动所要达到的基本目标和宏观目标。政府采购目标的实现,应在政府采购计划中得到详尽的体现。

(三)政府采购计划以政府采购预算为基础

　　政府采购计划应控制在政府采购预算范围之内,应严格按政府采购预算规定的用途、额度实施采购计划。

(四)政府采购计划具有全面性

　　政府采购计划具有全面性,即采购单位的需求以及技术参数应全面、完整地体现。

(五)政府采购计划具有约束性

　　政府采购计划具有约束性,即计划以及具体项目一经确定,不得随意调整、更改。

三、政府采购计划分类

　　政府采购计划有多种划分方法,但按其实际应用,主要分为以下几种。

　　第一,按采购计划的编制单位分为采购单位计划和综合采购计划。

　　采购单位计划是采购单位根据需要编制的计划,是综合采购计划的编制基础。综合采购计划是政府采购管理机关依据采购政策对采购单位计划的调整、完善,并加以汇总而形成的计划。综合采购计划经过批准后即可付诸实施。

第二,按采购计划的编制内容分为采购项目计划和采购资金计划。

第三,按采购计划的时间跨度分为月采购计划、季采购计划和年采购计划。

第四,按采购计划的方式分为集中政府采购计划和分散政府采购计划。

四、政府采购计划编制

(一)政府采购计划编制原则

1.完整反映政府采购预算原则

政府采购计划应当根据财政部门批准的政府采购预算编制,并完整反映政府采购预算。政府采购计划的采购项目数量和采购资金来源应与政府采购预算规定的采购项目数量和采购资金来源相对应,不得编制资金尚未落实的政府采购计划。

政府采购预算包括部门预算中的政府采购预算和年度追加预算中用于政府采购项目的预算。

2.公平竞争和维护国家利益、公共利益原则

编制政府采购计划应依据有关法律法规,遵循公平竞争和维护国家利益、公共利益原则。政府采购项目应根据《政府采购法》等法律法规的规定,采用规范的采购形式和采购方式,按照规范的采购程序运作。公开招标应作为政府采购的主要方式。

3.规模效益性原则

编制政府采购计划应注重政府采购的规模效益。在同一年度内,对同一采购品目可以安排两次采购计划,但不得超过两次以上。属于协议供货范围的采购品目,同一品目的采购,每季度内不得超过两次。

4.严格按采购品目分类编制

政府采购计划应严格按采购品目的分类和顺序编制,同类的采购项目应归并在一起。其中,属于政府集中采购目录的政府采购计划,按当年公布的地方政府集中采购目录的品目分类和顺序编制;属于政府集中采购目录以外、政府采购限额标准以上的政府采购计划,按A.货物类、B.工程类和C.服务类三大类分类编制。

[资料链接5-3]

推行竞争性政府采购的措施

推行竞争性政府竞争,需要发挥政府采购部门培育竞争主体、营造竞争环境、构建竞争格局、促进和保护竞争等方面的主导作用,以大力推进分类、分层次和一体化竞争。

第一,依法强制推动竞争性政府采购。竞争性政府采购的法规制度出台后,还需要在实践中真正地贯彻落实。政府采购管理部门应通过各种方式进行宣传教育,使相关人员全面领会竞争性采购的要求。同时,结合政府采购实际,统筹谋划后续竞争性政府采购工作推进方案,完成竞争性政府采购方案编报、采购信息发布、竞争性采购活动组织等工作,确保法规落到实处。

第二,政府采购部门在组织实施竞争性采购之初,应分析竞争保护的必要性,做出初步安排,并将保护条件和规则告知候选承包商。在政府采购项目的竞争结果公示后,如果竞争失利方申请竞争保护,政府采购部门应当研究提出受理意见,并按程序报批后实施。政府采购通常

可选择项目补偿、分包补偿、经费补偿等竞争保护方式。

资料来源：何玉侠，王文华.对推动竞争性政府采购的思考与建议[J].中国招标，2017(8).

(二)政府采购计划编制范围

1.编制单位范围

政府采购计划的编制单位范围包括各级政府机关、事业单位和团体组织(简称预算单位)。预算单位按预算管理权限和经费领拨关系，分为主管预算单位(主管部门)、二级预算单位和基层预算单位。

2.编制资金范围

政府采购计划的编制资金范围包括预算资金、政府性基金和预算外资金等财政性资金以及与之配套的单位自筹资金。

3.编制项目范围

纳入当年依法公布的各级政府集中采购目录以及政府采购限额标准以上的货物、工程和服务项目，应按季分月编制政府采购计划。

(三)政府采购计划编制程序

政府采购计划的编制主要有四个步骤。

第一步：各部门在年度政府采购预算批复后规定的时间内，向财政部门提交纳入集中采购目录的详细采购计划。其主要内容包括采购项目、采购项目的资金来源、采购数量及技术规格、采购项目起止时间等以及其他必须载明的事项。

第二步：各部门的政府采购计划由财政业务主管部门审核、汇总后，提交政府采购监督管理部门。

第三步：政府采购监督管理部门审核、汇总、编制政府采购计划，并批复给采购人。

第四步：政府采购监督管理部门具体组织、委托政府采购机构实施年度政府采购计划。

五、政府采购计划审批

(一)政府采购计划审查

政府采购管理部门在一定的时间内，依法对部门报送的政府采购计划进行审核，并向各部门批复政府采购计划。政府采购计划审核的内容主要有以下几个方面。

(1)政府采购计划是否符合规定的填报要求。

(2)采购需求时间、采购预算是否合理，采购形式是否合法。

(3)采购方式的选择是否符合《政府采购法》的规定。

(4)采购项目的品目分类、排列顺序是否符合规定。

对预算金额较大或者专业技术复杂的采购项目，财政部门可以组织专家进行论证，并依据论证结果审定采购方式。

(二)政府采购计划批准

政府采购计划草案批准的程序是：

第一，由财政部门代表本级政府向本级人民代表大会报告本级财政预算草案时一并报告政府采购计划草案的内容。

第二，由本级人民代表大会负责审查本级财政预算草案时一并审查本级政府采购计划草案，并做出审查报告。

第三,经本级人民代表大会讨论通过本级政府采购计划草案审查报告,做出批准本级政府采购计划的决议。同时将批准后的政府采购计划上报上级政府及财政部门备案。

第四,政府采购计划经过本级人民代表大会通过后,财政部门应及时向本级政府采购管理机关批复执行。

采购计划的调整和实施政府采购计划一经批复,原则上不作调整。计划执行过程中,如发生采购项目变更、终止、追加或减少调整计划的,必须按计划编制程序报批。

六、政府采购计划下达和实施

各部门应及时将批复的政府采购计划下达给下属单位,并按照批复的政府采购计划组织实施本部门的政府采购活动。

(一)政府采购计划下达

政府采购管理部门根据采购单位的采购申请和经业务主管部门、国库审核签章的"资金归集表",综合考虑采购项目的种类、数量、特点、时间和用户需求等实际情况,按照《政府采购法》的规定,提出采购组织形式、采购方式和资金支付方式的意见和建议,经领导审批后,向政府集中采购机构或政府采购招标业务代理机构及采购人下达"政府采购项目批准书"。

(二)政府采购计划实施

政府采购计划经过批准下达后,就进入了计划的执行阶段。政府采购计划的编制,仅是整个政府采购活动的开端,政府采购计划的实现,主要取决于政府采购机关正确组织执行政府采购计划。可见,政府采购计划的执行是把政府采购计划从可能性变为现实性的关键。只有做好政府采购计划的执行工作,才能顺利组织实施政府采购。政府采购计划执行实际上就是具体组织实施政府采购活动,是一项经常的、艰巨的、复杂的工作,也是政府采购的中心环节。

采购人依据批准的政府采购计划,自行委托政府采购代理机构组织采购,并明确约定双方的权利和义务。纳入集中采购目录属于通用的政府采购项目的,采购人必须委托政府采购中心办理;属于本部门、本系统有特殊要求的项目,由部门集中后自行选择委托政府采购中心或经采购办登记备案的政府采购代理机构办理;属于本单位有特殊要求的项目,需自行采购的,采购人应向财政部门提出申请,经财政部门审核后报政府批准。

1.政府采购计划的执行程序

(1)制定采购执行方案。根据采购单位的采购申请,将政府采购项目进行分类汇总,确定采购方式及具体实施办法同时,编制采购费用预算,报有关领导审批。

(2)对供应商进行资格预审。采购机关在实施采购之前,要对参与的供应商进行资格预审。

(3)委托中介机构实施。采购机关可以委托具备政府采购业务代理资格的社会中介机构承办政府采购具体事务。

(4)合同的签订。通过政府采购确定供应商后,在采购机关的管理下,由采购单位与供应商签订采购合同。

(5)政府采购的验收。由采购单位组织有关人员,对供应商按采购合同规定应履行的义务和责任进行验收。

(6)资金支付。由采购单位委托政府采购管理机关统一支付。

2.政府采购计划的调整

政府采购计划在执行中,经常会因国民经济和政府工作任务的发展变化而引起政府采购政策的变化,从而使政府采购计划的某些部分与客观实际要求不一致,这就需要调整。另外,根据政府采购资金的安排落实情况,也需要对政府采购计划进行适当调整。

(1)由政府采购政策变化引起的政府采购计划调整。

政府采购政策引起的政策采购计划调整是政府加强宏观调控的具体措施,对调整国民经济运行起积极的引导作用,是一种主动积极的调整。

(2)由政府采购资金落实情况引起的政府采购计划调整。

资金落实与否,关系到政府采购的具体实施,没有资金保障的采购计划是无法实施的计划。政府采购资金来源于财政性资金,财政资金收支有季节性,应根据财政资金的支出安排情况及时对政府采购计划进行调整。这是一种难以预料的被动的调整。

第三节　政府采购市场准入及审查制度

一、资格审查的重要性

政府采购活动离不开供应商的参与,在政府采购活动中,采购人及其采购代理机构对供应商进行资格审查是必不可少的环节。资格审查是指由政府采购管理部门对参加政府采购的潜在供应商进行技术、资金、信誉、管理等多方面的评估查审。资格审查可以在采购发生之前进行,称为资格预审;也可以在发出采购通告以后进行,称为资格后审。应充分重视供应商资格审查工作。

(一)供应商的资格审查是确定政府采购方式的重要手段

在制订政府采购计划时,必须制订政府采购的方式。对潜在的供应商进行资格审查,可以了解能达到具体采购各方面要求的潜在供应商数量,从而决定本次采购是采用公开招标、邀请招标、竞争性谈判还是采用其他的采购方式。因此,对供应商的资格审查直接涉及采购程序、采购规划的制订以至整个活动的进行。

(二)供应商的资格审查是保证采购项目保质保量完成的必要手段

政府采购项目一般金额大、数量多,为确保合同顺利完成,必须对供应商进行资格审查,审查其是否达到生产技术方面的要求,是否具有适当的融资能力及管理水平等,这样可以防止在履行合同时出现交货质量与实际需要不相符的情况。

(三)可以提高政府采购机构的工作效率,降低成本

在具体采购操作中,当发出标书后,潜在供应商中前来准备参加投标的可能有许多。如对这些供应商一一评估,就会大大增加招标采购的工作量,同时会增加招标的成本。经过资格预审,可以筛选掉大部分不可能中标的投标人,使有资格参加本次采购活动的供应商数量缩小到合理范围之内,从而提高工作效率,降低采购成本。因此,对供应商的资格进行有效审查是加强供应商管理、防范供应商违规违纪以及在合同履行过程中出现违约行为等风险的前提和保障。

二、资格审查基本要求

进行资格审查的过程实际上就是根据审查的标准对一定范围内的供应商进行审核的过程。

1. 应制定统一的审查标准

制定审查标准应包括以下几方面内容:

(1)供应商是否具有完成采购项目所需要的充足资金来源或具有获得这种资金的能力,是

否具备必要的组织经验、财务与业务控制技术或获得它们的能力(包括如生产控制程序、财产控制、质量保证及所需生产的材料及服务方面的安全措施等),是否具有必要的生产施工和技术设备设施或获得它们的能力,以保证质量。

(2)供应商是否具有良好的商业行为记录、良好的合同履行记录,以及具有按照采购计划按期交货的能力。

(3)能否保证提供有关的售后服务。

另外,采购人可以根据采购项目的特殊要求,规定供应商的特定条件,但不得以不合理的条件对供应商实行差别待遇或歧视待遇。对于大型的工程项目和特殊的采购项目,采购人员必须在有关专家技术人员帮助下制定特殊的标准。

2.根据采购计划和有关法律的规定,确定审查范围

(1)确定在全国范围还是在各地区地方采购。某些采购如服务项目只能由本地区供应商承办的,因而在资格审查时要根据采购计划对确定范围内的供应商进行审查。

(2)对所需采购商品或技术仅能由国外供应商提供或国外市场提供的,应根据有关法律的规定对国外供应商进行审查。

(3)根据采购法律的规定不可以参加购买项目竞争的供应商,如被禁止进入政府采购市场的合同人、被暂停营业的或被提议暂停营业的公司或被宣布能力不合格的人员,应被排除在资格审查供应商名单之外。

3.根据有关规定实施优惠政策

政府采购中对有关供应商的优惠政策可分为以下几类。

(1)对本地或本国供应商的优惠规定。根据《政府采购法》第十条规定:"政府采购应当采购本国货物、工程和服务。但下列情形之一的除外:(一)需要采购的货物、工程或服务在中国境内无法获取或无法以合理的商业条件获取的;(二)为在中国境外使用而进行采购的;(三)其他法律、行政法规另有规定的。"

(2)对中小企业的优惠规定。根据《政府采购法》第九条规定:"政府采购应当有助于实现国家的经济和社会发展政策目标,包括保护环境,扶持不发达地区和少数民族地区,促进中小企业发展等。"因此,在政府采购活动中进行资格审查时应考虑到这些优惠政策的规定。

(3)对不发达地区和少数民族地区及其他优惠规定。

对供应商的资格审查,因涉及的供应商数量多、范围广,故对于一般经常采购的物资项目,在系统收集信息时予以审查,对审查合格者进行登记注册,建立资格合格者名单,并予以定期审核,补充新的名单。在具体每次采购前,一般都出资格预审通告,获取供应商更详细的资料。这样两者结合,可以节省成本和劳动。应尽量避免资格审查与招标同时进行或招标在前、资格审查在后即资格后审的情况,以避免出现时间安排上的冲突,增加不必要的竞争对手和采购机构的工作量,甚至出现干扰评标准确性的不利情况。

[案例分析 5-1]

政府采购供应商的特定条件与差别待遇

要点提示:

1.供应商的资格条件设置应与项目的特殊要求存在关联性。国家明令取消的职业资格许可和认定事项,相关证书的申请条件对企业的注册资本金、资产总额、营业收入、从业人员、利润、纳税额等规模条件作出限制的,不得做为供应商资格条件。

2.采购文件编制由采购人和代理机构共同完成，违法行为的法律责任由双方共同承担。

【案情概述】

20××年5月3日，C采购人委托W招标公司，就该单位"信息网络及服务器采购项目"进行公开招标。5月5日，W招标公司在中国政府采购网发布招标公告并发售招标文件。

5月8日，投标人H公司向W招标公司提出质疑，称：本项目的招标文件将"计算机信息系统集成一级（含）以上集成资质"作为资格条件，属于以不合理条件对供应商实行差别待遇或者歧视待遇，要求删除该资格条款。W招标公司答复质疑称：W招标公司在综合考量了项目采购内容、所需专业技术复杂性等特殊情况后，才将"计算机信息系统集成一级（含）以上集成资质"作为投标人的特定资格条件，符合政府采购法第二十二条的规定，不属于以不合理条件对供应商实行差别待遇或者歧视待遇。H公司对W招标公司的质疑答复不满，向财政部门提起投诉。

【调查情况】

本案争议的焦点是，"计算机信息系统集成资质"能否作为投标人的资格条件。因此，财政部门核查了本项目的招标公告、招标文件等材料。经审查，招标公告及招标文件中设置了"投标人须具备计算机系统集成一级（含）以上资质"的资格条件。W招标公司在发售招标文件之前，将编制完成的招标文件交C采购人确认，在得到C采购人确认同意后发售招标文件。另查明：国务院在2014年1月28日《国务院关于取消和下放一批行政审批项目的决定》中已经明确将"计算机信息系统集成企业资质认定项目"取消。同时，由中国电子信息行业联合会颁发的"信息系统集成一级资质"要求申请企业"注册资本和实收资本均不少于5000万元，或所有者权益合计不少于5000万元"，"近三年的系统集成收入总额不少于5亿元，或不少于4亿元且近三年完成的系统集成项目总额中软件和信息技术服务费总额所占比例不低于80%"。

【问题分析与处理情况】

本案反映了政府采购活动中出现的几个相关问题：

一是采购人、代理机构可以根据采购项目的特殊要求，规定供应商的特定条件，但不得以不合理的条件对供应商实行差别待遇或者歧视待遇。本案中，虽然W招标公司认为其将信息系统集成资质作为投标人资格条件与项目的特殊要求存在关联性，但是在开展本项目采购活动时，信息系统集成资质已经不再是法定资质，不应列入采购文件，且由中国电子信息行业联合会颁发的计算机资质对企业的注册资金、营业收入等规模进行了限制，违反了《政府采购促进中小企业发展暂行办法》（财库〔2011〕181号）第三条的规定。因此，信息系统集成资质不能作为投标人的资格条件。本项目将这一资质作为实质性条款，违反了《中华人民共和国政府采购法》第二十二条、第三十六条、《中华人民共和国政府采购法实施条例》第二十条的规定，构成对供应商实行差别待遇或者歧视待遇。

二是采购文件在编制中的违法行为的法律责任由采购人和代理机构共同承担。虽然C采购人委托W招标公司从事政府采购代理活动，但采购文件的编制由C采购人及W招标公司共同完成，且经C采购人书面确认，所以C采购人及W招标公司均应对违法行为承担责任。

综上，财政部门做出处理决定如下：本案中，H公司认为C采购人和W招标公司将"计算机信息系统集成资质"作为投标人资格条件，属于以不合理条件对供应商实行差别待遇或者歧视待遇，投诉事项成立。根据《中华人民共和国政府采购法》第二十二条第二款、第三十六条第一款第(二)项、《中华人民共和国政府采购法实施条例》第二十条、《政府采购供应商投诉处理办法》(财政部令第 20 号)第十九条第一款第一项和《政府采购促进中小企业发展暂行办法》(财库〔2011〕181 号)第三条的规定,决定采购活动违法,责令 C 采购人废标,修改招标文件后重新开展采购活动。同时,对 C 采购人和 W 招标公司在招标文件中将"计算机信息系统集成资质"作为资格条件的行为,根据《中华人民共和国政府采购法》第七十一条第(三)项的规定,对 C 采购人和 W 代理机构的违法行为分别做出警告的行政处罚。

　　资料来源:中国政府采购网 http://www.ccgp.gov.cn/aljd/201704/t20170428_8173896.htm(2017-09-05 访问).

三、资格审查内容

　　资格审查可分为两个方面,即基本资格审查和专业资格审查。

　　(一)基本资格审查

　　基本资格审查主要是审查供应商是否具备《政府采购法》规定的基本条件,在这方面,可按《政府采购法》第二十二条的规定逐项进行审查,同时还要结合供应商的注册登记情况、资信情况、遵纪守法情况进行全面审查。

　　供应商的注册、登记情况的审查,可审阅供应商提交的各类证件是否齐全,是否有效,是否符合采购项目的特定要求和采购文件的具体规定,这些证件主要是工商营业执照(原件)、企业法人资格证、税务登记证、生产和经营或办公场所证明(原件)以及生产或经营范围以及主要产品、商品目录等,通过对这些证件的审查,以判定供应商资格的合法性。

　　供应商的资信情况的审查,可以从其提交的基本资信情况证明文件进行审查,如社会中介机构或行业协会对其资信评审的证明文件或出具的经年检的资产负债表和损益表以及开户银行出具的基本结算账户和资金运行情况证明文件等方面进行审查,以核实其资信状况。

　　供应商遵纪守法情况的审查,可查阅其近几年的缴纳税收、社保资金情况和执行环保等相关政策的情况以及在此三年前有无重大违法违纪记录等资料,以查明其有无违法违纪等情况。

　　(二)专业资格审查

　　专业资格审查主要是结合采购项目的具体特点和特定要求,从供应商的资质状况及许可证情况、代理及授权情况和产品质量检测认证情况、经验和商业信誉情况、人员及专业技术能力情况、机械设备以及财务状况和售后服务情况等方面,审查供应商是否具有相应的专业资格。

　　在资质状况及许可证情况方面,主要审查供应商的基本资质状况,查明其有无生产(制造、经营、安装)许可证,各类许可证的资质等级和有效性以及其他方面的相关情况等。

　　在代理及授权情况方面,主要审阅供应商与有关方面签订代理协议和有关方面出具的委托授权书,以审查其是否与生产厂家或销售总代理签订有代理销售协议、有无生产厂家出具的书面授权书、委托书或证明文件等。

　　在产品质量检测认证情况方面,主要审查供应商生产、经营的产品及商品是否经过质检部门检测,是否有检测报告,是否有允许销售的质量许可证件,须由国家强制认证的产品或商品有无认证,是否经过 ISO9000 质量体系认证,以及其他需认证方面的认证情况。

　　在经验和商业信誉情况方面,主要通过查阅供应商提交的合同、验收报告等,审查以往承担类似合同的业绩;查阅其获奖情况、客户意见反馈情况,审查以往承担类似合同的信誉;查阅其从事政府采购活动的记录情况和信誉证明材料,以审查其他方面的情况。

在人员及专业技术能力方面,主要通过对供应商提交的人员名册及其资格证书的查验,审查企业的管理水平及基本专业技术能力、为履行合同所配备的管理人员及工程技术人员等情况。

在机械设备方面,主要通过对供应商提交的机械设备清单的查验,审查供应商为履行合同所配备的工程机械以及为履行本合同配备的相关配套设备等情况。

在财务状况方面,主要通过审查供应商提交的财务报表,核实供应商的财务会计制度及基本财务状况,以审查其是否具备履行合同相应的财务能力。

在售后服务方面,主要通过查阅供应商提交的售后服务网点分布情况和售后服务人员的数量、基本结构及专业技术水平等资料,以审查其是否具有售后服务能力以及其在售后服务方面的其他情况等。

四、资格审查方式

对供应商进行资格审查大致有以下几种方式:

一是采取集中审查和分散审查两种形式。集中审查可以由政府采购管理机构依照《政府采购法》的规定,制定供应商资格审查办法,再由执行机构统一对供应商进行资格审查,并建立供应商信息库,经审查合格的供应商可列入政府采购供应商库,对列入供应商库的供应商可规定三年以下的有效期,在有效期内采购人或采购代理机构在实施采购活动时,可在供应商库中随机抽取一定数量的相关供应商参加政府采购活动,而不必每次采购都要进行资格审查;分散审查就是由各采购人或采购代理机构在实施具体采购活动时根据采购项目特点和技术要求规定供应商的特定条件,自行对供应商的资格进行审查。

二是采用两阶段招标方法,即先进行资格招标,通过资格招标专门评审供应商的资格,然后再进行商务招标,只有在资格招标中通过资格评审且具备商务投标资格的供应商才能参加商务招标的投标,这种方式适用于对供应商有特定条件要求的采购项目。

三是在采购活动实施过程中,要求供应商在参与投标(或谈判、报价)时将资格证明文件随投标文件(谈判文件、报价文件)一并送采购人,采购人在评标(谈判、评价)时,先查阅其资格证明文件,对其资格进行审查或评审,只对符合资格条件的供应商的投标(报价)进行评审,对条件不符的供应商的投标作废标(谈判资格或报价无效)处理,不予评审。

通过审查,供应商如果完全符合资格审查机构所确定的供应商能力的各项指标,并且出具了所规定的有关资信证明,即可被认为是合格供应商。具体的合格供应商确定后,即可以公开通告,或分别通知供应商邀请其参加招标采购。

第四节　政府采购合同订立和履行

一、政府采购合同签订

政府采购合同,是指采购人或由其委托的采购代理机构与供应商之间设立、变更、终止政府采购权利义务关系的协议,是政府采购履约和验收的依据。

在政府采购中,经过采购机关组织实施,产生符合政府采购文件要求的供应商后,采购单位和供应商就应着手签订政府采购合同。政府采购合同原则上由采购人和中标商(成交商)按中标文件签订采购合同,采购代理机构作为鉴证方参与合同签订。采购人也可以委托采购代理机构代表其与供应商签订政府采购合同,由采购代理机构以采购人名义签订合同,应当提交采购人的授权委托书,作为合同附件。

采购人和供应商之间的权利和义务,应依法按照平等、自愿的原则,以合同方式约定。采购人与中标、成交供应商应当在中标、成交通知书发出之日起三十日内,按照采购文件确定的事项签订政府采购合同。政府采购合同内容一经确定,采购机关应将合同草案的有关文件报同级政府采购管理机关。政府采购管理机关收到合同草案后 7 个工作日内如无异议,采购机关方可签订合同。

政府采购合同必须符合政府采购的有关法律和政策,其内容要符合以下规定:符合合同法规定的合同订立内容;符合财政部门政府采购预算的要求;合同的主要条款符合招标(或采购)文件和投标(或报价)文件的要求;符合财政部门对政府采购合同的履行、验收及付款等提出的管理要求。

政府采购合同订立后七个工作日内,采购人应当将合同副本报政府采购监督管理部门备案。属采购代理机构代理采购的,还需将采购合同副本送采购代理机构归档。

对于定点服务类、协议供货类项目,通过招标方式确定定点、协议供应商后,可由政府采购管理机构与中标供应商签订定点、协议合同。

政府采购合同必须根据《中华人民共和国合同法》和招投标文件签订,政府采购合同依法签订后,合同当事人(甲乙方)应当按照合同约定履行各自义务,任何一方不得自行变更或者解除合同。在合同履约过程中,需要变更有关条款时,合同当事人应当协商一致,并报政府采购管理部门批准。

二、政府采购合同履行

合同一经双方签署,即产生法律效力,开始进入合同的履行阶段。合同的履行是整个采购过程中决定性的阶段,合同履行的好与坏,决定着整项采购的成败。

供应商(承包商)不得采取转包方式履行政府采购合同。工程项目合同约定可以分包的,应当按照合同规定的条件、内容及方式进行;合同未约定分包的,供应商(承包商)如采取分包方式履行合同,应当经采购人同意,并于分包前 10 天向采购机构或采购人提供所有与该合同相关的全部分包合同。

政府采购合同履行中,采购人需追加与合同标的相同的货物、工程或者服务的,在不改变合同其他条款的前提下,可以与供应商协商签订补充合同,但所补充合同的采购金额原则上不得超过原合同采购金额的百分之十。这是对政府采购合同的补充合同的必要限定。具体包括以下几层含义:第一,采购人需追加的货物、工程或者服务必须是与原政府采购合同的标的相同,不能追加与原合同标的不同的采购对象,这是对补充合同的标的质上的要求;第二,不得改变原合同的其他条款,只能对原合同规定的货物、工程或者服务的数量进行增加,任何改变原合同其他条款的做法都是不允许的;第三,所有补充合同的采购金额不得超过原采购金额的百分之十,这是对补充合同采购金额在数量上加以限制,以达到防止采购人与供应商串通、规避政府采购程序的目的。

采购人应当依照采购预算、采购招标文件等有关规定,及时按程序向财政部门报送有关资料(包括政府采购合同、验收报告等),经审核无误后按照合同约定的付款方式,通过国库直接支付或政府采购资金专户集中支付等方式支付货款。

政府采购管理机关应对合同履行时政府采购资金使用情况进行监督。采购机关依照合同约定需要向供应商付款的,应当向政府采购管理部门报送验收结算书、接受履行报告、质量验收报告、合同约定的付款条件所要求的全部文件副本、政府采购管理部门认为应当提交的其他文件等,以备审核。

政府采购管理机关对政府采购项目的执行,可以独立进行全面的审核、调查,并对发现的问题进行处理。政府采购管理机关在审核时,采购机关应当对政府采购管理机关的询问及时作出答复。经审核符合规定的,政府采购管理机关方可办理政府采购资金的拨款手续。

在政府采购合同履行期间以及履行后,政府采购管理机关可以随时抽查用户,对合同的采购标准、采购质量和采购内容等事项进行核查。经政府采购管理机关抽查而发现的问题,应当责令采购机关进行纠正,并追究有关人员的责任。

[资料链接5－4]

政府采购合同订立履行过程中的法律关系

我国政府采购法律体系主要由《政府采购法》《招标投标法》及其各下属的专门性行政法规组成。

政府采购合同法律关系,是指采购人和供应商之间的法律关系。政府采购活动是对包括政府采购合同法律事实在内的一系列法律事实的统称。如果笼统地称作"政府采购法律关系",则实际是指其中所包含的多个主体之间的多种法律关系,即传统民法理论中所谓法律关系的事实构成。对于两个或两个以上的法律事实结合,形成特定的新的法律关系看似平常,却极易被人们忽视,尤其在其形成不同法律关系的情况下,往往涉及对法律关系抽象性特征的理解和把握问题。

1.行政规范对行为的抽象指引作用

行政法律规范进行了两方面的授权。一是授予政府采购监管部门以行政职权;二是授予审计部门、主管部门、监察部门、上级政府等各主体在其职能或职权范围内对采购人行为实施内部监管。实际上,后一授权可以进一步细分为两个层面的授权:第一个层次,是相关行政法律规范对与采购相关的各职能部门进行授权,以监督政府采购部门的行为,体现的是行政系统内部权力的横向划分、相互制衡;第二个层次,是相关行政法律规范对采购人所在的同级人民政府、上级人民政府以及其主管部门进行授权,以加强对采购部门的领导和监管。这是行政系统内部权力的纵向划分。一横一纵的权力分配,体现的正是行政系统内部最基本的监督机制。但是这种法律规范的抽象授权关系,体现的是法律最基本的行为指引功能,并不直接形成具体的法律关系。

2.行政(监督管理)法律关系

抽象立法将监管权授予给各个监督主体之后,再由这些主体以行政行为的方式具体行使监管权。审计部门等职能部门、同级政府、上级政府与采购人之间形成行政系统内部的监督管理关系。这种法律关系的主体不涉及供应商。例如,《政府采购法》第六十九条规定的监察机关对采购活动的监督。此外,还有政府采购监督管理部门经法律特别授权后,对采购人和供应商实施专门的监管。其依据在于《政府采购法》第十三条做出的总括性授权规定:"各级人民政府财政部门是负责政府采购监督管理的部门,依法履行对政府采购活动的监督管理职责。"因此,政府采购监督管理部门与采购人、供应商均发生行政(监督管理)法律关系,与审计、预算等部门的监督不同。政府采购监督管理部门的监督针对包括采购当事人在内的全部参与主体，因此可以称作"外部行政(监督管理)法律关系"。

3.政府采购合同法律关系

采购人与供应商之间形成的，才是我们通常所说的政府采购合同法律关系。这一法律关系的具体内容由采购当事人根据实际情况确定，该法律关系的性质将在后文中重点论述。上述分类，涵盖了《政府采购法》和《招标投标法》中最主要的法律关系类型，但概括尚不全面。而且，考虑到内部行政监管机关与供应商之间没有直接的法律关系，下文重点对外部行政(监督管理)法律关系和政府采购合同法律关系作进一步的阐释。

(1)政府采购行政(监督管理)法律关系。

政府采购法律体系的种种规定增加了采购当事人以公法义务。但当义务主体违背其命令时，其自身作为抽象规则，并不能亲自实施制裁。此时，它需要赋予特定的执法主体以行政监管权，借助执法主体之手达到目的。正所谓无制裁就无权力。如是故，从抽象规范关系的逻辑来看，政府采购当事人与政府采购监督管理部门一样——都是在按照法律的命令行事而已。只不过前者的"义务"以行政法律关系中的"行政义务"之面孔出现而后者的"义务"以"行政权力"之面孔出现，双方天然地成为政府采购(监督管理)法律关系中的一对主体。值得注意的是，这里的"政府采购行政(监督管理)法律关系"专指以各级人民政府财政部门作为行政主体的法律关系，是"政府采购外部行政(监督关系)法律关系"的下位概念。

(2)其他外部行政(监督管理)法律关系。

实际上，政府采购外部行政(监督管理)法律关系，除存在于各级人民政府财政部门与采购当事人之间外，还广泛存在于其他行政主体与采购当事人之间。前者并不能完全取代其他行政部门的常规管理。根据《政府采购法》第十三条第二款的规定："各级人民政府其他有关部门依法履行与政府采购活动有关的监督管理职责。"这里的"其他有关部门"行使的监管权，可能是仅针对采购人的纯内部性行政监管，也可能是同时针对采购人和供应商双方的外部性行政监管。

资料来源：李显冬，达世亮.政府采购合同法律关系的梳理与定性[J].中国政府采购 2017(5).

三、政府采购合同变更、终止

政府采购合同是政府采购履约、验收及拨款的依据。合同当事人必须按照政府采购合同的约定，全面、完全、及时地履行合同。采购机构应随时关注双方合同履行的进展情况，对合同进行监督，当出现新情况时，因及时进行调整处理。对合同的调整处理，如变更、中止或终止合同等，应本着双方充分协商达成共识的基础上进行的原则，以保护政府采购双方的利益。采购人与中标、成交供应商的任何一方，都无权擅自变更、中止或者终止合同。

所谓政府采购合同的变更，是指由于采购情况发生变化或者有新的采购要求时，合同一方当事人提出的对合同条款的改动。变更可以由采购人提出，采购人根据有关法律的规定可以对合同提出某些条款的修改，供应商在接到这些要求变更的通知后一定期限内可以对这些变更提出修改意见。供应商由于某些原因也可以提出变更合同，但供应商变更合同要受到法律的严格限定，不得随意变更合同。

符合合同变更规定的，变更合同的一方当事人，应及时以书面形式通知对方，达成一致意见后，由当事人双方签订合同变更条款，并由采购人按照规定时限，将合同变更的内容以书面形式报政府采购监督管理部门备案。

所谓政府采购合同的中止，是指出现了政府采购合同不能继续履行的原因，在完成调查或者法律审查之前根据充分的证据而实行的暂时中止履行合同的一种紧急措施。构成中止的原因包括以下几个方面：①供应商为获得某一合同而犯有诈骗或刑事犯罪；②犯有贪污、偷窃、伪造、贿赂等行为；③投标人提供假证明书；④有商业道德不诚实记录，并有可能严重影响合同履行的可能性；⑤其他性质严重的影响履行合同的原因。

所谓政府采购合同的终止，是指由于出现了法定或者约定的原因不再履行合同规定的权利义务。引起合同终止的原因主要有三种：一是由于一方违约行为而导致履行合同成为不必要而终止合同；二是为了保护国家利益和社会公共利益而终止合同；三是合同双方一致同意终止合同。

如果政府采购合同继续履行将损害国家利益和社会公共利益的，双方当事人应当变更、中止或者终止合同。由于损害国家利益和社会公共利益是变更、中止或者终止合同的法定事由，因此，这种变更、中止或者终止合同是强制性的，也就是说双方当事人都有义务变更、中止或者终止合同。

政府采购合同履行过程中，政府采购合同需要变更、中止的，或者因某些特殊情况需要终止合同的，采购当事人应当将变更、终止合同的理由以及相应的措施，及时书面报政府采购管理部门。

[案例分析 5－2]
成交供应商不能履行合同，能否变更由第三方执行

【案情概述】

某省政府采购中心受采购人委托，就定制车辆采购项目进行公开招标，政府采购中心按规定发布公开招标公告。在规定的报名时间内，仅有两家供应商报名参加。政府采购中心暂停了项目的开标，审查招标文件是否存在倾向性、排他性，并对市场情况进行调研。在确认招标文件采购需求准确无误、国内仅有两家供应商能够满足该项目的要求后，政府采购中心向财政部门提交了变更采取竞争性谈判采购方式的申请。

财政部门同意变更。采购方式变更后，竞争性谈判顺利实施。经谈判，A公司被确定为成交供应商，在规定的时间内与采购人签订了政府采购合同。采购人依据招标文件条款和政府采购合同约定，向A公司支付预付款。A公司按约履行合同。

按理说项目进入合同履约阶段，相关各方悬着的心也就能够放下了。然而，不久A公司传来消息：因官司纠纷，账户被法院冻结，为抵偿债务，已将定制车辆生产的技术、生产线、原材料等转让给B公司。B公司接受转让的同时，承担A公司的一切债权债务。对于该政府采购合同，B公司表示愿意继续履行。

B公司能否履行合同，是否属于转包？采购人非常困扰，向财政部门反映情况，寻求解决问题的办法。财政部门调查研究后给出解决方案：A公司放弃成交资格，承担违约责任，赔偿采购人的损失；合同终止，项目重新组织采购，欢迎B公司参与竞争。

采购人表示，该方案有实际困难：一方面，等待A公司赔偿的时间太长，且债务资产清算后不确定A公司是否还有赔偿能力，不确定因素多；另一方面，当地财政资金比较紧张，已经支付给A公司的预付款无法得到返还，即使重新采购，预算太低也会影响采购效果，反而造成财政资金的浪费。

采购人想知道，可否 A 公司、B 公司、采购人签订三方合同，由 B 公司继续履行合同，并提供售后服务。政府采购部门在网上公示变更成交供应商的原因。采购人认为，这么做不会产生打官司的成本，避免预付款损失的风险，且时间短、人力物力成本低。

【案情分析】

本案例是典型的合同违约。《合同法》规定，当事人协商一致，可以变更合同，但政府采购合同除适用《合同法》，还要遵守《政府采购法》。

政府采购的目的是规范政府采购行为，提高财政性资金的使用效益，维护国家利益和社会公共利益，保护政府采购当事人的合法权益。供应商参与政府采购，以质量、价格、服务进行公平公正竞争，谋取中标、成交。供应商中标、成交后应签订采购合同，按照采购文件中的承诺和采购合同条款履约。中标、成交后将合同转交给第三方，对参与采购项目的其他供应商是不公平的，招标采购就失去了意义。

政府采购相关法律法规禁止双方当事人擅自变更、中止或者终止合同，禁止政府采购合同转让，中标、成交供应商不得将合同全部转让第三方履行。如果合同尚未履行，因中标、成交供应商违反合同，采购人可以按照《政府采购法》《合同法》等相关规定和合同约定主张解除合同，并追究供应商的违约责任。不过，《政府采购法》也做了例外规定，如果政府采购合同继续履行会损害国家利益和社会公共利益的，双方当事人应当变更、中止或者终止合同。

解除合同后，采购人能否确定其他中标、成交候选供应商，政府采购相关法律法规无明确规定，依照《合同法》的一般原理，如果中标、成交候选供应商同意签订合同并不违反法律规定。经采购人同意，可以依法采取分包方式履行合同，但仅限于非主要的、辅助性的合同义务。

在本案例中，由于 A 公司无法继续履行合同，且存在预付款无法追回、重新招标社会成本高等可能损害国家利益和社会公共利益的情况，A 公司可以申请变更或终止合同。关于 A 公司能否将采购合同转让给 B 公司，需要满足下列条件：

一是 A 公司必须提供法院查封、债务纠纷、技术转让等没有合同履行能力的相关书面材料。因为 A 公司如果并未倒闭，仍是一个具有独立承担民事行为能力的合法主体，只要 A 公司未以书面形式明确说明其无法完成合同，则采购合同应继续执行，一旦合同执行过程中出现了任何问题，仍由 A 公司承担全部责任；如果 A 公司已经倒闭，不再是一个具有独立承担民事行为能力的合法主体，或者 A 公司明确提出其无法继续履行合同，并将合同转让给 B 公司，则转让合同无效，应重新组织采购。

二是 B 公司有履行合同的资质和能力。一般而言，生产资质是行政许可，不能互相转让。采购人及财政部门必须确认情况是否属实，明确 B 公司具有继续履行采购合同的资质和能力。

三是获得财政部门的确认并备案。在政府采购实践中，有些地方出台了政府采购合同履行管理办法，明确合同主体变更等特殊情况的具体情形和应对措施。比如，《四川省政府采购合同签订和履约验收管理办法》明确，"供应商不得采取转包方式履行政府采购合同。在合同履约过程中，需要变更有关条款时，合同当事人应当协商一致。采购合同变更时如原合同金额超过了预算额度，应当报同级政府采购主管机构批准。采购合同中止，应当报同级政府采购主管机构备案"。《北京市政府采购合同管理暂行规定》要求，"政府采购合同需要变更的，采购机构或采购人应当将合同变更的有关内容，以书面形式报政府采购管理机关"。根据《政府采购法》，合同主体变更后，采购人也应当将变更后的合同副本报同级政府采购监督管理部门和有关部门备案。

合同转让或变更往往伴随着巨大的法律风险,导致情况更加复杂,采购人应与中标、成交供应商终止合同,重新组织采购。但在实务操作过程中,出于节约社会成本、提高采购效率的角度出发,采取变通处理的办法,如果中标、成交供应商已经基本履行合同主要义务,尚有部分未完成,经采购人同意分包给第三方履行,变通解决办法依然存在法律风险。

最后,需要补充一点,本案例中的 A、B 公司不属于转包行为,是合同权利的转移。

资料来源:政府采购信息网,http://www.caigou2003.com/cz/aldp/2806010.html(2017 – 09 – 05 访问).

第五节　政府采购项目验收与结算

政府采购项目验收是指在政府采购合同执行过程中或执行完毕,采购人对政府采购合同执行的阶段性结果或最终结果进行检验和评估。政府采购项目的验收是政府采购程序中的重要环节,是检验政府采购合同履约结果,保证采购质量的关键。

一、政府采购项目验收主体

依法进行政府采购的各行政机关、事业单位和社会团体(以下统称采购人)负责本单位政府采购项目的验收。政府采购合同履行验收,依照合同的约定进行,采购人或其委托的采购代理机构应组织验收小组对政府采购合同的履约结果进行验收,以确认货物、工程或服务是否符合合同的要求。

验收小组原则上应由采购人代表或采购代理机构和相关领域的技术专家组成。直接参与该项政府采购活动的主要责任人不得作为验收工作的主要负责人。政府采购监督管理部门工作人员不得作为验收小组成员,参与政府采购合同的履约验收工作。

验收小组人员组成一般参照政府采购法对谈判和询价采购中,谈判小组和询价小组组成人员的规定确定,即:验收小组由采购人的代表、供应商代表和有关专家共三人以上的单数组成,其中专家的人数不得少于成员总数的三分之二。若采购人委托集中采购机构组织验收,则需有集中采购机构代表参与。大型或者复杂的政府采购项目及国家规定强制性检测的采购项目,采购人应当邀请和委托专业质量检测机构参加验收工作。

二、政府采购项目验收基本程序

(1)由专业人员组成的验收小组来进行。政府采购合同的质量验收,原则上应当由第三方负责,即国家认可的专业质量检测机构负责,或者由采购人、代理机构会同专业机构共同负责,但采购金额较小或货物技术参数、规格型号较为简单明确的除外。

(2)货物、工程和服务的政府采购合同验收按照下列方式进行:属于分散采购方式的,由各采购人按照合同约定自行组织验收;属于集中采购方式的,由采购机构或采购人按照合同约定组织验收;对有特殊要求的采购项目,采购机构可以会同采购人共同组织验收;大型或者复杂的政府采购项目,采购人或其委托的采购代理机构应当邀请国家认可的质量检测机构负责验收。

(3)供应商、采购机构或采购人认为有必要,可以在合同履行过程中,对履约程度进行核验,并作为交付或验收的依据。采购人应按照约定,组织验收人员对政府采购合同的履约结果进行验收,以确认货物、工程或服务符合合同的要求。

(4)验收过程应当制作验收备忘录,参与人员应当分别签署验收意见。

(5)验收结果不符合合同约定的,应当通知供应商限期达到合同约定的要求。给采购机构或采购人造成损失的,供应商应当承担赔偿责任。

(6)验收结果与采购合同约定不完全符合,如不影响安全,且比原采购合同货物部分提高了使用要求和功能的或属技术更新换代产品的,在价款不变的前提下,采购人可以验收接受;如不影响安全、不降低使用要求和功能,而且要改变确有困难的,经协商一致并经有关主管部门批准后可减价验收接受。

只有非重要部分不符合合同要求,而其他部分可以先行使用的,且采购人确有先使用的必要,经有关主管部门批准,可就先使用部分验收,并支付部分价款。

(7)验收时间的约定。货物类:对供应商提供的国家标准产品或技术要求不高且品牌、型号规格明确的,采购机构或采购人应做到随到随验收;对技术要求较高的或非标产品,采购机构或采购人应在供应商提交货物之日起 7 日内组织验收工作。工程类:属于独立的工程(包括设备安装调试)项目,在供应商提交竣工报告之日起 15 日内,采购机构或采购人应组织验收工作,并以书面形式通知供应商;属于基本建设配套工程项目,且需要与基本建设工程整体验收的,则按基本建设项目竣工验收规定执行。

(8)阶段性验收约定。按采购合同约定的付款条件和付款期限进行分阶段验收,并出具阶段验收报告。最后一次付款,如有质保金的,采购人对供应商提供的货物或服务无质量方面异议的,政府采购中心将依据采购合同及有效凭证办理资金结算手续。否则,采购人还需出具验收报告。

(9)验收结束后,验收主要负责人应当在采购验收书上签署验收小组的验收意见。属于集中采购项目的验收意见,应填制《政府采购项目验收单》一式三份,采购人、供应商、政府采购中心各执一份。《政府采购项目验收单》是财政部门支(拨)价款的必要文件。验收结束后,验收小组或者专业质量检测机构要做验收记录,并分别在验收证明书和结算证明书上签字。

[资料链接 5－5]

政府采购验收中存在的问题

(1)政府采购验收过程中服务理念欠缺。一是政府采购代理机构组织采购任务完成后,对产品配送等后续服务很少过问,验收工作缺乏主动服务、热情服务意识。对验收项目因工作忙拖着不办,人为地拉长验收周期。二是服务意识不强,认为采购产品质量好坏是自己的事,服务不好是供应商的事,质量验收是采购单位的事,因此忽视政府采购验收工作。三是采购机构图省事,验收简化。采购机构没有建立相应的验收机制,措施制定力度不够,随意性比较大。涉及服务则推辞不管,甚至不能给供应商提供一个采购服务场所,没有真正把服务体现在采购过程中。

(2)政府采购监管不力。在政府采购活动中,由于多种原因,当涉及具体问题时,由于力度不够,监管无法达到好的效果,采购实施过程中的某些环节随意性比较大,导致一些采购环节形同虚设。

(3)重采购,轻验收。从目前政府采购的实践来看,许多地区"重采购,轻验收"的现象屡屡发生。政府采购一采了之,对于后期的执行阶段,依靠采购双方签订的合同进行,验收组织不认真、走过场、手续不完备、程序简化,不认真对照采购文件和合同要求,质量检测手段或检测方法不科学。各地区集采机构在采购环节严把关口,做到规范操作,公开透明,却没有对履约验收给予足够的重视,给不良供应商可乘之机。加上《政府采购法》对履约验收的主体与职责规定相对模糊,实际操作中的验收模式多种形式并存,扰乱了验收市场,采购人和供应商得不到应有的管理与约束。

(4)验收结果缺乏科学性。特别是对一些大型设备的验收小组往往因为缺乏必要的相关知识,验收人员在验收时往往对产品外观、规格型号等进行验收,在完成政府采购合同签订后,对最重要的产品质量往往忽略不计,影响了验收结果的准确性。另外有些采购环节的验收方案往往过于简单,缺乏科学性,不能完全满足验收的需要。

(5)验收程序不规范。有些采购单位与供应商相互串通,双方达成默契,验收时睁一只眼闭一只眼,降低产品质量与配置,随意增补采购金额,甚至恶意篡改中标合同金额内容,严重影响了政府采购活动的公平性和公正性,损害了广大潜在投标人正当利益,扰乱了正常的市场竞争秩序。

资料来源:李森善.政府采购项目验收问题及治理对策[J].中国政府采购 2011(1).

三、政府采购合同结算

(一)结算程序

(1)对政府采购合同履行验收后,采购人应在 3 个工作日内向政府采购管理部门(或经授权的集中采购机构)报送接受履行报告等有关文件。

(2)政府采购管理部门(或经授权的集中采购机构)在 3 个工作日内对采购人提交的接受履行报告、政府采购项目质量验收单和政府采购管理部门认为应当提交的其他文件等结算文件进行审核。

(3)采购合同结算。采购结算价不得高于成交价格。交货验收时,如供应商有合同约定价格之外的收费行为,采购单位应及时向政府采购管理部门反映。原则上采购单位不准调整本次采购商品的规格、型号及采购数量,因特殊情况需调整的,必须向政府采购管理部门提交书面说明。国库部门在收到尚未实行国库集中支付改革预算单位缴入政府采购专户资金后,依据政府采购项目验收结算通知书和付款收据复印件及相关文件,在 5 个工作日内向中标、成交供应商直接支付采购资金。实行国库集中支付改革的预算单位,按照集中支付改革的有关规定办理资金支付。

(二)资金划拨和结算

采购人收到货物并验收合格后,由采购人、政府集中采购机构或政府采购招标业务代理机构和供应商三方填制"政府采购货物验收单"。采购单位按照采购合同中有关货款支付的约定,填制"政府采购资金直接支付结算单",并附销售发票复印件、采购合同和货物验收单,向同级财政部门申请付款。政府采购管理部门根据招标文件、评标报告、采购合同、资金归集情况、货物验收单和销售发票复印件等对"资金结算单"进行审核,签注审核意见并盖章。

政府采购部门设立"政府采购资金专户",作为政府采购合同结算账户。由财政预算拨款和财政预算外专户拨款安排的采购项目,按政府采购审批金额将采购资金拨入"政府采购资金专户",由其他资金来源安排的采购项目,采购单位应在实施采购前按事先核定的计划数将款项交入"政府采购专户"。政府采购管理部门按单位核算政府采购资金,合同结算后实际支付的货款小于政府采购预算时,属预算内、外专项拨款采购出现节约的,节约资金收回财政另行安排;属自有资金和包干经费采购出现节约的,节约资金由采购人申请,全额退还采购单位。实际支付的货款大于采购预算时,由采购单位将超支资金及时足额划入政府采购资金专户。未及时足额划入资金的,国库不予拨款。非国库集中支付单位,送交财政部门审核后,将采购资金直接支付供应商;政府集中采购资金原则上由财政直接支付供应商,财政部门审核后,将预算内安排的采购资金直接支付供应商如因特殊情况需由采购单位支付的,财政部门应将采购资金拨付采购单位,由采购单位支付供应商。预算外和自筹采购资金由财政部门审核并与预算内采购资金进行衔接后支付。

本章小结

1.政府采购预算是指政府在一个财政年度内为满足公共需要,为各预算单位实施采购货物、工程或服务的计划。它反映预算单位年度政府采购项目及资金计划,是财政部门预算的重要组成部分。政府采购预算具有从属性、完整性、公开性、控制性等特征。政府采购预算在编制过程中应当遵循严肃性、真实性、合理性和完整性原则。编制过程中,应当严格遵循相关程序与方法。

2.政府采购计划是指采购实体为了满足自身的特定业务的需要,根据政府采购预算,按照政府采购目录或类别汇编的反映各采购单位需求情况及其实施要求的计划。政府采购计划是政府采购预算的具体实施方案,也是年度政府采购执行和考核的依据。政府采购计划反映政府活动的范围和政策取向、体现政府采购目标,以政府采购预算为基础,具有全面性、约束性的特征。在编制采购计划时,应当遵循预算原则、维护国家利益原则和规模效益性原则,严格按照采购品目分类编制。

3.政府采购活动离不开供应商的参与,在政府采购活动中,采购人及其采购代理机构对供应商进行资格审查是必不可少的环节。资格审查是指由政府采购管理部门对参加政府采购的潜在供应商进行技术、资金、信誉、管理等多方面的评估审查。资格审查可以在采购发生之前进行,称资格预审;也可以在发出采购通告以后进行,称资格后审。应充分重视供应商资格审查工作。

4.政府采购合同,是指采购人或由其委托的采购代理机构与供应商之间设立、变更、终止政府采购权利义务关系的协议,是政府采购履约和验收的依据。政府采购当事人必须按照采购合同的约定,全面履行合同。

5.政府采购项目验收是指在政府采购合同执行过程中或执行完毕,采购人对政府采购合同执行的阶段性结果或最终结果进行检验和评估。政府采购项目的验收是政府采购程序中的重要环节,是检验政府采购合同履约结果,保证采购质量的关键。

关键概念

政府采购程序　政府采购预算编制　政府采购计划确定　政府采购信息管理　市场准入与审查　政府采购履行

本章案例或专栏资料分析题

1.阅读资料链接5-1,分析政府采购应当遵循哪些原则,需要就哪些问题进行论证,对于论证结果和存在的问题如何处理?

2.阅读资料链接5-2,分析我国政府采购管理过程中存在的问题,思考应当从哪些方面进一步加强政府采购的管理工作。

3.阅读资料链接 5-3,何为竞争性政府采购,推行竞争性政府采购的意义是什么? 如何实现政府采购的充分竞争?

4.阅读案例分析 5-1,对于供应商的规定违反了哪些方面的规定? 在政府采购过程中,如何实现对于供应商合法权益的有效保护?

5.阅读资料链接 5-4,政府采购合同在订立和履行的过程中,涉及哪些方面的法律关系?在这些法律关系中,政府和供应商扮演了什么角色,各自拥有何种法定权利和义务?

6.阅读案例分析 5-2,政府采购合同在履行过程中出现的违约问题,应当依照哪些法律进行责任划分? 政府采购部门能否将采购合同转让给第三方履行?

7.阅读资料链接 5-5,分析政府采购验收环节容易出现哪些问题? 如何避免和解决出现的问题?

第六章　政府采购规范管理

学习目标：本章着重介绍政府采购信息管理、评审专家管理、采购代理机构管理、供应商管理和政府采购档案管理，本章内容涉及政府采购制度建设的几个重要方面，对规范政府采购市场秩序、不断提高政府采购活动效率和质量，充分地发挥保障作用。通过本章的学习，重点掌握政府采购信息管理、评审专家管理、采购代理机构管理、供应商管理等方面的基本规定。熟悉政府采购信息公开的原则、评审专家的权利与义务、对采购代理机构监督考核的内容、对供应商资格审查的规定和政府采购档案的内容及其收集、整理与保管的要求。

第一节　政府采购信息管理

一、政府采购信息的概念及分类

（一）政府采购信息的概念

政府采购信息，是指规范政府采购活动的法律、法规、规章和其他规范性文件，以及反映政府采购活动状况的数据和资料的总称。政府采购法律制度如投诉处理决定、司法裁决决定等监管规范文件以及政府采购活动有关信息如供应商资格预审公告、招标公告、中标公告及有关统计资料等均可纳入政府采购信息范围。

（二）政府采购信息分类

政府采购信息根据信息来源不同，可分为制度类信息和采购活动类信息，制度类信息是政府采购的"游戏规则"，决定着政府采购各方当事人的总体行为规范，这类信息主要由政府采购监管部门制定和发布，这类信息主要包括法律、办法、规定、处理投诉决定等。制度类信息为政府采购活动提供了原则性规范和操作性流程，是政府采购活动的基石。采购活动信息是与采购业务密切相关的信息，如招标信息、中标信息、谈判信息等。

信息还有很多其他分类，但根据信息来源分为制度类信息和采购业务信息最为常用。

二、政府采购信息公开的必要性

政府采购信息公开是指政府采购的相关信息通过报刊、网络等有关媒体进行公布，以告知参与政府采购供应商和其他社会公众。政府采购信息公开是政府采购规范管理的基础工作，对加强政府采购组织管理具有重要的意义。

（一）政府采购信息公开可促进最大限度的竞争

政府采购信息公开，可以使潜在供应商和相关当事人及时掌握商业机会，尽可能全面了解采购活动的动态,促使供应商之间竞争,达到降低成本、提高采购质量的目的。政府采购信息公开,能够打破信息孤岛,促进信息透明程度提高,有利于减少内幕交易,便于社会监督。

(二)政府采购信息公开是公平竞争的前提

政府采购公平原则就是政府采购要公平地对待每一位供应商,不能歧视某些潜在的符合条件的供应商参与政府采购活动。政府采购信息在政府采购监管部门指定的媒体上全面及时地公布,可最大限度地消除信息不对称,将政府采购形成的商业机会公平地展现给每一位供应商,创造公平竞争的环境,维护政府采购的公平性。

(三)政府采购信息公开是采购法规的法定要求

《政府采购法》第十一条:"政府采购信息应当在政府采购监管部门指定的媒体上及时向社会公开发布。"财政部《政府采购信息公告办法》对政府采购信息公开提出要求,对应当公告信息而未公告、公告内容不全、公告内容不实的情形提出了相应处罚规定。

(四)政府采购信息公开是国际惯例

实行政府采购制度的国家和地区都通过官方指定媒体公告政府采购信息。这些国家和地区公开政府采购信息包括政府采购预算、采购预告、选择招标以外采购方式的原因、中标和成交金额等。WTO《政府采购协议》规定,各成员国必须统一将本国政府采购的信息发布于媒体,并告之 WTO 秘书处及其他各个成员国。

三、政府采购信息公开原则

(一)真实及时原则

公告政府采购信息必须做到内容真实,准确可靠。不得有虚假和误导性陈述,不得以不合理条件限制或排斥潜在供应商。政府采购信息发布要及时。财政部门指定的政府采购信息发布媒体中的网络媒体,应当在收到公告信息之日起 1 个工作日内上网发布;指定的报纸,应当在收到公告信息之日起 3 个工作日内发布;指定的杂志,应当及时刊登有关公告信息。

(二)强制性原则

强制性体现在两个方面:

一是政府采购信息公开的内容是强制的,即哪些信息必须发布,不发布就违规。除涉及国家秘密、供应商的商业秘密,以及法律、行政法规规定应予保密的政府采购信息以外,下列政府采购信息必须公告:有关政府采购的法律、法规、规章和其他规范性文件;省级以上人民政府公布的集中采购目录、政府采购限额标准和公开招标数额标准;政府采购招标业务代理机构名录;招标投标信息,包括公开招标公告、邀请招标资格预审公告、中标公告、成交结果及其更正事项等;财政部门受理政府采购投诉的联系方式及投诉处理决定;财政部门对集中采购机构的考核结果;采购代理机构、供应商不良行为记录名单。

二是对于招标等信息披露事项作了强制性具体规定,如公开招标必须公布采购人、采购代理机构的名称、地址和联系方式;招标项目的名称、用途、数量、简要技术要求或者招标项目的性质;供应商资格要求;获取招标文件的时间、地点、方式及招标文件售价;投标截止时间、开标时间及地点;采购项目联系人姓名和电话。

四、政府采购信息公告程序

按财政部《政府采购信息公告办法》,要求监管信息由政府采购监管部门发布,采购业务信息由采购人或采购代理机构发布。在省级政府采购网上公告政府采购业务信息的程序如图6-1。

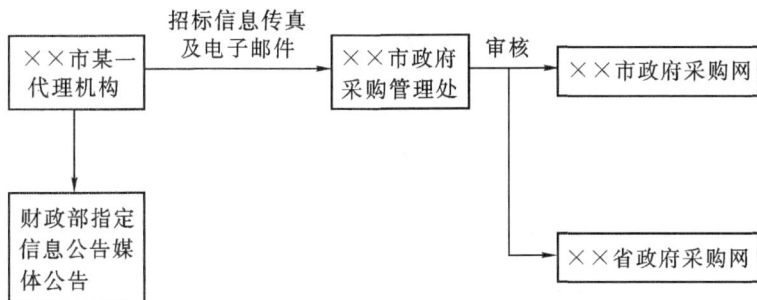

图6-1　政府采购信息公告程序

采购代理机构需要在省级政府采购网上公告采购业务方面信息的,以传真及电子邮件提交给省级政府采购网,省级政府采购网在收到公告信息后一般在1个工作日内上网发布。

省级以下采购代理机构需要省级政府采购网上公告采购业务方面信息的,以传真(已加盖单位公章)及电子邮件提交与当地财政部门政府采购管理部门审核后在本级和省级政府采购网发布。

五、如何快速高效地发布政府采购信息

(一)信息本身要满足法定时限的要求

按政府采购有关规定,公开招标文件发售时间至投标人提交投标书截止时间需要满足20天的法定要求。代理机构向政府采购信息媒体提交的信息一定要满足这个时间要求,没有满足法定时间的信息很可能会被媒体退回,延缓发布信息,即使侥幸发布了,这样的信息蕴藏着巨大风险,随时都有可能遭到投诉。

(二)提供信息要真实合法

采购机构拟发布信息内容应当符合《政府采购法》及其他相关法规的规定,如不得指定品牌,不得对潜在供应商有歧视的条件,内容应当客观真实。信息媒体虽然作形式上的必要的审核,帮助信息提供者把关,但信息媒体没有能够发现信息违反政府采购有关规定,刊登了内容不真实合法的信息,其后果仍然由信息提供者承担。

(三)信息要完整

信息完整包括采购人、采购代理机构的名称、地址和联系方式;招标项目的名称、用途、数量、简要技术要求或者招标项目的性质;供应商资格要求;获取招标文件的时间、地点、方式及招标文件售价;投标截止时间、开标时间及地点;采购项目联系人姓名和电话等。实际工作中,信息发布媒体会提供相应固定格式,信息提供者只需要按规定格式逐字全部填列即可。

(四)信息要规范,手续要完备

书写要规范,符合惯例,不应存在引起歧义的地方,有关手续要完备,如经办人签字、发布单位签章等内容是否齐全。

(五)发布信息渠道的相对一致性

1.纵向一致性

由于同一个项目可能要发招标公告、更正公告、中标公告等多种信息,因此同一项目在发

布信息时要注意前后的一致性,以便公众对项目有较系统的了解。要避免同一个项目前后不一致。

2. 横向一致性

在各政府采购信息发布媒体上分别公告同一信息的,内容必须保持相同,特别是一些更正公告,要注意在原发布媒体上发布。

3. 各种形式通知渠道一致性

除了在媒体上公告外,有关信息需要书面通知信息接收对象,这一点也务请信息提供者注意,例如,更正公告除了在媒体上公开发布外,还须以书面形式通知所有招标文件的收受人。

(六)注意信息提交时间的及时性

信息提交要考虑到自然传播的时间要求。应当预留媒体的运作时间和信息的自然传播时间,保证信息向社会公开的及时有效性。信息提交不能违反法规规定的时间。如果发更正公告,要满足距投标人提交投标书截止时间15日前进行发布;如果延长投标截止时间和开标时间,要满足距投标人提交投标书截止时间3日前的要求。如中标公告发布日期,按政府采购有关规定,中标公告,评标结束后5个工作日内评标报告送采购人,采购人在收到评标报告后5个工作日内确定中标供应商。由此推算应该在评标结束后10个工作日内网上发布中标公告。在政府采购实践中,有的采购代理机构考虑到质疑的时间,一般在法定质疑期7个工作日后发布公告。

[**案例分析 6 - 1**]

招标信息发布是否合规

要点提示:

招标工作需要细致规范。

【案情概述】

某大型工程项目由政府投资建设,业主委托某招标代理公司代理施工招标。招标代理公司确定该项目采用公开招标方式招标,招标公告在当地政府规定的招标信息网上发布。招标文件中规定:投标担保可采用投标保证金或投标保函方式担保。评标方法采用经评审的最低投标价法。投标有效期为60天。业主对招标代理公司提出以下要求:为了避免潜在的投标人过多,项目招标公告只在本市日报上发布,且采用邀请招标方式招标。

项目施工招标信息发布以后,共有12家潜在的投标人报名参加投标。业主认为报名参加投标的人数太多,为减少评标工作量,要求招标代理公司仅对报名的潜在投标人的资质条件、业绩进行资格审查。经过标书评审,A投标人被确定为中标候选人,A投标人的投标报价为8000万元。发出中标通知书后,招标人和A投标人进行合同谈判,希望A投标人能再压缩工期、降低费用。经谈判后双方达成一致:不压缩工期,降价3%。

【问题分析】

1. 业主对招标代理公司提出的要求是否正确?说明理由。

2. 该项目施工合同应该如何签订?合同价格应是多少?

第二节　政府采购评审专家管理

为加强对政府采购评审专家的管理,规范政府采购评审行为,必须加强对采购评审专家的管理。目前地方省级政府财政部门根据《中华人民共和国政府采购法》和《政府采购评审专家管理办法》等法律法规,制定了《政府采购评审专家管理实施办法》,其主要内容如下。

一、评审专家应当具备的条件

评审专家应当具备以下条件:

(1)具有较高的业务素质和良好的职业道德,在政府采购的评审过程中能以客观公正、廉洁自律、遵纪守法为行为准则;

(2)从事相关领域工作满 8 年,具有本科(含本科)以上文化程度,高级专业技术职称或者具有同等专业水平,精通专业业务,熟悉产品情况,在其专业领域享有一定声誉;

(3)熟悉政府采购、招标投标的相关政策法规和业务理论知识,会基本的电脑操作,能胜任政府采购评审工作;

(4)本人愿意以独立身份参加政府采购评审工作,并接受财政部门的监督管理;

(5)没有违纪违法等不良记录;

(6)身体健康,能正常参加政府采购评审活动;

(7)财政部门规定的其他条件。

二、评审专家应提供的材料

在职和离退休人员,均可向当地财政部门自荐,也可由所在单位、采购人、采购代理机构或本行业专家推荐。自荐或推荐时应填写《政府采购评审专家申请登记表》,并交验以下材料:

(1)文化及专业资格证书(原件及复印件);

(2)个人研究或工作成就简况(包括学术论文、科研成果、发明创造等);

(3)证明本人身份的有效证件;

(4)财政部门要求的其他材料。

三、评审专家聘任办法

评审专家采取随时申报、定期聘任的办法。省级财政部门根据自荐和推荐情况,定期审核聘任。对经审核符合条件的专家,经过初任培训合格后,即获得政府采购评审专家资格,颁发《政府采购评审专家聘书》,纳入专家库统一管理。省级财政部门应当对所聘的评审专家每两年检验复审一次,符合条件的可以继续聘用,并办理相关手续。

四、对评审专家的检验复审

对评审专家的检验复审应以平时的考评记录为主,包括本人的职业道德、专业水平、评审能力以及有无违法违纪行为等。

经调查核实有下列情形之一者,按检验复审不合格处理:

(1)本人专业水平和执业能力不能继续满足政府采购评审工作要求的;

(2)在项目评审中显失公正的;

(3)在项目评审中未按规定回避的;

(4)一年内参加政府采购评审累计 3 次迟到或早退,或累计 2 次答应参加而无故缺席的,或一年内累计不参加次数占总抽到通知次数(大于 5 次)50%以上,或总抽到通知次数不大于

5次但累计不参加次数3次及以上的;

(5)因身体状况及其他情况不再适宜从事评审工作的;

(6)未按有关规定参加培训的;

(7)不按规定参加检验复审的。

对在政府采购评审工作中有违规行为、不再胜任评审工作、检验复审不合格的,或者本人提出不再担任评审专家申请的,财政部门可随时办理有关解聘手续。

[案例分析6-2]

评审专家确定与招标文件约定

要点提示:招标工作需要细致规范。

【案情概述】

某监理工程在招标阶段发生如下事件:

事件1:招标代理机构提出,评标委员会由7人组成,包括建设单位纪委书记、工会主席,当地招标投标管理办公室主任,以及从评标专家库中随机抽取的4位技术、经济专家。

事件2:建设单位要求招标代理机构在招标文件中明确下列内容:①投标人应在购买招标文件时提交投标保证金;②中标人的投标保证金不予退还;③中标人还需提交履约保函,保证金额为合同总额的20%。

【问题分析】

1.事件1中评标委员会人员组成有无错误? 说明理由。

2.事件2中建设单位的要求有无不妥之处? 说明理由。

五、评审专家在政府采购活动中享有的权利

评审专家在政府采购活动中享有的权利主要有:

(1)对政府采购制度及相关情况的知情权;

(2)对政府采购项目的独立评审权;

(3)推荐中标或成交候选供应商的表决权;

(4)按规定获得相应的评审劳务报酬;

(5)法律、法规规定的其他权利。

六、评审专家在政府采购活动中应承担的义务

评审专家在政府采购活动中应承担的义务主要有以下几方面。

(1)为政府采购提供真实、可靠的评审意见。

在评审工作中不受任何采购人、采购代理机构、供应商、监管部门或其他机构的干扰,客观、公正地履行职责,遵守职业道德,对所提出的评审意见承担个人责任。禁止出现下列行为:①发表不负责任的言论,影响评审公正性;②征询采购人的倾向性意见;③不按采购文件的标准和方法评审的。

(2)严格遵守政府采购评审工作纪律。

①按时参加政府采购项目的评审工作。遇特殊情况不能按时参加评审时,应及时告知邀请单位,不得私下转托他人参加。

②回避与本人存在利害关系的评审活动。当被聘为某一采购项目评审成员时,如有下列情况情形之一的,应立即主动提出回避或应采购人、采购代理机构的请求进行回避:

a.本人、配偶或直系亲属3年内曾在参加该采购项目的供应商中任职(包括一般工作)或担任顾问;

b.与参加该采购项目的供应商发生过法律纠纷的;

c.曾经参加过该采购项目的采购文件征询工作的;

d.其他可能影响公正评标的情况。

③不得向外界泄露评审情况。

④不得私下接触采购项目供应商,不得收受他人的财物或者其他好处。

(3)发现供应商在政府采购活动中有不正当竞争或恶意串通等违规行为,及时向采购人、采购代理机构或财政部门报告并加以制止。

(4)解答有关方面对政府采购评审工作中有关问题的咨询或质疑,配合财政部门处理供应商的投诉等事宜。

(5)当工作单位、技术职务聘任资格、通讯联络方式等发生变化时,及时告知当地财政部门。

(6)积极参加必要的学习培训。

(7)法律、法规规定的其他义务。

七、对政府采购评审专家违法行为的处理

(一)对不良行为的处理

评审专家的下列行为属于不良行为:

(1)被选定为某项目并且已接受邀请的评审项目专家,未按规定时间参与评审,影响政府采购工作的;

(2)在评审工作中,有明显倾向或歧视现象的;

(3)违反职业道德和国家有关廉洁自律规定,但对评审结果没有实质性影响的;

(4)违反政府采购规定,擅自向外界透露有关评审情况及其他信息的;

(5)不能按规定回答或拒绝回答采购当事人询问的;

(6)评审意见违反政府采购政策规定的。

评审专家有上列情况之一的,将作为不良行为予以通报批评或记录。评审专家在一年内发生两次通报批评或不良记录的,将取消其一年以上的评审资格,累计3次以上者不得再从事评审工作。

(二)重大违法行为的处理

评审专家的下列行为被视为重大违法行为:

(1)故意并且严重损害采购人、供应商等正当权益的;

(2)违反国家有关廉洁自律规定,私下接触或收受参与政府采购活动的供应商及有关业务单位的财物或者好处的;

(3)违反政府采购规定向外界透露有关评审情况及其他信息,给评审结果带来实质影响的;

(4)评审专家之间私下达成一致意见,违背公正、公开原则,影响和干预评审结果的;

（5）以政府采购名义从事有损政府采购形象的其他活动的；

（6）弄虚作假骗取评审专家资格的；

（7）评审意见严重违反政府采购有关政策规定的。

评审专家有上列情况之一的，财政部门取消其政府采购评审专家资格，同时办理解聘手续。

（三）处理部门

对属于行政监察对象的评审专家的个人行为由监察机关监督检查，涉及有关违规违纪行为的，由有关部门按照有关规定给予相关人员相应处分。

（四）评审专家的责任

由于评审专家个人的违规行为给有关单位造成经济损失的，相关评审专家应当承担经济赔偿责任；构成犯罪的，将移送司法机关追究其刑事责任。

[资料链接6-1]

政府采购评审专家管理办法

第一章　总　则

第一条　为加强政府采购评审活动管理，规范政府采购评审专家（以下简称评审专家）评审行为，根据《中华人民共和国政府采购法》（以下简称《政府采购法》）、《中华人民共和国政府采购法实施条例》（以下简称《政府采购法实施条例》）等法律法规及有关规定，制定本办法。

第二条　本办法所称评审专家，是指经省级以上人民政府财政部门选聘，以独立身份参加政府采购评审，纳入评审专家库管理的人员。评审专家选聘、解聘、抽取、使用、监督管理适用本办法。

第三条　评审专家实行统一标准、管用分离、随机抽取的管理原则。

第四条　财政部负责制定全国统一的评审专家专业分类标准和评审专家库建设标准，建设管理国家评审专家库。

省级人民政府财政部门负责建设本地区评审专家库并实行动态管理，与国家评审专家库互联互通、资源共享。

各级人民政府财政部门依法履行对评审专家的监督管理职责。

第二章　评审专家选聘与解聘

第五条　省级以上人民政府财政部门通过公开征集、单位推荐和自我推荐相结合的方式选聘评审专家。

第六条　评审专家应当具备以下条件：

（一）具有良好的职业道德，廉洁自律，遵纪守法，无行贿、受贿、欺诈等不良信用记录；

（二）具有中级专业技术职称或同等专业水平且从事相关领域工作满8年，或者具有高级专业技术职称或同等专业水平；

（三）熟悉政府采购相关政策法规；

（四）承诺以独立身份参加评审工作，依法履行评审专家工作职责并承担相应法律责任的中国公民；

（五）不满70周岁，身体健康，能够承担评审工作；

（六）申请成为评审专家前三年内，无本办法第二十九条规定的不良行为记录。

对评审专家数量较少的专业，前款第（二）项、第（五）项所列条件可以适当放宽。

第七条　符合本办法第六条规定条件,自愿申请成为评审专家的人员(以下简称申请人),应当提供以下申请材料:

(一)个人简历、本人签署的申请书和承诺书;

(二)学历学位证书、专业技术职称证书或者具有同等专业水平的证明材料;

(三)证明本人身份的有效证件;

(四)本人认为需要申请回避的信息;

(五)省级以上人民政府财政部门规定的其他材料。

第八条　申请人应当根据本人专业或专长申报评审专业。

第九条　省级以上人民政府财政部门对申请人提交的申请材料、申报的评审专业和信用信息进行审核,符合条件的选聘为评审专家,纳入评审专家库管理。

第十条　评审专家工作单位、联系方式、专业技术职称、需要回避的信息等发生变化的,应当及时向相关省级以上人民政府财政部门申请变更相关信息。

第十一条　评审专家存在以下情形之一的,省级以上人民政府财政部门应当将其解聘:

(一)不符合本办法第六条规定条件;

(二)本人申请不再担任评审专家;

(三)存在本办法第二十九条规定的不良行为记录;

(四)受到刑事处罚。

第三章　评审专家抽取与使用

第十二条　采购人或者采购代理机构应当从省级以上人民政府财政部门设立的评审专家库中随机抽取评审专家。

评审专家库中相关专家数量不能保证随机抽取需要的,采购人或者采购代理机构可以推荐符合条件的人员,经审核选聘入库后再随机抽取使用。

第十三条　技术复杂、专业性强的采购项目,通过随机方式难以确定合适评审专家的,经主管预算单位同意,采购人可以自行选定相应专业领域的评审专家。

自行选定评审专家的,应当优先选择本单位以外的评审专家。

第十四条　除采用竞争性谈判、竞争性磋商方式采购,以及异地评审的项目外,采购人或者采购代理机构抽取评审专家的开始时间原则上不得早于评审活动开始前2个工作日。

第十五条　采购人或者采购代理机构应当在评审活动开始前宣布评审工作纪律,并将记载评审工作纪律的书面文件作为采购文件一并存档。

第十六条　评审专家与参加采购活动的供应商存在下列利害关系之一的,应当回避:

(一)参加采购活动前三年内,与供应商存在劳动关系,或者担任过供应商的董事、监事,或者是供应商的控股股东或实际控制人;

(二)与供应商的法定代表人或者负责人有夫妻、直系血亲、三代以内旁系血亲或者近姻亲关系;

(三)与供应商有其他可能影响政府采购活动公平、公正进行的关系。

评审专家发现本人与参加采购活动的供应商有利害关系的,应当主动提出回避。采购人或者采购代理机构发现评审专家与参加采购活动的供应商有利害关系的,应当要求其回避。

除本办法第十三条规定的情形外,评审专家对本单位的政府采购项目只能作为采购人代表参与评审活动。

各级财政部门政府采购监督管理工作人员,不得作为评审专家参与政府采购项目的评审活动。

第十七条　出现评审专家缺席、回避等情形导致评审现场专家数量不符合规定的,采购人或者采购代理机构应当及时补抽评审专家,或者经采购人主管预算单位同意自行选定补足评审专家。无法及时补足评审专家的,采购人或者采购代理机构应当立即停止评审工作,妥善保存采购文件,依法重新组建评标委员会、谈判小组、询价小组、磋商小组进行评审。

第十八条　评审专家应当严格遵守评审工作纪律,按照客观、公正、审慎的原则,根据采购文件规定的评审程序、评审方法和评审标准进行独立评审。

评审专家发现采购文件内容违反国家有关强制性规定或者采购文件存在歧义、重大缺陷导致评审工作无法进行时,应当停止评审并向采购人或者采购代理机构书面说明情况。

评审专家应当配合答复供应商的询问、质疑和投诉等事项,不得泄露评审文件、评审情况和在评审过程中获悉的商业秘密。

评审专家发现供应商具有行贿、提供虚假材料或者串通等违法行为的,应当及时向财政部门报告。

评审专家在评审过程中受到非法干预的,应当及时向财政、监察等部门举报。

第十九条　评审专家应当在评审报告上签字,对自己的评审意见承担法律责任。对需要共同认定的事项存在争议的,按照少数服从多数的原则做出结论。对评审报告有异议的,应当在评审报告上签署不同意见并说明理由,否则视为同意评审报告。

第二十条　评审专家名单在评审结果公告前应当保密。评审活动完成后,采购人或者采购代理机构应当随中标、成交结果一并公告评审专家名单,并对自行选定的评审专家做出标注。

各级财政部门、采购人和采购代理机构有关工作人员不得泄露评审专家的个人情况。

第二十一条　采购人或者采购代理机构应当于评审活动结束后5个工作日内,在政府采购信用评价系统中记录评审专家的职责履行情况。

评审专家可以在政府采购信用评价系统中查询本人职责履行情况记录,并就有关情况做出说明。

省级以上人民政府财政部门可根据评审专家履职情况等因素设置阶梯抽取概率。

第二十二条　评审专家应当于评审活动结束后5个工作日内,在政府采购信用评价系统中记录采购人或者采购代理机构的职责履行情况。

第二十三条　集中采购目录内的项目,由集中采购机构支付评审专家劳务报酬;集中采购目录外的项目,由采购人支付评审专家劳务报酬。

第二十四条　省级人民政府财政部门应当根据实际情况,制定本地区评审专家劳务报酬标准。中央预算单位参照本单位所在地或评审活动所在地标准支付评审专家劳务报酬。

第二十五条　评审专家参加异地评审的,其往返的城市间交通费、住宿费等实际发生的费用,可参照采购人执行的差旅费管理办法相应标准向采购人或集中采购机构凭据报销。

第二十六条　评审专家未完成评审工作擅自离开评审现场,或者在评审活动中有违法违规行为的,不得获取劳务报酬和报销异地评审差旅费。评审专家以外的其他人员不得获取评审劳务报酬。

第四章　评审专家监督管理

第二十七条　评审专家未按照采购文件规定的评审程序、评审方法和评审标准进行独立评审或者泄露评审文件、评审情况的，由财政部门给予警告，并处 2000 元以上 2 万元以下的罚款；影响中标、成交结果的，处 2 万元以上 5 万元以下的罚款，禁止其参加政府采购评审活动。

评审专家与供应商存在利害关系未回避的，处 2 万元以上 5 万元以下的罚款，禁止其参加政府采购评审活动。

评审专家收受采购人、采购代理机构、供应商贿赂或者获取其他不正当利益，构成犯罪的，依法追究刑事责任；尚不构成犯罪的，处 2 万元以上 5 万元以下的罚款，禁止其参加政府采购评审活动。

评审专家有上述违法行为的，其评审意见无效；有违法所得的，没收违法所得；给他人造成损失的，依法承担民事责任。

第二十八条　采购人、采购代理机构发现评审专家有违法违规行为的，应当及时向采购人本级财政部门报告。

第二十九条　申请人或评审专家有下列情形的，列入不良行为记录：

（一）未按照采购文件规定的评审程序、评审方法和评审标准进行独立评审；

（二）泄露评审文件、评审情况；

（三）与供应商存在利害关系未回避；

（四）收受采购人、采购代理机构、供应商贿赂或者获取其他不正当利益；

（五）提供虚假申请材料；

（六）拒不履行配合答复供应商询问、质疑、投诉等法定义务；

（七）以评审专家身份从事有损政府采购公信力的活动。

第三十条　采购人或者采购代理机构未按照本办法规定抽取和使用评审专家的，依照《政府采购法》及有关法律法规追究法律责任。

第三十一条　财政部门工作人员在评审专家管理工作中存在滥用职权、玩忽职守、徇私舞弊等违法违纪行为的，依照《政府采购法》《公务员法》《行政监察法》《政府采购法实施条例》等国家有关规定追究相应责任；涉嫌犯罪的，移送司法机关处理。

第五章　附　则

第三十二条　参加评审活动的采购人代表、采购人依法自行选定的评审专家管理参照本办法执行。

第三十三条　国家对评审专家抽取、选定另有规定的，从其规定。

第三十四条　各省级人民政府财政部门，可以根据本办法规定，制定具体实施办法。

第三十五条　本办法由财政部负责解释。

第三十六条　本办法自 2017 年 1 月 1 日起施行。财政部、监察部 2003 年 11 月 17 日发布的《政府采购评审专家管理办法》（财库〔2003〕119 号）同时废止。

第三节　政府采购代理机构管理

对政府采购代理机构规范管理主要包括采购机构代理资格的认定管理及对采购代理机构的监督检查两方面的内容。

一、政府采购机构代理资格的认定管理

政府采购代理机构分为集中采购机构和社会采购代理机构两种，集中采购代理机构是政府专门为政府和公共事业部门集中采购设立的机构，其成立就是为了办理集中采购事项，因此，其天然具有政府采购代理的资格。所以，我们在此所讲的政府采购代理资格的认定是指社会采购代理机构的认定。

（一）政府采购代理机构资格的分类

政府采购代理机构资格分为甲级资格和乙级资格。甲级资格的认定工作依法由财政部负责，乙级资格的认定工作由省级人民政府财政部门负责。

取得乙级资格的政府采购代理机构只能代理单项政府采购项目预算金额在一千万元人民币以下的政府采购项目，取得甲级资格的政府采购代理机构代理的政府采购项目不受预算金额限制。

取得政府采购代理机构甲级和乙级资格应当具备《政府采购法》和省级以上人民政府财政部门规定的相应条件。

（二）政府采购代理机构资格证书

1.资格证书概述

政府采购代理机构应当取得财政部或者省级人民政府财政部门认定颁发的《政府采购代理机构资格证书》（以下简称《资格证书》）。

《资格证书》应当载明政府采购代理机构名称、代理业务范围、资格等级及有效期限起止日期等事项，并加盖颁发证书的财政部门印章。

《资格证书》分为正本和副本，有效期为3年，持有人不得出借、出租、转让或者涂改。

2.资格证书认定的管理

政府采购代理机构实行自愿登记管理。自2014年8月31日起，财政部和省级财政部门不再接收政府采购代理机构资格认定申请。为满足代理机构信息发布、专家抽取等业务工作需要，方便采购人选择代理机构和政府采购监管部门加强业务监管，自2015年1月1日起，凡有意从事政府采购业务的代理机构可以在中国政府采购网（www.ccgp.gov.cn）或其工商登记注册所在地省级分网站进行网上登记。网上登记遵循"自愿、免费、一地登记、全国通用"的原则，登记信息包括机构名称、法人代表、注册地址、联系方式、专职人员情况等内容，由采购代理机构自行填写并扫描上传营业执照、组织结构代码证、税务登记证副本、社会保险登记证书、中级以上专业技术职务证书等相关证明材料。登记后有关信息发生变化的，由代理机构自行维护和更新。代理机构应保持登记信息真实有效。所有登记信息将通过系统向社会公开，接受社会监督。

财政部门不再对网上登记的信息进行事前审核。对于完成网上登记的代理机构，系统将自动将其名称纳入中国政府采购网"政府采购代理机构"专栏"政府采购代理机构名单"，并授予相关业务操作权限。

对于完成纸质登记的代理机构，省级以上人民政府财政部门应当现场为其开通相关业务网络操作权限。

[案例分析 6－3]

采购代理机构的职责

要点提示:采购代理机构的行为需要细致规范。

【案情概述】

某市政府投资的一建设工程项目,项目法人单位委托某招标代理机构采用公开招标方式代理项目施工招标,并委托具有相应资质的工程造价咨询企业编制了招标控制价。招标过程中发生以下事件:

事件1:招标信息在招标信息网上发布后,招标人考虑到该项目建设工期紧,为缩短招标时间,而改用邀请招标方式,并要求在当地承包商中选择中标人。

事件2:资格预审时,招标代理机构审查了各个潜在投标人的专业、技术资格和技术能力。

事件3:招标代理机构设定招标文件出售的起止时间为3个工作日;要求投标人提交的投标保证金为120万元。

事件4:开标后,招标代理机构组建评标委员会,由技术专家2人、经济专家3人、招标人代表1人,该项目主管部门主要负责人1人组成。

事件5:招标人向中标人发出中标通知书后,向其提出降价要求,双方经过多次谈判,签订了书面合同,合同价比中标价降低2%。招标人在与中标人签订合同3周后,退还了未中标的其他投标人的投标保证金。

【问题分析】

1.事件1中招标人行为有无不妥之处?并说明理由。

2.事件2中招标代理机构在资格预审时还应审查哪些内容?

3.事件3、事件4中招标代理机构行为有无不妥之处?并说明理由。

4.事件5中招标人行为有无不妥之处?并说明理由。

二、对政府采购机构的监督、考核

(一)对集中采购机构的监督检查

《政府采购法》第五十九条对集中采购机构的考核、监督检查做出了规定,政府采购监督管理部门应当加强对政府采购活动及集中采购机构的监督检查。监督检查的主要内容是:有关政府采购的法律、行政法规和规章的执行情况,采购范围、采购方式和采购程序的执行情况,政府采购人员的职业素质和专业技能。

1.考核要求

(1)对集中采购机构进行考核时,财政部门应当组织考核小组。考核小组可以邀请纪检监察、审计部门人员参加,必要时邀请采购人和供应商参加。

(2)财政部门应当制定考核计划和考核方案,能采取量化考核的,要制定考核标准和打分方法,并在考核工作开始前15天以文件形式通知集中采购机构。

(3)对集中采购机构考核时,财政部门可向采购人、供应商征求对集中采购机构的意见,并作为考核参考依据。

(4)集中采购机构接到财政部门考核通知后,在1周内按考核要求进行自我检查,并形成自查报告,同时做好有关考核所需文件、数据及资料的整理工作,以备向考核小组提供。

(5)在考核工作中,集中采购机构对考核小组的考核意见有分歧时,应当进行协商;协商有困难的,应以书面形式将意见报财政部门,财政部门应当按规定予以答复或处理。

(6)财政部门根据考核中发现的问题向集中采购机构提出改进建议,集中采购机构应当按照财政部门的建议进行整改。

2.考核的内容

(1)集中采购机构执行政府采购的法律、行政法规和规章情况,有无违纪违法行为。

(2)采购范围、采购方式和采购程序的执行情况,包括:集中采购目录或计划任务的完成情况,是否按规定的采购方式执行,采购程序是否合理合法,接受采购人委托完成其他采购情况等。

(3)集中采购机构建立和健全内部管理监督制度情况,包括:是否建立岗位工作纪律要求,工作岗位设置是否合理,管理操作环节是否权责明确,是否建立内部监督制约体系。

(4)集中采购机构从业人员的职业素质和专业技能情况,包括:是否遵守有关法律、规章制度,是否开展内部培训和参加财政部门组织的培训等。

(5)基础工作情况,包括日常基础工作和业务基础工作。日常基础工作有:政府采购文件档案管理制度是否规范有序,归档资料是否齐全、及时。业务基础工作有:招标公告和中标公告发布率、招标文件、招标结果和合同备案率、擅自改变采购方式率和质疑答复满意率,有关收费和资金管理情况,有关报表数据是否及时等。

(6)采购价格、资金节约率情况,包括实际采购价格是否低于采购预算和市场同期平均价格等。

(7)集中采购机构的服务质量情况,包括:是否及时向采购人提供服务,是否在规定的时间内及时组织采购人和中标(成交)供应商签订采购合同,是否及时会同采购人对采购项目进行验收,采购人对集中采购机构服务态度和质量的满意度,是否公平公正对待参加采购活动的供应商等。

(8)集中采购机构及其从业人员的廉洁自律情况,包括:是否制定廉洁自律规定,是否有接受采购人或供应商宴请、旅游、娱乐的行为,是否有接受礼品、回扣、有价证券的,是否在采购人或供应商处报销应该由个人负担的费用以及其他不廉洁行为等。

3.考核的方法

(1)定性与定量相结合的考核方式。对集中采购机构采购次数、金额和信息发布等进行定量考核,对采购质量、采购效率和服务水平进行综合考评。

(2)自我检查与财政检查相结合的考核方式。财政部门要结合集中采购机构上报的自我检查报告进行考核。

(3)定期与随机检查相结合的考核方式。除正常考核外,财政部门还可以根据实际情况,采取随机方式进行考核。

(4)专项检查与全面检查相结合的考核方式。可对一个采购项目或事务进行专项考核,也可对一段时期采购情况开展综合考核。

4.考核结果及责任

(1)考核小组要在考核工作结束5个工作日内形成书面考核意见,书面考核意见应当由考核小组集体研究决定,重大事项和情况可向财政部门请示或报告。

(2)财政部门要综合考核小组意见和采购人、供应商的意见后做出正式考核报告。考核报告要报送同级人民政府,同时抄送集中采购机构。

（3）对经考核工作业绩优良的集中采购机构要给予通报表彰。

（4）集中采购机构在考核中，虚报业绩、隐瞒真实情况的，或者无正当理由拒绝按照财政部门考核意见及时改进工作的，由财政部门或者同级人民政府给予警告或通报批评，情节严重的，可责令停止1个月至3个月的代理采购业务（此期间业务由采购人委托其他采购代理机构办理），并进行整顿。其中涉及集中采购领导或工作人员的，监察机关对直接责任人员可根据情节给予行政处分。

（5）集中采购发生下列情形，应当责令其限期改正，给予警告，对直接负责的主管人员和其他直接责任人，由其行政主管部门或检察机关给予行政处分。

①应当采取规定方式而擅自采取其他方式采购的；

②擅自提高采购标准的；

③以不合理条件对供应商实行差别待遇或歧视待遇的；

④在招标过程中违规与投标人进行协商谈判的；

⑤拒绝有关部门依法实施监督检查的。

（6）集中采购机构发生下列情形的，应当给予警告，情节严重的，可责令停止1个月至3个月的代理业务，进行内部整顿。

①未按规定在财政部门指定媒体上发布政府采购信息；

②按规定应当在财政部门指定媒体发布招标公告和中标公告而发布率不足95%的；

③按规定应当在财政部门备案的招标文件、招标结果和合同，其备案率不足90%的；

④未经财政部门批准擅自改变采购方式的；

⑤质疑答复满意率、服务态度和质量满意度较低的；

⑥违反《集中采购机构监督考核管理办法》规定的其他考核内容的。

（7）集中采购机构工作人员有下列情形的，将追究有关责任人的责任，并且视情节给予短期离岗学习、调离（辞退）、处分等处罚，构成犯罪的，依法追究刑事责任。

①与政府采购供应商恶意串通的；

②在采购过程中，接受贿赂或获取其他不正当利益的；

③违反政府采购及招标投标法律、法规、规章制度有关规定的；

④在有关部门依法实施的监督检查中提供虚假情况的；

⑤由于个人工作失误，给采购人、供应商造成重大经济损失或不良影响的。

（8）财政部门或考核小组在考核工作中违反《集中采购机构监督考核管理办法》规定，弄虚作假、徇私舞弊或滥用职权的，要给予通报批评；情节严重的，由其上级部门或监察机关依法给予行政处分；构成犯罪的，依法追究刑事责任。

（二）对政府采购代理机构的检查

1.对政府采购社会代理机构的检查内容

（1）是否提供虚假材料骗取代理资格；

（2）是否超出权限进行采购业务；

（3）是否与供应商违规串通；

（4）有关部门检查中是否提供了虚假情况；

（5）收取代理费用是否合理合法；

（6）政府采购法律、法规禁止的其他行为。

2.检查的要求、方法、结果及责任

对检查出的问题要进行严肃处理,责令改正、给予警告,并按有关规定罚款。给采购人、供应商造成损失的,应当承担赔偿责任。

[资料链接6-2]

政府采购代理机构资格认定办法

第一章　总　则

第一条　为了规范政府采购代理机构资格认定工作,加强政府采购代理机构资格管理,根据政府采购法和国务院有关规定,制定本办法。

第二条　政府采购代理机构资格的认定适用本办法。

本办法所称政府采购代理机构,是指经财政部门认定资格的,依法接受采购人委托,从事政府采购货物、工程和服务的招标、竞争性谈判、询价等采购代理业务,以及政府采购咨询、培训等相关专业服务(以下统称代理政府采购事宜)的社会中介机构。

采购代理机构中由政府设立的集中采购机构,不实行政府采购代理机构资格认定制度。

第三条　政府采购代理机构资格认定,应当遵循公开、公平、公正原则、便民原则和效率原则。

第四条　政府采购代理机构资格认定由省、自治区、直辖市以上人民政府财政部门(以下简称省级以上人民政府财政部门)依据本办法规定的权限和程序实施。

财政部负责全国政府采购代理机构资格认定管理工作。省、自治区、直辖市人民政府财政部门(以下简称省级人民政府财政部门)负责本行政区域内政府采购代理机构资格认定管理工作。

第五条　代理政府采购事宜的机构,必须依法取得财政部或者省级人民政府财政部门认定的政府采购代理机构资格。

第六条　认定政府采购代理机构资格分为审批资格和确认资格两种方式。

审批资格适用于招标代理机构以外的机构申请政府采购代理机构资格,以及招标代理机构申请原招标代理业务范围以外的政府采购项目采购代理的资格。

确认资格适用于招标代理机构申请确认其原招标代理业务范围以内的政府采购项目招标代理的资格。

本办法所称招标代理机构,是指经国务院有关部门或者省级人民政府有关部门依照法律、行政法规规定认定资格的从事工程建设项目等招标代理业务的机构。

第七条　招标代理机构经财政部门确认资格后,可以从事原招标代理业务范围以内的政府采购项目的招标代理事宜;也可以在依照本办法经财政部门审批资格后,从事原招标代理业务范围以外的政府采购项目的采购代理事宜。

招标代理机构以外的机构经财政部门审批资格后,可以从事招标代理机构业务范围以外的政府采购项目的采购代理事宜;也可以在依法取得招标代理机构资格后,从事招标代理机构业务范围以内的政府采购项目的招标代理事宜。

第八条　省级以上人民政府财政部门应当向认定资格的政府采购代理机构颁发《政府采购代理机构资格证书》。

《政府采购代理机构资格证书》应当载明政府采购代理机构名称、代理业务范围、资格有效期限起止日期等事项,并加盖颁发证书的财政部门印章。

《政府采购代理机构资格证书》分为正本和副本,有效期为三年,不得出借、出租、转让或者涂改。

第九条　省级以上人民政府财政部门应当将认定资格的政府采购代理机构名单在财政部指定的政府采购信息发布媒体上予以公告。

第十条　政府采购代理机构可以依法在全国范围内代理政府采购事宜。任何部门、单位和个人不得采取任何方式,阻挠和限制政府采购代理机构依法自由进入本地区或者本行业的政府采购市场。

第十一条　政府采购代理机构代理政府采购事宜,按照国家有关规定收取中介服务费。

第十二条　财政部门在实施政府采购代理机构资格认定和对政府采购代理机构资格进行监督检查工作中,不得收取任何费用。

第二章　资格认定的一般程序

第十三条　申请政府采购代理机构资格的机构(以下统称申请人),应当向省级以上人民政府财政部门提交资格认定申请书。省级以上人民政府财政部门应当向申请人提供资格认定申请书格式文本。

第十四条　申请人提出资格认定申请时,应当按照规定提供材料和反映情况,并对申请材料的真实性负责。省级以上人民政府财政部门不得要求申请人提供与政府采购代理机构资格认定无关的材料。

第十五条　申请人向同一财政部门既申请资格审批又申请资格确认的,可以一并提出申请。

第十六条　省级以上人民政府财政部门对申请人提出的资格认定申请,应当根据下列情况分别作出处理:

(一)申请事项依法不属于本财政部门职权范围的,应当作出不予受理决定,并告知申请人向有关部门申请;

(二)申请材料存在可以当场更正的错误的,应当允许申请人当场更正;

(三)申请材料不齐全或者不符合本办法规定形式的,应当当场或者在五日内一次告知申请人需要补正的全部内容,逾期不告知的,自收到申请材料之日起即为受理;

(四)申请事项属于本财政部门职权范围,申请材料齐全、符合本办法规定形式的,或者申请人已按要求提交全部补正申请材料的,应当受理资格认定申请。

第十七条　省级以上人民政府财政部门受理或者不予受理资格认定申请,应当出具加盖本财政部门专用印章和注明日期的书面凭证。

第十八条　省级以上人民政府财政部门应当对申请人提交的申请材料进行审查,并自受理资格认定申请之日起20日内,根据下列情况分别作出决定,20日内不能作出决定的,经本财政部门负责人批准,可以延长10日,并应当将延长期限的理由告知申请人。

(一)申请人的申请符合本办法规定条件的,应当依法作出审批资格或者确认资格的书面决定,并向申请人颁发《政府采购代理机构资格证书》;

(二)申请人的申请不符合本办法规定条件的,应当依法作出不予审批资格或者确认资格的书面决定,并应当说明理由,告知申请人享有依法申请行政复议或者提起行政诉讼的权利。

第三章　审批资格的条件与程序

第十九条　招标代理机构以外的机构代理政府采购事宜,或者招标代理机构从事原招标代理业务范围以外的政府采购项目的采购代理事宜,应当取得省级以上人民政府财政部门审批的政府采购代理机构资格。

第二十条　审批的政府采购代理机构资格分为甲级资格和乙级资格。取得乙级资格的政府采购代理机构只能代理单项政府采购预算金额 1000 万元以下的政府采购项目。

甲级政府采购代理机构资格由财政部负责审批。乙级政府采购代理机构资格由申请人住所所在地的省级人民政府财政部门负责审批。

第二十一条　乙级政府采购代理机构应当具备下列条件:

(一)具有法人资格,且注册资本为人民币 50 万元以上;

(二)与行政机关没有隶属关系或者其他利益关系;

(三)具有健全的组织机构和内部管理制度;

(四)拥有固定的营业场所和开展政府采购代理业务所需设备、设施等办公条件;

(五)具有良好的商业信誉以及依法缴纳税收和社会保障资金的良好记录;

(六)申请政府采购代理机构资格前三年内,在经营活动中没有重大违法记录;

(七)有参加过规定的政府采购培训,熟悉政府采购法律、法规、规章制度和采购代理业务的法律、经济和技术方面的专业人员,其中:技术方面的专业人员,具有中专以上学历的不得少于职工总数的 50%,具有高级职称的不得少于职工总数的 10%。

第二十二条　甲级政府采购代理机构除应当具备本办法第二十一条第(二)项至第(六)项条件外,还应当具备下列条件:

(一)具有法人资格,且注册资本为人民币 400 万元以上;

(二)有参加过规定的政府采购培训,熟悉政府采购法律、法规、规章制度和采购代理业务的法律、经济和技术方面的专业人员,其中:技术方面的专业人员,具有中专以上学历的不得少于职工总数的 70%,具有高级职称的不得少于职工总数的 20%。

第二十三条　申请人申请甲级政府采购代理机构资格的,应当向财政部提交资格认定申请书;申请乙级政府采购代理机构资格的,应当向其住所所在地的省级人民政府财政部门提交资格认定申请书。

申请人在提交申请书的同时,应当提供下列材料:

(一)企业法人营业执照和税务登记证副本及其复印件;

(二)机构章程,内部机构设置和人员配备情况说明,以及符合规定条件的技术方面专业人员的学历、职称证书复印件;

(三)会计师事务所出具的验资报告或者上年度的财务审计报告;

(四)拥有固定的营业场所和开展政府采购代理业务所需设备、设施等办公条件的相关证明材料;

(五)依法缴纳税收和社会保障资金的证明;

(六)申请政府采购代理机构资格前三年内有无重大违法记录的情况说明;

(七)法律、行政法规规定的其他材料。

受理申请的财政部门的工作人员应当及时将申请人提交的企业法人营业执照和税务登记证复印件与副本进行核对,核对无误后应当及时将副本予以退回。

第二十四条　省级以上人民政府财政部门对申请人提交的申请材料,应当依照本办法第二章规定的程序进行审查。

申请人的申请符合本办法规定的甲级政府采购代理机构条件的,财政部应当批准其甲级政府采购代理机构资格,并颁发甲级《政府采购代理机构资格证书》。申请人的申请符合本办法规定的乙级政府采购代理机构条件的,省级人民政府财政部门应当批准其乙级政府采购代理机构资格,并颁发乙级《政府采购代理机构资格证书》。

第二十五条　省级人民政府财政部门应当自批准乙级政府采购代理机构资格之日起 15 日内,将获得资格的政府采购代理机构名单报财政部备案。

第四章　确认资格的条件与程序

第二十六条　招标代理机构从事原招标代理业务范围以内的政府采购项目的招标代理业务的,应当经省级以上人民政府财政部门确认资格。

第二十七条　已获得甲级招标代理机构资格的招标代理机构,应当向财政部提出确认资格的申请。其他招标代理机构,应当向其住所所在地的省级人民政府财政部门提出确认资格的申请。

第二十八条　招标代理机构提出确认资格申请的,应当提交资格认定申请书,并提供下列材料:

(一)国务院有关部门或者省级人民政府有关部门颁发的招标代理机构资格证书;

(二)企业法人营业执照和税务登记证明;

(三)证明其经营业绩和财务状况良好的材料;

(四)法律、行政法规规定的其他材料。

第二十九条　省级以上人民政府财政部门对招标代理机构提交的申请材料,应当依照本办法第二章规定的程序进行核实,经核实无误的,确认其具有原招标代理业务范围以内的政府采购项目的招标代理资格,并颁发《政府采购代理机构资格证书》。

第三十条　省级人民政府财政部门应当自确认招标代理机构的政府采购代理机构资格之日起 15 日内,将获得资格的政府采购代理机构名单报财政部备案。

第五章　资格延续与变更

第三十一条　政府采购代理机构需要延续依法取得的政府采购代理机构资格有效期的,应当在《政府采购代理机构资格证书》载明的有效期届满 60 日前,向作出资格认定决定的财政部门提出申请。

申请人提出资格延续申请的,应当提交资格延续申请书,并提供下列材料:

(一)近三年代理政府采购事宜的业绩情况;

(二)机构章程或者简介,内部机构设置和人员配备情况说明,以及符合规定条件的技术方面专业人员的学历、职称证书复印件;

(三)经会计师事务所审验的近三年的财务会计报告;

(四)近三年依法缴纳税收和社会保障资金的证明;

(五)近三年接受投诉及行政处理、处罚情况的说明。

第三十二条　作出资格认定决定的财政部门在收到资格延续申请后,经审查认为申请材料齐全,符合法定形式和要求的,应当受理申请,并应当在申请人的政府采购代理机构资格有效期届满前,根据下列情况分别作出决定:

(一)申请人的申请符合本办法规定条件的,应当作出延续政府采购代理机构资格的书面决定,并重新颁发《政府采购代理机构资格证书》;

（二）申请人的申请不符合本办法规定条件的,应当作出不予延续政府采购代理机构资格的书面决定,并说明理由和告知申请人享有依法申请行政复议或者提起行政诉讼的权利。

第三十三条　政府采购代理机构逾期不申请资格延续的,其《政府采购代理机构资格证书》自证书载明的有效期届满后自动失效;需要继续代理政府采购事宜的,应当重新申请政府采购代理机构资格。

第三十四条　政府采购代理机构情况发生变化的,应当按照下列规定到原发证机关办理相关手续,逾期未按规定办理相关手续的,其政府采购代理机构资格自动失效:

（一）《政府采购代理机构资格证书》记载事项依法发生变更的,应当自变更之日起十日内办理变更或者换证手续;

（二）解散、破产或者因其他原因终止政府采购代理业务的,应当自情况发生之日起十日内交回《政府采购代理机构资格证书》,办理注销手续;

（三）分立或者合并的,应当自情况发生之日起十日内交回《政府采购代理机构资格证书》,办理注销手续;分立或者合并后的机构需要代理政府采购事宜的,应当重新申请政府采购代理机构资格。

第六章　监督检查

第三十五条　财政部应当加强对省级人民政府财政部门实施政府采购代理机构资格认定工作情况的监督检查,及时纠正和依法处理资格认定工作中的违法行为。

第三十六条　省级以上人民政府财政部门应当建立健全监督检查制度,加强对政府采购代理机构符合本办法规定资格条件情况,以及依法使用《政府采购代理机构资格证书》情况的监督检查,发现政府采购代理机构有违法行为的,应当依法追究法律责任。

省级以上人民政府财政部门对政府采购代理机构代理政府采购事宜进行监督检查时,应当将监督检查情况和处理结果予以记录,并由监督检查人员签字后归档。

第三十七条　政府采购代理机构在作出资格认定决定的省级人民政府财政部门管辖区域外违法代理政府采购事宜的,违法行为发生地的人民政府财政部门应当依法将政府采购代理机构的违法事实、处理结果抄告作出资格认定决定的省级人民政府财政部门。

第三十八条　个人和组织发现政府采购代理机构违法代理政府采购事宜的,有权向财政部门举报。收到举报的财政部门有权处理的,应当及时核实、处理;无权处理的,应当及时转送有权处理的财政部门处理。

第三十九条　政府采购代理机构应当向委托人提供方便、稳定和价格合理的服务,并履行普遍服务的义务。

第七章　法律责任

第四十条　申请人隐瞒有关情况或者提供虚假材料申请认定、延续政府采购代理机构资格的,省级以上人民政府财政部门应当不予受理或者不予资格认定、延续,并给予警告。

第四十一条　申请人以欺骗、贿赂等不正当手段取得政府采购代理机构资格的,由认定其资格的财政部门予以撤销,并收回《政府采购代理机构资格证书》。

第四十二条　政府采购代理机构有下列情形之一的,责令限期改正,给予警告;情节严重的,取消其政府采购代理机构资格,收回《政府采购代理机构资格证书》:

（一）超出授予资格的业务范围承揽政府采购代理业务的;

（二）向负责监督检查的财政部门隐瞒有关情况、提供虚假材料或者拒绝财政部门监督检查的。

第四十三条　政府采购代理机构出借、出租、转让或者涂改《政府采购代理机构资格证书》的，取消其政府采购代理机构资格，收回《政府采购代理机构资格证书》。

第四十四条　政府采购代理机构对财政部门的行政处理、处罚决定不服的，可以依法申请行政复议或者向人民法院提起行政诉讼。

第八章　附　则

第四十五条　政府采购代理机构资格认定和资格延续申请书的格式文本由财政部负责制定，《政府采购代理机构资格证书》由财政部统一印制。

第四十六条　本办法由财政部负责解释。

第四十七条　本办法自 2006 年 3 月 1 日起施行。

［案例分析 6 - 4］

供应商的质疑

要点提示：采购代理机构的行为需要细致规范。

【案情概述】

某省政府采购中心组织实施教育系统大型网站公开招标，在法定的政府采购信息发布媒体上公告信息，在招标文件实质性响应条款中规定，"投标范围为在××市注册登记的有供货能力的厂商"；"具备独立开发大型网站的成功经验，并提供相关证明"。在该市注册的 4 家供应商报名参与了竞争，A 与 B 组成联合体进行投标，并最终中标。中标结果公示后，有供应商向采购中心提出质疑，认为招标文件规定有歧视性倾向，剥夺了外地供应商平等参与的机会；A、B 联合体涉嫌提供虚假材料谋取中标，不具备独立开发大型网站的成功经验。

供应商还质疑：招标文件规定的实质性响应条款之一是"投标商具备独立开发大型网站的成功经验，并提供相关证明"，但联合体中 B 刚成立不久还没有实施大型工程的成功经验，所以不符合该款要求。

供应商在质疑材料中还反映，中标联合体在投标文件中所列举的成功案例，除其中的一件确实为 A 供应商的作品且属于大型网站外，其余或为其他供应商的成果，或根本算不上大型网站，所以 A、B 联合体涉嫌以虚假材料谋取中标。（来源：中国招标信息网）

【问题分析】

供应商对某省采购中心在这次采购中的各项质疑有无道理？为什么？

第四节　政府采购供应商管理

由于供应商的经营资格、经营实力与财务状况以及信誉与履约能力等，都直接关系到政府采购的质量和效果，因此，对供应商规范管理也是政府采购监管部门的一项重要工作。

一、建立供应商资格审查与管理制度

（一）政府采购供应商资格审查的必要性

供应商资格审查制度是指政府采购机构对投标供应商或潜在供应商参与政府采购的资格进行审查或登记的制度。政府采购管理机构按照特定的程序和指标对供应商的情况进行审查,确定其是否有参与政府采购竞争的资格。一般情况下,为了保障政府采购的顺利进行及采购人的利益不受损害,政府采购管理机构应该有及时、准确地了解供应商各种信息的畅通渠道,包括供应商的合法经营资格、经营能力、财务状况、资信程度等。建立供应商资格审查制度,其客观必要性主要体现在以下几个方面。

1. 资格审查是保质保量完成政府采购任务的重要保障

政府采购项目一般金额大、数量多,且事关采购的合法性,关系到国家利益和社会公众利益,也关系到政府的声誉。作为政府采购工程、货物和服务提供者的供应商,其行为和实际能力,则直接关系到政府采购的结果。我国政府采购供应商的概念十分广泛,按照《政府采购法》的规定,不仅法人和相关组织可以是供应商,连自然人也可以成为政府采购的供应商。对于不同的供应商而言,其资质和提供工程、货物、服务的能力以及信誉度都会有很大的差别。因此,为确保政府采购的质量,政府采购机构有必要对供应商提出资格要求,并对供应商的资格进行审查。也就是说,不符合资格的供应商不能参加政府采购市场的竞争。

2. 资格审查是了解和评估供应商、制订招标计划与招标文件的重要手段

在制订政府采购计划时必须了解市场供应和供应商的情况。对潜在供应商进行资格审查,可以了解到达到采购要求的潜在供应商数量与其所能提供的政府采购货物、工程和服务的大体价格、实力,从而能够更有效地寻找政府采购的目标供应商,并做到知己知彼、百战不殆。

3. 资格审查可以提高招标机构的工作效率,降低成本

在具体的采购操作中,当发出采购信息和标书后,潜在供应商中准备前来参加招标和采购的可能有许多。如果招标机构对这些供应商一一评估,会大大增加招标采购的工作量,同时会增加招标的成本。经过资格要求和审查,可以淘汰部分不可能中标的投标人,使有资格参加本次采购活动的供应商的数目缩小到合理范围之内,从而提高工作效率,降低采购成本。

(二)对供应商资格审查的规定

在对供应商资格审查的具体操作方面,国际政府采购规则及世界各国的政府采购法律、法规也有特别的规定。

1. 联合国的《采购示范法》的有关规定

联合国的《采购示范法》第六条规定了供应商的资格。为参加采购过程,供应商必须在资格上符合采购人认为适合于特定采购过程的下列标准:具有履行采购合同所需的专业技术资格、技术能力、财力资源、设备和其他物质设施、管理能力、可靠性、经验、声誉和人员;具有订立合同的法定权力;并非处于无清偿能力、财产被接管、破产或结业状态,其事务目前并非由法院或司法人员进行管理,其业务活动并未中止,而且也未因上述任何原因而成为法律诉讼的主体;履行了缴纳本国税款和社会保障款项的义务;在采购过程开始之前一定期间内(由颁布国规定一定时限)该企业未被判犯有与假报或虚报资格骗取采购合同有关的任何刑事犯罪,其董事或企业主要成员也未被判犯有与其职业行为有关的或与假报或虚报资格骗取采购合同有关的任何刑事犯罪,也未曾由行政部门勒令停业或被取消资格程序取消资格。在不损害供应商保护其知识产权或商业秘密的权利的前提下,采购人可要求参加采购过程的供应商提供采购人认为有用的适当的书面证据或其他资料,使采购人得以确信该供应商符合上述资格标准。

2. 我国《政府采购法》的规定

从我国的情况来看,在《政府采购法》中,对供应商提出了资格要求,其具体规定见第三章。

（三）政府采购供应商资格审查的方式

根据不同情况，政府采购供应商审查主要有以下两种不同的方式。

1.事前预审

所谓事前预审，是指在采购人或采购机构在采购之前，就对潜在供应商发出政府采购供应商预审公告，在公告中明确提出对供应商的要求，希望符合标准的供应商按照政府采购机构的要求，向政府采购机构提出供应商资格审查要求。政府采购机构在进行审查以后，如果供应商符合要求，就列入合格供应商名单，在正式的政府采购过程中，只对审查合格的供应商发出采购邀请函，而没有参加供应商资格预审和预审不合格的供应商则不能参与政府采购项目的竞争。

2.开标或询价前审查

开标或询价前审查是指政府采购机构在发布政府采购公告以后，所有对此有意向的供应商都可以参加投标，并缴纳投标保证金，采购机构在开标或询价前，需要供应商按照相关要求出示资质证明，并通过采购机构的审查。在审查过程中，供应商对自身出示的证明要承担法律责任。对于审查不合格的供应商则取消其参与本次采购竞争的资格。

（四）供应商注册登记制度

政府采购供应商注册登记制度，是指对政府采购的潜在供应商进行系统的注册登记的制度。这种制度的核心内容在于：凡是有意向加入政府采购供应商行列的供应商，都可以向政府采购专门机构申请政府采购注册资格。政府采购相关管理机构公布政府采购供应商的条件，凡符合条件的供应商都可以提出申请，政府采购机构按照规定的条件，对提出申请的供应商资格进行审查，审查合格的供应商，将被纳入政府采购供应商会员库。只有进行了政府采购供应商资格注册登记的供应商，才能成为政府采购投标供应商。供应商资格注册登记制度有两个基本要求：一是如果供应商的情况发生变化，相应的注册登记资料必须进行调整；二是在政府采购过程中，如果供应商不讲信誉，有明显的违规行为，政府采购相关管理机构可以取消供应商的注册资格。

目前我国各省级政府根据《中华人民共和国政府采购法》《电子化政府采购办法》《政府采购供应商监督管理办法》等法规，对供应商参加政府采购活动，普遍实行注册登记制度。凡参加或有意参加政府采购活动的供应商，均可向所在地政府采购监管部门或其委托的审核机构提出注册申请，经审核登记后加入当地政府采购供应商会员库。进入会员库的供应商，在获取当地政府采购管理部门的数字认证证书后，即可参加当地电子化政府采购的各项活动。

1.入库供应商的范围

下列供应商，应当注册并登记加入政府采购供应商会员库：

（1）政府采购中标、成交后的供应商；

（2）政府采购协议供货（定点采购）、批量集中采购的供应商；

（3）参与网上政府采购活动的供应商。

供应商为自然人的，暂不实行注册登记。

2.入库义务

供应商在注册登记时，应当按照注册登记规定提供相关材料，并对材料的合法性、真实性、有效性负责。

登记入库的供应商信息发生变更时，应及时更新，并按规定向原登记审核机构报送相关材料。

3.入库供应商享有的便利

未注册登记的供应商,不影响其参加政府采购活动。登记入库的供应商,在参加政府采购活动时享有下列便利:

(1)在参加政府采购活动时,提供从系统中下载打印有效的并经法定代表人签字和加盖公章的《政府采购注册供应商资格信息登记表》,视同提供已注册登记资格信息的相关证明文件复印件和原件。

(2)直接参加网上政府采购活动。

(3)可通过系统随机抽取成为采购人或采购代理机构发起的竞争性谈判、邀请招标、询价采购的受邀供应商。

(4)可通过系统对采购人和采购代理机构组织的政府采购活动的服务水平、工作效率和公正性等进行评价。

(5)政府采购监管部门、采购人、采购代理机构提供的其他便利。

4.入库原则

供应商的注册审查、管理和使用,遵循统一标准、分级管理、互认共享的原则。

凡按照规定程序登记入库的供应商,其供应商资格和注册登记信息目前尚未实行全国通用,仅在登记入库地范围内有效,省内各级政府采购监管部门、采购代理机构和采购人均应予认可。

5.管理职能划分

供应商注册登记、信息变更的审查工作,由登记入库地政府采购监管部门或其委托的同级审核机构负责。

6.审查职责

审核机构应当指定专人,按照规定的条件、程序和要求,负责供应商注册受理、信息变更、审查复核工作,并应将供应商报送的书面材料存档备查。

[案例分析6-5]

供应商代为投标惹争议

要点提示:供应商的行为需要细致规范。

【案情概述】

2009年4月,某政府采购中心受某高校委托,组织该校图书实验楼冰蓄冷工程采购。甲公司发现公司资质不符合投标要求,便与乙公司协商并达成协议,约定由乙公司代为投标,中标后由甲公司实际履行采购合同,甲公司出资5万元给乙公司,而后由乙公司开具支票交给政府采购中心作为投标保证金,如果乙公司未中标,需将5万元返还给甲公司。

乙公司最终未中标,但甲公司要求乙公司返还5万元时遭拒。2012年5月,甲公司以合同纠纷为由,向当地法院起诉乙公司要求返还5万元。案件审理过程中,乙公司以政府采购中心未退还投标保证金为由予以拒绝。甲公司于同年10月向法院提出调取证据申请,希望政府采购中心出具已退还投标保证金的证明。后经法院调解,两公司于2012年11月达成协议,乙公司退还甲公司4.7万元,其余3000元作为资质使用费不再退还。

【问题分析】

1.甲、乙公司的行为该如何定性?

2.甲、乙公司间的协议是否有效?

3.法院调解后使双方达成的协议结果是否适当?

4.能否处罚甲、乙公司?

(五)供应商资格审查的程序

一般而言,对供应商的资格审查包括三个基本步骤:收集信息,进行资格审查,确定供应商资格。

1.收集信息

因为政府需要经常采购各种各样的物资,因而有必要尽可能地收集有关供应商的信息。信息内容主要包括供应商的名称、地点、经营范围、注册资金、经营能力与现状、曾经的业绩、资信程度、财务状况等。对供应商信息收集的方式可以多种多样。一般来说,主要有以下渠道:

(1)采购人定期在有关刊物上发布消息,宣布对某些产品的生产厂商进行资格审查,供应商在得知消息后将有关材料送交采购人,审查合格者将有资格参加审查有效期限内的政府采购活动。这种方法能集中时间和人员对申请审查的企业进行检查,效率较高且节省财力,因此是采购人收集信息的主要途径之一。但此种方式一般用于已知将要采购的商品物资以及政府采购中经常购买的物资。

(2)直接向供应商发出询问单。询问单的内容包括供应商的财务、商务、生产、技术设施等方面的情况,以协助采购人对供应商的信誉作出判断。此种方法也常被用来收集政府采购中经常购买物资和技术的厂家信息。

(3)利用公开的资料库。公开的资料库包括:商业目录、商业分类目录、供应商名单或指南,还有一些是企业自身的宣传材料。政府可以利用包含商业目录、商业分类目录等资料的公开的资料库获取信息。

(4)利用外交途径获得信息。各国驻外代表和使节的任务之一就是促进国际经济合作,因此,涉及国外供应商信息的收集,可通过各国外交代表和商务代表的协助而获得。

(5)采购人本身的信息来源。采购人经常进行各种采购活动,每次采购都可能接触大量的供应商。通过与供应商接触,可以获得不少关于供应商的信息。

(6)如果事关重大,需要对供应商进行实地、详细的了解才可能确定,可以选派专门的人员进行实地收集。

对于收集到的信息,采购人应该建立资料库。资料库包含供应商档案、产品规格合格者档案和有关产品价格档案等。供应商档案应收集有关供应商生产的产品种类、生产经营管理、技术、道德、履约等多方面的资料,以便采购人对其资信进行审查。产品规格合格者档案是指生产某一产品并达到某一标准的合格生产商或供应商名单。需要说明的是,采购机构对供应商的信息收集,必须不断更新内容,因为市场不断变化,很多新情况、新问题不断产生,一些产品价格的变动极快,一些质量更高、更适用、成本更低的产品不断问世。在这种情况下,信息收集工作必须注重信息的及时性及其更新情况。

2.进行资格审查

进行资格审查的过程实际上就是依据审查的标准对一定范围内的供应商进行审核的过程。因此,在进行供应商的资格审查时,首先应制定统一的审查标准。

审查标准应该包括以下几个方面的内容:供应商是否具有完成采购项目所需要的充足的资金来源,或者具有获得这种资金的能力;是否具备必要的组织经验、财会与业务控制技术,或者获得这些技能的能力;是否具有必要的生产施工和技术设备设施,或者获得它们的能力;是否具有良好的从业行为记录、良好的合同履行记录;是否具有按照采购计划按期交货的能力。对于大型的工程项目和特殊的采购项目,采购人员必须在有关专家技术人员的帮助下制定特殊的标准。

确定好审查标准后,采购人便开始对一定范围内的供应商进行资格审查。在考虑供应商的范围时,应根据采购计划和有关法律的规定来办理:第一,确定在全国范围内还是在某一地区内进行采购。某些具体的采购项目可能跟各地区的特殊利益相关,因而在资格审查时要根据采购计划对确定范围内的供应商进行审查。第二,对所需采购产品或技术仅能由国外供应商提供或国外市场提供的,应根据有关国际政府采购规则、政府间相关协议和国内法律、法规的有关规定要求,对国外相关供应商进行审查。如世界银行规定,凡利用世界银行贷款项目的采购,其机会对所有成员国及瑞士开放,因此在进行政府采购时,就应对来自这些国家和地区的所有供应商进行审查。第三,根据有关采购法律的规定不可以参加购买项目竞争的供应商,如被禁止的合同人、被暂停营业的供应商、被提议暂停营业的公司,或被宣布为能力不合格的人员,应被排除在资格审查的供应商名单之外。

从联合国的《采购示范法》以及世界贸易组织的《政府采购协议》有关国民待遇与非歧视性的规定中可以看出,在根据审查标准对供应商进行审查时,也可以实施一些优惠政策。概括起来,可以分为以下几类:

(1)对本地或本国供应商的优惠规定。根据有关国际协议,如世界贸易组织的《政府采购协议》及其他有关国际经济组织机构的规定和政府间协定的要求,在国际招标中,在进行资格审查和确定资金担保、技术资格以及确定供应者的资金、商业和技术能力等方面的标准时,不得在本国供应者与外国供应者之间实行差别待遇。但这些国际协议及国际经济组织同时也规定,在采购中,本国供应商可以享受某些优惠待遇。各国政府最普遍规定的优惠待遇之一是规定本国供应商在价格上可以享受一定比例的优惠。根据这些优惠条件,在审查某些标准尤其是价格标准时,对本国供应商的条件就要适当放宽。

(2)对中小企业的优惠规定。一些国家为了保护中小企业、完善市场竞争机制,制定了对中小企业的优惠规定。在政府采购活动中进行资格审查时应该考虑到这些规定。

(3)其他优惠规定。如对高失业地区及不发达地区供应商的优惠。英国于1971年规定,在价格、质量、交货条件同等的情况下,应优先考虑将合同授予不发达地区的供应商。在第一次投标未果后,应再给这些供应商一次投标机会,并可以高于要求达25%的价格进行投标。因此在资格审查时也应对这些地区的供应商实行优惠和照顾。

3.确定供应商资格

通过审查,供应商如果符合资格审查机构所确定的供应商能力的各项指标,并且出具了所规定的有关资信证明,即可以被认为是合格的供应商。具体的合格供应商确定后,即可以公开通告,或以分别告之的方式通知供应商,邀请其参加政府采购。

供应商资格审查是一项重要的工作,它关系着政府采购的成功与否,决定着政府采购活动能否顺利完成。在供应商的选择上,既要注重选择合格的供应商,又不能形成对供应商的排挤和歧视,而是要严格按相关法律、法规行事。

[资料链接 6 - 3]

陕西省电子化政府采购供应商会员库管理暂行办法

第一章　总　则

第一条　为保证陕西省电子化政府采购系统有序运行,规范电子化政府采购供应商行为,建立起公开、公平、公正和诚实信用的电子化政府采购市场,根据《中华人民共和国政府采购法》和《陕西省电子化政府采购办法(试行)》等有关规定,结合我省实际,制定本办法。

第二条　本办法所称陕西省电子化政府采购供应商会员库(以下简称会员库),是指预先对供应商资质按政府采购的要求进行审核,在满足要求的前提下,成为合格的会员,形成供应商会员库。进入会员库的供应商,在获取陕西省数字认证证书后,即可参加陕西省电子化政府采购的各项活动。

第三条　会员库实行省级统一建立、全省各级(包括省、市、县和各政府采购代理机构)共用共享的机制。

第四条　陕西省财政厅负责陕西省电子化政府采购供应商会员库的建立、维护和管理工作,并对供应商进行诚信档案登记。

第二章　会员资格申请程序

第五条　根据相关法律法规的规定,参与陕西省电子化政府采购活动的供应商应当具备下列条件:

(一)具有独立承担民事责任的能力;

(二)有固定的营业场所;

(三)遵守国家法律、行政法规,具有良好的商业信誉和健全的财务会计制度;

(四)具有履行合同所必需的设备、专业技术能力及良好的履行合同的记录;

(五)有依法缴纳税收和社会保障资金的良好记录;

(六)提供的货物、工程和服务符合国家技术、安全、环境保护标准和行业标准;

(七)申请登记参加政府采购活动前3年内,在经营活动中没有重大违法记录;

(八)有参与电子化政府采购必备的联网计算机等设备条件和能力。

(九)法律、法规以及政府采购监管部门规定的其他条件。

第六条　申请流程

(一)网上注册

登录陕西政府采购网站(www.ccgp-shaanxigov.cn),仔细阅读《陕西省财政厅关于建立电子化政府采购供应商会员库的通知》,填写《供应商注册申请表》。填写注册信息时,务必保证填写资料的准确性,请在提交之前认真核对。提交之后注册资料关键信息将无法自行修改,如有信息需要更新和修改,必须由注册单位提交书面申请,携带资料原件到陕西省财政厅修改。

(二)提交资料

申请供应商会员资格时,供应商应网上打印《陕西省电子化政府采购供应商会员注册申请表》(一式两份),并提供以下资料:

(1)年审合格的企业法人营业执照、组织机构代码证、税务登记证;

(2)授权代理证书、经营许可证书、资质证书、经销或维修等有关资格证明文件;

(3)依法缴纳税收和社会保障资金缴费证明;

(4)上一年度经法定中介机构审核过的财务报告复印件(加盖公章);

(5)法人授权书;

(6)公司简介(含机构设置、主要技术、经济指标和售后服务人员名单等)、公司经营的主要产品目录、公司的经营业绩;

(7)其他相关材料。

(三)注册

供应商登录陕西政府采购网站注册,提交相关资料经陕西省财政厅审核通过后,办理电子密钥,成为普通供应商会员。

如需交纳保证金,则按要求交纳。

(四)办理网上采购电子密钥

注册供应商会员凭数字证书申请材料和电子密钥缴款的银行凭证,到陕西省数字认证中心的服务网点办理由陕西省数字证书认证中心颁发的数字认证证书,并领取网上采购电子密钥。数字证书使用期限为一年,期满办理年审和更换手续。如遗失电子密钥或忘记登录密码而造成的后果,由供应商自行承担。

完成上述手续后,供应商可参与陕西省电子化政府采购活动。

第七条　对供应商的会员注册登记申请,自受理之日起七个工作日内由陕西省财政厅完成审核工作,并将审核意见反馈给申请供应商。

第八条　申请退出会员库的供应商,须提交书面申请到陕西省财政厅办理。

第九条　供应商会员因业务变化或迁址的,应在完成工商变更、注销登记后10日内,向陕西省财政厅办理供应商会员资料的变更或资格注销手续。

第十条　陕西省财政厅定期对供应商会员提出的资料变更申请进行审核认定。

第三章　会员供应商的权利与义务

第十一条　会员供应商享有以下权利:

(一)进入陕西省电子化政府采购供应商会员库,获取供应商会员编号及数字认证证书,浏览有关信息,参与陕西省电子化政府采购活动;

(二)进入陕西省电子化政府采购供应商会员库,登录陕西政府采购网获得陕西省政府采购代理机构发布的政府采购信息,下载政府采购文件;

(三)参与陕西省电子化政府采购活动时,具有通过电子化政府采购系统投标的权限,可免提交已审核的资格证明材料;

(四)可在陕西政府采购网进行商品和价格信息维护,并实行动态管理;

(五)举报电子化政府采购活动中违规、违纪行为;

(六)法律、法规规定的其他权利。

第十二条　会员供应商应承担的义务:

(一)遵守国家法律、行政法规以及政府采购监督管理部门制定的各项政府采购规章制度;

(二)遵守本办法以及电子化政府采购的各项具体规定;

(三)中标或成交供应商按所报价格及服务承诺签订并履行合同;

(四)在电子化政府采购活动中接受政府采购管理部门、监察及审计等部门的监督检查;

(五)对在电子化政府采购系统上所填报信息的合法性、真实性、有效性负责;

(六)法律、法规和规章规定的其他义务。

第四章 供应商会员库的管理

第十三条 陕西省财政厅将定期对会员供应商参与政府采购行为的记录资料进行汇总并建立诚信档案,档案内容包括:

(一)会员供应商参与电子化政府采购的情况,包括参加公开招标的投标表现,以及接受邀请参加投标、竞争性谈判的诚信表现;

(二)会员供应商在参加电子化政府采购活动中的行为是否规范,是否存在违法、违规行为;

(三)会员供应商履行政府采购合同的状况,是否全面履行合同义务,是否提供良好的售后服务;

(四)其他。

第十四条 陕西省财政厅将加强对会员供应商参与电子化政府采购活动的监督管理,各政府采购代理机构应在政府采购活动结束后十五个工作日内向陕西省财政厅提供会员供应商参与电子化政府采购活动的诚信情况。

第十五条 对诚信档案记录良好的会员供应商,根据其诚信度排名,在采用非公开招标方式的政府采购项目中,享有优先受邀的权利。政府采购代理机构、会员供应商对于诚信档案记录存在疑义的应当及时向陕西省财政厅提出检查、复核的申请,陕西省财政厅应当自收到申请之日起二十日内做出答复。

第十六条 会员供应商有下列不良行为之一的,省财政厅将依照有关法律法规进行处罚,情节严重的取消其电子化政府采购供应商会员资格,列入不良行为记录名单,在 1 到 3 年内禁止参加电子化政府采购活动:

(一)提供虚假材料,骗取政府采购注册供应商会员资格的;

(二)采取不正当手段诋毁、排挤或串通其他注册供应商会员、搞不正当竞争的;

(三)恶意干扰电子政府采购系统正常运行的;

(四)中标(成交)后,无正当理由拒不签订采购合同或拒绝履约的;

(五)履约标的与合同要求不符的;

(六)捏造事实或者提供虚假材料进行质疑、投诉或提起诉讼,导致质疑、投诉无效或败诉,影响政府采购工作正常开展的;

(七)向政府采购代理机构、评审专家、采购单位有关人员行贿或提供其他不正当利益的;

(八)拒绝接受政府采购监管部门检查或者不如实反映情况、提供材料的;

(九)其他违反法律、法规及规章的行为。

第十七条 供应商在电子化政府采购活动中违反有关法律、法规、规章给采购单位或其他供应商造成损失的,应当承担赔偿责任。

二、供应商诚信管理

(一)建立诚信管理制度的意义

诚信内涵包括质量诚信、服务诚信、价格诚信、合同诚信、法人行为诚信等。为了进一步适应政府采购市场的规律,提高政府采购效率,保证政府采购健康有序地发展,促进政府采购供应商在政府采购市场竞争中,遵守国家法律、法规,规范经营行为,供应商就必须加强诚信建设。如果不诚信的供应商取得了采购项目,并取得了一定的利益,那么很有可能导致其他守信用的供应商也不守信用,这对整个政府采购事业的发展非常不利,并影响了采购的质量,同时整个供应商信誉也会受到极坏的影响。具体来说,加强供应商诚信制度建设具有如下作用。

1.诚信建设是市场秩序有序化的需要

政府采购市场也是市场经济。市场经济其本质是法制经济、诚信经济,通过合同契约的形式来实现。诚信是经营的道德基础。在市场经济中,如果没有诚信保证,市场就会出现尔虞我诈、贩假卖假、低价竞销等混乱无序的状态。它不但直接破坏了市场经济秩序,给合法经营造成损失,而且败坏了社会道德水平。因此,政府采购市场需要诚信,社会呼唤诚信。

2.诚信建设是保障政府采购供应商合法盈利的内在需要

在政府采购市场中,良好的诚信度对于一个供应商是不可估价的无形资产,给其带来的互相信任的人际关系、稳定的采购群体,是供应商长期稳定获利的坚实基础。同时,供应商根据其诚信度在货源上、送货频率上实行的差异化、奖励性服务,给其获利带来了稳定的资源。因此,供应商在履行合同的过程中,应当而且是必须不可或缺地要去重视自身的诚信建设。

3.诚信建设是加强供应商监管工作的需要

行政执法的目的主要是通过打击少数非法经营行为来保护合法行为,诚信建设则主要通过宣传教育功能引导规范经营,制约不规范经营行为。行政执法和诚信建设是维持市场运行的"游戏规则"的两个方面,即法治和德治。目前,对少数参与政府采购的违法供应商可以按照《政府采购法》及相关法规来执行行政处罚,触犯刑律的可以按照《刑法》来执行司法制裁。但是对于相当一部分供应商,在目前市场建设还不完善的情况下,或多或少都会犯规,怎么样来规范? 只能通过供应商诚信建设的教育和监管,来约束政府采购市场的市场主体,整治政府采购市场秩序,规范供应商经营行为。

一方面,行政执法部门通过建立供应商诚信管理体系,对政府采购市场主体实行动态管理,在日常监管信息中记录供应商的诚信状况、奖惩资料等,逐步形成准确、系统的诚信数据库,使政府采购工作有一个客观的、统一的管理与服务的标准。同时,通过媒体或网络对供应商的诚信信息予以发布,提高供应商在市场经营中的透明度,增加信任度,从而有力地促进供应商的自律。

另一方面作为供应商群体要具备良好的商业信誉和健全的财务会计制度,有依法纳税和缴纳社会保障资金的良好记录,参加政府采购经营活动中不能有违法违纪行为,能提供优质产品和服务。只有这样才能参与政府采购竞争,获取商机,取得效益。

(二)供应商诚信管理制度的主要内容

供应商诚信管理制度主要围绕供应商是否诚信展开的,其主要内容如下。

1.诚信档案记录

各级采购人、采购代理机构和政府采购监管部门应根据各自职责,根据事实依据如实记录和认定供应商参加政府采购活动的诚信情况,共同建设和管理供应商诚信档案。

政府采购集中采购机构、社会代理机构和采购人组织的政府采购项目,需要记录参与政府采购活动供应商诚信信息的,应当及时将相关材料报同级政府采购监管部门,经审核后予以记录。

政府采购的工程项目所涉及的供应商诚信信息,由政府采购监管部门从相关行政监管部门供应商诚信信息中采集,经审核后予以记录。

2.诚信档案记录的内容

(1)失信行为。供应商有下列情形之一的,按失信行为记入该注册供应商诚信档案中:

①开标后擅自撤回采购响应文件,影响采购活动继续进行的;

②不遵守开标现场纪律,故意扰乱开标评标现场秩序的;

③已响应参加政府采购活动而无故不参加的;

④未按合同规定履行合同义务的;

⑤不按规定或不及时变更供应商库中有关信息的;

⑥在本省范围内一年内累计3次以上质疑,均查无实据的;

⑦捏造事实、提供虚假材料进行恶意举报的;

⑧不配合或采用不正当手段干扰政府采购质疑、投诉处理工作的;

⑨各级政府采购监管部门认定的其他失信行为。

(2)不良行为。供应商有下列情形之一的,按不良行为记入该注册供应商诚信档案中:

①提供虚假材料谋取中标、成交的。

②采取不正当手段诋毁、排挤其他供应商的。

③与采购人、采购代理机构或者其他供应商恶意串通投标的。

串通投标包括以下情形:

A.供应商直接或间接从采购人或采购代理机构处获得其他供应商的投标情况,并修改其投标文件;

B.评审活动开始前供应商直接或间接从采购人或采购代理机构处获得评标委员会、竞争性谈判小组或询价小组组成人员情况;

C.供应商接受采购人或采购代理机构授意撤换、修改投标文件;

D.供应商之间协商投标报价、技术方案等投标文件实质性内容;

E.属于同一集团、协会、商会等组织成员的供应商按照该组织要求协同投标;

F.供应商之间事先约定由某一特定供应商中标、成交;

G.供应商之间商定部分供应商放弃投标或者放弃中标、成交;

H.供应商与采购人或采购代理机构之间、供应商相互之间为谋求特定供应商中标成交或者排斥其他供应商的其他串通行为;

I.不同投标人的投标文件由同一单位或者个人编制;

J.不同投标人委托同一单位或者个人办理投标事宜;

K.不同投标人的投标文件载明的项目管理成员为同一人;

L.不同投标人的投标文件异常一致或者投标报价呈规律性差异;

M.不同投标人的投标文件相互混装;

N.不同投标人的投标保证金从同一单位或者个人的账户转出。

④向采购人或者采购代理机构行贿或者提供其他不正当利益的。

⑤在招标过程中与招标采购单位进行协商谈判、不按照采购文件和中标、成交供应商的投标文件订立合同,或者与采购人另行订立背离合同实质性内容的协议的。

⑥拒绝有关部门监督检查或者提供虚假情况的。

⑦中标后无正当理由不与采购人或者采购代理机构签订合同的。

⑧将中标项目转让给他人,或者在招标文件中未说明,且未经采购人或者采购代理机构同

意,将中标项目分包给他人的。

⑨拒绝履行合同义务的。

⑩一年内3次以上投诉均查无实据的。

⑪捏造事实或者提供虚假投诉材料进行投诉的。

供应商违法违规行为已被依法认定为不良行为的,不再重复认定为失信行为。

3.诚信管理载体

在政府采购供应商会员库中设置"供应商诚信记录"和"供应商不良行为记录曝光台"栏目。

4.不诚信行为报告制度

政府采购各方当事人发现供应商存在不诚信行为的,应以书面形式向不诚信行为发生地政府采购监管部门报告,由政府采购监管部门调查处理。报告内容包括:

(1)不诚信供应商姓名或名称、联系人及联系方式;

(2)报告人的姓名或名称、联系人及联系方式;

(3)供应商不诚信行为的具体表现及相关证据。

供应商不诚信情况报告实行实名制。报告人为自然人的,应当由本人签字;为法人或者其他组织的,应当由法定代表人签字并加盖法人或者其他组织的公章。

5.供应商申辩和异议

在供应商诚信信息记录前,记录机构应告知相关供应商。供应商如认为诚信信息有误的,应书面向记录机构提出异议并提供有关证据,经记录机构核实后,如发现有误,应当予以修改。

6.诚信记录记分办法

供应商诚信记录起始基础分为60分。

(1)供应商有失信行为之一的,每一个失信行为诚信记录分减10分;

(2)供应商有不良行为之一的,其诚信记录起始基础分均减为零分。

7.诚信记录分有效期

供应商诚信记录分中失信行为记录分有效期1年;不良行为记录分有效期为处罚生效或者禁止参加政府采购活动期限。

8.诚信记录分的使用

招标采购单位在招标文件中,应当明确供应商诚信记录分使用办法:其中,采用综合评分法的,诚信记录分每减10分,给予总分值1%的扣分,扣分最多不超过5%;采用性价比法和最低评标价法的,诚信记录分每减10分,按该供应商投标价的1%增加评审价格,增价最多不超过5%。

招标采购单位在评标时,要结合投标供应商的实时诚信记录情况评定供应商最终评标得分。

9.不良行为记录曝光

供应商因违反《政府采购法》被列入不良行为记录名单的,由政府采购监管部门录入"供应商不良行为记录曝光台",处罚期满自动撤除。

供应商不良行为记录和曝光的内容包括:供应商姓名或名称,不良行为基本事实,被有关行政部门处罚情况,记录有效期,记录日期及记录机关。

三、对供应商的监督检查

(一)监督检查的要求

1.总体要求

政府采购监管部门应当加强执法,及时发现和查处供应商违法违规行为,维护政府采购公开、公平、公正和诚实信用的原则。

2.一般要求

政府采购监管部门根据政府采购供应商管理工作的需要,可以有计划、有重点地实施监督检查。

3.资格要求

政府采购监管部门实施监督检查时,应当由 2 名以上具有执法资格的执法人员实施,并应当主动出示执法证件。

4.事前通知的要求

政府采购监管部门对供应商实施监督检查,应当至少提前 3 个工作日向供应商送达书面通知。

5.工作要求

政府采购监管部门实施监督检查工作,应当制作检查工作底稿,依法收集和保存相关证据。

被检查供应商应当按照要求在检查工作底稿上签字,拒不签字的由执法人员记明情况。

(二)检查结论

检查工作结束后,政府采购监管部门应当做出检查结论,在规定时间内对违法违规行为依法做出处理。

(三)其他结论的采用

财政、审计、税务、工商等执法部门实施监督检查中已经依法做出的调查、检查结论,能够满足政府采购监管工作需要的,经依法收集,可以加以利用。

[案例分析 6-6]

供应商与使用方协商终止采购合同是否应该承担违约责任

要点提示:供应商的行为需要细致规范。

【案情概述】

2007 年 4 月 12 日,某贸易有限公司参加了某市政府采购中心组织的该市第二人民医院(以下简称第二医院)医疗设备公开招标活动,并在第 8 包多参数 15 台监护仪项目中中标,中标金额 119700 元,随后双方签订了《政府采购合同书》。2007 年 5 月 30 日,该贸易有限公司突然向某市政府采购中心发函表示,由于向其提供产品的制造商生产的产品升级换代,原投标时中标的产品已停止生产,导致其无法向第二医院供货,决定停止履行所签订的政府采购合同。同时,第二医院也向某市政府采购中心发函表示同意终止政府采购合同。某市政府采购中心接到双方有关解除政府采购合同的函后,将有关情况报告了该市财政局政府采购办公室(以下简称采购办)。采购办经调查后认为,某贸易有限公司的行为违反了《政府采购货物和服务招标投标管理办法》第七十五条的规定,应当给予相应的行政处罚,决定给予某贸易有限公司罚款 1197 元(按中标金额 119700 元的千分之一计算)的行政处罚。2007 年 6 月 12 日,某市财政局向某贸易有限公司下达了《行政处罚事项告知书》,某贸易有限公司当场表示愿意接受处罚。2007 年 6 月 20 日,某市财政局向某贸易有限公司下达了《行政处罚决定书》,某贸易有限公司接到决定书后,没有提起行政复议,也没有向人民法院提起行政诉讼。

【问题分析】

1.本案涉及财政部门对政府采购合同的履行是否有权进行监督?

2.财政部门对当事人违反政府采购合同约定进行处罚是否具有法律依据?

第五节　政府采购档案管理

为做好政府采购档案管理工作,有效保护和利用档案资源,必须加强对采购档案的管理。为此,地方各级政府财政部门作为政府采购工作的监管部门,依据《政府采购法》等法律法规,制定了《政府采购档案管理暂行办法》,采购档案规范管理的主要内容如下。

一、采购档案的内容

政府采购档案是指在政府采购活动中形成的具有查考、利用和保存价值的文字、图表、声像等不同形式(载体)的历史记录。政府采购档案具体内容包括。

(一)政府采购预算执行文件

(1)政府采购预算表;

(2)政府采购计划申报表和审核表;

(3)有关政府采购预算和计划的其他资料。

(二)政府采购前期准备文件

(1)委托代理采购协议书;

(2)核准采购进口产品的相关审批资料;

(3)自行组织采购的申请及批复资料;

(4)采购方式变更申请及批复;

(5)采购文件及采购人确认记录,包括评标办法、评标细则、评标纪律等有关文件、资料;

(6)采购公告、资格预审公告及其变更事项(包括报刊及电子网站等媒体原件或下载记录等);

(7)获取采购文件或资格预审文件的供应商名单登记表;

(8)专家咨询论证会记录;

(9)已发出采购文件或资格预审文件的澄清、修改说明和答疑记录;

(10)供应商资格审查情况报告;

(11)评审专家名单及抽取记录;

(12)库外专家使用备案审核表。

(三)政府采购开标(含谈判、询价)文件

(1)采购响应文件及有关资料等;

(2)在递交采购响应义件截止时间前供应商对递交的采购响应文件进行补充、修改或撤回的记录;

(3)采购项目样品送达记录;

（4）接受供应商投标或谈判的记录；

（5）开标一览表；

（6）开标（谈判、询价）过程有关记录；

（7）开标（谈判、询价）过程中其他需要记载的事项。

（四）政府采购评审文件

（1）评审专家签到表及现场监督人员签到表；

（2）评审专家评审工作底稿等评审过程记录；

（3）供应商的书面澄清记录；

（4）评标或谈判报告，包括无效供应商名单及说明、中标（成交）候选供应商名单等；

（5）经监督人员签字的现场监督审查记录；

（6）评审过程中其他需要记载的事项。

（五）政府采购中标（成交）文件

（1）采购人对采购结果的确认意见；

（2）中标或成交通知书；

（3）采购结果公告（公示）记录（含报刊及电子网站等媒体原件或下载记录等）；

（4）公证书；

（5）与中标（成交）相关的其他文件资料。

（六）政府采购合同文件

（1）政府采购合同；

（2）政府采购合同依法补充、修改、中止或终止等相关记录。

（七）政府采购验收及结算文件

（1）项目验收记录；

（2）政府采购项目质量验收单或抽查报告等有关资料；

（3）发票复印件及附件；

（4）其他验收文件资料。

（八）其他文件

（1）供应商质疑材料、处理过程记录及答复；

（2）供应商投诉书、投诉处理有关记录及投诉处理决定等；

（3）采购过程中的音像资料；

（4）其他需要存档的资料。

二、政府采购档案收集、整理与保管的要求

（一）时间要求

政府采购合同签订后 3 个月内或项目竣工验收后 1 个月内，由项目经办人员或责任人将该采购项目的全套文件材料进行收集整理后移交档案管理人员归档。

（二）归档要求

（1）内容齐全完整；

（2）规格标准统一；

（3）要求是原件的，不可用复印件替代；

（4）签名、印鉴手续齐全，首页应有"政府采购档案目录"字样；

（5）符合国家有关档案质量标准，便于保管和利用。

（三）保管要求

（1）档案管理人员应按照档案管理的要求，负责收集、整理、立卷、装订、编制目录，保证政府采购档案标识清晰、保管安全、存放有序、查阅方便。光盘、磁盘等无法装订成册的应在档案目录中统一编号，单独保存。

（2）政府采购档案按照年度顺序编号组卷，卷内材料按照政府采购工作流程排列，依次为项目预算及预算执行文件、项目采购准备文件、项目开标（谈判、询价）文件、项目评审文件、采购结果文件、项目采购合同文件、项目验收文件及其他文件资料。

（3）采购人和采购代理机构因合并、撤销、解散、破产或其他原因而终止的，在终止和办理注销登记手续之前形成的政府采购档案，应按档案管理的有关规定移交相关部门。

三、政府采购档案的使用、移交与销毁

（一）使用制度

（1）各级政府采购监管部门、采购人和采购代理机构应当建立健全政府采购档案查阅、使用制度。除法律另有规定外，未经批准，不得擅自查阅、复印或出借政府采购档案。

（2）档案使用者应对档案的保密、安全和完整负责，不得传播、污损、涂改、转借、拆封、抽换。

（二）移交制度

档案管理人员工作变动，应按规定办理档案移交手续，并经单位负责人签字确认。

（三）销毁制度

保管期满的政府采购档案，应按照档案主管部门及档案法规规定程序和手续进行销毁。

四、监督检查与法律责任

（1）采购人和采购代理机构的档案工作，应当接受政府采购监管部门的监督检查；

（2）采购人、采购代理机构违反规定隐匿、销毁应当保存的采购文件或者伪造、变造采购文件的，由政府采购监督管理部门依照《中华人民共和国政府采购法》等法律法规予以处理处罚；

（3）政府采购监管部门、采购人和采购代理机构有下列行为之一的，由县级以上人民政府档案行政管理部门依照地方政府的《档案管理条例》等法律法规予以处理处罚：

①将政府采购活动中形成的应当归档的文件、资料据为己有，拒绝归档的；

②涂改、损毁档案的；

③档案管理人员、对档案工作负有领导责任的人员玩忽职守，造成档案损失的。

本章小结

1. 政府采购信息，是指规范政府采购活动的法律、法规、规章和其他规范性文件，以及反映政府采购活动状况的数据和资料的总称。根据信息来源不同，可分为制度类信息和采购活动类信息。制度类信息是政府采购的"游戏规则"，决定着政府采购各方当事人的总体行为规范，这类信息主要由政府采购监管部门制定和发布，这类信息主要包括法律、办法、规定、处理投诉决定等。采购活动信息是与采购业务密切相关的信息，如招标信息、中标信息、谈判信息等。

政府采购信息公开是指政府采购的相关信息通过报刊、网络等有关媒体进行公布,以告知参与政府采购供应商和其他社会公众,具有重要的意义。按财政部《政府采购信息公告办法》,要求监管信息由政府采购监管部门发布,采购业务信息由采购人或采购代理机构发布。政府采购信息的发布应该满足以下要求:法定时限要求、真实合法要求、完整性要求、信息规范手续完备要求、发布渠道相对一致性要求以及及时性要求。

2.政府采购评审专家是指经省级以上人民政府财政部门选聘,以独立身份参加政府采购评审,纳入评审专家库管理的人员。评审专家应该具备一定的条件,可以自荐,也可由所在单位、采购人、采购代理机构或本行业专家推荐。评审专家采取随时申报、定期聘任的办法,由省级财政部门定期审核聘任,纳入专家库统一管理,每两年检验复审一次。对评审专家的检验复审应以平时的考评记录为主,包括本人的职业道德、专业水平、评审能力以及有无违法违纪行为等。国务院财政部制定的《政府采购评审专家管理办法》规定了政府采购评审专家的权利义务,也规定了评审专家的违法责任。

3.政府采购代理机构管理主要包括采购机构代理资格的认定管理及对采购代理机构的监督检查两方面的内容。政府采购代理资格的认定是指社会采购代理机构的认定。政府采购代理机构应当取得财政部或者省级人民政府财政部门认定颁发的《政府采购代理机构资格证书》。自2014年8月31日起,政府采购代理机构实行自愿登记管理。财政部门不再对网上登记的信息进行事前审核。对于完成网上登记的代理机构,系统将自动将其名称纳入中国政府采购网"政府采购代理机构"专栏"政府采购代理机构名单",并授予相关业务操作权限。集中采购机构是政府采购监督管理部门对政府采购活动进行考核、监督检查的重点。监督检查的主要内容是:有关政府采购的法律、行政法规和规章的执行情况,采购范围、采购方式和采购程序的执行情况,政府采购人员的职业素质和专业技能。

4.供应商的规范管理是政府采购监管部门的一项重要工作。具体内容包括:供应商资格审查与管理、供应商诚信管理和对供应商的监督检查3个方面。供应商资格审查与管理是供应商管理的基础。世界各国普遍实行政府采购供应商注册登记制度,随着政府信息化管理的发展,在政府采购网建立了政府采购供应商会员库,入库的供应商,在获取当地政府采购管理部门的数字认证证书后,即可参加当地电子化政府采购的各项活动。对入库供应商的资格审查包括三个基本步骤:收集信息,进行资格审查,确定供应商资格。供应商诚信管理制度主要围绕供应商是否诚信展开的,其主要内容包括:第一,诚信档案记录的建立,由各级采购人、采购代理机构和政府采购监管部门应根据各自职责,根据事实依据如实记录和认定供应商参加政府采购活动的诚信情况,共同建设和管理供应商诚信档案。第二,在政府采购供应商会员库中设置"供应商诚信记录"和"供应商不良行为记录曝光台"栏目。第三,供应商不诚信行为报告制度。第四,供应商申辩和异议。第五,诚信记录记分办法。第六,诚信记录分有效期和诚信记录分的使用。第七,供应商不良行为记录曝光。政府采购监管部门是对供应商的监督检查的主体,可以根据政府采购供应商管理工作的需要,可以有计划、有重点地实施监督检查,及时发现和查处供应商违法违规行为,维护政府采购公开、公平、公正和诚实信用的原则。

5.政府采购档案是指在政府采购活动中形成的具有查考、利用和保存价值的文字、图表、声像等不同形式(载体)的历史记录。政府采购档案的内容包括:政府采购预算执行文件、政府采购前期准备文件、政府采购开标(含谈判、询价)文件、政府采购评审文件、政府采购中标(成交)文件、政府采购合同文件、政府采购验收及结算文件等。按照《政府采购法》要求,应该熟悉政府采购档案收集、整理与保管的要求,了解政府采购档案的使用、移交与销毁的相关规定。

关键概念

政府采购信息　集中采购代理机构　社会采购代理机构　供应商注册登记制度　政府采购档案

本章案例或专栏资料分析题

1.阅读资料链接6-1"政府采购评审专家管理办法",结合"政府采购法"和案例6-2,分析评标委员会人员组成有无错误,并讨论评审专家的权利和责任。

2.结合政府采购信息发布原则,讨论案例分析6-1中政府采购信息发布存在的问题。

3.参照案例分析6-3和案例分析6-4所提问题,讨论采购代理机构的行为应该如何规范。

4.结合案例分析6-5和案例分析6-6所提问题的讨论,谈谈供应商违规行为及其应该承担的法律责任。

第七章 政府采购审计与监督

学习目标:本章对政府采购的审计与监督相关问题进行了解释和分析。介绍了审计在政府采购中的重要作用和工作方法,同时,详细阐述了政府采购过程中的监督主体和监督内容。通过本章的学习,重点掌握审计的含义、特征、职能以及在政府采购中的重要作用,了解政府采购过程中相关监督管理部门的设置、职责和主要工作内容。

第一节 政府采购的审计

一、审计的含义与特征

(一)审计的含义

审计是由审计机关或相关机构依照相关法规和准则,运用专门的方法,对被审计单位的财政、财务收支、经营管理活动及其相关资料的真实性、正确性、合规性、合法性、效益性进行审查和监督,评价经济责任,鉴证经济业务,用以维护财经法纪、改善经营管理、提高经济效益的一项独立性的经济监督活动。

政府采购审计是指依照法律的规定,由各级行政机关对政府采购的当事人实施政府采购的情况和政府采购监督管理部门的监督管理情况进行审计、监督、评价及鉴证的活动。政府采购审计可以协助解决政府采购中所遇到的问题,维护公开、公平竞争的市场经济秩序,遏制腐败行为,还可以为以后的政府采购积累经验。

(二)审计的特征

审计是一项独立的经济监督活动,具有独立性、权威性和公正性三个基本特征。

1. 独立性

审计的独立性是指审计机构和审计人员依法独立行使审计监督权,不受其他行政机关、社会团体和个人的干涉。审计机构和审计人员与被审计单位或被审计的项目没有任何经济利益关系,审计工作自始至终不受外来干预,完全按照法律授予的权力按审计程序要求开展工作,能客观公正地提出审计结论和意见。

2. 权威性

审计的权威性是指审计机构独立行使职权,不受任何干预,其审计结论和审计决定具有法律效力。依法审计是审计权威性的重要体现,国家审计的权威性主要反映在宪法授权实施监督,并通过法律保护审计机构独立行使审计监督的职能。国家审计机构代表国家执行审计职能,具有法定的处罚权,不受其他行政机关、社会团体和个人的干涉。民间审计的权威性主要反映在高超的专业技能和水平上,注册会计师的意见或建议被视为专家意见,他们的任职资格非常严格。

[资料链接 7 - 1]

政府审计与注册会计师审计的区别

	政府审计	注册会计师审计
审计目标和对象	对政府的财政收入或国有金融机构和企事业组织财政收支进行审计,确定其是否真实、合法和具有效益	对企业财务报表进行审计,确定其是否符合会计准则和相关会计制度,是否公允反映了财务状况、经营成果和现金流量
审计标准	依据《中华人民共和国审计法》和审计署制定的《国家审计准则》	依据《中华人民共和国注册会计师法》和财政部批准发布的注册会计师审计准则
经费或收入来源	是行政行为,列入同级财政预算,由同级人民政府予以保证	是市场行为、有偿服务,由注册会计师和审计客户协商确定
取证权限	具有更大的强制力,有关单位和个人应当支持、协助	依赖于企业及相关单位配合和协助,对企业和相关单位没有行政强制力
发现问题处理方式	在职权范围内作出审计决定或向有关主管机关提出处理、处罚意见	只能提请企业调整有关数据或进行披露,没有行政强制力

资料来源:李彬.21 天突破审计[M].北京:经济科学出版社,2017:9.

3.公正性

审计的公正性是指审计机构和人员客观公正地行使审计监督权、进行审计并提出审计报告和建议。在审计过程中,审计机构和审计人员不从事任何相关的经济活动,与被审计单位或被审计项目没有任何经济利益上的往来,便于对被审计项目或被审计单位作出客观公正的评价,使审计结果取得社会各界的承认和信赖。

二、审计的职能和作用

(一)审计的职能

审计的职能是审计本身所固有的内在功能,是审计的本质属性,它是不以人们的主观意志为转移的。审计的职能不是一成不变的,它是随着经济的发展和人们认识水平的提高而变化的。审计的职能主要有经济监督职能、经济鉴证职能和经济评价职能。

1.经济监督职能

审计是独立的经济监督活动,经济监督是审计的基本职能。经济监督是指检查和督促被审计单位的全部经济活动在规定的范围内,在正常的轨道上运行。通过对政府采购进行审计监督,可以促使政府采购机构严格遵守国家的方针、政策、法律、法规和财政、财务制度,从而保证会计资料的正确性、真实性和会计资料所反映的经济活动的合法性、合规性和有效性。监察和督促有关经济责任者忠实履行经济责任,同时借以揭露可能存在的违法违纪现象,稽查损失浪费,查明错误弊端,判断管理缺陷和追究经济责任等。审计工作的核心是通过审核、查明被审计事项的真相,对照一定的标准,作出被审计单位经济活动是否真实、合法、有效的结论。从依法检查,到依法评价,直到依法作出处决以及督促决定的执行,无不体现了审计的监督职能。

2.经济鉴证职能

鉴证就是鉴定和证明。经济鉴证亦称审计公正,是指通过审计鉴定,明确被审计单位的会计资料及有关的经济资料是否真实、合法和合理,是否可以信赖,并作出书面证明。经济鉴证着重证明经济活动的合法性和可靠性,借以确认或解除经济责任,充当"经济裁判"。经济鉴证职能是鉴证被审计项目和会计资料是否可以信赖的一种职能,被审计单位的财务报表和其他经济活动情况,通过审计报告的形式给予鉴证以后,可以取得社会公认和解除有关人员的责任。

3.经济评价职能

经济评价是指通过审核检查,评定被审计单位的计划、预算、预测、决策等方案是否科学可行,经济活动是否按照既定的目标进行,经济效益的高低优劣,以及内部控制是否健全、有效等,从而有针对性地提出意见和建议,以促使其改进经营管理、提高经济效益。经济评价着重评价经济活动的差异性和效益性,借以提出改进建议,充当"经济医师"。经济评价依靠经济监督,查明各种事实真相,依靠国家法律、法规以及财经纪律,进行认真分析研究;对被审计单位的财政、财务收支状况及有关经济活动作出客观公正的评价。

审计各职能之间既有联系,又有区别,相互结合,相辅相成,构成了完整的职能体系。

(二)审计的作用

审计的作用是履行审计职能、完成审计目的过程中所产生的社会效果,审计有促进和制约两种作用。

1.促进作用

审计通过审核调查,对于被审计单位的经营管理制度及经营管理活动进行评价,指出其合理方面以继续推广,指出不合理方面以提出建议并纠正改进,加强经营管理。审计可以服务并促进宏观经济调控,促进微观经济管理,有助于挖掘经济潜力、提高经济效益。西方的审计学家认为,审计是建立一个廉洁政府的有力工具。

2.制约作用

审计通过审核检查,对于被审计单位的经济活动进行监督和鉴证,可以揭露经济资料中的错误和舞弊行为,揭露经济生活中的不正之风,打击各种经济犯罪活动,制止违反法规制度、违背财经纪律、侵占资财和造成严重损失的行为,制约经济活动中的各种消极因素,有助于各种经济责任的正确履行和社会经济的健康发展,维护市场经济秩序。

三、政府采购审计的对象、内容和方法

对政府采购行为实施审计监督,是促进政府采购行为规范、加强财政支出管理、提高财政资金使用效益的重要手段。

(一)审计对象

政府采购审计的对象有四个方面:政府采购主管机构,即各级财政部门的内设机构,如政府采购管理办公室;集中采购机构,一般指各级政府采购中心;采购单位,一般指各级国家机关,实行预算管理的事业单位和社会团体,以及使用财政资金办理政府采购事项的非企业单

位;政府采购中介机构,是指依法成立、具有法人资格和招标能力,并经财政部门资格认定后,从事政府采购招标等中介业务的社会中介机构,如招标中心、招投标事务所等。

(二)审计内容

对政府采购主管机构审计的内容有:首先,审计主管机构是否建立、健全了政府采购计划管理制度,是否依据人大批复的部门预算,按品目或项目汇总编制政府采购计划,并批复给采购机关执行。其次,审计政府采购主管机构行使的审批职能是否符合法规。如对社会中介机构申请取得政府采购代理资格的审批是否符合有关规定。再次,审计政府采购主管机构履行监督职能的情况。如是否对查出的违纪问题,依据有关规定进行处罚等。第四,审计政府采购主管机构对政府采购资金的支付情况是否符合有关规定等。

对集中采购机构审计的内容概括起来讲有五个方面:一是编制政府采购预算是否符合财政部门审核。二是是否按照批复的政府采购计划实施采购,是否存在无计划、超计划采购的行为,追加政府采购支出是否按规定报经有关部门批准,有无随意追加政府采购支出的行为。三是审计政府采购的方式是否符合规定。不仅要审查所运用的采购方式是否正确,而且要审查某一具体采购方式在运用中是否符合规定。四是审查招投标程序的合法性。着重审查三个方面的内容;即招标文件的保密性、评委的组成和定标是否按程序进行。五是对采购合同签订和履行情况的审计。

对采购单位的审计主要关注三个方面的内容:第一,所购物品是否属于政府采购的范围,是否实施了政府采购;第二,对参加政府采购后购回的大宗物品,是否实行了严格的验收程序,并出具了书面验收报告;第三,对参加政府采购后新购的物品,是否落实了责任管理制,对原先的淘汰物资是否进行了妥善处理。此外,还须审计进行政府采购的会计处理是否正确。

对政府采购中介机构审计的内容主要包括两个方面:一方面审查其是否超越代理范围,超计划、超数量、超规模替采购单位实施招投标采购;另一方面是审查其招投标程序是否符合法规,同时,还应审计其代理费用的收取是否符合规定,有无乱收费和票据使用不合规范的问题存在。

(三)审计方法

政府采购审计的主体来自两个方面:一是财政部门内部的审计机构,二是政府的审计部门。政府采购审计一般采用事后审计方法,这就决定了其审计方法主要有以下三种。

1. 审阅法

这种方法是对政府采购四种审计对象都适用,且必须运用的一种审计方法。主要操作程序是:依据国家发布的政府采购法律、法规和规章,对政府采购主管机构、集中采购机关等四种审计对象的业务资料,进行仔细阅读和审查,并对照上文所述的审计内容进行逐项审阅,从而得出正确与否的结论。在审计中,一般可从资料的外观形式和业务内容两个方面进行审阅。在外观形式上主要审阅资料的完整性、连贯性、统一性、勾稽关系和逻辑关系。如审阅集中采购机关的政府采购计划,从外观上就可以看出,是否全年有总计划、各月有月度计划,各单位上报的采购计划与月度计划、年度计划是否有对应关系,月度计划汇总相加是否等于年度计划等。在经济内容上主要审阅政府采购业务的真实、正确、合规和有效性,这是审阅的重点。如审阅某项政府采购业务,就要看其:是否有政府采购计划;实际采购与采购计划是否相符;采购方式是否正确;采购合同签订和履约是否合规;支付采购资金是否按规定程序进行;等等。

2. 核对法

这种方法主要是针对集中采购机关、政府采购中介机构、采购单位来进行的,通过此种审计方法可以发现集中采购机关、政府采购中介机构、采购单位在政府采购中是否存在弄虚作假行为。其具体做法是将集中采购机关、政府采购中介机构的实际业务资料,与上报给政府采购主管机构的备案资料相核对,从中发现问题。如将某项采购业务的合同,与上报给政府采购主管机构的采购计划、合同备案资料相核对,不一致的就说明有可能作了假。

3. 询查法

这是一种特定的审计方法,对政府采购的审计对象不是都适用的,主要是针对一些经常弄虚作假的少数采购单位和个别屡查屡犯的集中采购机关、政府采购中介机构而采取的一种审计方法。其做法是对上述这三种对象审计时,要进行个别调查和外围了解,从中发现线索,然后再深入检查、审计,从而查出少数单位在"账外账"上不通过政府采购而购买大宗物品的事项,查出个别集中采购机关、政府采购中介机构与供应商、采购单位一起作弊,操纵招投标,相互之间的领导人、经办人从中谋取私利等严重违纪问题。

[资料链接 7-2]

政府采购审计需关注的重点和内容

一是以采购目录为重点。政府采购目录是采购人编制年度采购预算、申报采购计划的依据,审计人员首先就要取得当期的采购目录和标准的有效资料,包括政府集中采购、部门集中采购目录,以及部门采购限额标准、公开招标数额标准等控制性资料,着重掌握采购目录的项目性质类别和数额标准,以便下一步核对执行过程中的采购事项是否符合规定的内容和执行标准。

二是以预算管理为重点。作为政府采购的重要环节,预算管理尤为重要,采购预算的合理编制直接关系到财政资金的合理安排和科学调度,审计人员在审计时,应严格检查预算管理流程资料,包括预算编制、上报、审核、下达、调整等环节,同时关注采购预算是否和部门预算一并上报、批复,以及是否按照部门预算和采购预算的编报口径和格式编制。

三是以计划管理为重点。政府采购计划相对预算来说,是实际执行的方案,也是落实预算的重要依据,审计人员要关注编制政府采购计划、上报采购计划、审核采购计划、下达采购计划等程序上的环节,保障采购计划的科学性,特别关注的是采购计划的内容和标准是否严格控制在政府采购目录内。

四是以招标管理为重点。作为政府采购项目,一般大型的货物、工程和服务类的项目均采取招标的方式,其中,最重要的是要关注公开招标和邀请招标的项目,严防招标过程中的违规和舞弊行为。一是公开招标的,要检查招标文件的内容和编制项目、招标文件是否经过逐层审核、评审资料是否完整,以及是否按照规定发布招标公告等。二是关注邀请招标的项目是否按规定发布资格预审信息、是否严格进行资格预审,特别关注的是是否存在应进行公开招标的项目而人为故意采取邀请招标等行为。

五是以竞争性谈判为重点。竞争性谈判大部分是招标后没有出现投标供应商或者没有合格的投标人,以及因时间紧来不及招标的项目均采用竞争性谈判来确定供应商,由此很多采购单位为了简化手续,不惜将完全可以招标的项目人为地采取竞争性谈判方式进行政府采购。为此审计人员要关注采购项目的内容特性,仔细查阅采购和招标文件,分析项目没有招标供应商投标的原因,仔细甄别其真实性。重点关注是否存在项目确实属于技术复杂和性质特殊,甚至包括项目任务紧,来不及实行招标程序等情况,以还原项目政府采购方式本质。

六是以单一来源为重点。单一来源采购是目前政府采购中风险较大一种采购方式。按照规定，采取单一来源方式进行政府采购一般只能是唯一的供应商，为此，有的部门在采购时利用其特点，往往将完全可以竞争性谈判甚至可以招标的项目而串通他人进行作弊，人为调整和改变采购方式进行单一来源采购，以争取双方私自利益，甚至造成集体腐败。因此，审计人员在审计时要紧紧关注采购项目和供应商业务上的关联性，通过网上查阅其是否属于独家经营的行业，同时进行网上价格查询，保障采购价格的合理性和采购方式的合规性。

七是以资金管理为重点。采购资金的管理方式严格意义上来说是必须纳入统一预算管理，特别是在拨付过程中，应该直接由财政部门通过国库收付部门拨付到供应商，也有的是通过采购管理部门拨付到供应商，但是，不论哪种方式，审计人员应该注意，采购资金必须是到达指定的供应商的账户，密切关注是否有资金转入非供货商的个人账户，核对拨付单据，采购项目的内容、规格、产地及供货时间，核对相关付款文件，必要时进行询证，以保障采购资金的安全使用。

资料来源：中华人民共和国审计署 http://www.audit.gov.cn/n6/n41/c64821/content.html（2017－07－20访问）。

四、审计监督

我国的审计机关有中央审计署和各级地方审计机关。它们都是根据《宪法》《审计法》等有关法律的规定设立的。国家通过法律赋予了审计机关审计监督权。这些权限包括监督检查权、采取临时强制措施权、通报和公布审计结果权、处理处罚权和建议纠正权。

审计机关对于政府采购活动的审计是一种法定的国家审计，其显著的特点表现为审计的法定权威性和强制性，其根本目的是为了保护国有资产的安全完整、保护国家经济利益不受侵犯。这种审计一般应在事后进行，即在政府采购活动完毕之后进行，要求就政府采购活动所涉及的财政财务、财经纪律和经济效益进行全面的监督和评价。对政府采购活动的审计并不是全部的，更多的是对具体采购项目的抽查。即并不是说每一项政府采购的全部过程都要予以详细的审查，那样做的话成本太高，应该由政府采购的具体采购人通过内部会计监督的方式来实现。但是因为政府采购所使用的是财政资金，审计机关必然会在对政府财政资金的审查管理和监督中涉及每笔资金的使用问题。

［资料链接7－3］
中华人民共和国审计法

第三十三条　审计机关进行审计时，有权就审计事项的有关问题向有关单位和个人进行调查，并取得有关证明材料。有关单位和个人应当支持、协助审计机关工作，如实向审计机关反映情况，提供有关证明材料。

审计机关经县级以上人民政府审计机关负责人批准，有权查询被审计单位在金融机构的账户。

审计机关有证据证明被审计单位以个人名义存储公款的，经县级以上人民政府审计机关主要负责人批准，有权查询被审计单位以个人名义在金融机构的存款。

第三十四条　审计机关进行审计时，被审计单位不得转移、隐匿、篡改、毁弃会计凭证、会计账簿、财务会计报告以及其他与财政收支或者财务收支有关的资料，不得转移、隐匿所持有的违反国家规定取得的资产。

审计机关对被审计单位违反前款规定的行为,有权予以制止;必要时,经县级以上人民政府审计机关负责人批准,有权封存有关资料和违反国家规定取得的资产;对其中在金融机构的有关存款需要予以冻结的,应当向人民法院提出申请。

审计机关对被审计单位正在进行的违反国家规定的财政收支、财务收支行为,有权予以制止;制止无效的,经县级以上人民政府审计机关负责人批准,通知财政部门和有关主管部门暂停拨付与违反国家规定的财政收支、财务收支行为直接有关的款项,已经拨付的,暂停使用。

审计机关采取前两款规定的措施不得影响被审计单位合法的业务活动和生产经营活动。

资料来源:《中华人民共和国审计法》,2006年修订.

第二节　政府采购监督

一、监督的含义及分类

(一)监督的含义

监督是确保各项措施、任务正确实施的重要手段。它所涉及的内容、范围十分广泛,形式也多种多样。这种广义的监督,主要是指法律规定的立法和执法机关以及社会各界,依照国家法律、法规的规定,对某项政策、法律、计划、工作任务和具体行政行为的贯彻实施情况所进行的监察和督促。

从监督的主体而言,有上级行政机关对下级行政机关的监督,有同级行政机关各部门相互之间的监督,有机关内部各职能机构互相进行的监督,也有来自社会各界,包括来自人民群众、社会团体、行业协会、新闻媒体和公民个人的监督等。就监督的内容而言,有针对国家某一政策、法律贯彻实施情况进行的监督,有针对国家某一次经济计划、经济指标执行情况而进行的监督,有针对某一项工作任务完成情况进行的监督,还有针对某一项具体行政行为,包括对所采取的行政强制措施执行情况的监督等。就监督的形式而言,有以行政执法活动、司法诉讼活动等形式进行的监督,也有以立法机关的质询、社会舆论的宣传报道形式进行的监督。就时间而言,有定期的、分阶段的、周期性的监督,也有不定期的监督。总之,通过运用各种手段、采取各种形式进行有效的监督,是确保国家政策、法律、国民经济计划、各项工作任务、各项具体行政行为的正确实施,并使之取得预期的社会效果的重要手段。

政府采购活动的监督,是政府采购法规定的有关主体依据各自的职责和权利,运用行政、经济、法律和舆论等手段,以预防和制止政府采购中违法行为的发生,消除其带来的不良影响及后果而采取的各种措施和行为,是为了维护正常的政府采购市场秩序,从而保障政府采购政策目标的实现。

(二)监督的分类

对政府采购行为的监督,一般又可以概括为以下几种:立法机关监督、行政机关监督、司法机关监督和社会监督。它们分别从不同的角度,采取不同的形式和方法,对政府采购实施有效的监督。

1.立法机关监督

立法机关一方面通过制定法律,明确规定政府采购的范围、采购方式和采购程序的规范,以及如何加强监督,追究违法者法律责任等,为政府采购行为建立共同的标准,对政府采购行为进行法律的规范。另一方面,更为直接的是,立法机关通过听取和审议工作报告、询问和质询、视察和检查、调查、撤销和备案、罢免和撤职等方式就政府采购相关主体对《政府采购法》的执行和遵守情况进行监督。

2.行政机关监督

行政机关的执法在政府采购监督体系中的地位和作用尤为重要。其原因在于:第一,政府采购法的行政主管机关是实现政府对采购活动保持主动干预的基础。政府采购中的违法行为往往同时具有侵害当事人和危害公共利益的双重性质,因此,国家有必要通过行政手段对其保持主动干预,以维护社会整体利益,保证政府采购市场机制能正常发挥作用。这就是政府采购法赋予行政机关监督《政府采购法》执行的职责的根本意义所在。第二,为受到损害或有损害之虑的供应商提供迅速的救济。行政机关工作的效率性,较之司法机关严密复杂的诉讼程序更能对各种形式的政府采购不法行为作出灵活迅速的反应,其简洁的案件处理程序有利于及时消除正在发生的对供应商的侵害。

在我国《政府采购法》中,对政府采购的行政监督不仅包括政府采购监督管理部门的监督,而且还具体规定了集中采购机构的内部监督。其中政府采购监督管理部门的监督内容主要包括:①对有关政府采购的法律、行政法规和规章的执行情况的监督;②对采购范围、采购方式和采购程序的执行情况的监督;③对政府采购从业人员的职业素质和专业技能的监督。集中采购机构内部自我监督,《政府采购法》主要对集中采购机构的工作程序和职责分工、采购人员的培训和考核制度做了简要的规定。

政府监督管理部门的监督和集中采购机构的自我监督因为和政府采购活动的具体开展密切相关,我们把它们称为对政府采购活动的业务性监督。

各级人民政府其他有关部门对政府采购活动也负有一定的监督职责,这里包括负有招标投标行政监督职责的政府有关部门对政府采购招标投标活动的监督,以及审计机关对政府采购当事人的审计监督(在第一节已介绍过),监督部门对采购人和政府采购工作人员的监察监督和社会监督。

我国《政府采购法》第七章主要是对政府采购活动的行政内部监督作了规定,这也是本节重点论述的内容。

3.司法机关监督

司法机关监督主要是指司法机关通过检察、审判职能的独立行使,从而实现对政府采购中的违法犯罪行为的监督以及对政府采购中行政人员的渎职犯罪的监督。在我国《政府采购法》中,人民法院在对政府采购的监督中主要从事以下活动:①处理有关政府采购合同履行中的民事纠纷;②依法追究政府采购当事人的刑事责任;③处理供应商不服政府采购监督管理部门投诉处理决定的行政诉讼。

4.社会监督

社会监督是广大人民群众以及社会团体、新闻媒体对政府采购行为的监督,以及对行政机关及其工作人员履行职责情况的监督。相对于社会监督的是国家监督,国家监督是国家机关实施的监督,具有确定的监督对象、内容和范围,使用法定的监督方式,并产生必然的监督后果,而社会监督则是 种非国家机关的监督,它是由非国家机关的政党、组织、社会团体及全体公民采取任意的方式实施的,不一定产生必然结果并缺乏法律约束力的监督形式。如舆论监督、公民举报、批评、建议等。这两种监督同时并存于整个监督体系之中,既有区别,又有联系。

二、政府采购监督管理部门的设置与职责

政府采购范围广泛,涉及社会各个方面、各个层次,政府采购法的执行自然触及各个部门、各个方面的利益,如果将监督的职责平均分配给各个行政机关,难免受各种利益的消极影响,不利于维护法律的统一性和执法的公正性。因此,需要设立政府采购监督管理机关,集中行使政府采购的监督管理权力。

从世界其他一些国家和地区的情况看,由立法直接创设政府采购行政管理机关的做法比较普遍。如我国台湾地区在1998年颁布的政府采购法中确定政府采购的主管机关为行政院的"采购暨公共工程委员会"。日本、韩国、菲律宾等国的政府采购主管机关也都是由其相应的政府采购立法创设的。通过立法创设政府采购主管机关的好处在于,能够使行政机关的地位、组织机构和运作程序充分适应政府采购的特殊要求,对于其履行监督执行政府采购法的职责具有重要的意义。

[资料链接7-4]

美国政府采购监督机制——法律体系完备,权力相互制约

发达国家的政府采购监督机制相对健全,可操作性强,不同国家的政府采购监督机制各有特色,分析国外的先进监管制度,对完善我国政府采购监督体系具有重要意义。

美国是世界上最早实行政府采购制度的国家之一,完善地构建了与政府采购相关的法律法规。同时,科学完备的政府采购监督体系为美国发挥政府采购应有的功能作用提供了重要保障。其体系的科学性表现在:

(1)法律体系完备,可操作性强。美国的政府采购制度完全以法律为操作依据。美国国会于1861年颁布《联邦采购法》,以立法的形式实现了政府采购的法制化、规范化,成为美国采购立法的基础与核心。目前,美国政府采购的相关法律法规超过500部,涉及的配套条款超过4000条。政府采购法律体制的不断完善,法律可操作性的不断提高,为监督机制的实施提供了重要支撑。

(2)权力相互制约,监督体系立体化。多层次、立体化、权力相互制约的分权监督模式是美国政府采购监督工作的特色,具体包括立法、司法、行政及社会四个维度的监督。立法监督主要由美国国会及隶属国会的联邦会计总署负责。行政监督主要通过白宫下属的行政管理与预算局实现。该机构主要负责三方面工作:预算草案的制定和执行、监督联邦总务署及其各行政机构的预算执行和政府采购、协助修订和评估联邦采购条例。司法监督机构主要有联邦索赔法院和联邦行政机构中的合同上诉委员会。社会监督主要体现在美国联邦行政组织中设立的监察办公室。监察人员的主要工作是向机构领导和国会汇报各行政机构采购活动中的问题,同时还负责接受热线投诉、行政采购过程中违规事件的揭发,并对举报事件进行调查,以此达到社会公众监督的效果。

(3)法律救济制度规范,保障供需双方权益。根据发生争议的阶段划分,美国政府采购争议可以分为"合同授予争议"和"合同履行争议"。解决合同履行争议的处理方式可以分为三种:合同官判定、向总务署合同申诉委员会或向法院申诉。以发生争议的解决机制为标准,可以分为"司法救济"和"行政救济"。"司法救济"主要有三种方式:发布禁令、公告救济、合同合并。在"行政救济"中,主要分为合同撤销和行政裁决指令。

资料来源:楼恒,崔国煜,倪志良,韩伟民.政府采购监督机制的国际比较和经验借鉴[J].财政监督,2017,(05):15-18.

(一)我国政府采购监督管理部门的设置

尽管创设专门的行政机关负责政府采购法的监督执行的设想,不失为我国政府采购行政主管机关的理想模式,但是由于我国机构改革的压力,创设新机构难度较大以及在新机构的运作程序和组织机构等方面的条件尚不成熟等因素,我国现行立法采取的是根据现有行政机关的工作职能和利益关系确认某一行政机关来负责政府采购活动的监督管理工作。

我国政府采购的监督管理部门是各级人民政府财政部门,中央政府为财政部,地方政府为财政厅、局。财政部主要负责政府采购法规、政策的拟定和监督执行,采购人员的编制,供应商、采购代理机构的资格标准的制定和审查,采购官员的培训和管理,采购争端的处理等。

另外,法律、法规规定由其他部门监督检查的,依照其规定。这是指考虑到某些行业的特殊性、专业性,国家注意发挥行业主管部门的监督管理职能。比如,我国《建筑法》规定,国务院建设行政主管部门对全国的建筑活动实施统一监督管理。

(二)政府采购监督管理部门进行行政监督享有的职权

政府采购监督管理部门在对政府采购活动进行监督时所享有的职权主要有以下几个方面:

1.询问权

监督机关有权通过询问被监督的采购人、供应商的方式提取言辞方面的证据,有权要求上述被询问对象提供证明材料或者与政府采购活动有关的其他资料。这些资料主要针对被监督的采购人、供应商向监督部门所陈述的有关情况,要求其提供能够佐证自己陈述的资料。例如要求被监督的采购人提供自己没有擅自提高采购标准的事实依据、政策、法律依据等资料;要求被监督的供应商提供与政府采购有关的合同文本、业务函电、合同执行等情况的资料;要求投诉人提供侵害事实的资料;等等。

2.查询、复制权

监督机关有权查询、复制与政府采购违法行为有关的协议、账册、单据、文件、业务函电等,以提取书证或有关视听资料。查询、复制有关资料,是执法机关提取书证及视听资料的主要渠道之一。

3.处罚权

监督机关对查证属实的违法行为人以及拒绝接受检查或提供虚假情况的采购人和供应商有权根据具体情况作出警告、罚款、没收非法所得、责令限期改正、列入不良记录名单等处罚。

[资料链接 7-5]

刑事处罚与行政处罚

刑事处罚在我国是指刑法规定的由国家审判机关依法对犯罪人适用的限制或剥夺其某种权益的强制性制裁方法;行政处罚在我国是指行政机关依法对实施了违反了行政法律规范的行政管理相对人进行的法律制裁。行政处罚与刑事处罚都是国家对违法者实施的剥夺其某些权利的强制手段,与私法有明显的区别,属于公法的范畴。所以二者存在某些相类似之处:一是构成二者必须都以违法行为作为前提。二者均由法定国家机关以国家名义实施,任何其他组织或个人都无权以自己名义对违法者实施处罚。三是处罚方式都有人身罚和财产罚。

二者的区别在于:一是处罚适用的前提不同。刑事处罚是针对刑法条文明确规定的罪行作出的惩罚。行政处罚是针对公民、法人或其他组织违反国家有关法律法规,尚未构成犯罪,依法应承担行政责任而作出的惩罚措施。二是处罚实施的机关不同。行政处罚由具有行政管理权的行政机关及其授权组织行使。刑事处罚只能由人民法院实施。三是制裁方式不同。行政处罚包括警告、罚款、责令停产停业、没收违法所得、行政拘留等。而刑罚包括管制、拘役、有期徒刑、无期徒刑、死刑的主刑以及附加剥夺政治权利、没收财产、罚金，比行政处罚严厉得多。四是承受处罚的主体不同。行政处罚的承受主体是公民、法人、其他组织等行政相对人。刑事处罚的承受主体是公民以及法律明文规定的单位。五是处罚适用的依据不同。行政处罚适用的依据有法律、行政法规和规章，而刑事处罚适用的只有法律的规定。

　　资料来源：高铭暄，马克昌.刑法学[M].北京：北京大学出版社，2007.

三、政府采购监督管理部门进行业务监督的主要内容

　　我国《政府采购法》规定的政府采购监督管理部门对政府采购活动的监督主要包括三个方面的内容：

（一）对有关政府采购的法律、行政法规和规章的执行情况的监督

　　这方面的监督主要是法律适用上的监督，政府采购监督部门首先要明确政府采购活动应适用的法律，除了《政府采购法》以外，与政府采购活动有关的法律还包括《招标投标法》《合同法》《预算法》《审计法》《反不正当竞争法》等一系列法律，而目前国务院和其各部委已有的行政法规和规章在具体不同类别的政府采购活动中要分别加以适用，各地方的地方法规和政府出台的行政规章也要按不同的地区差异分别执行。政府采购监督部门首先要熟知这些法律规定，然后才能在监督活动中指导采购活动当事人。

　　在政府采购监督管理部门的这一项监督活动上，要注意与司法机关的配合工作。行政机关和司法机关同是政府采购法重要的执法机关，也是政府采购法监督体系中关键的两个主体。二者的相互分工和密切合作是政府采购目标实现的重要保障，而分工与配合的形成是通过各自的职权来实现的。

　　司法机关的监督，主要是指检察、审判机关按照国家法律和法规的规定，对违反政府采购法的行为所实施的监督查处。司法机关在政府采购法的监督执行过程中的职权主要表现在以下几个方面：

　　1.处理有关政府采购的民事纠纷

　　根据《政府采购法》规定，政府采购合同适用《合同法》和有关法律。因此，采购人和供应商在履行政府采购合同过程中，应当遵守平等、公平、诚实信用的原则。一方违约造成另一方当事人损失的，受损失的一方可依《合同法》和《民事诉讼法》的有关规定，向人民法院提起民事诉讼。人民法院通过对政府采购合同纠纷的审理，制止违法行为，追究违法人的民事责任，使被侵害的当事人的损失得以补偿。

　　2.依法追究严重违法行为人的刑事责任

　　在政府采购中，有些违法行为侵害的不仅仅是当事人的合法权益，还严重扰乱了社会经济秩序，损害了社会公共利益。因此，《政府采购法》在对此规定行政处罚的同时，对情节严重、构成犯罪的，依法追究其刑事责任。如《政府采购法》第64、67、69、70条分别规定了对政府采购中各主体的严重违法行为构成犯罪的，依法追究刑事责任。对于政府采购监督管理部门在行政监督中发现的已经构成犯罪的违法行为，要及时转交有关司法机关处理。

　　3.处理供应商和行政机关的行政争议

　　行政诉讼是我国加强行政执法监督，保护公民、法人及其他组织合法权益的重要法律制

度。对政府采购监督管理部门对供应商的投诉作出的处理决定不服或政府采购监督管理部门逾期不作处理的,供应商可以根据《政府采购法》及《行政诉讼法》的有关规定,向人民法院提起行政诉讼,作为对行政处理程序的一项救济,以尽可能杜绝不公正的现象发生。

由此看来,政府采购监督管理部门的行政监督与司法机关的司法监督各有分工上的不同,但又相互配合,对政府采购有关的法律、法规的贯彻执行起着重要的作用。

[案例分析 7-1]

"何时"用"何法"

要点提示:

1.各级国家机关、事业单位和团体组织,使用财政性资金采购集中采购目录以内的或者采购限额标准以上的货物、工程和服务的行为适用政府采购法。

2.采购代理机构未按照法定程序开展采购活动的,将承担相应法律责任。

【案情概述】

20××年7月,Y招标公司接受采购人委托,就该单位"某系统建设项目"组织公开招标工作。7月10日,Y招标公司在中国政府采购网上发布了招标公告。7月15日,A公司认为招标文件中存在歧视性条款,向Y招标公司提出质疑。7月16日,Y招标公司答复质疑。A公司对质疑答复不满,向财政部门提出投诉。8月7日,Y招标公司在中国政府采购网发布了中标公告。

【调查情况】

财政部门调取了本项目的招标文件、投标文件和评标报告等资料。在调查过程中发现,本项目是行政机关使用财政性资金采购货物,预算金额为1200万元,属于政府采购,应当适用《政府采购法》及相关规定,但Y招标公司未按照《政府采购法》规定的程序开展采购活动,适用法律错误。对此,财政部门依法启动监督检查程序。

Y招标公司称,在其与采购人沟通过程中,因公司代表理解错误,导致其按照招标投标法的规定和程序进行本项目招标工作,公司并非故意规避政府采购法及其实施条例的规定。

财政部门在进一步调查中查明:20××年10月,本项目可行性研究报告的批复文件中记载:"资金来源:全部由中央投资安排解决。"随后,采购人与Y招标公司沟通项目具体情况,并将本项目批文提供给Y招标公司。

【问题分析与处理情况】

本案反映了代理机构在开展属于国家机关使用财政性资金采购货物的政府采购活动中,未按照《政府采购法》《政府采购法实施条例》及相关政府采购政策的规定进行的问题。

《政府采购法》第二条规定"在中华人民共和国境内进行的政府采购适用本法。本法所称政府采购,是指各级国家机关、事业单位和团体组织,使用财政性资金采购依法制定的集中采购目录以内的或者采购限额标准以上的货物、工程和服务的行为"。

本案中,虽然Y招标公司称,因公司代表理解错误,导致其未按照政府采购法规定组织招标工作。但根据项目批文中的规定,可明显判断出本项目所用资金为财政性资金,已经达到政府采购的限额标准,且Y招标公司作为专业从事政府采购的代理机构,应当知道本项目须按照政府采购法及其实施条例规定开展采购活动。

综上,财政部门作出处理决定如下:本项目适用法律错误,采购程序违法。根据《政府采购法》第三十六条、《政府采购供应商投诉处理办法》(财政部令第20号)第十九条的规定,责令采购人重新开展采购活动。根据《政府采购法实施条例》第六十八条的规定,责令采购人对未按政府采购法及其实施条例的规定组织采购活动的行为进行整改。

根据《政府采购法》第七十一条、第七十八条及《政府采购法实施条例》第六十八条的规定,对 Y 招标公司未按政府采购法及其实施条例的规定组织采购活动的行为作出罚款,一年内禁止其代理政府采购业务的行政处罚。

资料来源:中国政府采购网 http://www.ccgp.gov.cn/aljd/201704/t20170428_8174115.htm(2017 - 08 - 05 访问).

(二)对采购范围、采购方式和采购程序的执行情况的监督

这主要是指政府采购监督管理部门对具体的采购活动的监督。从我国以前政府采购活动的实践来看,政府采购活动中所存在的主要问题就是政府采购负责部门的执行权和监督权不分,这也是《政府采购法》在起草过程中有关监督部分的规定引起普遍关注的原因。目前的立法对这一问题作出强调,明确规定政府采购监督管理部门不得设置集中采购机构,不得参与政府采购项目的采购活动。同时还规定,采购代理机构与行政机关不得存在隶属关系或者其他利益关系。这样就从制度上给政府采购活动的独立进行提供了保证。

政府采购监督管理部门对具体采购活动的监督要达到两方面的目的:一方面,要充分保证监督的效果,减少违法违规行为的发生,保证政府采购制度良好的运行和目的的实现;另一方面又要避免过多的干预,不过多地影响采购当事人独立行使职权,甚至进而造成某些低效率的官僚作风浓重、事事要审批的状况。为此,《政府采购法》确立了采购合同备案、采购文件保存、供应商投诉等相关制度来保证监督管理部门监督检查权力的实现。

对集中采购机构的监督,《政府采购法》作了进一步的具体规定。要求对集中采购机构的采购价格、节约资金效果、服务质量、信誉状况、有无违法行为等事项进行考核,并定期如实公布考核结果。

(三)对政府采购人员的职业素质和专业技能的监督

政府采购人员指从事政府采购活动的人员,包括的范围较为广泛,有采购人一方的国家公务人员,也包括作为企业法人的招标代理机构的工作人员。政府采购从业人员的职业素质和专业技能的水平的高低,直接关系到政府采购的规定能否得到真正的落实执行。

政府采购监督管理部门要对政府采购人员的任职要求制定具体的标准,对于集中采购机构的政府采购工作人员,《政府采购法》规定由集中采购机构加强教育和培训,并负责定期考核,对此,政府采购监督管理部门要进行监督。对于各个部门进行分散采购和部门集中采购中的政府采购人员,监督管理部门也按照规定的标准进行相应的监督。不属于国家机关工作的政府采购从业人员,包括社会上的采购代理机构工作人员,临时聘请参与采购活动的社会人员,也在监督部门行使监督职权的范围内。

四、集中采购机构和采购人的自我监督

集中采购机构作为集中负责政府采购活动的机构,其自我约束、自我管理、自我监督也是政府采购监督管理的重要方面。采购人进行采购活动也要严格依照采购方式和采购程序执行。

集中采购机构的自我监督,主要体现在内部的职责分工协作的科学性上。目前世界上许多国家和组织都有一些成功经验可供我们借鉴。例如,世界银行等国际金融组织的贷款者进

行贷款项目采购时,通常的做法是:在签订采购合同前,采购人(即借款者)要按照国际金融组织采购准则和有关贷款协议所规定的要求,将借款者的供应商资格预审文件草案、所建议的资格预审标准、借款者对资格预审材料和所收到的投标书的评价报告连同借款者对此推荐意见报经有关国际金融组织审查和批准。审查一般由有关项目部门进行,而当合同金额超过一定限额时还必须征求法律总顾问部门和中心作业服务采购部门的意见。在一些情况下,还要将某些文件提交国际金融组织下设的采购委员会审查。但这种审查和批准并不影响采购人按既定的规则独立作出供应商选择的决定。

一经授予合同,借款者应向国际金融组织提交足够份数的签了字的合同副本。一收到这些副本,有关项目部门必须核对和确保使合同符合招标文件的规定和国际金融组织批准授予合同的条件。随后,连同一份正确填写的采购合同综合表转交会计部门。采购合同综合表作为项目部门核准的证明。采购合同综合表应提供给中心作业服务部门,以备稽查。

完善的业务监督目标的达成依赖于一个完善的监督工作程序的设计,一套良好的监督程序的实施依赖于科学的机构设置和职责分工。

集中采购机构还负责对其工作人员的教育管理职责。政府采购是一项专业性极强的工作,其从业人员需要具备多方面的知识和业务水平。首先,政府采购从业人员具备采购产品及其相关的专业知识,特别在一些大型的设备采购和金额巨大的工程建设项目采购中,政府采购的从业人员一定要具备相应的专业技术知识,才可以胜任;其次,政府采购人员要熟悉商业运作规则,具备一定的市场心理学的知识、人际交往的知识、经济地理知识、市场采购调研的知识和购销知识,懂得如何去把握市场动向,懂得价格和供求方面的知识;再次,要精通政府采购方面的规定,掌握政府采购法律法规和购销法律实务知识,并能在实践中熟练运用。另外,政府采购从业人员还要具备相应的思想素质、文化素质、身体素质。从各国的实践来看,都十分重视并安排专门的部门负责政府采购从业人员的培训和管理工作。对负责政府采购的官员进行定期的培训和考核,提高其专业技能,从而保证政府采购制度健康良好的运行。

五、有关政府部门监督和社会监督

政府采购的监督机制是政府采购制度的一个重要方面。政府采购制度本身的要义就是要规范政府采购行为,但对这种行为的再监督更是显得尤为重要。人人都知道英国历史学家阿克顿勋爵的著名格言:"权力导致腐败,绝对权力导致绝对腐败。"人们经常将政府采购与建设工程、进口设备、审批科研基金和进出口项目等政府采购行为联系在一起。政府采购中的重大丑闻在世界许多国家都有发生,我国也屡见不鲜。从近些年查处的经济案件,尤其是设备采购的贪污受贿案件中,作案团伙化、钱权交易十分突出。一些党政干部利用手中职权和社会影响,更利用法律制度的不健全进行暗箱操作,以公共资金、人民群众的生命财产安全、社会利益为代价换取个人的"暴富"。这些腐败现象的根除和我国反腐倡廉工作的深入开展,必然离不开社会监督机制的完善和健康运行。在政府采购监督体制中,除了政府采购监督管理部门的直接业务监督外,其他相关的政府部门也要加强其监督力度,还要充分发挥社会监督和舆论监督的作用。

(一)公证机构监督

实践中相当受到重视的监督活动是来自国家公证机关对招标活动的参与。1992 年 10 月 19 日司法部发布了《招标投标公证程序细则》,来专门规范招标投标公证活动。在招标投标活动中,国家公证机关根据招标单位的申请,依照国家有关招标投标的法律、法规规章和招标文件的要求,对招标投标双方的主体资格和有关文件和材料进行审查,对整个招标投标活动进行现场法律监督,证明其真实性、合法性。它也是国家对招标投标活动进行法律监督和调控的一种手段,对于规范招标投标行为,完善招标投标机制,预防纠纷,加强招标投标活动的管理和监督,保证招标投标活动顺利进行,杜绝招标投标活动中的违法行为,维护招标投标双方当事人的合法权益具有重要意义。1997 年 8 月 28 日原国家计委下发的《国家基本建设大中型项目实行招标投标的暂行规定》,招标数额较大或采取国际招标的建设项目,项目法人应当聘请有资格的律师对有关文件和合同文本出具法律咨询意见,在开标和合同签订时,一般应请公证部门参加。

公证机构在招标投标活动中的任务是从法律角度引导、帮助招标人、投标人、评标人依法进行招标投标活动,规范招标投标行为,并依法证明招标投标行为的真实性、合法性。公证机构的各项工作主要是:①查明招标方是否具有规定的招标资格。包括查明招标方是否具有法人资格,招标项目是否符合其法定的经营范围和经营方式,招标方是否符合国家有关规定要求的其他条件,申请公证的招标项目是否能获得有关部门批准已具备其他规定的条件。如果属于委托招标,还要查明受托招标方是否具有规定的招标条件、合法的代理身份和代理权。②审查招标程序安排、招标章程、招标文件、招标公告等是否符合法律,是否符合公正、公平、平等、诚实信用、择优中标的招标原则,并帮助招标人完善上述招标法律文件。③审查评标委员会的组成和工作程序是否合理、合法,是否具有权威性、公正性。④审查招标方提供的证明材料是否真实、合法、完备、有效。⑤查明招标方是否具有规定的投标资格,所提交的资格证明是否真实、合法、有效,代理人的身份和代理权是否真实合法。⑥对招标投标活动的全过程进行现场监督。包括招标、投标、开标和评标阶段。最后要出具公证书,以证明招标过程和招标结果合法、有效。该证明书具有法律上的效力。

(二)审计机关监督

审计机关监督在第一节中已经介绍过了,这里就不再赘述。

(三)监察部门监督

监察部门是行政机关系统内设置的,负责对行政机关及公务员以及由行政机关任命的其他人员督察和惩戒活动的专门监督机关。我国现行监察制度方面的法律主要是《行政监察法》。行政监察的目的,在于保证政令畅通,维护行政纪律,促进廉政建设,改善行政管理,提高行政效率。我国的行政监察实行双重领导体制,一方面,监察机关是县级以上各级人民政府的职能部门之一,受本级政府领导,受同级人大的监督;另一方面,它在与同级其他行政机关的关系中又处于相对独立的特殊地位,其监察业务以上级监察机关的领导为主。监察机关依法行使监察职权,不受其他行政部门、社会团体和个人的干涉。

依据我国《行政监察法》的规定,监察机关依法监察的对象,是行政机关、公务员和行政机关任命的其他人员。其他国家机关及其公职人员以及非由行政机关任命的其他人员,不在监察对象之列。国务院监察机关对国务院各部门及其公务员,国务院及其各部门任命的其他人员,省、自治区、直辖市人民政府及其领导人员实施监督。县级以上地方各级政府监察机关对本级人民政府各部门及其公务员,本级人民政府及其各部门任命的其他人员,下一级人民政府及其领导人员实施监督。县、自治县、不设区的市、市辖区政府监察机关还对本辖区所属的乡、民族乡、镇人民政府的公务员以及任命的其他人员实施监督。由以上规定可以得知,在政府采购活动的监察中,监察对象包括参与政府采购的行政机关,其中包括政府采购监督管理机关,但对于不属于行政机关的事业单位、社会团体则无监察权限,对于社会上独立依法成立的以营利为目的的采购代理机构也无权监察。对于参与政府采购活动的政府公务员应予以监察,并且对于行政机关任命的其他参与政府采购活动的人员,包括评标委员会成员、谈判小组成员、询价小组成员,只要是行政机关任命的,都在监察部门的监察范围之内。

监察机关所享有的行政监察权主要包括两个方面:

1.检查、调查权

监察机关可以根据监察计划,定期或不定期地对参与政府采购活动的机关及其公职人员执行政府采购的法律法规、规章和人民政府决定、命令的情况进行调查。在实施检查、调查过程中,监察机关有权采取以下必要措施:①要求被监察的部门和人员提供与监察事项有关的文件、资料、财务账目及其他有关材料,进行查阅或者予以复制可以证明为违法违纪行为的文件、资料、财务账目及其他有关材料,有权暂时予以扣留和封存。②要求被监察对象(有违法违纪嫌疑的人员)在指定的时间、地点就监察事项涉及的问题作出解释和说明,但不得对其实施拘禁或变相拘禁。③责令被监察对象停止违反法律、法规和行政纪律的行为。④责令案件涉嫌单位的涉嫌人员在调查期间不得变卖、转移与案件有关的财物。⑤建议有关机关暂停有严重违法违纪的人员执行公务。⑥在调查贪污、贿赂、挪用公款等违反行政纪律的行为时,经县级以上监察领导人员批准,可以查询案件涉嫌单位和涉嫌人员在银行或者其他金融机构的存款;必要时,可以提请人民法院采取保全措施,依法冻结涉嫌人员在银行或者其他金融机构的存款;必要时,可以提请公安、审计、税务、海关、工商行政管理机关予以协助。

2.建议、决定权

监察机关对监察确认的事实和问题在职权范围内分别提出监察建议、作出监察决定。监察机关依法作出的监察决定,有关人员应当执行。监察机关依法提出的监察建议,有关部门无正当理由的应当采纳。监察机关根据检查、调查结果,在下列情况下可以作出监察决定或者提出监察建议:①被监察对象违反行政纪律,应当给予警告、记过、记大过、降级、撤职、开除的行政处分;②违反行政纪律取得的财物,依法应当没收,追缴或者责令退赔的,按照监察机关的职责权限,对某些不能直接处理的事项,由监察机关向有权处理的行政机关提出监察建议,主要有如下情况:第一,拒不执行法律、法规或者违反法律、法规以及人民政府的决定、命令,应当予以纠正的;第二,本级政府所属部门和下级政府作出决定、命令、指示违反法律、法规或者国家政策,应当予以纠正或者撤销的;第三,给国家利益、集体利益和公民合法权益造成损害,需要采取补救措施的;第四,录用、任免、奖惩决定明显不适当,应予以纠正的;第五,依照有关法律、法规,应当给予行政处罚的。

当然,监察机关在进行监察活动的时候,应当遵循法定的程序,以保证监察机关在检查、调查过程中的行为及所作出的监察建议、监察决定的正确性。

(四)社会监督

对政府采购活动的监督除了行政监督外,政府采购法还规定,任何单位和个人都有权对政府采购活动中的违法行为进行检举和控告。公众对行政机关的监督是宪法赋予的一项政治权利。我国宪法第四十条规定,公民对于任何国家机关和国家工作人员,有提出批评和建议的权利;对于任何国家机关和国家机关工作人员的违法失职行为有向有关国家机关提出申诉、控告或者检举的权利。这是单位和公民对政府采购活动进行监督的根本法律依据。

社会监督是指由国家机关以外的社会组织和公民对各种法律活动的合法性进行的不具有直接法律效力的监督。公民对国家机关及其工作人员的监督,是行政监督体系的基础,是一种自下而上的监督,是人民主权这一宪法精神的体现。社会监督不具有直接的法律效力,但这并不是说社会监督对制止政府采购中的违法行为无能为力。社会监督的意义在于使行政机关或者司法机关知悉政府采购中的违法行为,并为其查处或审判提供线索及证据,而更为重要的是,为督促其依法办案形成有利的社会氛围和压力。

社会监督主体可以行使的权力主要有披露、检举和控告三种。①披露,就是通过广播、电视、报刊等新闻媒介公开揭露政府采购中的违法行为,让它们在社会曝光,以引起社会舆论对政府采购中的违法行为的公愤。事实证明,运用新闻媒介实施对政府采购的社会监督,对制止其中的违法行为有着至关重要的作用。②检举,是指与政府采购行为没有直接利害关系的单位和个人在知悉政府采购中的违法行为事实时,向行政执法机关、司法机关揭发的行为。《政府采购法》规定,任何单位和个人对政府采购活动中的违法行为,有权控告和检举,有关部门、机关应当依照各自职责及时处理。③控告,是指向行政执法机关或司法机关揭发、控诉政府采购中违法行为的主体及其违法事实并要求依法惩处的行为。控告和检举同是向行政执法机关或司法机关揭发违法行为,但检举的行为人一般与案件无直接牵连,往往出于正义感或是为了维护社会正常的经济秩序。控告则往往是由违法行为的受害者提出的。

对于政府采购活动中出现的违法违纪现象,任何单位和个人都可以通过国家机关的举报制度和信访制度来行使其行政监督权。公民、企事业单位、各种社会组织可以直接向对政府采购有行政监督职责的有关国家机关直接检举和揭发,也可以通过写信和来访等形式反映自己的意见,提出建议和要求,有关机关对违法违纪行为进行处理。对政府采购行为实施社会监督的主体非常广泛,它包括了国家机关之外的一切组织和个人,其中较突出的是供应商和纳税人。①供应商。供应商是政府采购市场竞争的直接参与者,在政府采购过程中,可以更便利地发现采购人和其他供应商的违法行为。因此,英国的采购专家形象地把供应商喻为"采购活动的警察"。②纳税人。对于纳税人来说,由于政府采购的资金来源于他们,政府采购的目标必须符合广大纳税人的利益,即公共利益,这样就对公众产生了一种监督责任。而且由于政府采购的对象大多涉及公共利益,政府采购的最终受益人是纳税人,政府采购中违法行为的最终受害人也是纳税人,因此,纳税人是对政府采购实施社会监督的重要主体。

单位和个人在检举和控告时要注意的问题有:①选择适当的举报受理机关,搞清举报的性质,根据举报机构的管辖范围进行举报。对政府采购活动中出现的贪污贿赂等职务犯罪行为,向检察机关进行举报;履行职务中有以权谋私等不当行为的向监察部门举报;侵犯商业秘密、诋毁商誉等行为构成刑事犯罪的,向公安机关举报;违反党的纪律的,向纪检部门举报;对采购人非法经营等行为,可以向工商行政管理机关举报;当然也可以直接向政府采购监督管理部门反映和检举、控告。②检举和控告时要注意地域管辖和级别管辖的问题,以利于问题的迅速解决,当然有些时候为了避开地方保护主义的影响,方便案件的查处,也可以直接向上级机关进行举报。③注意正当的检举、控告和错告、动机不良的打击报复、诬告陷害的区别,错告可能是因为弄错了被举报人的主体身份,或者张冠李戴,或者错误选择受理机关,一般有违法违纪行为存在,对错告的有关机关要予以纠正。而对恶意的不实举报,如明知自己所检举控告的事实不切实际,或者编造材料,无中生有,以达到自己的恶意目的,从而极有可能对其他人的合法权益受到损害的行为,有关机关应依法予以追究。

[资料链接 7 - 6]

政府采购社会监督的渠道

（一）采购活动公开

采购活动公开是指有关政府采购的法律、政策、程序和采购过程的各环节要公开透明，以便接受社会的监督。按照《政府采购法》的相关规定，政府采购要在指定的媒体上向社会公开采购内容、采购程序、采购结果，保持采购活动较高的透明度。

（二）完善举报来信来访制度

向社会公布举报电话和投诉信箱，设立信访办公室，使人民群众的意见得到充分的表达，并及时做好来信来访的处理工作。通过人民群众的批评、控告、检举、揭发、申诉等方式制止政府采购活动中的不规范现象。

（三）完善供应商的质疑与投诉机制

供应商的质疑和投诉是政府采购社会监督的一种方式。完善供应商的质疑与投诉机制，既是保障供应商知情权和监督权，维护其正当权益的必然要求，也是强化政府采购控制和实现采购公开、公平、公正、透明的重要途径，对深化政府采购改革和确保采购制度健康运行至关重要。要按照《政府采购法》中关于质疑和投诉的办法来完善供应商的质疑与投诉机制，以加强政府采购的社会监督。

资料来源：黎明，赵永军，王鑫.加强政府采购社会监督——以我国《政府采购法》为背景[J].法制与社会，2010,(20):161.

本章小结

1.政府采购审计是指依照法律的规定，由各级行政机关对政府采购的当事人实施政府采购的情况和政府采购监督管理部门的监督管理情况进行审计、监督、评价及鉴证的活动。

2.审计是一项独立的经济监督活动，具有独立性、权威性和公正性三个基本特征。审计的职能主要有经济监督职能、经济鉴证职能和经济评价职能。从不同的角度出发，审计具有制约作用和促进作用。

3.政府采购活动的审计，是对政府采购主管机构、集中采购机构、采购单位、政府采购中介机构等不同主体在政府采购程序、制度、内容和运作过程的审计，采用审阅、核对、询查等方法，实现政府采购中审计应发挥的监督作用。

4.政府采购活动的监督，是政府采购法规定的有关主体依据各自的职责和权利，运用行政、经济、法律和舆论等手段，以预防和制止政府采购中违法行为的发生，消除其带来的不良影响及其后果而采取的各种措施和行为，是为了维护正常的政府采购市场秩序，从而保障政府采购政策目标的实现。

5.对政府采购行为的监督，一般又可以概括为：立法机关监督、行政机关监督、司法机关监督和社会监督。通过运用各种手段、采取各种形式进行有效的监督，是确保国家政策、法律、国民经济计划、各项工作任务、各项具体行政行为的正确实施，并使之取得预期的社会效果的重要手段。政府采购的审计和监督是政府采购经济效益管理的基础。

关键概念

政府采购审计　　政府采购监督　　经济监督　　社会监督

本章案例或专栏资料分析题

1.根据资料链接7-1,进一步总结政府审计和注册会计师审计的异同,结合实际应用各举一例。

2.结合审计的内容和方法,学习资料链接7-2,总结政府采购审计过程对审计职能的履行。

3.学习资料链接7-3,查找整理其他与审计监督相关的法律法规。

4.阅读资料链接7-4,查找其他发达国家在政府采购监督机制设置上的先进经验案例。

5.参考资料链接7-5,辨析刑事处罚与行政处罚在政府采购监督中的应用范围,并查找实际案例。

6.参照案例分析7-1,举例说明政府采购相关法律在采购过程中的适用范围。

7.阅读资料链接7-6,结合实际谈谈完善政府采购监督渠道的措施。

第八章　政府采购救济制度

学习目标:本章主要介绍政府采购救济制度相关理论,我国政府采购救济制度现状,对比国外经验,分析我国在政府采购救济制度中存在的主要问题。通过本章的学习,掌握政府采购救济制度相关概念和救济机制,思考如何完善我国政府采购救济制度,最终达到保障供应商合法权益的目的。

第一节　政府采购救济制度概述

在政府采购活动中,当任何一方当事人受到不公平或不当待遇时,若不能采取有效地救济方式,将使整个采购的目的沦为空谈。通过政府采购救济制度的建立,能够有效保障各方的合法权益,既能给供应商一个明白,又能给采购人一个清白。依据法理,有权利必有救济,无救济无权利。一个健全、透明、公正、高效的当事人权利救济制度,是政府采购法制中不可或缺的重要内容。

一、政府采购救济制度的概念

政府采购救济制度,是在政府采购过程中,由于当事人一方的故意或过失而导致另一方财产或权益的损失时,另一方所采取的补救措施的一系列法律规定。

理论上讲,政府作为采购人以市场为平台,供应商通过公平竞争达成和政府的交易,政府和供应商应为平等的民事主体。但在实际过程中,政府因具有先天的行政和经济优势,供应商相对处于劣势地位,合法权益容易遭受侵害。政府采购救济制度也可以理解为供应商(包括潜在供应商、投标供应商和中标供应商)与政府采购实体发生争议时,寻求的能够对其所受到的损失进行赔偿或补偿的行政或民事救济方法的总和。

二、政府采购救济制度的救济对象

在《政府采购法》中规定供应商享有异议权,现阶段我国把供应商列为政府救济制度的主要对象。但参与政府采购活动的采购人、第三人和成交供应商都有受到不公平待遇的可能。国际上也将政府采购救济制度的救济对象界定得更广,我国应该在实践过程中不断修订救济对象的范围。

三、我国政府采购救济制度的适用范围

(一)供应商在政府采购活动中的权利

供应商在政府采购过程中,如果认为政府采购文件、政府采购过程或政府采购结果等使自

己以下权利受到损害的,可以通过合法途径向采购人或代理机构进行询问、质疑、协商、复议、诉讼等。

（1）平等取得资格权。凡符合政府采购法的相关规定的供应商,均可成为政府采购供应商,参与政府采购活动。相关机构在对供应商主体资格进行审查认定时,必须一视同仁,严格按照政府采购法规定的供应商资格标准和要求进行,不得设置一些带有歧视性或特定指向性的条件标准。

（2）信息知情权。政府采购信息包括采购人、采购标的、采购数量和规格等内容除涉及国家机密和商业秘密外,按规定都要在政府采购监督管理部门指定的媒体上及时、全面、真实地向社会公开发布。供应商有知悉和查询的权利。

（3）公平竞争权。拥有合法资格的供应商都有权自主决定是否参与政府采购项目的竞争,任何单位和个人都不得加以干扰和阻止,不得利用与法律法规相抵触的地方性保护条款或行政干预的方式,排挤、歧视和阻止供应商参与竞争。

（4）要求保守商业秘密权。供应商的商业秘密关乎供应商此次甚至以后交易成功与否,对供应商影响巨大。在政府采购过程中,有时需要按采购人规定提交一些关乎其商业秘密的特殊材料。同时,供应商的投标内容,如报价等在开标前也是商业秘密,采购人或采购代理机构等相关人员都有义务保密。

（5）自主签订合同权。供应商可根据自愿、平等的原则自主与采购人签订采购合同,有权拒绝任何不合理的要求或附加条件,对招标文件中内容的变动有协商参与权。

（6）要求履约权。合同一旦签订,供应商有要求采购人严格履行合同的权利。

（二）政府采购争议的分类

以合同是否签订为界,可以将政府采购争议分为两个阶段,分别是政府采购合同授予争议和政府采购合同履行争议。

（1）政府采购合同授予争议。它是指政府采购合同成立前,从决定采购方式、选择供应商、竞标、开标至决标为止的采购过程中所发生的争议。这时采购当事人双方还没有建立合同关系,而且争议的发生是由于政府采购机构或其代理机构单方面行为所引起的,行政性质明显。这个阶段的争议主要是针对采购机关违反采购程序、损害供应商合法权益的行为。

（2）政府采购合同履行争议。它是指在政府采购合同的履行阶段及履行完毕后的验收阶段所发生的争议。双方当事人已经建立了合同关系,双方当事人的权利义务关系已经确定,与合同授予阶段争议相比,这个阶段争议的发生既可能是政府采购机关的原因,也可能是供应商的原因。

[资料链接 8-1]

构建政府采购供应商救济制度的必要性

1.保护供应商合法权益的内在需要

保护供应商的合法权益是政府采购法的立法目的之一。供应商作为政府采购中重要的一方当事人,在政府采购中发挥着重要作用。没有供应商的积极参与,政府采购就无法开展,就不能形成蓬勃繁荣的政府采购市场,更达不到政府采购的一系列目标。因此,政府采购法律法规赋予政府采购供应商一系列权利,着力鼓励供应商参与政府采购,但由于供应商在政府采购中的弱势地位,其权利常常遭到来自采购人甚至采购监督管理机构的侵犯,保护供应商的合法权益并对受到侵犯的权利进行及时有效救济,是保持供应商对政府采购的信心,提高供应商参与政府采购积极性的必要措施。

2.加强政府采购监督的需要

政府采购从采购预算编制、采购方式选择到采购效益评估,流程长且复杂,涉及的部门和人员较多并且使用的是公共资金,很容易发生设租、寻租行为,出现暗箱操作现象。虽然有政府采购监管部门及其他一些机构进行监督,但由于人员、经费及专业等原因,很难达到根除的效果。供应商作为物资的提供者,一是很熟悉产品性能、价格等因素,专业性强;二是参与政府采购过程,了解多;三是政府采购公平与否直接影响其利益,监督动力大。因此,供应商作为监督政府采购的重要一支力量,能发挥更好的作用。能对政府采购过程能进行动态跟踪监督,实现时时检查,事事监督,有力保证政府采购的公正、公开、公平,促进政府采购真正成为"阳光下的交易"。

3.促进政府采购市场健康发展的需要

自1998年全国实行基本统一的政府采购制度以来,政府采购市场发展迅速,采购金额在2009年已经达到7413.2亿元,政府采购结构也日趋优化,政府采购市场呈现良好发展势头。政府采购市场的继续发展有赖于公正、公平、竞争的市场环境的形成,更有赖于供应商的大力参与。供应商救济制度,能有效保护供应商的合法权益,使其树立对政府采购的信心,调动其参与及监督政府采购的积极性,从而也有利于促进公正、公平、竞争的市场氛围的形成,最终有利于促进政府采购市场的健康发展。

4.融入国际政府采购市场的需要

随着全球经济一体化和政府采购国际化趋势的加强,我国政府采购市场融入国际政府采购市场是迟早的事。我国已于2001年加入世贸组织,并承诺尽快开始加入《政府采购协议》的谈判(2007年12月28日已启动),同时在加入APEC时,承诺最迟于2020年向其他成员国开放国内政府采购市场。随着政府采购市场开放程度的进一步提高,供应商之间的竞争更加激烈,政府采购纠纷也会愈来愈多,按照国际政府采购法寻求救济成为必然选择。WTO《政府采购协议》规定,缔约方应建立一套保证供应商在其权益受到采购机关违法侵犯时,能够提出质疑并获得救济的"非歧视的、及时、透明且有效的程序",并通过法院或其他公平、独立的审查实体确保该程序的实现。我国政府采购供应商救济制度也要遵循WTO《政府采购协议》这一规定,以做到与国际接轨,更好处理供应商纠纷,加快我国政府采购市场融入国际政府采购市场的步伐。

资料来源:郑海静.政府采购供应商救济制度存在的问题[D].广州:广州大学,2011(06).

第二节　我国政府采购救济制度

在《政府采购法》颁布之前,我国相关法律法规针对供应商救济的规定比较少,只对救济对象、救济事项范围、救济途径和救济受理机构等作出简略的规定,可操作性不强。《政府采购法》结合我国国情,批判借鉴了域外有益经验,明确规定供应商具有询问、质疑、行政复议及行政诉讼的权利,并且还规定了供应商寻求权利救济的程序、时效等内容。该法奠定了我国政府采购供应商救济法律体系的基础,后来陆续又出台了一系列相关法规规章,使我国供应商救济制度初步形成。有关供应商救济的事项范围、救济方式、救济途径、救济受理机构、救济程序和时效等都进行了相对具体的规定。

一、政府采购行政救济机制

（一）询问

《政府采购法》第五十一条及五十四条规定：供应商对政府采购活动事项有疑问的，可以向采购人提出询问。供应商对采购活动事项有疑问时可直接向采购人提出，采购人如果委托采购代理机构进行采购活动的，供应商也可以向采购代理机构提出。在政府采购活动进行中，供应商对政府采购活动中任何事项有疑问都可以进行询问，询问可以采用口头和书面两种形式。采购人对供应商询问的答复应当及时准确，但答复的内容不得涉及国家机密和商业秘密。采购代理机构在对供应商提出的询问进行答复时，只限于采购人委托授权范围内的事项，对于采购人委托授权范围以外的事项，仍应由采购人负责答复。法律并没有对于答复时限作出明确的规定，也未对采购人不及时答复作出相应的惩处规定，但这并不代表采购人可以随意地对待询问。

（二）质疑

《政府采购法》第五十二条规定：供应商认为采购文件、采购过程和中标、成交结果使自己的权益受到损害的，可以在知道或者应知其权益受到损害之日起七个工作日内，以书面形式向采购人提出质疑。一般情况下采购人在受理供应商质疑之后，向采购部门调取有关采购文件，对质疑的事实进行全面调查，审查政府采购文件和程序的合法性。但是对质疑供应商的质疑请求如何处理，政府采购法并没有明确规定。《政府采购法》第五十三条和五十四条规定：采购人或者采购代理机构应当在收到供应商的书面质疑后 7 个工作日内作出答复，但答复内容不得涉及商业秘密。经审查发现政府采购文件和程序存在非合法性的问题时，应当要求采购部门及时纠正，给供应商造成损害的应当给予适当的赔偿，但赔偿以供应商制作投标文件和投标的损失为限。对质疑供应商所提质疑事项作出的答复，不仅应当通知质疑供应商，也要书面通知其他有关供应商。

（三）异议

《政府采购非招标采购方式管理办法》第三十九条和四十条规定：任何供应商、单位或个人对单一来源采购方式公示有异议的，可以在公示期内将书面意见反馈给采购人、采购代理机构，并同时抄送相关财政部门。采购人、采购代理机构收到对单一来源采购方式公示的异议后，应当在公示期满后 5 个工作日内，组织补充论证，论证认为异议成立的，应当依法采取其他采购方式；论证认为异议不成立的，应当将异议意见、论证意见与公示情况一并报相关财政部门。采购人、采购代理机构应当将补充论证的结论告知提出异议的供应商或者个人。

（四）投诉

《政府采购法》第五十五条、五十六条、五十七条及五十八条规定：质疑供应商对采购人、采购代理机构的答复不满意或者采购人、采购代理机构未在规定的时间内作出答复的，可以在答复期满后 15 个工作日内向同级政府采购监督管理部门投诉。政府采购监督管理部门应当在收到投诉后 30 个工作日内，要对投诉事项进行审查作出处理决定，并以书面形式通知投诉人和与投诉事项有关的当事人。这里需要明确三个问题，一是供应商的投诉是向政府采购的监督管理部门提出的，法律规定，各级人民政府财政部门是负责政府采购监督管理的部门，即该投诉是向同级政府的财政部门提出的；二是财政部门在对投诉进行审查的时候，为了节约时间可以先行书面审查，必要的时候，可以召集双方当事人当面质证；三是财政部门在处理投诉事项期间,可以视具体情况书面通知采购人暂停采购活动,但暂停时间最长不得超过 30 日。该制度设计的主要目的是避免恶意投诉而导致的过长暂停项目出现社会公共利益的损失。对于投诉处理结果,在 2004 年正式施行的《政府采购供应商投诉处理办法》中又进一步规定,财政部门经过审查认定采购文件存在明显倾向性或者歧视性问题,给供应商合法权益造成损害的,可按不同情况进行处理;如采购活动尚未完成,可以要求修改采购文件,并按修改后的采购文件开展采购活动;如采购活动已完成,但还未签订合同的,决定采购活动违法,责令重新开展采购活动;如采购活动已经完成并签订合同,决定采购活动违法,由被投诉人按照有关规定承担相应的责任。

（五）行政复议

《政府采购法》第五十八条规定,投诉人对政府采购监督管理部门的投诉处理决定不服或者政府采购监督管理部门逾期未作处理的,可以依法申请行政复议或者向人民法院提起行政诉讼。供应商申请行政复议应当按照行政复议法规定进行。"政府采购当事人认为政府采购监督管理部门的具体行政行为侵犯其合法权益,应当在知道侵犯其合法权益的具体行政行为作出之日起六十日内依照行政复议法向该法规定的行政机关提出申请复议,请求复议机关重新审查政府采购监督管理部门所作决定（包括处罚决定）的合法性与妥当性。"行政复议可采用书面和口头两种方式。行政复议遵循合法、公正、公开、及时、便民的原则,坚持有错必纠,保障政府采购法律、法规的正确实施。供应商依法提出行政复议申请,行政复议机关无正当理由不予受理的,上级行政机关应当责令其受理;必要时,上级行政机关也可以直接受理。

（六）行政诉讼

《政府采购法》第五十八条规定,投诉人对政府采购监督管理部门的投诉处理决定不服或者政府采购监督管理部门逾期未作处理的,可以依法申请行政复议或者向人民法院提起行政诉讼。由此看出,行政复议是行使是以投诉前置为要求的。法律规定供应商应当在知道或应当知道政府采购监督管理部门的具体行政行为侵犯其合法权益的 60 日内向上级机关申请行政复议,请求复议机关审查政府采购监督管理部门所做具体行政行为的合法性与合理性。当供应商提出复议申请后,复议机关无正当理由不受理的,上级行政机关应当责令其受理;必要时,上级机关也可直接受理。我国《行政诉讼方法》规定,供应商应当在知道作出具体行政行为之日起三个月内向法院提出行政诉讼请求,法律另有规定的除外。法律规定复议前置的,应当先行行政复议,在进行行政诉讼。

二、政府采购民事救济机制

我国《政府采购法》第四十三条规定,"政府采购合同适用合同法。采购人和供应商之间的权利和义务,应当按照平等、自愿的原则以合同方式约定"。既然政府采购合同适用合同法,那么,在履行合同过程中发生的争议属于民事纠纷,应当适用民事诉讼程序。在合同履行阶段,任何一方不履行合同义务,除不可抗力等免责事由外,都应承担违约责任。按照《合同法》第一百二十八条规定,当事人可以通过和解或者调解解决合同争议。当事人不愿和解、调解或者和解、调解不成的,可以根据仲裁协议向仲裁机构申请仲裁。涉外合同的当事人可以根据仲裁协议向中国仲裁机构或者其他仲裁机构申请仲裁。当事人没有订立仲裁协议或者仲裁协议无效的,可以向人民法院起诉。当事人应当履行发生法律效力的判决、仲裁裁决、调解书拒不履行的,对方可以请求人民法院执行。

（一）和解

协商和解是指采购人和供应商发生民事纠纷后，双方当事人以平等协商的方式，通过相互说服、讨价还价等方法，相互妥协以和平解决纠纷，是自力救济的重要手段。特别是在民事诉讼日益增多、法院案件积压、程序迟延、费用昂贵的今天，和解作为一种非诉讼的纠纷解决方式，有着诉讼难以比拟的优势。因此，在政府采购争议解决途径中，首先要鼓励政府采购纠纷的当事人通过友好协商化解矛盾。

和解主要有以下特点：

（1）自治性。即和解是依照纠纷主体自身力量解决纠纷，没有第三者协助或主持，和解的开始、过程和结果均取决于当事人的意思自治。

（2）非严格的规范性。即和解的过程和结果不受程序约束，除非和解结果损害国家、公共利益或第三人的利益，也不受实体法的严格规范。

（3）非对抗性。即和解不需要仲裁、诉讼那样的庭审模式，当事人双方也不需在举证、质证、辩论中支持己方观点，驳斥对方主张。因此既能使纠纷解决，又不需影响双方的感情，可以较好地维持原有的关系。

（二）调解

调解是指第三者依据一定的社会规范包括习惯、道德、法律规范等，在纠纷主体之间沟通信息，摆事实明道理，促成纠纷主体相互谅解和妥协，达成解决纠纷的合意。调解主要有民间组织调解、行政机关调解、律师调解、法院附设的诉讼前调解和法院附设调解几种方式。

调解主要有以下特点：

（1）第三者的中立性。第三者调解人可以是国家机关、社会组织和个人，但是在调解中他们都是中立的第三方。这一点使调解与和解区别开来，和解没有第三者。这主要是因为在调解过程中，纠纷主体为了获得调解人的支持，往往有必要就自己的正当性对调解人进行说服，特别是调解人越具有中立性，纠纷主体所主张的正当性就越重要。

（2）纠纷主体的合意性。是否运用调解、调解协议的内容等，均取决于纠纷主体的合意。调解人只是以沟通、说服、协调等方式促成纠纷主体达成解决纠纷的合意。其间，调解人的高尚人格、较强的能力、较高的社会地位等，均有助于合意的形成，但这些并不构成一种物质性强制力。如果纠纷主体达不成合意，调解者就无权强制解决。

（3）非严格的规范性。与仲裁和诉讼相比，调解并非依据严格的程序规范和实体规范来进行的，而是具有很大程度上的灵活性和随意性。调解的开始、步骤、结果常常伴随着纠纷主体的意志而变动、确定。

（三）仲裁

仲裁，又称公断，是指争议双方在纠纷发生前或者纠纷发生后达成协议仲裁协议或者根据有关法律规定，将纠纷交给第三方组织进行审理，并作出约束纠纷双方的裁决的一种解决纠纷机制。

仲裁主要有以下特点：

（1）仲裁的民间性。我国《仲裁法》第十四条规定："仲裁委员会独立于行政机关，与行政机关没有隶属关系。"仲裁机构不是国家机关，而是社团法人，是自律性组织。仲裁员主要是由当事人选定或约定的专家，非国家工作人员。因此，仲裁机构和仲裁员无权以国家强制力解决纠纷。仲裁机构和仲裁员的纠纷仲裁权来源于当事人的仲裁合意特殊情况下来源于法律的规定。仲裁依其公正性、专业性、便捷性和低成本而赢得人们的青睐。

（2）仲裁的自治性。这一性质是当事人意思自治原则和程序主体权理论在仲裁中的充分展现。与诉讼相比，仲裁体现出当事人的高度意思自治和充足程序选择权，是否采用仲裁解决纠纷取决于当事人的意愿（强制仲裁除外）。当事人可以在之前签订仲裁协议，也可在之后约定实行仲裁，当事人还有权选择仲裁机构和仲裁员，约定审理公开与否等。而且在一定情形中，当事人可选择仲裁所依从的实体法律规范，也可选择适用的程序性规范。

（3）仲裁的法律性。仲裁的民间性和自治性并不能完全排除仲裁应当遵守当事人选定或者法律规定必须适用的仲裁程序法和实体法，尤其不得排除适用强行法，仲裁必须以最低限度的合法性为原则。仲裁过程中的证据保全、财产保全以及仲裁裁决的执行，由于仲裁机构无权实施强制性措施，只能借助于法院根据法律依靠国家强制力来执行，这便是诉讼或法院对仲裁的支持，同时，法院以撤销而不是变更仲裁裁决的方式监督仲裁。

（四）民事诉讼

民事诉讼，是指人民法院在当事人和其他诉讼参与人的参加下，依照法定程序，以审理、判决、执行等方式解决民事纠纷的活动，以及由这些活动产生的各种诉讼关系的总和。民事诉讼是当事人解决民事纠纷的最后途径，当事人可以选择对该争议有管辖权的人民法院提起诉讼。

政府采购民事争议发生后，当事人可以自己或者由其代理人提起诉讼。根据民事诉讼法第一百零八条的规定，起诉必须符合下列条件：原告是与本案有直接利害关系的公民、法人和其他组织；有明确的被告；有具体的诉讼请求和事实、理由；属于人民法院受理民事诉讼的范围和受诉人民法院管辖。

具体到政府采购案件中，则是在供应商与政府采购机关签订采购合同后，合同因故无法继续履行的，合同的双方当事人可以向有管辖权的人民法院提起民事诉讼，请求法院判决解除政府采购合同，或判决被告履行政府采购合同或承担某种违约责任。

民事诉讼一般以原告就被告为原则，对于政府采购合同争议，除了向被告所在地法院起诉外，还可以向合同履行地法院起诉。并且只要不违反级别管辖和专属管辖的规定，争议的双方当事人可以通过协议约定由被告住所地、合同履行地、合同签订地、原告住所地、标的物所在地的法院管辖。

［资料链接 8-2］

政府采购救济制度之域外比较

（一）救济主体丰富

政府采购的国际性法律文件如 WTO《政府采购协议》、联合国贸易法委员会《示范法》以及绝大多数国家如美国、英国等均明确规定，所有的潜在供应商或投标供应商，只要其与政府采购有利害关系或曾经有利害关系，其因采购人的违法行为权益受到损害，均有资格提出权利救济的要求。

（二）分阶段进行救济

国际上通常将政府采购活动分为两个阶段，即政府采购合同授予阶段和政府采购履行阶段，相应的救济分为合同授予阶段的权利救济和合同履行阶段的权利救济。美国分阶段救济模式的规定较为完备，可资借鉴。美国政府采购救济分为合同授予争议与合同履行争议，不同的争议规定了不同的救济程序，合同授予争议可以向采购机关、联邦会计总署或联邦赔偿法院提起投诉或诉讼；合同履行争议适用《合同争议法》，可以由合同官裁定、向公共合同申诉委员会申诉和向法院起诉。

（三）受理机构独立性强

根据 WTO《政府采购协议》第 20 条第 6 项的规定,处理质疑的机构要么是法院,要么是与采购结果无关的独立的审议机构。对审议机构要求在国内具有较高的法律地位,且审议机构的组成人员在任职期间是独立的,其工作不受外界干扰。依据该规定,已加入该协议的日本、美国等国家均设立了这类独立的机构。

（四）救济程序规范

1. 第三人的权利救济

纵观政府采购的各国立法,对第三人的权利救济方式主要是异议程序、行政程序、司法程序。美国政府采购法律法规规定,在政府采购过程中,第三人可以分别向采购人、联邦会计总署、合同申诉委员会提起异议。联合国贸易委员会《示范法》规定,任何因采购人的违法行为而导致利益受损的第三人均有权参加审查过程,审查程序一般借助于与采购人利益无关的行政机关的行政权力来对采购的权利进行审查。司法救济是对第三人权利的最后保障,WTO《政府采购协议》和联合国贸易委员会《示范法》均规定了对采购人的行为可进行司法审查,司法审查是对采购人审查的终局性审查。

2. 供应商权利救济

政府采购的国际性文件出于公平、秩序、调控等价值选择,对合同履行阶段供应商权利救济的规定比较少,因为这一阶段的权利救济带有相当程度的普适性,所以一般交由各国各地区的法律加以规定。

3. 采购人的权利救济

基于倾斜保护第三人和供应商的原则,政府采购的国际性文件和各国各地区的法律法规对采购人的权利救济涉及的内容有限。联合国贸易委员会《示范法》规定了供应商合同履行的保障措施以保护采购人的权利:投标供应商的投标担保和中标供应商的合同履行担保。

资料来源:陈美丹.政府采购救济制度比较研究[J].前沿,2013(06).

［案例分析 8 - 1］

采购人也有"救济渠道"

某市财政局收到一封举报信,该市林业局称,他们新签的物业公司财务记录有问题,要求取消他们的成交资格,改签排名第二的供应商为成交供应商。收到举报信后,财政局就该项目进行了调查。

事情的经过是这样的:该市林业局委托该市政府采购中心采用竞争性谈判方式,对林业局办公大楼物业管理项目进行采购。四家公司参与了该项目的谈判,经谈判小组评审,并经采购人确认,A 公司为成交供应商。按理说项目进展得非常顺利,双方签订合同后即可履行合同。不过,随着时间一天天过去,A 公司逐渐感觉林业局项目经办人似乎并不想与他们签合同:最初称忙,不愿与 A 公司代表见面,也不确定合同签订的时间,后来要求查阅 A 公司的公司台账和财务记录。A 公司认为,公司承办了当地几十个物业服务项目,服务价格、物品采购、收入支出等信息属于商业秘密,且与本项目无关,不方便提供。林业局项目经办人表示,不敢提供说明公司有问题,涉嫌账目虚假,不会与他们签订合同。A 公司作出让步,将公司台账、财务记录等送到了林业局。没想到林业局项目经办人并未查看,第二天就给当地财政局递交了书面材料,举报 A 公司存在问题。

财政局调查了解后认为,A公司为成交供应商合法,采购人无故不签订合同,违反了政府采购相关法律法规的要求,参照《政府采购货物和服务招标投标管理办法》第六十四条的规定,要求采购人自中标通知书发出之日起三十日内,与中标供应商签订书面合同。财政局给予林业局警告处分,并予通报。

【案例分析】

采购人对供应商的要求体现在《政府采购法》第二十二条,也可以根据《政府采购法》第二十三条的规定,要求供应商提供有关资质证明文件和业绩情况,对供应商资格进行审查。不过,本案"审查"的情形发生在采购人确认评审结果和成交结果公布后,采购人以此为由拒签合同的做法值得商榷。

理由如下:一是竞争性谈判文件明确了供应商的资格条件,A公司提交的谈判文件中的资质证明可以证明其财务状况,无需成交结果公布后,再次提交公司台账等资料;二是在评审过程中,包括采购人代表在内的谈判小组认可A公司的财务状况符合要求;三是评审结果产生后,采购人对成交结果进行了确认,并未提出异议。项目进行到这个阶段,采购人不再有权利对供应商的条件进行审查,只有签订合同和履行合同的义务,无故不签订合同必将承担相应的法律责任。

资料来源:采购人也有"救济渠道"[EB/OL].[2018-01-10].互动百科 http://www.baike.com/chan-pin/107573.html.

本章小结

1. 政府采购救济制度是指在政府采购过程中,由于当事人一方的故意或过失而导致另一方财产或权益的损失时,另一方所采取的补救措施的一系列法律规定。因为供应商(包括潜在供应商、投标供应商和中标供应商)与采购人相比相对处于劣势地位,也可以理解为供应商与政府采购实体发生争议时,寻求的能够对其所受到的损失进行赔偿或补偿的行政或民事救济方法的总和。

2. 《政府采购法》中规定供应商享有异议权,现阶段我国把供应商(包括潜在供应商、投标供应商和中标供应商)列为政府救济制度的主要对象。

3. 以合同是否签订为界,可以将政府采购争议分为两个阶段,分别是政府采购合同授予争议和政府采购合同履行争议,在合同授予阶段的争议主要通过行政救济机制解决,在合同履行阶段主要通过民事救济机制解决。

4. 政府采购合同授予争议。它是指政府采购合同成立前,从决定采购方式、选择供应商、竞标、开标至决标为止的采购过程中所发生的争议。这时采购当事人双方还没有建立合同关系,而且争议的发生是由于政府采购机构或其代理机构单方面行为所引起的,行政性质明显。该阶段的争议主要是针对采购机关违反采购程序,损害供应商合法权益的行为。

5. 政府采购合同履行争议。它是指在政府采购合同的履行阶段及履行完毕后的验收阶段所发生的争议。双方当事人已经建立了合同关系,双方当事人的权利义务关系已经确定,与合同授予阶段争议相比,这个阶段争议的发生既可能是政府采购机关的原因,也可能是供应商的原因。

6. 政府采购行政救济机制,包括询问、质疑、异议、投诉、复议和诉讼。《政府采购法》中规定了供应商(包括潜在供应商、投标供应商和中标供应商)整个采购活动在不同的环节,都可以依法依规维护自己的合法权益。

7.政府采购民事救济机制,包括和解、调解、仲裁和民事诉讼。在签订采购合同后,合同履行阶段供应商权益也受《合同法》保护,供应商可以根据不同的情况采取不同的方式维护自己的合法权益。

关键概念

政府采购救济制度　合同授予　合同履行　供应商救济制度　第三人　行政救济机制
民事救济机制

本章案例或专栏资料分析题

1.根据政府救济制度的概念,阅读资料链接8-1,分析政府采购救济制度的理论意义和实践意义。

2.结合我国政府采购救济制度的特点,阅读资料链接8-2,分析我国与域外政府采购救济制度的不同。

3.参照案例分析8-1,分析我国政府采购救济制度的不足,并提出对策建议。

第九章　政府采购中博弈与效应分析

学习目标:本章从博弈论与信息经济学角度出发,分析论证政府采购中的委托代理、寻租等博弈关系。此外,分别从微观、中观和宏观层面,对我国政府采购的经济效益、政治效益和社会效益作出评价。通过本章的学习,重点掌握与政府采购有关的博弈基本理论,我国政府采购中的主要博弈关系及其博弈模型分析、政府采购的经济效益、政府采购的政治效益与政府采购的社会效益。

第一节　博弈论与政府采购

从政府采购过程与结果来看,纳税人将公共权利委托给相关代理人,由其向供应商采购公共部门所需要的货物、服务和工程,这样就形成了一种委托代理关系链。然而,由于代理人和供应商均属于"经济人",同时,由于存在信息不对称、激励不相容、道德风险等问题,很容易导致代理人在行使采购权利时,以自身利益最大化为目标进行设租,供应商以追求利益最大化为目标进行寻租,最终,导致公共权力被扭曲,形成政府采购腐败。要理解上述问题的深层次经济原因,博弈论就是极好的分析工具,我们先来了解一些与政府采购有关的基本理论。

一、"经济人"假设理论

所谓"经济人"是指以追求自身最大经济利益为根本目标并以此作为选择行为方式准则的主体。从西方经济学理论发展来看,"经济人"假设大致可以分为两个发展阶段:一是古典经济学的"经济人"假设理论。其典型代表人物是亚当·斯密,他认为,在市场经济条件下,个人不断努力为自己所能支配的资本找到最有利的途径,他所考虑的不是社会利益,而是自身的利益。他所指出的"经济人"假设是从商品生产者的角度考虑的,因此,具有狭义的性质。二是新古典经济学等经济学派对"经济人"的修正。他们认为,所谓"经济人"就是指"个人的行为天生要使效用最大化"的人类本性①。修正后的"经济人"范畴,从外延来看,不仅包括商品生产者,而且包括消费者、管理者和政治家等,既有"经济人"对经济利益的追求,也有"经济人"对非经济利益的追求。但其核心仍然是将理性追求经济利益最大化作为人类最根本的特征。

在政府采购中,从供应商角度来看,其行为完全符合"经济人"假设;从政府采购主体或机构来看,其行为也符合"经济人"假设,也是以自身效用最大化为目的,当其受到主管部门强制约束和民众的强制监督时,该"经济人"就会选择那些能使主管部门领导满意的行为,而当"这

---

① 布坎南.自由、市场和国家[M].北京:北京经济学院出版社,1995:23.

一目标得到满足后,他们就忙于用'剩余的'权利来交换货币,力求获得自身效用的最大化,以至于无形中产生消极腐败现象"①。大量事实证明,在轻制度重教化的前提下反腐倡廉,只能是一种愿望,这正是"经济人"假设对政治制度建设的重大意义。"经济人"假设用于分析政府采购,改变了传统经济学中把政府看作是民众利益忠实代表者的假设前提,这样分析问题更接近现实生活。

二、博弈论

博弈论,又称对策论,是使用严谨的数学模型研究对抗冲突条件下最优决策问题的理论。作为一门正式学科,博弈论是在 20 世纪 40 年代产生并发展起来的,并被广泛应用于生物学、经济学、国际关系、计算机科学、政治学和军事战略等诸多领域。在实际的经济关系中,经济主体的相互依赖性越来越突出,而博弈论也已经成为经济学的标准分析工具之一。在博弈论中,个人效用函数不仅依赖于个人的选择,而且还依赖于他人的选择,个人的最佳选择是其他人选择的函数。任何博弈模型至少涉及三个基本要素:局中人、一定博弈规则下的对策(行动)和相应的博弈结果(支付)。博弈论根据所采用的假设不同分为合作博弈理论和非合作博弈理论;根据博弈方的多少分为单人博弈、双人博弈、多人博弈;根据得益情况不同,可分为零和博弈、常和博弈、变和博弈;在博弈论机制设计中,应该解决好如何激励的问题,机制设计的目的是要使一个理性的参与人有兴趣接受所设计的机制,同时又必须接受两个约束条件,其中一个是要使参与方在该机制下得到的必须大于他不接受这个机制所得到的,这个约束即为个人理性约束,这样就能保证参与人愿意参与该机制。典型的博弈模型有囚徒困境、公地悲剧、二手车交易、暗标拍卖等。

政府采购是一种实际的经济关系,政府采购市场中各当事人的相互作用突出,政府部门的采购人员或领导、采购代理机构、评审专家、政府监管的职能部门存在着错综复杂的博弈关系,博弈论是科学设计政府采购制度、有效抑制腐败的理论依据。

[资料链接 9-1]

博弈论及其基本概念

博弈论(Game Theory),是研究决策主体的行为发生直接相互作用时候的决策以及这种决策的均衡问题的理论。也就是说,当一个主体,好比说一个人或一个企业的选择受到其他人、其他企业选择的影响,而且反过来影响到其他人、其他企业选择时的决策问题和均衡问题。

博弈论的基本概念包括参与人、行动、信息、战略、支付函数、结果和均衡。其中,参与人、战略和支付是描述一个博弈所需要的最基本要素,而参与人、行动和结果统称为"博弈原则"。博弈分析的目的是使用博弈规则预测均衡。

资料来源:张维迎.博弈论与信息经济学[M].上海:上海人民出版社,2005.

三、寻租理论

所谓寻租是指花费稀缺资源追求转移的活动(Robert D. Tollision and Roger D. Congleton,1995)。由于寻租活动并不生产正常的产品和劳务,也不生产投入这些产品与劳务投入品,所以,著名的国际贸易问题专家 J. Bhagwati 教授使用直接非生产性寻利活动(directly un-

---

① 袁明旭.经济人假设与官僚的行动逻辑[J].经济问题探索,2010(5).

productive profit-seeking activities，DUPA）这个概念来涵盖并取代寻租概念。

　　寻租理论被分为实证分析和规范分析：规范寻租理论即寻租的福利分析，它主要分析寻租的社会成本和确定其评估方法；实证寻租理论是通过竞争租金（获得或保护租金）来解释政治经济中的利益集团、立法者、管制者、选民和其他相关的行为主体如何操纵民主政府以改变政治制度和政策来创造租金。所以，布坎南把寻租定义为"这样一种制度背景中的经济行为，在那里，追求满足私利的个人尽力使价值最大化的行为造成的是社会浪费而不是社会剩余"。道格拉斯·诺斯也认为，寻租理论"把经济学分析延伸到政治结构和制度的黑箱，它指导经济学家们研究用于政治活动的资源和相应的经济绩效。"

　　寻租理论对经济学有三个方面的主要贡献：首先，寻租理论把经济学研究的范围从生产性的寻利活动扩展到非生产性的寻租活动；从资源在生产领域的配置扩展到资源在生产和非生产领域之间的配置；从人们追求新增经济利益的行为扩展到追求既得经济利益的行为；增加了经济学的解释力。其次，寻租理论把政府作为市场经济的参与者，把政府干预行为本身"市场化"了，从而把权钱交易的问题纳入了经济学研究的范围，使经济学对"政府失灵"现象的认识更为深刻，为弥补和矫正"市场失灵"的政策设计提供了更周全的思考。最后，由于寻租理论区分了寻利和寻租两种活动，它实际上也就区分了有利于社会的寻利竞争和有害于社会的寻租竞争，这对于传统经济学一味宣传自由竞争的思维方式是一种批判。因此，寻租理论的研究为建立更为有效的市场经济秩序指出了方向，大大增强了经济学理论对现实经济生活的阐释能力和对政府政策制定的指导作用。

　　对于政府采购来说，由于存在设租和寻租的"经济人"（分散性政府采购主体或机构和供应商），纳税人赋予分散性政府采购主体或机构的公共权力在实际运行中被扭曲，"看不见的手"被"看得见的脚"踩住，政府性资金被浪费，产生采购腐败也就不足为奇了。

四、委托代理理论

　　代理问题是在委托人和代理人各自都追求自身利益最大化的前提下，由于双方信息不对称而导致的。到目前为止，代理理论文献中的代理问题一般是指道德风险和逆向选择。典型的道德风险包括偷懒、搭便车等，是在契约双方签约以后，代理方利用其信息优势投机，显然这是由事后的信息不对称而导致的行为，实质上是一种事后的机会主义。逆向选择一般假定在事前代理人具有信息优势，因此可以投机，可以称之为事前机会主义。委托代理关系中参与者的纯道德风险和逆向选择问题被威廉姆森、斯蒂格利茨、莫里斯、鲍恩等人作了深入的研究。他们一方面通过设计合理的报酬模式，诱导代理人努力为委托人服务；另一方面引入层级结构，建立监督机制，掌握代理人的真实行为，并企图引入激励和监督这两种方式来解决"委托—代理"问题。然而，这些研究没有注意到当引入层级模式后，会出现新的问题，即为了能使委托人有更多的信息而设定的监督层，有可能导致新的信息不对称。传统委托代理研究只考虑了道德风险和逆向选择，监督者被假定是仁慈的或值得信赖的，不会扭曲信息，即不论一方（监督者）拥有另一方（代理人）的信息是多还是少，都会真实传递，双方之间没有子契约，不会勾结。但事实上当在委托代理过程中增加层级时，不可避免地就会增加新的关系。

　　在政府采购中存在着多重委托代理关系，在政府部门内部有政府部门与少数政府采购人员的委托代理关系，在外部有政府部门与采购代理机构的委托代理关系，当然每一种委托代理关系都存在委托代理风险。这在政府采购中有着生动体现，下面结合政府采购对委托代理问题进行深入分析。

［资料链接 9-2］

委托代理与道德风险模型

博弈论与信息经济学中将拥有私人信息的参与人称为"代理人"（agent），不拥有私人信息的参与人称为"委托人"（principal）。道德风险模型从非对称信息的内容看，可分为隐藏行动的道德风险模型和隐藏信息的道德风险模型。这两个道德风险模型都可以在委托人—代理人的框架下分析：

隐藏行动的道德风险模型：签约时信息是对称的（因为是完全信息）；签约后，代理人选择行动（如工作努力还是不努力），"自然"选择"状态"；代理人的行动和自然状态一起决定某些可观测的结果；委托人只能观测到结果，而不能直接观测到代理人的行动本身和自然状态本身。委托人的问题是设计一个激励合同以诱使代理人从自身利益出发选择对委托人最有利的行动。

隐藏信息的道德风险模型：签约时信息是对称的（因为是完全信息）；签约后，"自然"选择"状态"（可能是代理人的类型）；代理人观测到自然的选择，然后选择行动（如向委托人报告自然的选择）；委托人观测到代理人的行动，但不能观测到自然的选择。委托人的问题是设计一个激励合同以诱使代理人在给定自然状态下选择对委托人最有利的行动（如真实地报告自然状态）。

资料来源：张维迎.博弈论与信息经济学［M］.上海：上海人民出版社，2005.

第二节　政府采购中的博弈关系

一、政府采购中委托代理行为的博弈分析

本小节从比较的角度阐述了分散性政府采购与集中性政府采购中存在的委托代理关系，进而分析了政府采购委托代理中的道德风险问题、腐败行为问题和合谋行为问题。针对这些问题，提出了信息不对称和委托人监督的机会主义是造成上述问题的主要原因。解决问题的主要思路有公开采购权力委托代理运行的信息、实行高薪养廉激励政策、加大惩罚力度、推行委托人的选择性激励政策和减少委托代理链等。

（一）政府采购中的委托代理关系界定

1.分散采购模式下的委托代理关系

在传统分散采购模式下，运用财政性资金进行采购所涉及的关系人主要有：纳税人、缴费人、各级政府、各级财政部门、主管部门、行政单位、事业单位、主管部门机关或单位采购机构、主管部门机关或单位采购人员和供应商。

在公共财政体制和分散采购运行机制下，上述关系人形成以下几种委托代理关系，构成委托代理链：

（1）纳税人和缴费人通过法律程序将公共事务管理权委托给各级政府，因而，形成了第一层次的委托代理关系。这里所讲的公共事务管理权包括提供公共物品和准公共物品，具体包括国防、维护国内秩序、提供市场运行规则、提供基础设施和公共设施、教育、科技、卫生、社会保障、社会救济、公平分配、环境保护、调控经济等。上述权利之所以委托给政府，是因为上述领域存在着"市场失灵"，是个人无法或不愿从事的领域；从交易费用角度看，个人如要履行上

述权利,将会产生非常昂贵的交易费用。而政府本身并不创造价值,要履行上述权利又必须有财力支持,并且在履行上述权利过程中,从财政的角度看,总是表现为各项支出,各项支出又分为两大类——采购支出和转移支出,其中采购支出占政府支出的主要部分。因此,纳税人和缴费人向政府纳税或缴费,通过法律程序将上述权利委托给各级政府,让各级政府代理其履行上述权能。

(2)各级政府通过职能划分将理财职能委托给各级财政部门,从而形成了第二层次的委托代理关系。既然政府的各项活动主要表现为各项支出活动,所以在明确各级政府事权的基础上,各级政府根据各自事权进行职能划分,进一步将理财职能委托给各级财政部门,主要表现为财政收入的取得和财政支出的合理安排。理所当然,政府采购也应归属于财政支出安排之列。

(3)各级财政部门通过预算将具体采购权利委托给各主管部门,从而形成了第三层次的委托代理关系。各级财政部门根据各主管部门行使职能的需要,通过编制预算将具体采购权利委托给各主管部门,由其负责采购事宜,财政部门只对其资金进行监督。

(4)各主管部门通过预算分解的方式将具体采购权利委托给各行政事业单位,从而形成了第四层次的委托代理关系。根据我国现行行政体制划分,各主管部门分管了许多行政单位和事业单位,为了保证日常政务活动的开展,必然涉及大量的采购事宜,因此,各主管部门通过预算分解的方式将主管部门机关所需采购业务与各行政事业单位的采购进行划分,并将其委托给机关采购机构和各行政事业单位,由其组织人员进行具体采购,各主管部门只对采购资金的预决算进行必要的考核与监督。

(5)各主管部门机关和行政事业单位通过职能分工将具体采购权利委托给本机关或单位的采购机构,从而形成了第五层次的委托代理关系。各主管部门机关和各行政事业单位具体采购预算明确之后,各主管部门机关和行政事业单位通过职能分工将采购权利授予本机关或单位的采购机构,由其履行各项具体采购职能。各主管部门机关和各行政事业单位负责人只对采购计划、自筹资金的筹集、款项支付和决算进行必要的监督。

(6)机关或单位的采购机构通过职责分工将具体采购权利委托给具体的采购人员,从而形成了第六层次的委托代理关系。机关或单位具体采购计划明确后,采购机构又将具体采购权利授予具体采购人员,由其与供应商具体商谈各项采购事宜。采购机构负责人只负责采购计划的拟定、款项支付的审批等。

传统分散政府采购模式的模型可以简单地由图9-1表示。

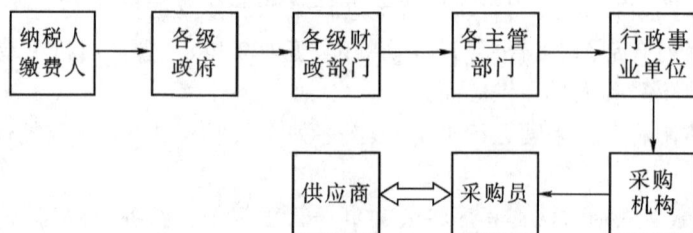

图9-1　分散采购模式示意图

2.集中采购模式下的委托代理关系

在集中采购模式下,运用财政性资金进行采购所涉及的关系人主要有纳税人、缴费人、各级政府、各级财政部门、主管部门、行政单位、事业单位和供应商。

在公共财政体制和集中采购运行机制下,上述关系人形成以下几种委托代理关系,构成委托代理链:

(1)纳税人和缴费人通过法律程序将公共事务管理权委托给各级政府,从而形成了第一层次的委托代理关系。纳税人和缴费人向政府纳税或缴费,通过法律程序将公共事务管理权利委托给各级政府,让各级政府代理其履行各项权能。

(2)各级政府通过职能划分将理财职能委托给各级财政部门,从而形成了第二层次的委托代理关系。由于政府的各项活动主要表现为各项支出活动,所以在明确各级政府事权的基础上,各级政府根据各自事权进行职能划分,于是进一步将理财职能委托给各级财政部门,主要表现为财政收入的取得和财政支出的合理安排。理所当然,政府采购也应归属于财政支出安排之列。

(3)各级财政部门通过采购预算将具体采购职能委托给政府采购中介机构(如政府采购中心),从而形成了第三层次的委托代理关系。各级财政部门将人大审议通过的各部门及其所属的行政事业单位采购预算项目分批分期委托给政府采购中介机构,由其进行招标性或非招标性采购。各部门机关和各行政事业单位根据各自的采购预算分期分批申请并进行验收,验收合格后,由财政部门直接将款项支付供应商。

在现实生活中,还存在着集中与分散相结合采购模式下的委托代理关系。在这种模式下,对于各部门机关和各行政事业单位的大宗采购和批量采购,其委托代理链类似于集中采购模式;对于各部门机关和各行政事业单位的零星采购和小额采购,其委托代理链类似于分散采购模式。我国在实行政府采购制度前是典型的分散采购,目前比较趋向于集中采购。公共财政体制下集中采购模式的采购模型如图9-2所示:

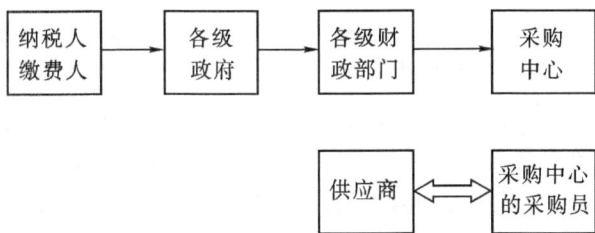

图9-2　集中采购模式示意图

(二)政府采购中委托代理的基本模型

1.委托代理的完全信息动态博弈分析

采购官员设租时,他与委托人及供应商之间的关系可以构成如扩展图9-3所示三人完全信息动态博弈。在这个博弈模型中,表示各博弈方最终得益结果的括号中第一个数字为委托方[1]的得益,第二个数字为采购官员[2]的得益,第三个数字为供应商[3]的得益。委托人有两种

---

① 此博弈模型中的委托人指图9-1和图9-2中的纳税人和缴费人。

② 此博弈模型中的采购官员指图9-1和图9-2中的中间代理层。

③ 此博弈模型中的供应商指图9-1和图9-2中的供应商。

可供选择的策略:监督和不监督;采购官员有两种可供选择的策略:设租和不设租;供应商有两种可供选择的策略:寻租和不寻租。

我们首先假定委托人先行动,政府采购官员在观察到委托人的行动后才采取自己的行动策略,而供应商则是在观察了委托人与采购官员的行动后,最后做出自己的行动策略。另外我们假设这个博弈是一次性的,即这个政府采购过程表现为一次性采购,并且每个博弈方都能获得关于各方得益的完全信息。

下面我们通过逆推归纳法来解析图9-3所示的动态博弈。

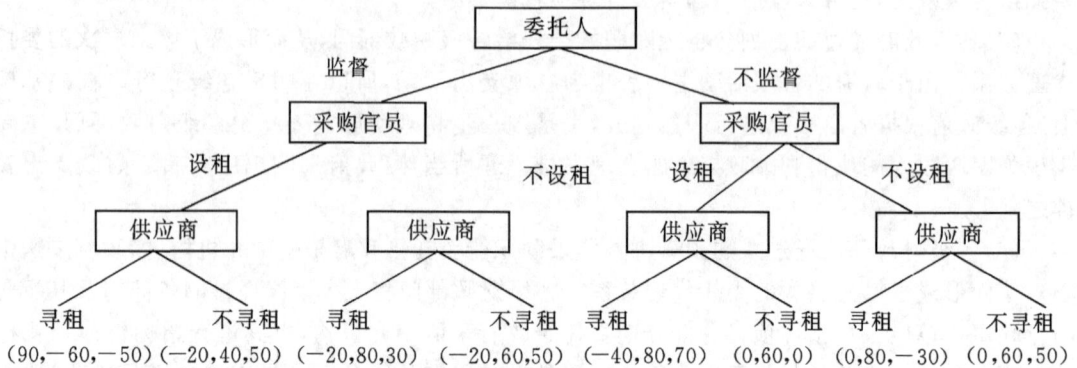

图9-3　政府采购委托代理完全信息动态博弈模型

(1)若委托人选择不监督。逆推归纳法从供应商面临做出策略的子博弈开始,一方面,供应商在政府官员选择设租的情况下,面对寻租策略时自身得益为70,不寻租时得益为0,很明显在该子博弈中供应商唯一的选择是寻租;另一方面,供应商在政府官员选择不设租的情况下,面对寻租策略时自身得益为30,不寻租时得益为50,则供应商的唯一选择是不寻租。倒推回政府采购官员所面临的子博弈,此时政府采购官员选择设租时自身得益应为80,选择不设租时自身得益应为60,因为80要比60好得多,因此它必然会选设租。归纳起来,在这个供应商与采购官员所形成的合作型子博弈中,其博弈的均衡结果为(设租,寻租)。

(2)若委托人选择监督。逆推归纳法也从供应商开始,一方面,供应商在政府官员选择设租的情况下,面对寻租策略时自身得益为-50,而如果供应商不寻租则自身得益为50,很明显供应商会采取不寻租的策略;另一方面,供应商在政府官员选择不设租的情况下,由于寻租与不寻租的得益分别为30和50,则供应商将选择不寻租为最佳策略。倒推回政府采购官员所面临的子博弈,可知政府采购官员也应以不设租作为自身的博弈策略。归纳起来,在这个供应商与采购官员所形成的非合作型子博弈中,其博弈均衡结果为(不设租,不寻租)。

(3)综合上面的两阶段分析,从供应商与采购官员所形成的子博弈倒推回第一阶段,即委托人的单人博弈问题。因为在两种不同的策略下,委托人监督的得益为-20(即监督成本),而不监督时其得益为-40(即寻租损失),很明显选择监督为委托人的正确选择。归纳起来,该动态博弈的均衡结果为(监督,不设租,不寻租),三方的得益分别为(-20,60,50)。这正是市场经济条件下建立规范的政府集中采购制度和实施有效的采购监督的一个重要理论依据。

但是,在这里要特别注意的是:在此动态博弈中,我们假设只要委托人进行监督,采购官员与供应商的寻租行为就一定能被其发现,也就是说委托人监督且查证成功的概率为100%。

但实际上如果委托方在此博弈过程中因为监督的不完全性与机会主义的特征,使得其监督且查证成功的概率大大下降,采购官员与供应商的寻租行为即使在委托人实施监督的情况下也很难被查证,那么此时委托人监督的得益将会大大下降,甚至低于不监督的得益,相应的动态博弈均衡结果也会变为(不监督,设租,寻租),采购官员与供应商将通过合谋形成一个利益共同体,从而造成政府采购的无效率和委托人利益的极大损失。传统的分散性政府采购制度正是在此条件下产生了屡禁不止的寻租行为。

2. 委托代理模型的一般分析

(1)代理人行为分析。

假设采购官员的正常收入为 S_1,和供应商合谋取得的额外收入为 $E_{(t)}$,t 表示采购官员的权力,假设权力越大,合谋带来的额外收入越大(即 $E'_{(t)} > 0$),采购官员和供应商合谋被发现的概率为 q,被发现后的惩罚为 C_1,采购官员发生合谋的期望收益为:

$$(1-q)[S_1 + E_{(t)}] - q(S_1 + C_1)$$

采购官员不发生合谋的正常收入为 S_1,使采购官员不与供应商合谋的约束条件为:

$$S_1 \geqslant (1-q)(S_1 + E_{(t)}) - q(S_1 + C_1)$$

解得:

$$S_1 \geqslant E_{(t)} \frac{(1-q)}{2q} - \frac{C_1}{2}$$

(2)寻租者行为分析。

假设供应商的正常收入是 S_2,和官员合谋可获利 Y,供应商向官员支付的成本 $E_{(t)}$,发生合谋被发现的概率为 q,被发现后的惩罚为 C_2。我们假定供应商合谋活动被委托人发现的概率与上述官员合谋被发现的概率相同,即使具体区分为 q_1 和 q_2,也只是改变定量结果,对本问题的讨论并无实质影响,供应商发生共谋的期望收益为:

$$(1-q)(S_2 + Y - E_{(t)}) - q(S_2 + C_2 + E_{(t)})$$

供应商不发生共谋的正常收入为 S_2,因此供应商不发生合谋的约束条件为:

$$S_2 \geqslant (1-q)(S_2 + Y - E_{(t)}) - q(S_2 + C_2 + E_{(t)})$$

解得:

$$S_2 \geqslant Y \frac{(1-q)}{2q} - \frac{E_{(t)}}{q} - \frac{C_2}{2}$$

(3)委托人行为分析。

代理人、寻租者在合谋中付出的惩罚应当是政府相应的监督成功的收益,政府的监督收益由两部分构成,政府采购官员部分为 C_1,供应商部分为 C_2。而监督没有成功的情况下,政府的损失应当是政府采购遭受代理腐败、寻租腐败的损失 $E_{(t)}$ 和 Y。此外,还有监督所耗费的社会成本 K_q,它是委托人进行监督的社会净损失。显然,发现合谋的边际成本是随着 q 的加强而递增的。因此,委托人的收益为:

$$q(C_1 + C_2 - K_q) - (1-q)(E_{(t)} + Y + K_q)$$

政府监督的约束条件为收益必须大于,否则监督就不值得了。政府监督的约束条件为:

$$q(C_1 + C_2 - K_q) - (1-q)(E_{(t)} + Y + K_q) \geqslant 0$$

解得:

$$q \geqslant \frac{Y + E_{(t)} + K_q}{C_1 + C_2 + E_{(t)} + Y}$$

即

$$q \geqslant 1 - \frac{C_1 + C_2 - K_q}{C_1 + C_2 + E_{(t)} + Y}$$

通过对以上模型的分析,政府对采购官员和供应商发生合谋行为的约束办法有三种:第一,提高 S_1,即提高代理人(采购官员)的正常收入,实行高薪养廉,从而使寻租者不得不付出更大的成本,一旦寻租成本大于寻租收益,便会自动消除寻租的产生;第二,增大 C(包括 C_1 和 C_2),即增大惩罚力度,使其共谋的风险和机会成本加大;第三,提高 q,即加强对政府采购的全方位监督,使代理人一旦有合谋行为,就会被查处。提高变量 S_1,属激励机制设计理论研究的问题。变量 C 和 q,属于监督机制讨论的问题,且需要我们重点探讨的变量 C 和 q 是相互联系的,增大 C 需要通过提高 q(即强化监督)才能得以实现。代理人的道德风险源于委托人与代理人之间的信息不对称,如果委托人监督不力,这只能加大信息的不对称性,加大道德风险。因此,必须建立全方位的监督机制,提高委托人的监控效力,以降低政府采购代理人对其委托人的行为偏离程度。

(三)政府采购中的委托代理问题分析

1.政府采购委托代理中的道德风险行为问题

道德风险行为是指在信息不对称和自然状态不确定下,某个代理人为了增进自身效用而采取了不利于委托人利益的行为。道德风险行为是事后信息不对称引起的,即事后的机会主义。传统意义上的道德风险行为只涉及一个代理人,如偷懒等;在多代理人问题研究中涉及团体成员中的道德风险行为,当只有总的产出是可观察和验证而每个代理人的产出无法验证时就会发生团体道德风险行为,搭便车就是一个典型的团体道德风险行为。

在分散采购体制下,由于采购资金由各使用单位自行支配,多级委托代理中的道德分析行为主要表现:盲目采购、重复采购、本地化采购、高价采购、工程和货物验收不严格等,进而导致交易成本和代理成本极高,严重损害原始委托人——纳税人——的利益。

2.政府采购委托代理中的腐败行为问题

从委托代理关系角度可以这样定义腐败:公共代理人利用公共权力委托人的信息缺陷,滥用委托给自己的权力,在权力转移中,从公共资源需要方(寻租者)手中获取自己与委托人法定契约之外的利益,最终的结果是损害委托人的利益。这里所说的"公共"指的是政府部门,所以这里的"公共代理人"主要是指政府官员。腐败不仅包括官员为私利滥用公共权力、接受贿赂、出卖国家财产等现象,也包括在为民众办事中的拖拉、推诿、扯皮等现象。

在分散采购体制下,由于缺乏制度约束和有效的监督,为多级代理人(多级采购主体)谋取法定契约之外的利益创造了条件,设租寻租现象成为政府采购中的一大痼疾,因而政府采购资金浪费严重、使用效率低下也就是意料之中的事情。

3.政府采购委托代理中的合谋行为问题

合谋一词起源于寡头垄断,张伯伦提出,在生产同类产品的寡头垄断中,企业会意识到他们之间的相互依存性,因而不必施行明显的勾结而维持其垄断价格。残酷的价格战的威胁足以阻挡削价的诱惑。因此,寡头垄断能够以一种纯粹非合作的方式进行勾结,即默契合谋。

具有委托代理关系的组织或系统内的一些(或全部)代理人除了和初始委托人达成的委托—代理契约(主契约)外,他们之间(包括上下层级代理人之间和同层级代理人之间)为了自身的利益又达成某种私下协议,即子契约。这种子契约一般违反主契约,与初始委托人的意愿不完全一致甚至相反。这种子契约的形成和实施行为称之为合谋行为,参与子契约的代理人为合谋者。合谋行为的目的是以牺牲委托人的利益为代价来提高合谋者的效用。像分散采购中的各级代理人之间、代理人与供应商之间合谋做假账等,使作为政府采购委托人的公众利益受损,而作为政府采购代理人的部门、单位和采购人员得名得利,效用得到改善。

之所以会产生上述共谋现象,并且愈演愈烈,是因为合谋现象有其存在的基本条件,主要有:

第一,多级代理人。当只有一个代理人时,就不存在代理人之间的共谋,这时的代理问题只包括道德风险和逆向选择;当存在多级代理人时,合谋行为成为必然;分散采购相比集中采购存在着多极委托代理,因而产生合谋行为的可能性较大。

第二,权力(包括评价其他代理人绩效权和决策权)。如果一个代理人没有这些权力,可以说他就不可能为他人带来额外效用,其他代理人也就没有动力与其合谋。

第三,委托代理双方信息不对称。它包括两个方面,一是代理人相对于委托人有信息优势,即委托人对自然状态和代理人努力程度的信息劣于代理人;二是对代理人之间的合谋,委托人很难观察到,或者观察到的成本很大。

由于正式的组织可以被看作重叠交叉的委托代理关系网,所以,由简单的两层委托代理到复杂的委托代理关系网使合谋行为成为可能。在一个组织内,监督和权威的运作受到集体成员之间合谋可能性的限制。当一个雇员得到评价他人绩效(监督)或其在不可预见的偶然因素中具有决策权时,他就获得了对他人的权力。这种权力带来了双方合谋的可能性,并以附带的转移支付来实现。

我国建立社会主义市场经济体系是在原计划经济的基础上进行的,政府采购中的委托代理关系极为复杂。尽管也存在类似西方委托代理中的道德风险行为和逆向选择,但更严重、更普遍、更大量的则是合谋问题。所以应将合谋行为作为政府采购委托代理的主要问题之一加以解决。

[资料链接 9-3]

最优的防范合谋契约

根据标准的契约理论,一个最优的防范合谋契约(optimal collusion-proof contract)必须满足如下约束条件:

(1)代理人和管理人的个人理性约束或参与约束必须满足;

(2)考虑代理人的激励相容约束,应使选择"好的"采购方式时的期望效用不低于选择"坏的"采购方式时的期望效用;

(3)考虑管理者的激励相容约束,必须保证管理者不与代理人合谋时的期望效用不低于合谋时的期望效用;

(4)考虑代理人的有限责任约束和管理者的有限责任约束,一旦被委托人处罚,罚金不应超过代理人和管理者各自的实际收入。

资料来源:聂辉华,李金波. 政企合谋与经济发展[J].经济学(季刊),2006(6).

(四)政府采购委托代理问题的成因分析

如果将政府采购比作是一种公共权力的话,政府采购委托代理问题实质上就是公共权力委托代理失灵问题。之所以会出现上述道德风险行为、腐败行为和合谋行为等问题,概括起来主要有以下两个方面的原因:

1. 信息不对称

在公共权力的委托代理运行中,谁对公共权力运作拥有的信息多,谁在这种隐含的委托代理契约及其执行中就拥有潜在的优势,因为公共权力的委托代理双方都是有限理性与有限计算能力,双方都具有机会主义行为倾向。因此,公众、国家与采购官员之间的公共权力委托代理运行本身就存在委托代理问题的潜在性。

进一步分析，我们会发现这种潜在性极易成为现实。假设采购官员不腐败（合谋）的效用函数为：$\bar{U}=f(\bar{u}_1,\bar{u}_2)$，采购官员腐败（合谋）会有一个 U_3 的效用水平增量，假设其腐败（合谋）成功的概率为 P_1，腐败（合谋）被公开后惩罚的概率为 P_2，其程度为 U_4，那么，采购官员腐败（共谋）成为现实就是他们对腐败（合谋）的期望效用符合以下条件，即：

$$U = P_1 U_3 - P_2 U_4 > 0,即 P_1 U_3 > P_2 U_4$$

因此，我们可以得出结论：公众、国家与采购官员之间的委托代理问题产生的条件是对政府采购代理者惩罚程度轻和被公开概率小，相比之下，代理者在公共权力失灵情况下获得的收益大和合谋成功的概率大。

2. 委托人监督的机会主义与政府采购委托代理失灵

所有公众将自己的一部分共同私有权利委托给国家与采购官员来执行，并从中获得相应的利益。因此，为了保证政府或采购官员不折不扣地按他们的意愿来执行采购权力，就必须对采购权力的委托代理运作进行监督。然而，由于这部分委托给采购官员的采购权力已经从私有产品变为公共产品，所以采购权力的委托代理运行产生较大的外部性，造成委托人对采购权力代理人的监督不力。其原因如下：

第一，监督成本大。在公众—国家—采购官员这三位一体的采购权力委托代理之间，由于采购权力是多层委托代理下来的，随着委托代理的链条增多，相应加大了采购权力执行监督的成本，这在分散采购中表现尤为明显。

第二，监督者的机会主义行为。尽管公众—国家—采购官员之间的采购权力是多层委托代理，委托代理链条长，监督成本大，但最重要的是监督者是否有监督的积极性，只要有监督的积极性，那么监督者就会利用技术条件去降低或改善监督成本；否则，如果监督者没有积极性，即便监督成本为零，也无益于监督者加强对采购代理人行为的规范。正是由于采购权力的委托人是广大的公众，并且每个人对于公共领域的私有权利也是有限的，所以每个公众没有监督的积极性，其原因在于：

一是采购权力委托代理运行失灵给社会造成的损失巨大，但平均分摊到每个公众身上就比较小。

二是每个公众监督采购权力执行要花费时间和精力，而这部分的机会成本对自己来说则非常大，而且，即使他监督得好——或保证采购官员按全体委托人意愿执行采购权力，或是查处了采购官员腐败，但他因此而获得的利益非常小。这对于有理性又符合经济人本性的每个公众来说是得不偿失的。所以，每个人都会采取机会主义行为，而希望别人来监督，自己搭便车坐享其成，因而导致无人监督。

三是如果在广大公众委托人之间采取监督的选择性激励政策，但委托人集团如此之大，想要真正落实下去也是非常困难的。

从上述分析中，我们可以得出另一个结论：由于采购权力委托代理链条长而引起监督成本大，特别是监督者的机会主义行为而没有监督的积极性，因此更容易产生采购权力委托代理运作的失灵。

[资料链接 9—4]
我国台湾地区政府采购监督机制

相比我国其他地区政府采购立法，我国台湾地区政府采购地区性"立法体系"相对完善，并有完善的监管机制,保证整个政府采购有序进行。我国台湾地区"政府采购法"在程序设计上,既重视采购效率的提升,也注重防止舞弊的监管程序的设立。监管体系可以分为外部"采购监督"和内部"采购回避""采购伦理"。外部的采购监督机制分为行政查核、行政稽核、审计稽核和司法追诉四个层次。内部的采购回避可以分为机关承办及监办采购人员的回避、机关首长命令回避、厂商回避、财产申报四种。采购伦理可以分为采购伦理准则、请托和关说的处理两类。整个监管机制不仅从行政、审计、司法等层面进行有效监督及威慑,还从人性、道德的层面对监管机制进行了有效的补充。

资料来源:包军.完善政府采购监督机制探析[J].中国科技信息,2010(17).

(五)解决政府采购委托代理问题的基本思路

通过上述分析,公众与采购官员之间的采购权力委托代理运作失灵的前提条件是,采购官员具有"经济人"本性和机会主义,而现实条件下,采购官员更多地拥有采购权力运作的私有信息,采购官员通过这种采购权力委托代理失灵能产生的收益大,并且成功的概率大,对采购权力委托代理失灵下采购官员的处罚轻,以及对采购权力委托代理运行监督不力等。因此,要克服采购权力委托代理运作的失灵,就要围绕这些条件从委托代理关系上采取措施:

(1)在许可范围内,尽量公开采购权力委托代理运行的信息,使其在委托人与代理人之间对称,减少采购权力委托失灵的机会。

(2)实行高薪养廉激励政策。增加采购官员正常报酬的高薪养廉政策,其目的有三:第一,激励采购代理者更好地为委托人服务,按委托人意愿行使采购权力;第二,由于采购官员的报酬是来自委托人,所以这又可以增加委托人监督的积极性;第三,扩大采购官员报酬就是相对减少非官僚职业的报酬,这对不认真行使采购权力代理者具有相对惩罚作用,一旦失去代理人资格,也就失去了损失一大笔收益。

(3)加大惩罚力度。对于扭曲采购权力运作的代理人,发现一个惩处一个,发现一批惩处一批,不分职务高低和背景大小,保证政府采购委托代理行为的真正健康运转。

(4)推行委托人的选择性激励政策。为了克服广大委托人对采购权力代理者监督中因机会主义与搭便车引起的激励不足,应在委托人中间采取选择性激励措施,对于监督采购权力运作的委托人给予额外的利益报酬,并分担他们的成本,这不仅克服了委托人的监督积极性不足,同时也使采购权力委托代理运行失灵的机会减少了。

(5)实行集中采购制度,减少委托代理链,配合信息公开制度和健全法律监督体系,进而从制度上切断代理人合谋的可能性。

[案例分析9-1]

代理机构不能"越俎代庖"

要点提示:

1.在政府采购活动中,采购人、采购代理机构、评审委员会应针对质疑事项作出答复。

2.因质疑事项导致中标或成交结果改变的情形,应报财政部门备案。

3.质疑期间发现了质疑事项之外的情况可能导致中标无效情形的,应报财政部门认定中标无效。

【案情概述】

20××年10月30日,Z招标公司接受某研究院委托,就该研究院"信息系统设备采购及安装项目"组织公开招标工作。11 月 14 日,采购人确认了招标文件。同日,Z 招标公司在中国政府采购网上发布了招标公告。招标文件发售日期为 11 月 14 日至 11 月 20 日,共有 3 家供应商购买了招标文件。12 月 10 日投标截止,3 家投标人均按时递交了投标文件。Z 招标公司、采购人和投标人代表参加了开标仪式。经评审,评标委员会按综合评分由高到低的顺序向招标人推荐 B 公司为中标候选人。Z 招标公司在得到采购人对评标结果的确认后,在中国政府采购网发布了 B 公司中标的中标公告。

随后,投标人 A 公司对本次评标结果提出质疑,称:在本次投标中,A 公司报价最低,中标人报价最高,而各供应商技术水平相当,按分数推算,A 公司价格分比中标单位高,理应中标。Z 招标公司在收到质疑后,组织了原评标委员会进行复核。12 月 21 日,Z 招标公司告知采购人该项目质疑复核中发现中标人 B 公司的投标文件存在实质性问题,项目有效投标人不足三家,应作废标处理,采购人回函确认同意。Z 招标公司于 12 月 25 日发布废标公告,同时向 A 公司发出质疑回复。A 公司对此质疑答复不满,向财政部门提出投诉。

【调查情况】

本案的焦点问题是,采购代理机构能否以质疑事项之外的理由改变采购结果。经财政部门调查后发现,Z 招标公司在收到投诉人质疑后,组织了原评标委员会进行复核。复核过程中,发现有证据表明,中标候选人 B 公司的投标资信证明的真实性存疑。Z 招标公司于 12 月 14 日向 B 公司投标文件中资信证明开具行发函确认中标人资信证明的真实性,当日,该行回函声明未出过该资信证明。12 月 21 日,Z 招标公司告知采购人该项目质疑复核中发现中标人的投标文件存在实质性问题,项目有效投标人不足三家,应作废标处理,采购人回函确认。Z 招标公司于 12 月 25 日发布废标公告。

【问题分析与处理情况】

本案反映了采购人、采购代理机构和评审委员会在处理质疑答复时,针对出现可能导致采购结果改变的不同情况,须把握以下三点:

一是在政府采购活动中,采购人、采购代理机构、评审委员会应针对质疑事项作出答复。根据《政府采购法》第五十三条和《政府采购货物和服务招标投标管理办法》(财政部令第 18 号,以下简称 18 号令)第六十三条规定,招标采购单位应在收到投标供应商书面质疑七个工作日内,对质疑内容作出答复。《财政部关于进一步规范政府采购评审工作有关问题的通知》(财库[2012]69 号,以下简称 69 号文)规定"参与政府采购活动的供应商对评审过程或结果提出质疑的,采购人或采购代理机构可以组织原评审委员会协助处理质疑事项,并依据评审委员会出具的意见进行答复"。根据上述规定,在政府采购活动中,采购人、采购代理机构、评审委员会应针对质疑事项作出答复,而不应对质疑事项之外的内容进行答复。

二是因质疑事项导致中标或成交结果改变的情形,应报财政部门备案。根据 69 号文关于"质疑答复导致中标或成交结果改变的,采购人或采购代理机构应当将相关情况报财政部门备案"的规定,主要针对答复质疑期间,因质疑事项导致中标或成交结果改变的情形要求备案。

三是质疑期间发现了质疑事项之外的情况可能导致中标无效情形的,应报财政部门认定中标无效。为防止在答复质疑期间,招标代理机构、评标委员会随意改变采购结果,18 号令第 82 条规定专门作出了规定,"有本办法规定的中标无效情形的,由同级或其上级财政部门认定中标无效"。本案中,在中标人 B 公司已确定的情况下,经过评标委员会再次复审以及采购人确认,发现 B 公司的投标文件中投标资信证明为虚假材料,不但超出了质疑答复范围,而且此废标决定也不应由评标委员会作出。

因此,财政部门认为:18号令第七十四条规定,"投标人'提供虚假材料谋取中标的',中标无效";第八十二条规定"有本办法规定的中标无效情形的,由同级或其上级财政部门认定中标无效";69号文规定"质疑答复导致中标或成交结果改变的,采购人或采购代理机构应当将相关情况报财政部门备案"。根据上述规定,本项目发现中标供应商提供虚假材料谋取中标的违法违规情形,属于质疑事项之外的内容,应由财政部门认定中标无效。综上,财政部门作出投诉处理决定:本项目中标人B公司提供虚假材料的情况不属于质疑事项,因此,应按18号令第八十二条的规定,报财政部门认定项目中标无效。招标采购单位自行认定中标无效并废标,属于适用法律法规错误,行为无效。中标供应商提供虚假材料,违反了18号令第七十四条的规定,决定取消B公司的中标资格,并作出列入不良行为记录名单,在一年内禁止参加政府采购活动的行政处罚。

资料来源:中国政府采购网 http://www.ccgp.gov.cn/dfcg/jingyan/201703/t20170328_8047150.htm(2017 - 07 - 09访问).

二、政府采购中的寻租博弈分析

政府采购中的寻租包括设租与寻租两个方面,实际上是一个过程的两个方面。政府采购中的设租是指采购方利用权力对采购全过程进行控制,人为设置需求障碍,进而营造获得非生产性利润的环境与条件;政府采购中的寻租是指供应商利用合法或非法手段获得供应特权以占有租金的活动。因此,政府采购中的寻租过程实际上是一种"权－钱"交易过程,设租是从"权"到"钱",寻租则是"钱－权－更多的钱"。本小节以博弈论的分析方法对政府采购中的寻租行为进行系统分析。

(一)政府采购中租金的界定和来源

租金,作为一个重要的经济学范畴,最初是专指地租而言的。近代以来其概念不断拓宽。20世纪初,英国经济学家马歇尔从供给价格的理论中导出了"准地租"的概念,将其扩展到各种生产要素的租金,即支付给资源所有者的款项中超过在其他可选择用途中所能得到的最大款项的那部分收入,也就是超过机会成本的收入。寻租经济学中,租金进一步被用来表示由于政府的行政干预导致垄断而形成的超额利润或价差收入。寻租经济学认为:"公共领域里全部资源的价值就是租。"在政府采购的过程中,存在各种利益集团参与设租与寻租。设租是掌握权力的人利用权力在政府对经济活动的干预和行政管理过程中阻止供给增加,形成某种生产要素的人为的供给弹性不足,造成掌握权力的人获取非生产性利润的环境和条件。而寻租是通过一些限制性行为,即限制其他供应商进入某些含有租金的活动而获取租金的过程。正是通过设租与寻租,各个利益集团共同参与对租金的瓜分和造成资源的浪费。

政府采购中的租金是指因政府采购机构或人员的采购行为所形成的超额利润。其租金来源方式主要有三种:一是政府无意设租。这是政府由于采购方式、采购程序等实施不当,使该租金无法消散。二是政府主动设租。这是指政府采购人员利用职权人为地制造租金,诱使供应商向他们进贡作为获取租金的条件。这实际上是一种由权到钱的交易过程。三是政府被动设租。这是指政府受利益集团的左右,成为一些特殊利益集团谋利的工具,如:一些大的供应商向政府强调行业规模经营的重要性,来限制小规模供应商进入政府采购活动;为了地区保护,本地供应商要求限制外地供应商等。政府如果实施这些方案,将会给些利益集团带来巨额租金。

(二)寻租的基本博弈模型

为了研究方便,这里我们先作一些假设:①假设政府采购为分散性的政府采购,它包括一定规模的相对集中的政府采购,而集中性政府采购为在一定制度约束条件下的政府采购,我们假定集中性政府采购为一种相对较优的制度安排。所以,我们这里讨论的寻租主要是针对分散性政府采购而言的。②假设作为寻租方的供应商是同等的,也就是说,不管是国内供应商,还是国外供应商,都是以追求利润最大化为目标向政府采购主体或机构进行寻租,其寻租能力差别暂不考虑。③公共部门内部因争预算而形成的寻租现象不属于本问题的讨论范围。④分散性政府采购主体或机构都是具有利己心的理性"经济人"。⑤整个市场为充分或比较充分竞争的市场,供应商对市场的垄断成分较少或根本不可能垄断市场。

采购方设租时,他与供应商之间的关系构成如图9-4所示的基本博弈模型。假定分散的采购方为甲(即设租人),供应商为乙(即寻租人);L代表甲乙双方讨价还价后的最低竞租价(设为100单位货币),H代表甲乙双方讨价还价后的最高竞租价(设为200单位货币)。图9-4显示了四种设租与寻租策略,左边的数字表示甲方在不同竞租价下能够取得的租金,右方的数字表示乙方在不同竞租价下能够取得的租金。

	$L_乙$		$H_乙$	
$L_甲$	A 100	100	B 50	150
$H_甲$	C 150	50	D 0	0

图9-4　寻租的基本博弈模型

对于策略空间A来说,采购方与供应商均获得100单位的租金,甲方政府采购方设租是通过"权—钱"交易获得,乙方供应商寻租是通过"钱—权—更多的钱"获得(扣除支付给采购方租金后的余额)。如果甲方事前预测到乙方会从寻租中获得非生产性利润总额为200单位,则甲方会利用其采购特权,将策略空间移至C,选择H策略,因此获得150单位的租金;此时,乙方只能获得50(100-50)单位的租金。同理,从乙方来看,为了追求自身利润最大化,一开始就想向B策略空间移动,如果供应商的利润空间不易被采购方观察到,即存在信息不对称情况下,采购方会同意移动到B策略空间,此时,双方所获得租金与C策略空间正好相反。在一次性静态博弈情况下,上述三种策略空间可能都是均衡策略,实际政府采购中的工程采购或个别服务采购往往表现为一次性采购,它就符合一次性静态博弈。然而,在重复静态博弈情况下,B策略空间并不是均衡策略,因为一旦采购方知道供应商的收益情况后,就会断绝与之交易而选择其他供应商;同理,对于C策略空间来说,由于采购方获得的租金太多,供应商可能会通过某种渠道告发或披露,因此,C策略空间也不是均衡策略。如果要移回A策略空间,虽然供应商愿意,但采购方因其具有特权并不心甘,所以,A策略空间也不是真正的均衡策略①。

---

① 由于政府采购官员与供应商均属于"经济人",前者为了个人利益,往往只好选择A策略空间,即与供应商共谋,平分租金。这种均衡与分散性政府采购的实际情况一般是吻合的。

只有移动到 D 策略空间,采购方与供应商相互处于均衡点上,任何一方采取既定策略,另一方均无法寻找更好的策略。此时,D 策略空间属于纳什均衡策略($H_甲$,$H_乙$)。之所以将 D 策略空间设置为常量 0,是因为采购方的设租本来就是凭借特权,使用纳税人的资金进行采购的,对于采购方来说属于无成本采购;供应商虽然表面上支付了采购方一定量的"寻租成本",但并不是从其固有的成本中支付的,而是寻租成功后所获得租金的一种扣除而已,并且往往表现为获得租金后的支付[1]。因此,从博弈均衡解来看,A 和 D 两种可能的均衡解可以用公式表示如下:

假设 $r_甲$ 表示采购方获得的租金额,$r_乙$ 表示供应商获得的租金额,R 为租金总额(供应商获利总额－正常生产利润),f 为设租的风险系数(0<f<1),M 为采购方获得的常量租金,则策略空间 A 可以用公式表示为:

$$r_甲 = R \div 2 \times f + M \tag{1}$$

此时,采购方与供应商各自获得一半的租金,形成共谋均衡,虽然它比较接近实际,但并不是真正意义上的纳什均衡。

对于策略空间 D 来说,由于 f 和 M 均为 0,则(1)式演变为:

$$r_甲 = r_乙 = 0 \tag{2}$$

此时,如果采购方在没有另外寻找供应商的情况下,则会中止与乙方的共谋,而采取公事公办的态度,因此,达到纳什均衡。

对于一次性静态博弈 B 和 C 而言,在实际分散性政府采购中可能会同时存在,但作为采购方或供应商总是通过其他途径找回"补偿"。比如:在 B 策略空间,采购方可能会在事后再向供应商索取"好处",此时,如果供应商想继续与采购方共谋的话[2],则其会投其所好,给予采购方索要的"好处"甚至是更多的"好处",以利于采购方下次向其订货;如果供应商不想继续与采购方共谋或者只是一次性采购的话[3],则其会拒绝采购方的要求或者只象征性支付一些"好处"了事。如果采购方索取不成功的话,则其会在下次采购中提高租金,将策略空间移至 C,因此,加大租金是分散性政府采购博弈的一个结果。在 C 策略空间,供应商如果感到"吃亏",就会降低货物、服务或工程质量,以找回"补偿"。其结果也导致名义租金不变,实际租金提高。

[资料链接 9 – 5]

集中模式下政府采购的优越性

1. 资源配置优势

集中采购模式的优势在于:其一,专家把关、规范程序、降低成本、争取价格优势和优质服务、减少重复采购、调剂余缺、过量采购等浪费现象,确保公共资金的合理有效利用。其二,便于政府规范化管理和严密监控,防止采购过程中的腐败行为。其三,实现诸如宏观经济调控、增加社会就业人数、推行产业扶持政策、支持民族工业或残疾人事业、扶持中小企业和贫困地区、保护特种行业等各类特定的社会经济目标。政府在集中采购的规模优势下可获得价格上的优惠,供应商也为了保持其长期稳定的供货地位而不敢在质量上打折扣。采购各单位对价格有了较强的控制能力,并凭着这种强势地位使得供应商供应曲线变为向下倾斜。比较分析

---

① 在重复性的政府采购情况下,供应商本次支付给采购方的租金往往是上一期所获得寻租租金的一部分。

② 在货物或服务采购中,这种情况比较多见。

③ 一次性采购通常表现为工程采购或重大资产购置。

表明,集中采购模式较之分散采购而言,节省资金,促进闲置资源的利用,使资源得到充分利用,因而是一种帕累托改进。

2.效率优势

通过生产者剩余和消费者剩余角度对集中性采购和分散性采购的比较分析表明,集中性政府采购较之于分散性政府采购是一种典型的帕累托改进。当处于分散采购状态下,由于盲目采购、重复采购、暗箱操作、不公平交易等现象的存在,造成采购规模过剩或者价格偏高,导致效率低下,生产因素未被充分利用,资源没有达到有效配置。实行集中性政府采购后,消除了分散采购的上述弊病,采购过程公开、公平、公正,并引进了竞争机制,使采购规模和采购支出都达到最优,实现了效率的最大化。

3.防范合谋行为

在分散采购中采购人员和供应商之间的博弈有一个合作型超优策略均衡解,所以,供应商和采购人员会共同合谋,结果导致政府性资金的无谓浪费。加上分散性政府采购委托代理链条过长,除寻租外,还有集体腐败乃至行业腐败。而在集中采购模式中,采购人员和供应商之间的"合谋"型博弈可转化为"囚徒困境"型博弈。采购人员和供应商之间博弈的均衡解为(不合谋,不合谋),这种非合作博弈均衡提高了国家财政资金的使用效率以及社会福利水平。

资料来源:唐东会.政府采购模式选择问题探讨[J].当代财经,2006(9).

(三)政府采购中寻租行为的产生原因

1.政府权力对市场交易的介入是设租、寻租行为产生的根源所在

寻租总是同政府权力紧密联系在一起的。政府采购是由权力人组成的产品需求方,以购买人的身份出现在市场上,在市场中进行交换。在权力约束机制不健全的情况下,很显然权力将会介入市场,对市场竞争产生影响,从而干预了正常交易。采购人员利用权力进行设租,限制其他经济主体进入某些含有租金的活动,限制供给造成人为的稀缺。在这种情况下,必然会有一些人为了在交易过程中获得额外收益,而争取政府采购项目产生寻求租金的行为。

2.追逐个人利益是政府采购中寻租行为的内在动机

寻租过程实质上是一种利益交换的过程。理论界大多对政府行为的分析都是建立在这样一个假设前提之上,即政府作为公共管理者,其所有行为都应该从公共利益角度出发,以社会福利最大化为目标。然而,现代经济学的发展使人们进一步意识到,作为一个组织的政府与其他经济个体一样都存在自身利益,未能脱离"经济人"假设。以布坎南、施蒂格勒等人为代表的公共选择理论和政府管制经济学的学者们认为,许多政府成员既然是某些特殊利益集团的受益者,就很可能为这些既得利益集团服务,这样的政府就也很可能是一个被私人既得利益集团"俘获的政府"。政府采购人员具有"经济人"的特征,出于自利的动机追求自身利益的最大化,必然会寻求设租。因此,政府采购人员个人财富的需求与企业谋取自身利益的动机相结合,构成了设租、寻租的内在必然性。所以,利益驱动是寻租行为产生的最终经济动因。

3.政府采购中形成的"委托—代理"关系和信息不对称是产生设租、寻租行为的重要原因

在政府采购过程中,至少存在着"公众(纳税人)—政府(物品使用单位)—政府采购机构—采购人员"的委托代理链。在这个委托代理链的最上方是社会公众(政府采购资金的提供者—纳税人),作为委托者的纳税人实际上在这一过程中并无相应的决策与管理权力,它既不能在市场上进行采购决策,签订契约,也不能从中获得利润。因此,在这一过程中真正起到决定作用的是具有专业知识、专门负责采购活动的代理人,即政府采购人员。政府采购人员一般是以公有产权代理人身份来行使职权的,他们的权力范围十分广泛但却缺乏有效的法律制约。委托人与代理人的个人效用函数的不一致以及不同的利益取向,必然会导致他们之间的激励不相容问题。同时在政府采购过程中,委托人与代理人之间存在着严重的信息不对称问题。激励不相容、信息不对称有可能导致逆向选择和道德风险,使得采购人员和供应商以设租、寻租的方式来实现各自的利益最大化存在了现实可能性。

4.政府采购市场运行机制、采购方式和程序、监督机制中存在的缺陷,为设租、寻租行为的发生创造了条件

供应商是从事寻利活动还是寻租活动,主要是由于某种经济制度环境所决定。同一供应商在一种经济制度环境中是个寻利者,而在另一经济制度环境中又会成为寻租者。政府采购市场的发展仍处于极不成熟的阶段,全国性的采购市场还没有真正形成,政府所需服务主要由各地各部门分散采购,这既不能实现批量采购的价格效应,其采购方式又难以规范,还容易导致地方保护主义,引发不可预料的政府行为后果和大量的寻租行为。同样,采购方式和程序的不规范、不合理,以及监督机制的不健全,为设租、寻租行为的发生创造了条件。当政府以购买者的身份出现时,极有可能在多方面产生寻租活动。首先,一个企业能通过贿赂取得作为投标者的资格。其次,企业可能贿赂政府官员以取得签约资格。最后,一旦企业被选中,它将贿赂政府官员以高价格中标或以降低质量标准来完成项目。

(四)寻租的外溢效应

在多次寻租博弈中,会出现三种外溢效应:一种是溢向另一采购方(即设租人),产生新的设租人,或者是溢向另一供应商(即寻租人),产生新的寻租人;第二种是溢向采购方的上级管理部门或上级官员,这是设租人为了降低设租风险、寻求保护使然;第三种是溢向社会,导致社会成本增加。

1.新设租人和寻租人的产生

图9—4中讨论的D策略空间虽然属于纳什均衡策略,但对于分散性政府采购来说,并不是采购方和供应商所追求的最优解。C策略空间为采购方的最优解,B策略空间为供应商的最优解,A策略空间为双方的次优解。

对于采购官员而言,由于其具有政府采购特权,他不甘心于A策略空间,重复博弈的结果,必然导致其提高租金直至C策略空间,此时,如果供应商不愿意合作,即不愿意支付采购方所索要的租金额,则采购方会另寻愿意合作的供应商,导致新的寻租人产生。对于B策略空间,如果采购官员感到吃亏,于事后向供应商索取"好处"未成功的话,他可能也会拒绝与该供应商继续合作而另外寻找新的寻租人。这样一来,采购方可能会面临两种风险:一是其设租范围的扩大,被发现的机会增多;二是与其合谋的供应商增多,被告发的概率增加,即面临着不合作供应商的检举与揭发风险。

对于供应商而言,由于其利润空间不易被采购方观察到,所以,他也不甘心于A策略空间,试图向B策略空间转移。然而,其利润空间迟早会被采购方知道,加之在重复博弈中,供应商始终处于较为被动的地位,为了保持与采购方的长期共谋并从中获得非生产性利润(即寻租租金),只好向采购方提供更多的租金,直至D策略空间。此时,由于不存在寻租租金,同时,也面临着被采购方拒绝继续采购的风险,只好另寻愿意合谋的采购方,导致新的设租人产生。对于C策略空间,如果供应商因不愿意支付采购方所索要的租金额而被抛弃的话,则供应商也会另外寻找新的设租人("经济人"假设决定了他必然这样做)。对于B策略空间,如果

采购方感到受骗的话,会事后向供应商索要一定的"好处",此时,如果采购是一次性的,则供应商也会拒绝采购方的要求,自然就不会存在再次博弈,供应商也会另外寻找新的设租人。此时,如果供应商因被采购方拒绝继续采购其货物(服务或工程),则其有可能检举揭发采购方,但其也面临着"检举有效"和"检举无效"的博弈,以及"检举危及自身利益"和"检举不危及自身利益"的博弈。在法律制度相对健全的情况下,"检举有效"但"检举危及自身利益"和"检举无效"且"检举危及自身利益"比较符合实际。因此,博弈的结果,供应商检举揭发采购方的情况一般比较少①。

2. 寻租保护

采购方(设租人)由于存在被发现风险和被检举揭发风险,如果要进行长期设租,则其风险成本问题比较突出,这种风险成本包括采购方未露"马脚"时用于预防的费用和露"马脚"后收拾"败局"的费用等,所以,为了降低设租风险或更好地进行采购设租,采购方会作为寻租人向其上级官员或机构寻求保护,进而形成了采购过程中的租金外溢,即设租外溢或寻租保护。由于分散性政府采购的委托代理链较长,这种寻租成本相应也比较大。当采购方的风险成本(F = 预防成本 + 收拾败局成本)小于其所获得的租金($r_甲$),即 $F < r_甲$ 时,采购方才会继续设租;反之,当 $F \geq r_甲$ 时,采购方由于无法继续下去而停止设租②。在寻租保护过程中,由采购方的风险成本、时间成本等构成的寻租保护成本或设租"投资"与其所获得租金之间的关系可以用图 9 - 5 表示:假定其他条件既定不变,则风险成本和时间成本等越大,单位寻租保护成本的租金相对越小,因此,使得单位租金曲线由左上方向右下方倾斜,直至 0(单位租金等于单位寻租保护成本)为止。在这过程中,由于存在上一级设租人(采购方的上级机构或官员)的保护,作为寻租人的采购方会在寻租保护过程中边投资边受益,因此,其总租金会随着寻租保护成本的增加而相应地增加,当单位租金等于单位寻租保护成本时,其总租金达到最大值。所以,总租金曲线是一条由左下方向右上方倾斜的曲线,其中的 M 线为某一常量租金线。

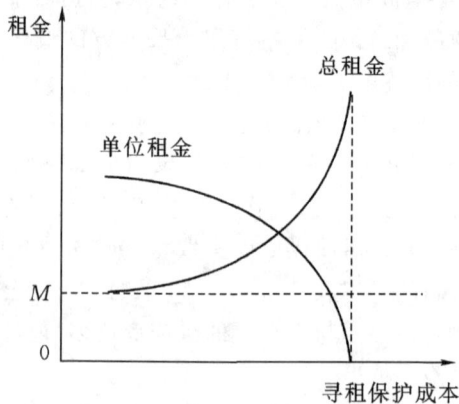

图 9 - 5　寻租保护成本与租金间的关系

---

①　如何提高供应商检举揭发采购官员设租的积极性,关键在于降低对其进行惩罚的力度(相对于设租人而言)。

②　这并不排除偶而或临时出现 $F \geq r_甲$ 的可能,由于存在设租外溢或寻租保护,采购方会通过再次设租将寻租成本弥补回来。但从长期来看,上述分析结果成立。

3.寻租对经济和社会的影响

通过上述分析,关于寻租对经济和社会的影响主要表现为以下几个方面:

(1)由于政府采购中的寻租是一种无成本寻租,寻租成功,则采购方(设租人)和供应商(寻租人)分别获得了约定的租金,结果导致政府性资金的无谓浪费,其浪费数量可从实施集中性政府采购节约资金比例逆推出来。如图 9-6 所示,在完全竞争条件下,政府性资金损失为 $GE_0Q_0Q_1$ 面积,恰好被采购方和供应商以租金($P_1E_1GP_0$)的形式获得①,政府作为消费者,其消费者剩余损失为 $P_1E_1E_0P_0$,其中 E_1E_0G 为无谓损失;在垄断竞争条件下,政府性资金损失为 HMQ_0Q_1 面积,采购方与供应商共谋所获得的租金总额为 P_1NHP_0 面积,小于政府性资金损失,这是因为其中有一部分因供应商垄断所造成的损失。同理,政府作为消费者,其消费者剩余损失为 P_1NMP_0,其中 NMH 为无谓损失。

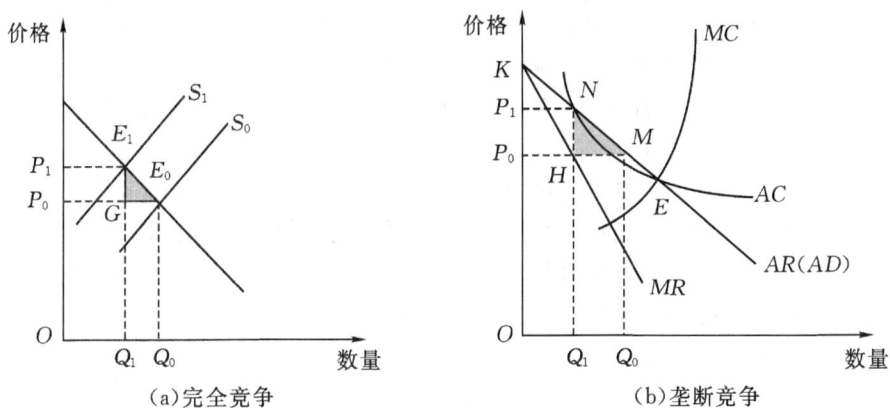

图 9-6　寻租对经济和社会的影响

(2)寻租导致政府开支扩大,纳税人负担加重。为了保证政府的正常运转,政府采购量必须达到 OQ_0。在分散性政府采购情况下,由于存在寻租问题,财政预算约束被软化,表现为预算支出规模不断扩大,因此,加重了纳税人的下期纳税负担,同时,具体采购主体或机构和供应商从中获得的租金规模相应增加。

(3)供应商通过寻租寻求行业垄断,导致消费者剩余下降,并阻碍技术创新,进而有碍经济增长。通过寻租,供应商获得了政府一定程度的保护,在供应商为数不多的情况下,他们就会联合起来寻求垄断,一方面可以通过分散性政府采购获得垄断利润和寻租租金,另一方面,可以通过提高市场供给价格,掠夺普通消费者的消费者剩余。如图 9-6(b)所示,在政府的保护下,竞争者不易进入,因此,供应商完全有能力以政府采购威胁一般的消费者,将供应价由 OP_0 提高到 OP_1(当然此时的供应价仍然小于政府采购的供应价,也只有如此,才不至于吓跑普通的消费者,导致市场客户流失),导致普通消费者因价格变化而发生收入效应,其购买量由 OQ_0 下降为 OQ_1,消费者剩余也有小幅度的下降,即由 P_0MK 下降为 P_1NK,HNM 为无谓损失。既然能够通过寻租寻求政府保护,供应商进行技术创新以寻求利润(寻利)的积极性就会因此降低,不仅如此,他们还会通过寻租的办法阻碍新技术的推广,以保护自身的垄断利润和垄断

---

①　这里假定其他条件既定,则政府性资金损失正好等于租金总额,即 $GE_0Q_0Q_1=P_1E_1GP_0$。

租金,进而导致社会经济增长速度放慢。

(4)寻租影响供应商之间的公平竞争,导致寻租供应商与非寻租供应商之间的利益失衡,进而导致市场竞争秩序的紊乱。在完全公平竞争条件下,供应商之间的利益分配基本上是均等的,然而,由于分散性政府采购中的寻租问题存在,导致寻租供应商不仅获得了销售量的增加,实现了正常的生产利润,而且通过寻租活动又实现了额外的非生产性利润——租金收入;与之对应的是非寻租供应商,因为寻租供应商而失去了政府采购市场中的应有份额,从而导致其正常的生产利润不能完全实现。在其他条件不变的情况下,寻租供应商与非寻租供应商重复博弈的结果,必然导致所有的供应商进行寻租,进而导致整个市场的竞争秩序紊乱。正如安尼·克鲁格(Anne O. Krueger,1974)所分析的那样:寻租活动的蔓延,具有恶性循环的趋势。因为寻租活动的存在,市场竞争的公平性被破坏了,使人们对市场机制的合理性和效率发生了根本怀疑。

(5)由于分散性政府采购的委托代理链过长,与寻租相伴随的是集体腐败乃至于行业腐败。正如前面分析的那样,为了寻求长期设租,分散性政府采购官员或机构会向其上级官员或机构寻求保护,即再寻租。这样一来,很自然地形成了集体性设租与寻租,导致集体腐败。久而久之,因为政府采购中的寻租与腐败而影响政府在人民群众心目中的形象。

通过以上分析讨论,我们发现,要解决分散性政府采购过程中的寻租问题,单靠目前所运用的各种非经济手段,如政府采购制度、法律制裁、教育等,只能在一定程度上解决寻租问题,但不能从根本上解决采购中的寻租问题。我们认为,要解决分散性政府采购中的寻租问题,只有通过经济手段和非经济手段双管齐下的方式,方能奏效。

[案例分析9-2]

"法"眼看串标

要点提示:

1.单位负责人为同一人或者存在直接控股、管理关系的不同供应商不得参加同一合同项下的政府采购活动。

2.《政府采购法实施条例》第七十四条规定了串通投标的法定情形。

3.供应商之间存在股东交叉的情形并不必然构成串通投标。

【案情概述】

20××年5月10日,采购人委托A公司就"某系统采购项目"进行公开招标,5月12日在中国政府采购网发布招标公告。6月29日开标,7月1日发布中标公告,中标人为B公司。

7月29日,举报人D公司向财政部门来函反映,称:投标人B公司与C公司在本项目投标活动中有串通投标行为,两家供应商的股东、发起人均为甲,存在实际的关联关系,属于《政府采购法实施条例》(以下简称实施条例)第七十四条第(四)项规定的串通投标的情形。同时,B公司和C公司的投标文件可能由同一家公司制作。

【调查情况】

本案争议的焦点是,B公司与C公司之间的关联关系是否足以认定其构成串通投标?因此,财政部门调取了本项目的招标文件、投标文件和评标报告等资料。

调查发现,招标文件第一章3.2规定:"法定代表人为同一人的两个及两个以上法人,母公司及其全资子公司、控股公司,不得同时参加本招标项目投标。"

全国企业信用信息公示系统网站显示:B公司的法定代表人为甲,股东为甲、乙;C公司法定代表人、股东为乙。

全国企业信用信息公示系统显示：B公司注册资本为3000万,其中甲的出资为1530万元,C公司1470万元;C公司的法定代表人为乙,注册资本为500万,出资人为乙。

【问题分析与处理情况】

本案反映了政府采购实践中如何认定串通投标的问题。串通投标属于法定情形,只有符合政府采购相关法律法规规定的情形才能认定为串通投标。

首先,实施条例第十八条第一款规定:"单位负责人为同一人或者存在直接控股、管理关系的不同供应商,不得参加同一合同项下的政府采购活动。"

本案中,虽然C公司的法定代表人与B公司的股东为同一人,但B公司与C公司的负责人不属于同一人,也不存在直接控股、管理关系。故B公司与C公司不属于实施条例第十八条以及本项目招标文件第一章3.2规定的禁止参加同一合同项下的政府采购活动的情形。

其次,实施条例第七十四条规定:"有下列情形之一的,属于恶意串通,对供应商依照政府采购法第七十七条第一款的规定追究法律责任,对采购人、采购代理机构及其工作人员依照政府采购法第七十二条的规定追究法律责任:

(一)供应商直接或者间接从采购人或者采购代理机构处获得其他供应商的相关情况并修改其投标文件或者响应文件;

(二)供应商按照采购人或者采购代理机构的授意撤换、修改投标文件或者响应文件;

(三)供应商之间协商报价、技术方案等投标文件或者响应文件的实质性内容;

(四)属于同一集团、协会、商会等组织成员的供应商按照该组织要求协同参加政府采购活动;

(五)供应商之间事先约定由某一特定供应商中标、成交;

(六)供应商之间商定部分供应商放弃参加政府采购活动或者放弃中标、成交;

(七)供应商与采购人或者采购代理机构之间、供应商相互之间,为谋求特定供应商中标、成交或者排斥其他供应商的其他串通行为。

本案中,虽然B公司与C公司之间存在股东交叉的关系,但不属于实施条例第七十四条规定的恶意串通的情形。禁止性行为是法律对自由的限制,必须在法律规定的范围内进行认定。所以,只有存在法定串通投标情形的才能认定构成串通投标,进而根据《政府采购法》第七十七条进行处理,而不能仅凭两个供应商之间存在股东交叉的关联关系就认定构成串通投标。

经调查,财政部门未发现有证据证明B公司与C公司存在实施条例第七十四条规定的恶意串通的情形,也没有发现B公司与C公司的投标文件有雷同之处。

综上,财政部门做出处理决定如下:举报事项缺乏事实依据。

资料来源:中国政府采购网 http://www.ccgp.gov.cn/dfcg/jingyan/201708/t20170811_8668601.htm(2017-07-09访问).

第三节　政府采购经济效益评价

一、政府采购对资源数量的影响

一国的经济运行可以是扩张性的,也可以是平稳性的,抑或是收缩性的。在不同的经济运行状态下,一国政府的开支表现为规模的扩大、不变或缩小,政府采购规模也相应表现为扩大、不变或缩小。因此,我们可以将研究范围设定为两种情况:一种是在封闭经济条件下,政府采购规模的变化对资源配置数量的影响;另一种是在开放经济条件下,政府采购规模的变化对资源配置数量的影响。

(一)政府采购对国内资源总量的影响

1. 封闭经济条件下政府采购对国内资源总量的影响

封闭经济暗含着一国或地区(为了叙述方便,下文省略地区)不存在国际贸易这一前提,一国的资源完全是在本国范围内流动的,影响国内资源配置的部门有消费者、厂商和政府三大部门,为国内资源流动提供舞台的市场有生产要素市场、资本市场和消费品市场三大市场。在封闭经济条件下,政府采购对国内资源总量的影响可以从两个方面进行探讨:一是分散采购模式下的政府采购对国内资源总量的影响;二是集中采购模式下的政府采购对国内资源总量的影响。

在分散政府采购模式下,政府采购主体被视同为一般的消费者,甚至比一般消费者的地位还要低,这是因为政府采购所使用的资金为政府性资金,由于政府性资金的公共性特点决定了政府采购主体在采购谈判中处于劣势,换句话说,在非完全竞争市场条件下,无论是卖方还是买方,均认为政府采购反正花的是政府的钱,只要能够讨政府(甚至是采购具体经办人)满意,价格高一些无关紧要。

假定市场是一种出清的市场,但由于上述情况的存在,就会导致市场不能完全出清,因为政府性资金并没有购买到等值的商品、服务或工程,一部分商品、服务或工程就会因为购买不足而不能出清。我们假设有两种商品 A 和 B,A 商品不存在政府采购,B 商品则存在政府采购,由于市场竞争的结果导致 A 商品完全出清(见图 9 - 7a),而 B 商品则存在一定的剩余,其剩余为 $Q_0 Q_1$(见图 9 - 7b),由于政府采购是按照 P_0 价格采购的,结果造成 $P_0 P_1 E_1 F$ 阴影面积的社会净损失。推而广之,会造成整个社会有效需求不足,导致国内资源总量利用不足,部分资源甚至处于闲置状态。

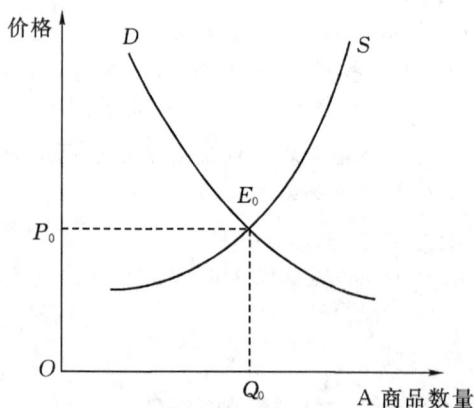

图 9 - 7a　无政府采购的市场均衡　　　　图 9 - 7b　有政府采购的市场均衡

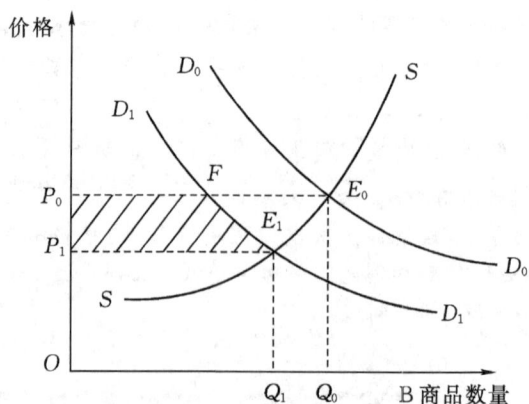

从政府采购本身的效率来看,在分散采购模式下,由于政府的采购支出零星、分散,采购量难以对市场价格造成有利影响,政府部门只是一个市场价格的接受者,只能接受既定的均衡价格。

如果考虑到采购过程的一些其他费用,如采购过程中为寻求合适商品和合理价格而付出的时间费用,采购周期长或供应商延迟交货而造成的资金占用费用以及采购人员的劳务费、差旅费等支出,分散采购的实际平均成本还有可能大于 p_0,其社会净损失可能还要大于 $P_0P_1E_1F$。

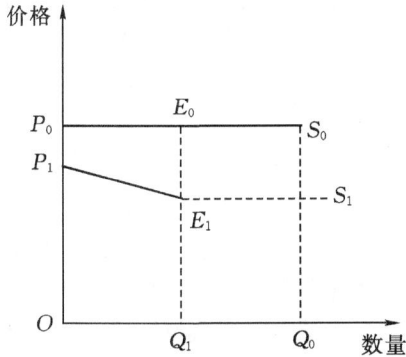

图 9-8　集中采购与市场均衡

实行统一集中的政府采购后,采购单位的市场地位发生了变化,由分散购买中的竞争性购买者转化为相对垄断的购买者。此时,市场的供给曲线仍为一条向右上倾斜的曲线,但集中采购单位面临的供应商供应曲线由水平变为向下倾斜,如图 9-8 中的 S_1。在供应量一定的情况下,供应商此时以两种价格供应商品或劳务,对集中采购部分(OQ_1)的供应价格为 P_1 线,而对其他分散采购部分(Q_1Q_0)的供应价格仍为 P_0 线。曲线 S_1 的倾斜程度取决于政府采购量占市场份额的大小和供应商产品对政府采购市场的依赖程度。一般来说,政府采购量占市场的份额越大,供应商产品对政府采购市场的依赖程度越高,政府采购对市场价格的影响就越大,采购单位就越有可能获得低价格的商品供应;反之,政府采购量占市场的份额越小,供应商产品对政府采购市场的依赖程度越低,政府采购对市场价格的影响就不这么明显,政府采购价格就越接近市场价格。由图 9-8 可以看出,在采购数量同样为 Q_0 的条件下,分散采购的平均成本为 P_0,而在集中统一的政府采购条件下,采购的平均成本却下降为 P_1。实行政府采购,节约了 $P_0P_1E_1E_0$ 单位的财政资金。而且,随着采购量的增加,采购成本还有进一步降低的趋势。

在市场出清情况下,因政府集中采购而节约的资金会被用于其他用途(或采购或转移支付),在其他条件不变的情况下,市场能够达到出清状态(不论是 A 商品还是 B 商品),且有利于实现帕累托改进[①]。

2. 开放经济条件下政府采购对国内资源总量的影响

在开放经济条件下,由于存在进出口,如果本国产品在国际贸易中具有竞争优势,就可能出现出口大于进口的情况,国内产品、服务或工程就会出现供给缺口,引发物价上涨,此时,根据上述分析,在进口替代困难的情况下,分散式的政府采购则会导致这一缺口相对缩小,但并不能稳定物价;而集中式的政府采购则会由于其采购垄断导致这一缺口相对扩大,进而引发物价的进一步上涨。在进口替代比较容易的情况下,分散式的政府采购对国内资源配置影响较

---

① 因集中采购而节约的资金再度被直接或间接用于采购,有利于促进有效需求扩大,促进闲置资源的有效利用。

小;而集中式的政府采购则倾向于国际采购,由于政府性资金流向国际市场,国内供给缺口得到较大程度的弥补,进而有利于国内的物价稳定,这种弥补与稳定程度取决于政府采购规模大小和拟采购物品的替代程度。

如果本国产品在国际贸易中不具有竞争优势,甚至处于劣势,则可能出现进口大于出口的情况,国内产品、服务或工程就会出现供给过剩,引发物价下跌。此时,根据上述分析,在进口替代困难的情况下,分散式的政府采购会由于其谈判劣势而导致供给过剩进一步扩大,国内资源配置总量进一步趋于失衡,导致物价进一步下跌;而集中式的政府采购则会由于其批量采购促进供给过剩相对缩小,有利于改进国内资源配置和物价稳定。在进口替代比较容易的情况下,由于国外产品处于竞争优势,分散式的政府采购倾向于国际采购,进而引发国内供给进一步过剩。此时,集中式的政府采购可分为两种情况:一是无购买本国产品限制的采购,会出现大批量国际采购倾向,由于政府性资金流向国际市场,国内供给过剩情况更大幅度扩大,导致国内市场疲软进一步加剧;二是有购买本国产品限制的采购,大批量保护性的政府采购则有利于扩大国内有效需求和减少国内供给过剩,促进国内资源配置改善和物价稳定。当然,这种弥补与稳定程度也取决于政府采购规模大小和拟采购物品的替代程度。

(二)政府采购对政府部门资源数量的影响

政府性资金在一定时期内是有限的,由于受法律或制度约束,其规模不易扩大,其中靠征税方式扩大收入规模难度更大甚至会遭到纳税人的强烈反对。因此,在既定的可支配资金规模情况下,只有加强支出管理、提高资金使用效率,方能保证政府部门占有资源数量的增加,进而保证政府部门履行其职能的需要。我国历年的财政统计资料显示,政府购买性支出占总支出的比例一般都在50%以上,改变其购买方式无疑会提高政府部门对资源的占有水平,近几年各地的政府采购经验数据表明,政府采购由分散式向集中式转变,平均节约资金近20%,这就意味着,政府在不增加任何收入的情况下,政府能够支配的社会资源总量将提高3%①。

(三)政府采购对民间资源数量的影响

我们继续沿用上述假设,同时假定资源没有被充分利用,将焦点集中在封闭经济条件下不同模式的政府采购对民间资源数量的影响上。在封闭经济条件下,由于不存在资源的国际间流动,一国的资源只能在政府与民间进行流动。当一国资源没有被充分利用时,政府对资源的支配数量对民间可支配资源数量影响与政府采购规模呈正相关关系。

第一,分散模式下的政府采购对民间资源数量的影响。正如上述已经分析的,分散模式下的政府采购类似于民间采购,甚至还不如民间采购,往往在采购中,由于受利益驱动导致政府受损。因此,此时的政府采购数量对民间可支配资源数量影响相对较小,因为在政府采购规模不变或变小的情况下,不影响民间可支配资源总量;如图 $9-9(a)$ 所示,Q_0 点为充分就业水平的资源配置,在没有达到充分就业水平前,社会资源没有得到充分利用,民间与政府均以 p_1 价格购买可支配的资源数量分别为 OQ_g 和 OQ_p,社会仍然存在资源闲置量($Q_1 Q_0$),民间可支配资源量没有受到影响。如果政府采购规模扩大,则会产生扩张性的乘数效应,有可能达到甚至会超过充分就业水平,此时就会出现民间可支配资源总量减少而发生挤出效应,如图 $9-9(b)$ 所示,由于政府采购规模的扩大和乘数作用,社会资源可以得到充分利用,在充分就业这一点(Q_0),民间与政府均以 p_0 价格购买可支配的资源数量分别为 OQ_g 和 OQ_p,社会不存在资源闲

---

① 国际组织经验数据表明,政府采购一般占一国 GDP 的比重为 $10-15\%$,再根据资金节约 20% 进行计算而得。

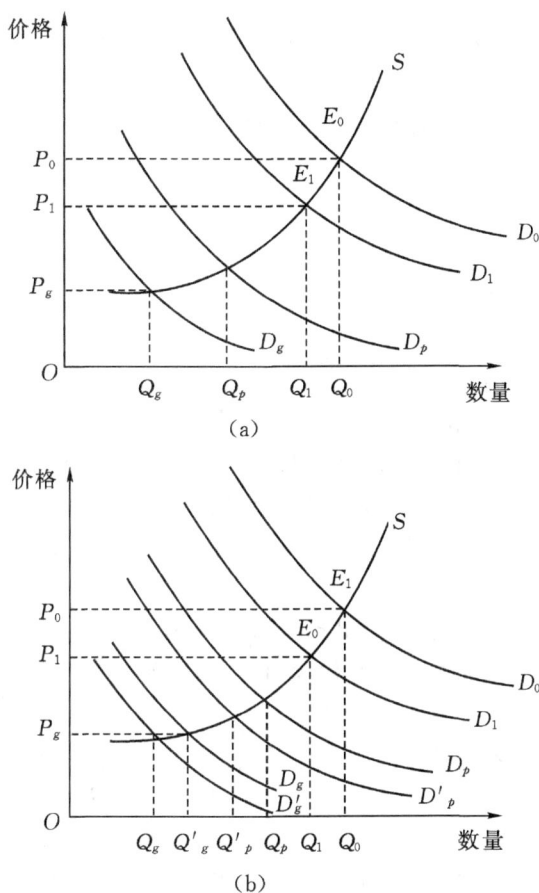

图 9-9　封闭经济条件下政府采购对民间可支配资源数量的影响

置量,民间可支配资源总量不变;而当支出乘数作用继续下去时,社会资源会出现不足(Q_1 Q_0),民间与政府均以 p_1 价格购买可支配的资源数量分别为 OQ'_g 和 OQ'_p,发生了挤出效应,民间可支配资源减少,被挤出的民间资源数量(Q'_pQ_p)正好与政府采购数量($Q_gQ'_g$)相等。

　　第二,集中模式下的政府采购对民间可支配资源数量的影响。在政府采购总规模不变的情况下,由于实行集中采购制度,如图 9-9(a)所示,对民间可支配资源总量没有影响,Q_0 点为充分就业水平的资源配置,在没有达到充分就业水平前,社会资源没有得到充分利用,与政府分散采购的区别是:民间与政府分别以 p_1 和 p_g 的价格购买可支配的资源数量分别为 OQ_g 和 OQ_p,社会仍然存在资源闲置量(Q_1Q_0)。如果政府采购规模扩大,则会产生扩张性的乘数效应,有可能达到甚至会超过充分就业水平,此时就会出现民间可支配资源总量减少而发生挤出效应,如图 9-9(b)所示,由于政府采购规模的扩大和乘数作用,社会资源可以得到充分利用,在充分就业这一点(Q_0),与政府分散采购的区别是:民间与政府均分别以 p_0 和 p_g 的价格购买可支配的资源数量分别为 OQ_g 和 OQ_p[①],社会不存在资源闲置量,民间可支配资源总量不变;

---

　　①　在充分就业这一点,厂商仍然愿意以较低的价位向政府部门供应,一是受合约限制,二是集中供应的交易成本远远小于分散供应的交易成本。

而当支出乘数作用继续下去时，社会资源会出现不足（Q_1Q_0），民间与政府均以 P_1 价格购买可支配的资源数量分别为 OQ'_g 和 OQ'_p 时，发生了挤出效应，民间可支配资源减少，被挤出的民间资源数量（Q'_pQ_p）大于政府采购数量（$Q_gQ'_g$）[①]；当民间与政府均分别以 p_g 和 p_1 的价格购买可支配的资源数量分别为 OQ'_g 和 OQ'_p 时，虽然会发生挤出效应，但其大小难以确定，被挤出的民间资源数量可能与政府采购数量相等，也可能小于政府采购数量，这主要取决于厂商交易成本的大小、政府采购采购合约期限的长短以及其赚取利润的大小比较。

二、政府采购对资源结构的影响

（一）政府采购对产业结构的影响

通过政府有目的的、导向性的采购，在一定程度上成为引导生产和消费的"指挥棒"，实现对社会生产及消费的宏观调控和示范作用。如可以通过公开招标和中标来体现国家的产业政策，促进产业结构的调整。能使资源配置达到帕累托最佳状态，从而让经济在生产可能性曲线以外也可运行，社会福利取得最大值；也可以通过适当扩大或缩小、提前或推后政府采购来调节社会需求。在当前实行拉动内需的宏观调控政策时，运用好政府采购这一手段是必不可少的。

政府采购可通过对所需购买的产品品种、质量进行选择，引导产业发展方向。但限于政府采购本身规模与职能，政府采购对产业结构的引导，应该将重点放在"市场失效"领域内，其典型就是促进高新技术产业化。

对于幼稚产业来说，国家产业政策除了通过货币政策、税收优惠和财政直接投入予以扶持之外，政府还可以通过政府采购直接予以支持。一般说来，幼稚产业尤其是高科技产业，在初创阶段，其产品的需求量有限，处于微利或亏损状态，因此，其发展受到很大限制。此时，政府仅仅通过政策扶持是远远不够的，通过政府采购予以扶持才是一种最佳选择，国外和我国高科技产业的发展历史已经充分证明了这一点。假定国家鼓励发展的产业供给规模一定，并且供给大于需求，如图 9－10 所示，在没有政府采购支持的情况下，其市场均衡点为 E_0 点，均衡价格为 P_0，此时存在亏损 $P_0P_1BE_0$，照此发展下去，该产业必然趋于萎缩；如果通过政府采购，将需求曲线右移至 $D+G$ 线，市场总需求量扩大至 OQ_1，在其他条件不变的情况下，均衡点为 E_1 点，均衡价格为 P_1，此时正好达到盈亏平衡，则有利于该产业的生存与发展。如果政府继续扩大采购支出到 $D+G'$，在价格不变的情况下，将会出现供给曲线右移现象（由 S 右移至 S_1），此时的均衡产量为将由 OQ_1 增至 OQ_2，均衡点为 E_2。由于政府采购的乘数作用，受扶持产业将得到长足发展，其增量为 Q_1Q_2。同时，由于政府采购一般是通过采购合同方式实现，具有很强的针对性，既可以针对某一产业的所有产品，也可以是某产业的某一类产品或某一种产品，并且可以根据需要分期分批予以采购。因此，这种支持灵活度很高。反之亦然。

众所周知，高新技术产业化过程，是一个充满风险同时又有着较大"外部效应"的过程。一项技术创新，一般要经过下列主要环节：应用研究—技术发展—中间试验—市场化初期—产品改进和成熟—技术扩散。其中中间试验与初期市场化阶段是承上启下的关键环节，这个阶段投资多、风险大且不易引起政府和市场的关注。中试环节薄弱是我国技术创新领域一大难题。

[①]　在价格相等的情况下，政府集中采购比民间分散优越，厂商为了节约交易成本，更愿意将商品储存起来，以供应政府。

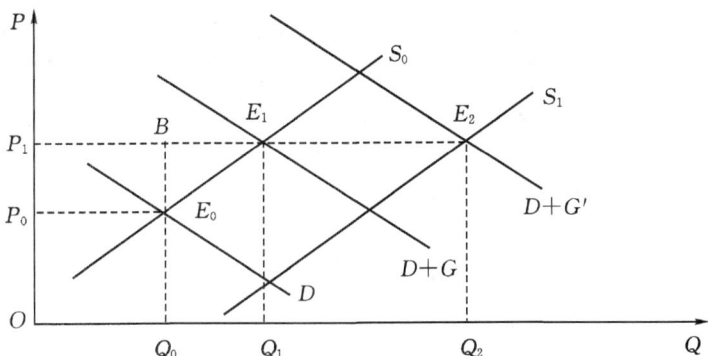

图 9 - 10　政府采购对幼稚产业的支持

而美国公司发展高新技术,其研究成果经过中试进入市场的约占 55%,正是因为政府采购能解决中试与初期市场化中的资金需求问题,并降低个别企业的风险水平。

　　保护民族产业是政府采购的传统经济职能,但近年来,西方政府已将采购政策重点转向刺激技术的发展和新兴产业成长方面。例如美国西部硅谷地区和东部 128 公路沿线地区高技术产业群发展迅速,是当今世界技术发展最活跃的地区,其成功关键即美国联邦政府的采购政策。近年来,美国政府利用采购法支持重要产业的成功例子还包括振兴集成电路工业,使美国重新夺回霸主地位。2003 年,美国国防部 65% 的研究资金都是通过研发合同的形式与私人工业企业签订的,研发合同的性质基本上都是应用研究和发展项目,在签订研究项目时,一般采用公开招标的方法[①]。

　　我国 2015 年高新技术产业生产经营情况如下:企业数 29631 个,从业人员平均为 1354 万人,主营业务收入达到 139969 亿元,利润总额为 8986 亿元,出口交货值为 50923 亿元[②]。近五年我国高新技术产品出口占工业制成品出口额的 30% 左右,政府一直重视技术引进与技术开发工作,并投以巨资,但用于科研转化为生产力的资金数量极少。1994 年税制改革以来,过去一些鼓励技术创新的优惠政策也消失了。因此,目前急需从每年几千亿元的采购支出中,划出一块用于促进高新技术产业化。

　　因此,根据政府采购的性质,在利用其宏观经济职能时,应做到扬长避短,同时借鉴国外成功经验。目前的采购支出中,要特别重视其保护民族产业和促进高新技术产业化职能的发挥,而不宜提倡一味扩大政府支出,从总量上刺激需求。

　　在开放经济条件下,政府采购制度总是各国保护国内产业的有效手段,GATT 形成时,各国刻意把政府排除在投资贸易自由化领域之外,目的就是为了不违背当时各国均在利用政府采购保护国内企业这一既成事实。各国一般对国内产品实行优先的政府采购政策,从而有效地保护和促进国内产业的发展。具体表现为:①规定在国际采购中本地产品和劳务的含量;②在国内外产品性能相同的情况下,给予国内产品适当的价格优惠;③在进行政府采购时应充分考虑国内产业发展的要求,在同等条件下,尽量购买本国产品;④运用国家安全、环境保护等

①　高昌林,玄兆辉,等.建立政府技术采购制度,促进企业技术创新[J].科技管理研究,2006(4).
②　中国高技术产业统计年鉴,2016.

正当理由,禁止或限制外国厂商进入本国政府采购市场的某些领域,进而达到保护本国民族工业的目的;⑤贸易补偿,即为了培育本国产业或改善国际收支,要求得标的外国供应商需达到某个比例的国内采购,或者必须转移某项技术,或者需在国内建厂制造等。

然而,政府对国内幼稚产业保护是有限度的,尤其是在公开招投标情况下更是如此。尽管政府可以用比如《购买国内产品法》等予以保护,或者给予 10％～20％ 的价格优惠,但毕竟是有限度的,由于国外产品的竞争优势,公开招投标的结果往往出乎意料,除非预先规定采购国内产品的比例,否则,竞争的结果导致国外供应商中标的比例较大。政府采购对国内幼稚产业的保护将大打折扣。同时,一味地保护,将不利于社会福利水平的提高。因此,从长期来看,通过政府采购支持本国产业发展并非是长久之计。

(二)政府采购对地区结构的影响

政府采购对地区结构的影响可以通过全国性的采购和地区性的采购体现出来。

首先,从全国性的政府采购来看,各地区的资源优势因政府采购而得到充分体现。由于政府采购强调公开、公平和公正原则,为谋求纳税人利益最大化,做到物有所值,全国性的政府采购一般是通过公开招投标确定供应商。这样一来,具有资源优势地区的供应商,往往因其能提供价廉物美的商品、服务或工程而一举中标。该地区经济因中标商的发展壮大而增长,并因此而出现特色经济或地区性产业群,如地方高科技园区的不断发展壮大、地方工艺品产业的发展壮大等。不过,值得注意的是,由于地区性产业群一般因地缘优势而具有规模经济特征,为了保护这种优势,在政府采购中应注意避免恶意竞争所带来的不必要的损失和浪费。

其次,从地区性政府采购来看,在一定时期内,可以通过保护性政府采购扶持本地产业发展。在社会主义经济体制下,公共财政模式决定了地方政府负有调控本地经济的义务,因此,地方政府可以运用政府采购这一有效手段对本地经济适当地进行干预。一般说来,在一定时期内,根据本地经济发展需要,对于需要支持的重点行业或产品,在地方政府采购过程中,可以规定采购比例或定点采购或给予价格优惠等办法予以支持。然而,我们这里反复强调一定时期,就是说,地方政府通过政府采购对地方产业的保护也是有限度的,否则,将不利地方福利的改进,也不利于本地供应商参与全国性的竞争,集中性的政府采购最终也会趋于萎缩。

三、政府采购在政府宏观调控中的作用

这里通过与政府一般性支出乘数和税收乘数比较可以得出如下结论:政府采购在政府宏观调控中的作用是最大的。

(一)政府采购效率产生的条件

政府采购如想实现资源配置的效率,预期效益超过成本是必要条件,但还有两个充分条件:其一是生产要素没有被充分利用。如果现有的生产要素没有被充分利用,进行新的政府采购,则资源配置会因政府采购而得到改进;其二是资源利用的结果产值最高。即使全部原有资源被充分利用了,还可能存在有足以增加效率的变革。如果投入资源"实际"生产的商品与劳务的价值小于这些资源"可能"生产的价值,那么这种资源利用还不一定有效率(高效率)。所以,进行政府采购,只有当使用资源所生产的商品与劳务价值最高,现有资源才算是有效率的配置。

(二)政府采购的"乘数效应"与"挤出效应"分析

根据凯恩斯学派的观点,政府采购的增加将直接导致社会总需求的扩大,进而带动资本与劳动力投入的增加,在短期内,由于社会总产出主要由资本与劳动力投入所决定,所以,最终会导致社会总产出的增加,并且,这种刺激效应是放大的。

假定政府采购支出增加 ΔG,社会边际消费倾向为 $c_q(0<c_q<1)$,则由 ΔG 引致的社会总产出的增加为 $\Delta G/(1-c_q)$,这就是所谓的政府支出的"乘数效应"。

古典经济学派的经济学家则持与之相反的观点,他们认为:社会资金的拥有者不外乎政府、企业、个人,在其总额保持大致稳定的情况下,如果政府占有的份额上升,则企业与个人所拥有的数量就可能下降,也就是说,政府采购的增加将会挤出企业与个人的投资或消费,从而抵消其乘数效应,而且由于政府采购大多是非生产性的,因此,它反而可能使社会总产出减少,即产生所谓"挤出效应"。如图 9-11 所示,纵轴表示利率水平,横轴表示私人投资水平,在没有公共开支的情况下,利率为 i_1,私人投资为 I_1;如果增加公共开支,即对货币的需求增大,短期内货币供应量不变或只有很少增加,利率由 i_1 上升到 i_2,这样私人投资将由 I_1 减少到 I_2,I_1-I_2 就是排挤掉的私人投资。

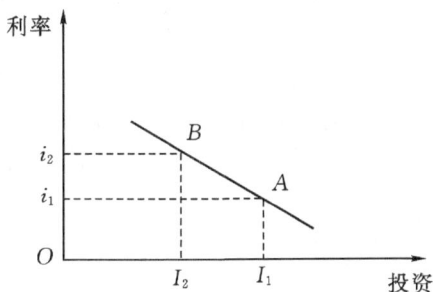

图 9-11　投资与利率的关系

挤出效应一般发生在筹资阶段,如果政府采购所需资金是通过税收的方式来筹集的,假定个人收入为 R,政府就 R 征收税率为 r 的所得税,则个人可支配收入与无税时相比减少了,根据跨时期预算约束模型,其消费与储蓄都会减少,而消费减少的幅度则更大,这表明挤出效应是存在的。但是,乘数效应却并未因此而完全消失。

假定个人边际消费倾向为 c,则税收使个人消费减少了 ctR,而同时政府可用于采购的资金增加了 tR,由于 c 总小于 1,因此 tR 大于 ctR,可见政府采购的扩张效应依然存在,但乘数由无税时的 $1/(1-c)$ 缩小为 $1/(1-c)(1-t)$。由于乘数的减少,会使得政府为实现同样的政策目标所要进行采购的绝对数量大大增加,相应地意味着征税的范围或力度要加大。

如果政府采用发行公债的方式来筹集采购所需的资金,根据巴罗-李嘉图等价原理,政府现在发行公债,由于其最终的还本付息要通过在未来增加税收实现,理性的个人意识到这一点,就会减少当前消费而增加储蓄以备未来之需,所以,发行公债与增加税收对乘数的影响是等价的[①]。因此,公债的还本付息只能靠增税。

然而,在现代政府干预市场经济的情况下,如果政府利用发行公债筹集刺激经济所需的资金,只要它在使用上是有效率的,能够带来社会总产出与国民收入的增加,那么税基也将会随之而扩大,政府无需增税或提高税率即可完成还本付息的任务。对公债持有者来说,这意味着

---

①　此原理是基于这样的认识:政府的支出是非生产性的,只会造成资源的消费而不会创造任何产出。

其未来净财富的增加,因此,为了保证消费水平的稳定,他很可能增加当前消费。另一方面,李嘉图与巴罗将政府债务人与一般债务人等同起来,认为债务到期时政府必须像一般债务人那样用自有资金偿还债务,但实际上由于政府的特殊地位,它可以采用发新债还旧债的办法,只要公债的利息率低于国民经济增长率,这个办法就可以一直采用下去。可见,当前增发公债并不意味着未来税负的必然增加,也就不一定会减少当前消费而产生挤出效应。

[资料链接 9-6]

挤出重要吗?

(1)假定在既定价格的经济中,产出低于充分就业水平。在这些条件下,财政扩张提高需求时,厂商可增雇工人提高产出水平。但在充分就业的经济中,通过不同的机制产生了挤出。在这样的条件下,增加需求将引起价格水平上涨,降低货币实际余额。实际货币供给的减少,使 LM 曲线向左移动,从而提高利率直到初始增加的总需求被完全挤出为止。

(2)在有着失业资源的经济中,没有完全的挤出。因为 LM 曲线实际上不是垂直的,财政扩张将提高利率,但也增加收入。因此,挤出是程度问题。总需求的增加提高了收入,收入提高,储蓄水平也提高了。储蓄的扩充又有可能弥补更大的预算赤字,不会完全替代私人支出。

(3)由于失业存在,就有可能扩大产出,当政府支出增加时,利率似乎不一定提高,因而不一定有任何挤出。因为,货币当局通过增加货币供给,可以调节财政扩张。在财政扩张过程中,当货币增加,防止利率提高时,就是货币调节(预算赤字货币化),因此不一定对投资有任何不利的影响。

资料来源:鲁迪格·多恩布什,斯坦利·费希尔,理查德·斯塔兹.宏观经济学[M].10 版.北京:中国人民大学出版社,2010.

第四节 政府采购政治效益评价

一、政府采购对财政支出总量的影响

在集中性政府采购模式下,由于政府采购是一种规范运作,各部门或单位在采购预算范围内委托采购中介机构进行采购,这样,政府采购机会出现采购的规模效应。因此,对财政支出的总量有两种影响结果。

(一)节约财政支出,提高财政支出利用率

竞争机制的引入、操作过程的透明、流转环节的简化、规模效应的发挥是促使实现节资的主要因素。市场经济比较发达的国家的实践表明,政府采购的确可以提高资金节约率。通常政府采购支出占财政支出的 30% 以上,占 GDP 比重一般在 10% 左右,节资率约为 10%。我国政府采购制度试点始于 1998 年,2000 年全面实施,当年我国政府采购规模为 328 亿,2001 年为 653 亿,2002 年为 1009 亿,连年翻番。到 2003 年《政府采购法》实施,标志着我国政府采购制度开始走向成熟,当年政府采购为 1659.4 亿,节约预算资金 196 元,使用财政性资金 1225.7 亿元,拉动配套资金 433.7 亿元。2011 年全国实际采购规模达到 11332.5 亿元,比上年同期增长 34.6%,节约资金 1566 亿元。2011 年政府采购规模占全国 GDP 的比重为2.4%,占一般公共预算支出的 12.2%。实施政府采购改革 12 年来,全国政府采购规模年平均增长

134.3%①。按照国际经验,政府采购支出占财政支出的30%以上,占GDP比重一般在10%左右,而我国目前这两项比重都较低,这说明政府采购大有可为。随着政府采购规模的不断扩大和政府采购制度本身的不断成熟和完善,当采购工作进展到一定程度时,其着力点应转向宏观层次和国际领域,这个阶段采购功能的实现必须借助于政府采购规模的扩大,并将成为实现政策目标和提高工作效率的引擎,政府采购的节约资金作用显而易见。

(二)有助于缓解财政供需矛盾

财政的供需矛盾一直是一个比较突出的问题。在传统的财政资源管理体制下,各单位条块分割、各行其是,造成设备能力不能充分利用,降低了这些资金的使用效率。一边是各机关单位淘汰的办公设备大量闲置甚至流失,而另一边却是各种中小学办公设备严重不足。实行政府采购后,政府采购机构将建立政府单位部门的消耗资产档案,并根据这些资产的年限进行补充和更新,统一采购政府各部门和单位所需要的商品和劳务,并直接将商品及劳务分配到需要的单位和部门。财政部门将评估采购单位采购要求的合理性,并实行以旧换新的方法,将采购了新的办公设备和固定资产的单位仍可使用的旧设备和淘汰的固定资产调剂给其他单位和部门。等于花一个钱、办两件事,做到了物尽其用,缓解了供求矛盾。其次,政府采购的社会化服务体系,如社会化用车制度、定点维修和定点供油制度以及会议接待制度等,也将大大节约财政资金的使用。据估算,仅公车改革一项一年就可节省财政开支数百亿之巨。

二、政府采购对财政支出结构的影响

财政支出主要有两种分类法,即:按是否与支付相对应,可将财政支出分为购买性支出和转移性支出;按支出的性质,可将财政支出分为生产性支出和非生产性支出。因此,我们这里将着重讨论政府采购对这两大类支出结构的影响。

(一)集中性政府采购对购买性支出和转移性支出的影响

在集中性政府采购模式下,受制度的约束,采购官员、采购代理人与供应商合谋的成功概率极低,加之采购规模效应,政府采购支出预算不仅能够实现,而且能够节约资金(目前世界各国的经验数据为(10%~15%))。所以,在财政支出规模既定的情况下,集中性政府采购有利于提高转移性支出的比例。如图9-12所示,假设横轴表示政府采购量,纵轴代表转移支出量,假设财政支出预算线为$A'B'$,计划价格为OP_1,由于存在集中性政府采购的制度和规模效应,实际采购价格下降为OP_0,在政府采购规模不变的情况下,政府可以调整预算结构为AB,降低采购预算比例($OB' \rightarrow OB$),提高转移支出比例($OA' \rightarrow OA$)。

(二)集中性政府采购对生产性支出和非生产性支出的影响

在集中性政策采购模式下,在规范性的采购制度框架内,受预算硬约束,财政支出属于公共支出,非生产性支出能够得到保障,生产性支出也会因集中性政府采购的规模效应得到扩大。

三、政府采购推动了公共财政制度的确立

政府采购不仅是我国公共财政框架建立的重要环节,反过来由于其本身要求有比较完善

---

① 数据来源:根据财政部发布的《2002年全国政府采购工作情况统计报告》《2003年全国政府采购工作统计分析报告》《2005年全国政府采购规模达2927.6亿元》,载《中国政府采购》,2006年第7期。

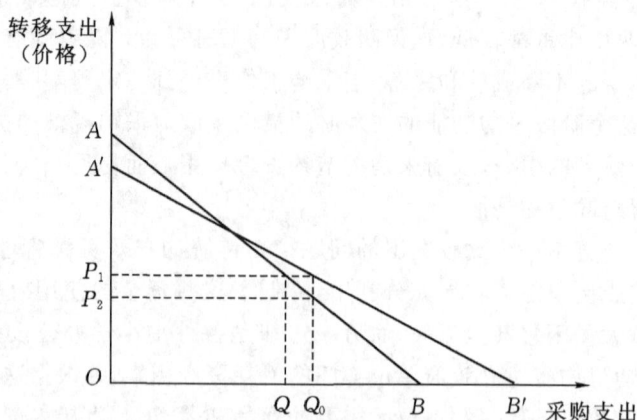

图 9-12　采购支出和转移支出的关系

　　的财政体系作保障,又加速了公共财政其他环节的改革。从这个意义上来讲,政府采购具有牵一发而动全身的全局意义。与之相关的支出改革包括以下四个方面:

　　其一,改革预算编制方法。在预算的主体方面要建立"部门预算",建立预算项目库、改革预算科目、对预算编制进行分类,从而从量上全面反映各部门、各单位收支活动情况,有利于掌握各部门的真正需要;在预算的编制方法方面要实行"零基预算",财政支出的安排分配改变过去基数加增长的计算方法,否定原来基数,每年经过认真核查,根据事业发展和财力情况落实采购计划,合理安排采购资金,有利于采购定额、支出标准、支出品目的确定。

　　其二,建立国库集中支付制度。实行政府采购后,支出性购买由各预算单位分别购买结算,改为政府采购管理机构根据预算机构批复的采购预算,经过检查、分析,将其中易于跨部门采购的商品采购目录下达给采购机关,主要指采购中心;不易于集中采购的品目下达给包括行政、事业、社会团体的采购机关,再将验收结束书、接受履行报告、质量验收报告以及其他附件交由采购管理机关。然后将预算通知集中支付中心;支付中心直接支付给供应商,完成采购的全过程。财政支付方式的变革无疑将导致财政支出效率的提高。

　　其三,改革会计管理体制。随着采购方式的改革,要求预算会计核算上进行相应的改革,不仅需要对预算会计科目进行相应的改革,而且需要对整个预算会计体系进行重新审视,如果需要,可以进行根本性改造。

　　其四,完善财政监督。实行政府采购后,财政监督由价值形态向实物形态延伸。要求把监督贯穿于采购的整个过程,建立包括财政、审计、计划、物价部门参与的综合的全方位的监督调控体系,完善和丰富监督手段。

第五节　政府采购社会效益评价

一、具有无可比拟的政治利益

　　首先,推进了政府官员的廉政建设。研究表明:巩固权力的自由裁量权和"寻租"是产生腐败的主要源泉。由于公共采购中存在着大量的自由裁量权和寻租的机会,因此政府采购腐败案件比比皆是。尤其是在不够成熟、不够完善的市场经济中,法制不健全,交易过程不透明,最容易引发"寻租"行为。在经济体制转轨时期,我国的法制体系尚不完备,政府购买行为自然存在采购主体的"以公代私"意识与采购手段的"暗箱操作"模式。因此一些不良供应商抓住传统采购弊端,大肆采用"回扣""折扣",请客送礼,变相贿赂等手段,争抢主顾,损公肥私,形成了我国当前经济生活中贪污腐败的痼疾。通过政府集中采购制度,使政府的各项采购活动都在公开、公平、公正、透明的环境中运作,形成财政、审计、供应商和社会公众等全方位参与监督的机制,使不法分子无机可乘,从源头上有效地遏止公共采购活动中的各种腐败现象。在改革开放新形势下,反腐倡廉不仅要靠道德教育,更重要的还需要政策规制下的制度创新,形成协同交叉的监督约束机制,增加监督效果。我们要通过制度创新,形成一种"制度监督",规范政府的"消费行为",以消除政府采购中的"寻租"现象,从而铲除了滋生腐败的土壤。

其次,推进了政府机能的完善和发展。作为制度的制定者和执行的"裁判",政府有着独特的权力资源,在经济体制的转轨过程中,由于新旧体制的摩擦更加大了这种权力资源作用的空间。如果拥有政府采购权的政府职员以权谋私,搞权钱交易,不仅会给经济活动本身带来危害,使不法供货商有可乘之机,使行贿成为"交易费用"最小的路径选择。更重要的是传统采购制度使社会付出了巨大的成本。这种"成本"首先表现在对政府机能的侵蚀和对社会资源的巨大耗费上。权钱交易进一步刺激了官本位意识在新的社会条件下畸形发展。这种体制衍生出大量官商及依附于权力阶层的"中介人",使社会中间组织发展不起来或迟迟不能到位,阻碍社会转型。而建立规范的政府采购机制,政府只充当"采购人"的角色,具体采购业务交给"采购机构"去完成,采购人和采购机构各负其责、各尽所能,从而有效遏制了腐败,推动了政府机能的不断完善,同时也提高了政府办事效率。

再次,推进社会良好风气的形成。这主要表现在意识形态方面。在与政治、经济权力共生的庞大"关系网"笼罩下,政府采购中的各种腐败现象破坏了制度的公正性和合法性,败坏了社会风气。而且,从长远来看,这会在社会发展主体意识中形成与工业化趋势背道而驰的社会预期,于社会的持续发展极为不利。实施政府采购制度,通过规范和约束政府行为的"游戏规则",界定政府的选择空间,就能使推进社会持续发展关键主体的政府,在制度的规约下,提供更多更好的社会"公共品",为社会公众所"享有",促进社会的持续发展。同时,还能使社会大众对政府行为和以后国家的政治、经济、社会发展抱有较强信心,增强社会群体的凝聚力和责任感,形成平和、稳定、向上的社会心态,为社会的持续发展提供良好的社会心理支撑。

二、协调社会可持续发展

(一)保护公共环境

生态环境问题已成为人类可持续发展的重要问题,我国的生态环境不断趋于恶化,情况不容乐观。推行生态环境治理工程采购是增强环保意识,执行环保措施的重要手段。通过政府统一采购符合环保和生态发展要求的产品,为政府引导企业生态环境投资起到政策导向作用,例如,在采购的统一安排中,向生产有利于环保的新产品和运用有利于环保的新工艺厂商倾斜,有效发挥政府采购的生态效益。

(二)扶持和促进不发达地区和少数民族地区的经济发展

地区间经济发展的不平衡是各国经济发展中普遍存在的问题,尤其对于我国这样一个幅员辽阔、民族众多的国家来说更是如此。地区间经济发展的不平衡不但影响整个国民经济的发展,而且还易引发社会动荡不安。因此,各国在经济发展的过程中都非常重视正确处理这一问题。政府采购制度的推行则可以比较有效地缓解这一矛盾。在政府采购实施过程中,可以通过对经济不发达地区的供应商给予较为宽松的条件,例如评标价格上的优惠,或者规定每年给予不发达地区中标的比例,有意识地增加对落后地区的政府采购量以刺激该地区生产的扩大,并以此带动地区经济的整体攀升。

(三)支持就业

政府采购总量的扩大,意味着劳动就业机会的增加,可以缓解就业压力。很多发达国家充分利用政府采购来支持高失业地区发展,促进再就业一般采取的方法是给予高失业地区更多的订单,从而使得中标企业能够提供更多的就业机会;或者可采取鼓励供应商吸收下岗职工的政策,对于吸收再就业人员达到一定比例的,可以在条件相同的情况下优先中标,或者在条件稍差的情况下也给予订单。另外,政府采购通过调节产品结构和产业结构,进而调整就业结构。

(四)推动社会诚信建设

在采购活动中通过对供应商的管理推动社会诚信的建设,如:在采购活动中对诚信状况差,有不良或违法记录的供应商根据情况作出适当限制,直至取消其参与资格,对诚信状况良好,有较好履约记录的供应商给出适当优惠,同等条件下优先中标,建立政府采购供应商诚信记录及配套的激励约束机制,准确、客观反映供应商参与政府采购的诚信状况,对诚信记录良好的供应商在采购活动中给予资格免审等优惠,确保政府采购市场是讲诚信的市场,政府采购活动是充满诚信的活动,从而推动全社会的诚信建设。

三、政府采购改革推动了与文化相关联的采购文化的产生和发展

"文化"是相对于经济、政治而言,通常所说的文化具有物质文化和精神文化的双重含义。在社会中,当一种事业发展到具有制度、观念、价值等方面的内容时,我们就说这种事业已发展成为一种文化。比如,体育文化、旅游文化、饮食文化,以及随着高科技发展而出现的网络、IT文化等。采购的实际就是购买,而且是有选择地购买。有买方必然就存在着卖方,因而采购也是买卖双方所进行的交易活动。在市场经济中,各种交易活动无时不在,无处不有,而与交易活动有关的怎样交易,如何交易,按什么方式交易等问题随时都能碰到,因此,市场中的交易已经上升到了文化的层次。政府作为一个国家内最大的购买方,它的购买行为和习惯必然会对交易文化的产生和发展起重要的推动作用,而与此有关的采购文化也会在交易活中逐步壮大。政府采购对采购文化的贡献,集中反映在物质文化与精神文化两个方面。

在物质文化方面,政府采购的商品、工程及服务,在满足社会共同需要的同时,也满足了人们的物质文化需求。政府投资修建的学校、图书馆、博物馆满足了公众的文化和教育需求;政府投资修建的公路、铁路等便利人们的出行,减少了交通堵塞和交通事故;政府投资修建的医院、保健院、疗养院等提高了人们的医疗保健水平;政府投资修建的公园、广场等,改善了人们生存条件;而政府在军事、司法等方面的采购,对于保护公民人身安全维护社会稳定具有重要作用;等等。由此可以看出,政府采购对丰富社会公众物质文化生活方面功不可没。

在精神文化方面,政府采购在推进社会道德建设和为社会提供精神产品上发挥着重要作用。首先,在社会道德建设方面,从事政府采购活动的人员所具有的道德情操和伦理观念,对社会道德建设具有示范作用。比如,美国针对政府采购官员制订的道德法典中要求,任何公共领域采购或物料管理组织的每一个成员,都必须遵守道德法典的三个主要道德原则,即公正、

诚实和忠诚。这意味着采购官员不能偏袒、从中谋利、滥用职权,必须忠于职守、公正廉洁。采购官员的这些诚信品质对公务员队伍的道德建设乃至整个社会道德建设具有积极的促进作用。其次,在对社会提供的精神产品上,由政府出资的各类文化娱乐团体生产的文化产品,以及政府投资修建的各种文化娱乐、体育设施,满足了人们的精神文化需求。

本章小结

1. 修正后的"经济人"范畴,从外延来看,不仅有商品生产者,而且包括消费者、管理者和政治家等,既有"经济人"对经济利益的追求,也有"经济人"对非经济利益的追求。但其核心仍然是将理性追求经济利益最大化作为人类最根本的特征。

2. 在传统分散采购模式下,运用财政性资金进行采购所涉及的关系人主要有:纳税人、缴费人、各级政府、各级财政部门、主管部门、行政单位、事业单位、主管部门机关或单位采购机构、主管部门机关或单位采购人员和供应商。在集中采购模式下,运用财政性资金进行采购所涉及的关系人主要有:纳税人、缴费人、各级政府、各级财政部门、主管部门、行政单位、事业单位和供应商。

3. 如果委托方在博弈过程中因为监督的不完全性与机会主义的特征,使得其监督且查证成功的概率大大下降,采购官员与供应商的寻租行为即使在委托人实施监督的情况下也很难被查证,那么此时委托人监督的得益将会大大下降,甚至低于不监督的得益,相应的动态博弈均衡结果也会变为(不监督,设租,寻租),采购官员与供应商将通过合谋形成一个利益共同体,从而造成政府采购的无效率和委托人利益的极大损失。传统的分散性政府采购制度正是在此条件下产生了屡禁不止的寻租行为。

4. 解决政府采购权力委托代理运作失灵的基本思路:在许可范围内,尽量公开采购权力委托代理运行的信息,使其在委托人与代理人之间对称,减少采购权力委托失灵的机会;实行高薪养廉激励政策;加大惩罚力度;推行委托人的选择性激励政策;实行集中采购制度,减少委托代理链,配合信息公开制度和健全法律监督体系,进而从制度上切断代理人合谋的可能性。

5. 政府权力对市场交易的介入是设租、寻租行为产生的根源所在;追逐个人利益是政府采购中寻租行为的内在动机;政府采购中形成的"委托—代理"关系和信息不对称是产生设租、寻租行为的重要原因;政府采购市场运行机制、采购方式和程序、监督机制中存在的缺陷,为设租、寻租行为的发生创造了条件。

6. 政府采购对国内资源总量、部门资源数量、民间资源数量都将产生不同的经济效益,需要具体问题具体分析。同时政府采购可通过对所需购买的产品品种、质量进行选择,引导产业发展方向。但限于政府采购本身规模与职能,政府采购对产业结构的引导,应该将重点放在"市场失效"领域内,其典型就是促进高新技术产业化。从地区结构上看,各地区的资源优势因政府采购而得到充分体现,在一定时期内,还可以通过保护性政府采购扶持本地产业发展。

7. 在集中性政府采购模式下,由于政府采购是一种规范运作,各部门或单位在采购预算范围内委托采购中介机构进行采购,这样,政府采购机会出现采购的规模效应,有利于节约财政支出,提高财政支出利用率,有助于缓解财政供需矛盾。在财政支出结构影响方面,政府可以调整预算结构,降低采购预算比例,提高转移支出比例;同时非生产性支出能够得到保障,生产性支出也会因集中性政府采购的规模效应得到扩大。

8. 政府采购的社会效益主要体现在三个层面:政治层面推进了政府官员的廉政建设,以及政府机能的完善和发展,有利于社会良好风气的形成;社会可持续发展层面推动公共环境的保护、扶持和促进不发达地区和少数民族地区的经济发展、支持就业、推动社会诚信建设;文化建设层面推动了与文化相关联的采购文化的产生和发展。

关键概念

博弈　委托代理　设租　寻租　经济效益　政治效益　社会效益

本章案例或专栏资料分析题

1.结合政府采购的特点,阅读资料链接9-1,举例说明博弈论在我国政府采购中的具体应用。

2.结合现代政府采购制度特征,阅读资料链接9-2,总结我国政府采购中存在的隐藏行动和隐藏信息道德风险。

3.参照资料链接9-3,分析我国政府采购最优的防范合谋契约需满足的约束条件。

4.阅读资料链接9-4,提出对完善我国其他地区政府采购机制有何参考作用。

5.参照案例分析9-1,结合我国政府采购代理机构的职能作用,说明政府部门在监督管理采购代理机构行为中的约束机制。

6.阅读资料链接9-5,对比分析集中模式和分散模式下政府采购中的寻租行为。

7.参照案例分析9-2,说明串标我国政府采购博弈关系中的相关体现。

8.阅读资料链接9-6,结合我国现实财政、经济状况变化,论证"挤出效应"在我国不同时期政府采购中的具体体现。

第十章　政府购买公共服务

学习目标:本章主要介绍政府购买公共服务的基本内容及我国政府购买公共服务的基本情况。通过本章的学习,重点掌握政府购买公共服务的基本概念,了解政府购买公共服务的理论基础,认识政府购买公共服务的发展历程、现状、存在问题及推进思路。

第一节　政府购买公共服务概述

一、政府购买公共服务的概念

(一)公共服务的概念

服务是指不以实物形式而以提供活劳动的形式满足他人某种需求的活动。公共服务是指具有公共性的服务活动。

公共服务(public service)一词 2002 年首次正式出现在国家政府工作报告中[①]。由于研究角度涵盖经济学、政治学、法学等领域,学术界对公共服务概念的界定没有形成完全统一的认识。尽管研究者从不同角度和侧重点着手研究,但一般都不会偏离公共物品、提供主体、服务本身三个维度。例如王春婷定义公共服务是政府使用公共权力和公共资源,为满足社会公众需要,向全体社会成员提供的有形与无形的公共产品,包括国防、公共安全、教育、文化、卫生、社会保障、基础设施、环境保护、科学技术等方面内容[②]。李璐则引用《北京市"十一五"时期社会公共服务发展规划》的定义,认为社会公共服务是指在社会发展领域中,以满足公众基本需求为主要目的,以公益性为主要特征、以公共资源为主要支撑、以公共管理为主要手段的公共服务,并认为现阶段社会公共服务主要包括教育、就业、社会保障、医疗卫生、文化体育、公共安全、科技普及、环境保护、计生服务等领域[③]。

如果按照公共物品的维度来界定公共服务,虽然符合西方传统经济学的思维逻辑,但不能涵盖公共服务的边界。如果按照提供主体的维度来界定公共服务,则可以将其定义为政府或其他公共组织为满足社会公共需要而提供的服务的总称。这种定义方法同样是不全面的,随着市场经济的不断完善,政府和公共组织作为公共服务的提供者的观念已经被打破,特别是资

本市场的建立,金融工具、融资方式的不断创新,使得私人资本已经渗入了公共医疗、教育以及养老等诸多方面。因此我们认为,以服务本身的维度来界定公共服务更为恰当。因为公共服务首先是一种特殊形式的服务,它必须满足服务本身的特性;其次公共服务的本质在于公共利益,更多关注的是公共服务的对象和客体而非提供主体。

综上,我们可以概括给出公共服务的定义:政府或其他公共部门为了满足社会公众的需要,向社会公众提供的具有非营利性和非实物形式的服务,包括国防、公共安全、教育、卫生、社会保障、基础设施、环境保护、科学技术等方面的服务。

[资料链接10-1]

公共服务的特性

(1)公共性。公共服务也是公共品,非分割性、非竞争性和非排他性是其基本特征。非竞争性有两方面含义:一是公共服务的边际成本为零,即消费者的增加并不给供给者带来更多边际成本;二是每个消费者的消费都不影响其他消费者的消费数量和质量。非排他性是指任何人都不能排他性占有公共服务,在一定的受益范围内,该服务是大家共享的。非分割性是指虽然大家同时在共同享受一项公共服务,但是这项公共服务依然是完整的、不可分割的。公共服务按照性质可以分为纯公共服务和准公共服务。按照受益范围的大小,公共服务又可分为全国性公共服务、地方性公共服务、社区公共服务等。

(2)受益者是社会公众。公共服务是政府向社会公众提供的,为了维护经济社会正常运行和发展、保障公民基本生活权利的服务。服务的受益者是社会公众。

(3)以公共需求为导向而产生和变化。公共服务以公共需求为导向而产生和变化。在不同的社会经济发展阶段,社会公众对公共服务的需求不完全一致。一般认为,经济社会发展水平越高,对公共服务的质量和水平的要求越高。同时,地域性特点也在很大程度上影响公共服务的需求。这也导致不同的地区,需要的公共服务是不一样的。

(4)公共服务是一个活动过程。公共服务的价值更多地通过服务的过程来体现。公共服务作为服务活动的一种,其提供过程的情况决定了服务质量的好坏。这也是公共服务区别于公共物品的最主要特点。公共服务活动具有过程性,是由一系列的活动环节组成的。提供公共服务过程中的某一部分活动,也属于公共服务的一部分。

(5)政府是公共服务最主要的提供主体,慈善机构、公益性组织等也会提供公共服务。公共服务由于其公共性,往往是个人无力独自提供或不愿提供的。而这些服务通常又是满足公民生活所必需的服务,需要由国家或政府利用公共资源和资金来负责组织提供。居民所需要的一些社会性、经济性、安全性的公共服务,有时候也由非营利组织、企业甚至个人来提供,作为国家提供公共服务的补充。

资料来源:冯华艳.政府购买公共服务研究[M].北京:中国政法大学出版社,2015.

(二)政府购买公共服务的概念

政府购买公共服务由政府购买和公共服务两部分组成,在公共服务的概念清晰的情况下,对政府购买的概念作出界定即可。在诠释政府购买公共服务的问题上,必须理清"政府采购"与"政府购买"之间的区别与联系。

经过多年的发展,我国政府采购事业在学术研究和工作实践中积累了丰硕的成果经验。政府采购的内涵也日益丰富。但是,无论是学术界还是实务界,对于政府采购概念的界定仍然严格遵循政府采购法中的相关规定,即"政府采购是指各级国家机关、事业单位和团体组织使用财政性资金采购依法制定的集中采购目录以内或者采购限额标准以上的货物、工程和服务的行为"。这一概念可以称为狭义的政府采购。然而,由于公共服务区别于现行政府采购范围内的货物、工程、服务项目,其差别至少表现在如下方面:①采购内容的消费者不完全是政府部门,而是以社会大众为主;②项目通用性差,质量考核难以完全标准化;③采购成败直接关系社会公众切身利益,政治敏感度高;④采购市场是一个区别于产品市场的特殊市场,且供应方以社会组织为主。也可能正是基于以上考虑,国务院办公厅的指导意见采取了避开现在共识下的"政府采购"概念。因为"政府采购"因有明确的法律制度而以刚性约束为主,而公共服务的特殊性和我国公共服务市场特点可能尚无法应用现有的政府采购方式。

从两者的联系上看,狭义的政府采购与政府购买是同属于广义政府采购范畴的两个概念,只是购买对象不同而已。所以,政府购买公共服务行为应当在《政府采购法》的统一约束下进行,以保证我国政府大采购事业的政策统一性。

由此,政府购买涉及三个方面的问题,即资金来源、购买形式和供应方的问题。首先,政府作为公共部门除了可以使用资金购买外,还可以通过非资金形式购买,如通过授权(特许)、委托代理等。其次,政府作为一般的市场主体参与到购买行为中,依照平等主体的市场交易原则,购买的形式自然就是合同契约的形式。最后,政府购买的供应方也就是公共服务的供应方(或公共服务的承接方),应当是相当广泛的,既有可能是个人,也有可能是私人组织,甚至可能是政府及其相关的公共组织。

综上,把公共服务和政府购买的概念结合起来,我们就可以界定政府购买公共服务的基本概念。政府购买公共服务,是指政府为了更有效地满足社会公共服务需求,以建立契约关系的方式,利用财政资金向其他组织或个人购买公共服务的活动。

[资料链接 10-2]

PPP 模式中的政府付费不是政府购买服务

政府购买公共服务是指政府通过公开招标、定向委托、邀标等形式将原本由自身承担的公共服务转交给社会组织、企事业单位履行,以提高公共服务供给的质量和财政资金的使用效率,改善社会治理结构,满足公众的多元化、个性化需求。

举例说,在现实当中,建设保障房、廉租房可以通过政府购买服务的方式,也可以通过PPP模式。政府购买服务方式是,政府可以从社会上的开发商或者个人手里购买房屋,然后提供给符合条件的低收入居民;房子建造的地址、形式则由企业自行决定。

PPP模式的政府付费形式则是,政府选择合伙人,合伙人按照政府要求建一批保障房,由建设者项目管理方来提供给符合条件的低收入人群。当然租金非常低,政府会作适当补贴,满足社会资本方合理的回报,若干年之后,这些房屋就会无偿交给政府。

未来如何避免PPP模式违规融资?很简单,今后无论是真正的购买服务还是采用政府付费的PPP模式,只要规范操作就不会混淆,都不会导致以政府购买服务或PPP模式之名行政府融资之实,不会违规增加政府债务。

资料来源:河南日报 http://newpaper.dahe.cn/hnrb/html/(2017-07-10 访问).

二、政府购买公共服务的理论基础

政府购买公共服务是政府社会管理手段创新和政府运行方式的改革,暗含着深厚的经济学与管理学理论基础,我们研究政府购买公共服务主要运用和借鉴新公共管理理论、新公共服务理论、契约理论和系统论。

(一)新公共管理理论

1.新公共管理理论内容

新公共管理一词最早是胡德通过比较20世纪80年代西方国家公共行政改革后总结出来的。由于公共行政改革在不同国家呈现出不同的特点,因此新公共管理实质上是指一类思想的组合。国内外学者对新公共管理内涵的界定主要有两种,一种是概括式,即对新公共管理本质内容进行提炼和总结,认为新公共管理本质上是一种管理主义理论、方法和技术在公共部门的应用。另一种是列举式,即主要通过对新公共管理的表现形式和特征加以分类和列举来说明新公共管理的内涵。"新公共管理"既是当代西方国家政府治理的新理论形态,又是政府管理的新实践模式。康门从与传统公共行政比较的角度阐释新公共管理,认为从传统公共行政到新公共管理的转变实质上是从官僚制到后官僚制的转变,前者强调行政价值,后者强调管理价值。胡德将新公共管理的内涵与特征刻画为"实践性的职业化管理、绩效的明确标准与测量、产出控制、单位的分散化、竞争性、私人部门管理的风格、纪律与节约七个方面"。

国内学者毛寿龙等认为,新公共管理主要是将私人企业的管理办法运用到公共部门,而不是通过完善官僚制,加强责任与监督的办法来改善行政绩效。

结合学者们对新公共管理的理论概括,可以从如下方面理解新公共管理理论。第一,从价值层面上看,新公共管理是将管理主义思想运用于公共部门,以"3E"即经济、效率与效能作为核心价值观。与传统公共行政不同,新公共管理并不仅仅追求"效率至上"的价值取向,而是在"效率、经济"的基础上,融入了"效能"的价值理念。但是我们应当认识到效能是排在经济和效率之后,位列第三位的。从一定意义上来说,这种价值取向导致公平、正义及民主等价值观念弱化,产生了公共行政合法性危机。第二,从理论基础来看,新公共管理理论主张放任自由,限制政府干预的立场,强调用私人部门的管理办法来重塑政府及公共管理部门,它建立在经济学理论和私营部门的管理基础之上,突破了传统行政学的研究范围、研究主题、研究方法与理论基础。新自由主义经济学是基于理性经济人的假设,即个体选择总是趋利避害的,追求个人利益的最大化。新公共管理另一重要理论基础是管理主义。管理主义认为公共部门的管理与私营部门的管理、政治过程与市场没有什么不同,本质上是一样的,主张在公共部门运用私营部门的管理方法和技术。它坚定地认为,私营部门的管理水平和管理技术要比公共部门先进和优越,同时更有效率、更高质量和更具创新能力。第三,从实践层面来看,新公共管理为政府管理提供了新的模式。20世纪中后期以来,信息化、经济全球化、知识经济给公共管理带来了巨大挑战,新公共管理是以效率为中心,主张转变政府角色,提倡政府的政策职能与管理职能分离,政府着重制定公共政策,实现分权化管理,引入竞争机制促使公共物品供给的多元化,强调结果而不是过程,以满足顾客的需求为重要的价值取向,顺应了环境变化的需求,取得了骄人的成绩,提高了政府工作的效率。

虽然"新公共管理"自诞生以来各种批判和质疑如影随形、纷至沓来,比如其视公众为顾客,以效率为中心忽视公平,限制政府干预的立场,其忽视政治过程与市场过程的本质差别,忽视公共部门与私人部门之间存在的重要差别等。但是"新公共管理"理论顺应了时代发展的需求,竞争机制、绩效管理、结果控制等都满足了当代西方政府管理的诉求,丰富了政府管理尤其是政府管理的理论基础;提高了公共服务的效率,并为政府提供了新的治理模式。

2.新公共管理理论对政府购买公共服务的启示

新公共管理理论为政府购买公共服务提供了方法论基础。提高政府效率,必须引入市场机制,而私人部门在效率方面相对于公共部门的优越性是有目共睹的。新公共管理理论通过引入私人部门的效率机制,为提高政府效率提供了方法基础,这一基础导致了政府购买公共服务的产生。

政府购买公共服务,将政府视为一个市场主体,将承接公共服务的社会力量视为另一个市场主体,在两者之间引入了市场机制。同时,公共服务的承接者之间也会形成竞争,更深层次的市场竞争也被引入。可以说,政府购买公共服务是政府为了提高效率,在新公共管理理论指导下的最好尝试之一。在研究和构建政府购买公共服务机制时,也应该以新公共管理理论为指导,把更多的注意力集中到政府效率及财政性资金的使用绩效上去。

(二)新公共服务理论

1.新公共服务理论内容

新公共服务理论是以罗伯特·登哈特夫妇为代表的一批公共行政学者在对新公共管理批判继承和反思的基础上提出的。登哈特夫妇在《新公共服务:服务,而不是掌舵》中指出:"所谓新公共服务,指的是关于公共行政在以公民为中心的治理系统中所扮演的角色的一套理念。"

新公共服务的理论主要体现在:①政府的职能是服务,其作用在于促进公民参与为社区面临的问题寻找解决方案。②思想上具有战略性和行动上具有民主性。从宏观上制定政策目标与政策执行的战略计划,激发公民责任感,为公民更广泛参与创造条件。③服务公民而不是顾客。公共利益不是个人利益的集合而是产生于共同的价值观念。④公共利益是目标而非副产品。⑤强调公务员承担责任的多样性。⑥重视人而不只是生产率。⑦强调公务员公共服务精神。

从以上描述中,我们可以看出新公共服务的理论精髓在于重视公民权、民主价值和公共利益。对民主公民权的重视实质上是鼓励公民更多地参与公共政策的制定与实施,行政官员不再当公民是顾客、投票人,而是参与者与合作者,且政府与公民的关系有别于企业与顾客的关系。

2.新公共服务理论对政府购买公共服务的启示

政府购买公共服务吸收了新公共服务的绩效观,打破了传统的政府垄断的公共服务供给方式,引入竞争机制,采取市场化工具,充分汲取和运用有效资源,实现公共资源或公共资金最大价值。在这个公共服务的供给过程中,政府是公共服务的安排者,而社会组织则是服务的生产者或提供者,政府对公共服务的效果负最终责任。政府购买公共服务的目的在于提高服务效率、降低成本,对效率的追求与新公共管理的绩效观如出一辙。因此政府购买公共服务的绩效指标首先包括政府成本及公共服务效率,而政府成本、公共服务效率及其影响因素的确定及测量都充分考虑了资源的优化配置和公共服务产出的效率。

新公共服务理论的价值理念关注的是公共服务的公平与公正。新公共服务理论以公平、公正、民主等价值理念影响政府的绩效考核目标,在构建政府购买公共服务绩效与其影响因素关系模型和进行各变量测量时,均以公民本位为出发点。如以社会公正、公众满意度作为政府购买公共服务绩效的重要指标,对行政环境和监督评估等影响因素确定及其测量等,都特别强调公共利益和社会参与。

（三）契约理论

1.契约理论内容

契约是指双方或多方共同协议订立的有关买卖、抵押、租赁等关系的文书、条款。契约关系的双方是平等的，对整个过程的顺利进行负有共同责任，没有哪一方可以只享有权利而不承担义务。契约关系是相互的，而且契约双方的权利和义务往往互相捆绑在一起。契约双方都有义务保障对方的利益，也都有权利对对方的行为进行监督和核查。

契约理论主要包括委托—代理理论、公共选择理论、不完全契约理论、产权理论、交易成本理论等理论分支，这些理论相互补充和支撑。在委托—代理理论（完全契约理论）基础上，又发展起激励理论。布坎南用公共选择理论来分析公共秩序问题。而Williamson（2002）认为完全契约理论关注机制设计理论问题，和不完全契约理论一起主要讨论前端激励安排问题，而交易成本理论主要研究契约的实施问题。

2.契约理论对政府购买公共服务的启示

政府购买公共服务，是将本来由政府提供的公共服务，通过购买的方式委托给符合一定条件的、适合的社会力量来提供，政府与承购者之间形成了购买关系。这种关系的形成，通常都是通过一定的制度规定和契约约定来达成的，并有相应的一系列保障机制。应该说，政府向社会力量购买公共服务，本身就形成了契约关系，必须以契约形式进行要求和管理。以契约理论来对政府购买公共服务进行指导，也是合适的。

契约理论既涉及契约的建立，也注重契约完成的保障机制与激励机制。政府购买公共服务不仅是购买的过程，更是政府购买公共服务的一整套制度体系。它在我国尚属于比较新的事物，需要从全过程加强规范管理，运用契约理论对不同阶段的管理重点加以指导，也是非常必要而且有实际意义的。

契约理论还特别提醒我们，在政府向社会理论购买公共服务中，政府与承接公共服务的社会力量是相互平等、独立的主体。在这种条件下，政府的职能是"掌舵"而非"划桨"，其决策与执行必须分开。政府只是制定决策，具体的执行由市场来完成。

（四）系统论

1.系统论概述

系统论是由生物学研究出延伸出来的一套研究理论。系统是指一群有关联的个体的集合。这些个体之间相互发生关系，并共同构成具有某种功能的有机整体，这个整体就是一个系统。系统论认为，一个系统应该具有自组织性、整体性、关联性、动态平衡性等特点。系统中的每个个体都会在特定位置上独立运作并发挥作用，同时所有个体形成有机整体，每个个体的运作都形成整体有序运转的一部分。

系统论通常用来分析比较复杂的事务。它把需要研究和处理的对象作为一个整体或系统，研究系统内部要素、外部环境及系统整体的相互关系，在此基础上掌握发展的规律，并通过控制、管理、改造等方式对系统进行优化。在分析整体与局部、局部与局部、整体与外部环境的有机联系上，系统论具有独特的优势。

2.系统论对政府购买公共服务的启示

政府购买公共服务不仅是购买的过程，更是一整套的制度体系、运作机制与保障机制。在政府购买公共服务中，为了提供更好的公共服务，政府与承购方形成一个整体，成为一个大系统。而同时，政府内部各部门之间需要协同合作，形成一个次系统；各部门内部子系统的运作使部门职责的完成成为可能。承购方内部的各方力量也会成为自己独立运作的子系统。不同层次的系统共同协调运作,才使政府购买公共服务产生理想的效果。

研究政府购买公共服务的流程、运作机制及相互制约关系,系统论可以提供非常好的指导思路。为了构建更为完善的政府购买公共服务运作机制与制度体系,系统的方法论必不可少。

基于对新公共管理理论、新公共服务理论、契约理论以及系统论的运用和借鉴,对政府购买公共服务的内容、方式、程序、管理机制等进行研究,能够形成比较清晰的思路。第一,市场竞争机制的形成,既涉及市场主体之间的竞争,也涉及购买的服务内容;第二,政府与承接公共服务的生产的社会力量之间,应该形成相互依赖又相互制约的购买和协作关系;第三,契约关系的建立和运行,要求政府与社会力量之间应该形成明确的契约关系,服从契约式管理;第四,政府与承购者之间、政府内部各部门之间形成不同的系统,既相互博弈和相互制约,又共同服务于同一目标。

第二节　政府购买公共服务实践

一、政府购买公共服务的发展历程

(一)政府购买公共服务的由来及特征

第二次世界大战结束后,随着西方发达国家经济的复苏,在国家治理层面上出现了以管制为主的局面,政府通过制定法规、政策直接干预市场或间接影响企业,以及消费者的供需决策。由于这些国家大都采取高福利政策和社会保障制度,社会公共服务由政府一手包办,使政府干预社会的全能性无所不在。然而,当经济陷入萎缩,财政资金短缺时,政府在公共服务领域因资金短缺、行政成本过高、供给不足、服务质量低下等原因,导致社会福利和保障制度严重受损,从而引发社会民众的强烈不满。

20世纪70年代末,英国政府率先发起了一场新公共管理运动,放松了对公共服务领域的管制,进而追求一种更为有效的方式提供社会公共服务。其实,该项运动发起的背景在于:一方面,政府财政陷入危机,所提供的公共服务不仅效率低下、服务质量差,而且带有很强的垄断性;另一方面,社会民众又不允许政府放弃过多的公共服务,政府如果不解决这些问题必将导致一系列信任危机。因此,该项运动的目的在于公共服务市场化,将市场机制引入公共服务领域,打破政府单一供给的传统垄断模式,放松政府管制,探索多重公共服务提供和管理方式,从而提高公共服务供给效率。正是经过这场运动的积极探索,由此产生了政府购买公共服务一系列的政策措施和理念,这为世界各国学习和借鉴政府购买公共服务提供了宝贵的经验。

20世纪90年代末,世界上有许多国家纷纷开启了政府购买公共服务的供给方式,并取代了传统福利模式下的公共服务提供方式。即使是一些发展中国家和欠发达国家也通过学习和借鉴,不断完善本国社会福利制度,逐渐迈进政府购买公共服务的行列。

时至今日,尽管各国的情况不尽相同,所采用购买的方式也存在着差异。就政府购买公共服务的基本特征而言,涵盖了以下三个方面的内容:首先,政府是购买公共服务的主体(不论是哪一级政府还是政府相关部门);其次,社会组织是政府购买公共服务的客体;再次,政府购买公共服务分为两大类,一是政府机构和人员自身消费服务,二是政府机构为社会提供服务。前者属于政府内部服务,服务对象是政府机构和人员自身;后者属于公共服务,服务对象是政府以外的其他社会机构和民众。对此,美国学者萨瓦斯认为:"在公共部门的创新方案中,建立伙伴关系是核心要素之一。所要建立的伙伴关系包括社区伙伴(公民与志愿者)、私营部门伙伴、非营利组织伙伴等。换言之,这意味着在公共物品和公共服务的提供方面,需要改变政府的单一主体状态,应由多种多样的社会主体来提供,以此形成一个由政府主导的与社会组织合作提供公共物品、公共服务的伙伴关系,而这种伙伴关系实际上也是公共服务不同提供机制的结合物。因此,从各国政府的实践过程来看,大都以谨慎态度对待大规模政府购买公共服务。当然,在个别国家政府购买公共服务中,虽然出现了"逆向外包"现象,但这并没有从根本上改变政府购买公共服务的基本特征。

由此可见,政府购买公共服务始于20世纪70年代末,是西方经济发达国家实行高福利政策过程中所带来的财政危机、治理危机、信任危机等压力下的改革成果。其中,在新自由主义经济学派和新公共管理运动的启蒙和影响下,公共选择理论、委托—代理理论、福利多元主义等,成为西方各国政府行政管理体制改革的理论基础,并以此产生政府在提供公共服务方面所形成的公私多元合作与放松管制的理念。在此理念引导下,各国政府努力转变自身角色来应对新问题、新情况的出现,进而摒弃了传统的公共服务提供方式,转而探索更加有效、目的明确、节约成本、范围增大的公共服务提供方式,而政府购买公共服务就是公私合作有效提供公共服务的一种新型模式。

目前,许多国家政府除了在医疗卫生、教育培训、儿童福利、安居养老等基础性公共服务领域购买服务外,还逐渐扩大到科技领域、社会就业、环境保护、食品安全、交通治理、市政建设等更大范围和更高层次上,这不仅体现了政府服务价值和服务理念的巨大变迁,同时也是对政府承担责任提出了更高的要求。

[资料链接 10-3]
西方发达国家政府购买服务的经验启示

党的十八届三中全会明确提出,"推广政府购买服务,凡属事务性管理服务,原则上都要引入竞争机制,通过合同、委托等方式向社会购买"。这是新一届中央政府加快转变政府职能,推进基本公共服务均等化,实现国家治理体系和治理能力现代化的一项重大变革,有利于满足人民群众的多元需求,维护社会的公平正义与和谐稳定。政府购买服务产生于西方发达国家,总结其经验,对推动我国政府购买服务具有重要的启示意义。

1. 确立政府与社会组织的合作伙伴关系

西方发达国家各类社会机构都可能成为公共服务的提供者,这些机构通常被称为非政府组织、非营利组织、第三部门或私营部门,我们统称为社会组织。实践证明,政府不是万能的,不应包揽所有事务,政府可以通过引入市场竞争机制,让更多的社会组织参与提供公共服务,这已经成为世界范围内公认的发展趋势。目前,西方发达国家与社会组织的合作伙伴关系持续加深,形成了制度化、模式化和常态化,合作领域几乎涵盖政府所有的服务项目,这样既节约了成本,又提高了服务效率,满足了公众的多元需求。当前,为了有效缓解不断扩大的社会需求,以及公共服务开支的急速膨胀与政府服务低效之间的矛盾,我国要积极确立政府与社会组织的合作伙伴关系,切实转变观念,改变传统的一元治理思想,树立社会多元治理的理念,通过大力推广政府购买服务,鼓励和支持社会组织参与公共服务供给,适合由社会组织提供的公共服务,可以交由社会组织承担,建立公共服务的多元供给模式。

2. 转变政府职能明确政府责任

通过"购买服务"这一制度安排,把一些公共服务交由社会组织承办,有利于政府责任的分解和下放,但并不是简单地简政放权,也并不是要弱化政府的管理和责任。政府向社会组织购买服务,并不是政府责任的转移,而是把公共服务的具体生产过程让渡给社会组织,政府所要做的是制定和监督提供服务的标准和质量,详细设计采购合同,协调发挥好社会组织的作用。这就给政府管理和服务提出了一个更高的要求,各级政府要全面正确履行好自身职能,明确和细化责任,加强规划、政策、标准等制定和实施,切实向服务型政府转变。

3.健全购买服务的制度体系

政府向社会组织购买公共服务要以硬性制度约束为基本保障,因此,一定要加强顶层设计。从西方发达国家的实践来看,首先要在立法层面给社会组织赋予权限,明确其可以参与提供公共服务;其次是对政府购买服务的范围和标准,购买原则与内容,以及对承接服务的社会组织资质认证办法等进行明确的规定;最后要对购买方式和程序、购买服务的招投标办法,资金的审核与管理办法、政府购买服务的绩效评估办法等进行详细的规划。

4.建立严格的监督评估体系

西方发达国家对社会组织的监管和评估始终贯穿委托合作的全过程。首先,服务项目的申请、评审、立项、招标、约订、实施、调整、结项、评估、反馈等一系列环节都有相应的管理办法和监督部门。其次,评估监督的主体除了政府,又引入了第三方专业的监督评估机构,还包括直接接受服务的社会公众和媒体的监督。最后,对提供服务的绩效评估原则,逐渐由重视费用使用情况向关注结果转变,强调服务效果的评估和能否满足顾客的需求,坚持结果导向和顾客导向。目前,我国政府购买服务的制度体系不健全,而公共服务项目本身又具有非量化性、绩效滞后等特点。因此,一方面要在健全机制和量化指标的基础上,以实际效果和顾客满意与否作为评判标准,对委托合作的各个环节进行监管,规范工作流程,解决"如何监督"的问题;另一方面又要积极引入独立的第三方专业评估机制,建立由政府、公众和第三方构成的综合性、立体式的监督评审机制,解决"谁来监督"的问题。

5.投资社会组织的能力建设

社会组织通过政府购买服务过程,建立和完善了与其他社会主体的良性互动关系,有利于化解公共危机,加强社会治理,维护社会稳定,但要使其成为提供政府各种服务体系的重要载体,发挥出应有的作用,必须加强其能力建设。西方发达国家社会组织的能力建设主要通过两种途径来实现:一是充分发挥政府的作用,政府在员工培训、技术改善、设施建设、战略制定、政策规范等方面进行投资,帮助社会组织提升承接服务的能力;二是依靠社会组织内在生存和发展动力实现自身发展,通过不断完善组织结构,健全规章制度,规范内部管理,优化自律机制提高竞争力。目前,我国社会组织面临着总体数量偏少、规模偏小、能力偏弱、专业性不足、缺乏独立性和运作不规范等诸多问题,因此,政府要加强对社会组织的能力建设。一要降低社会组织注册门槛,通过提供资金支持或者税收减免等方式扶持快速发展;二要加快实施政社分开,通过完善和健全管理体制机制使其规范运行健康发展;三要加强人力资源开发,通过开展社会工作者人才队伍的教育培训带动专业化发展。

资料来源:政府采购网 http://www.ccgp.gov.cn(2014-06访问).

(二)我国政府购买公共服务的发展历程

20世纪90年代初,随着改革开放不断深化,我国在政治、经济、社会等各个方面都取得了很大的进步和发展,民众对公共产品和公共服务的需求也呈日益增长的趋势,这就迫切需求政府加大行政管理体制改革的力度,通过不断提高公共产品和公共服务供给数量与质量以满足民众的需求。当经济全球化所引发的公共行政体制改革、政府职能转变、管制能力放松等政府社会治理观念更新时,也就必然对我国政府行政管理体制产生极大的影响,使之加快推进行政管理体制改革的步伐,以适应社会主义市场经济发展的需要。经过20多年的摸索和实践,我国政府在公共服务市场化方面进行了一系列有益的探索,取得了一定成效,初步总结出符合我国国情,且行之有效的公共服务市场化做法。从我国政府购买公共服务市场化的实践来看,大致经历了两个发展阶段。

第一阶段从1994年至2006年,这是一个引进探索时期,将国外政府购买公共服务的做法借鉴到国内来,在公共服务领域开始有步骤地推广和实践。1994年,深圳市罗湖区政府谨慎地将环卫服务业务外包,以引导环卫工人组建环卫服务公司,由政府出资向有资质的环卫公司购买城市公共卫生服务。1995年,上海浦东新区正式启用政府购买公共服务的方式,将综合性的市民社区活动中心"罗山会馆",通过购买委托的方式交由上海基督教青年会管理,由此拉开了中国政府购买公共服务的序幕。其后,全国一些大中城市也都纷纷开展了政府购买公共服务活动,所涉及的公共服务领域涵盖了教育培训、公共卫生、居家养老、残疾人服务、社区发展、城市规划、文化传播、环保监督、政策咨询等诸多方面,使之成为深化行政管理体制改革创新的一大亮点。此阶段政府购买公共服务呈现出具有中国特色的三大特点:

(1)政府职能转变是行政管理体制改革的重要内容,但如何转变则需要一个适当的切入点和突破口,而政府购买公共服务便成为这一转变的有利契机。在政府倡导和支持下,社会组织开始介入公共服务领域,使政府购买公共服务这个新生事物迅速得到了推广和运用,并在探索实践中呈现出多样化的趋势,这就为进一步总结经验、规范程序、明确服务内容奠定了基础。

(2)政府购买公共服务、社会组织改革和政府职能转变三者的有机结合,成为推进政府职能转变的重要手段。具体做法体现为:一是在加强和完善社会组织自治过程中与承接政府职能转变相对接,以实现社会组织民间化、自治化和市场化,并能相应地承担起政府职能转变后的工作。二是扩大政府向社会组织购买公共服务范围,以此培养和发展社会组织,支持社会组织承接政府职能转变。三是出台了一批社会组织购买公共服务目录,明确政府职能范围内哪些事项可交由社会组织承担。

(3)将政府采购范围扩大至公共服务领域,通过不断完善政府采购制度进一步加大政府购买公共服务的力度,使一些民生问题得到有效解决。具体做法表现在:一是将涉及民生的公共服务事项纳入政府采购范围,按照先易后难的原则逐步扩大购买领域。二是加强对政府公共服务采购的监管,制定出详细的服务项目、招标范围以及作业任务和考核目标,实行目标责任制。

第二阶段从2007年延续至今,这是一个不断深化政府购买公共服务的发展时期。这个时期政府购买公共服务的最大特点在于从国家层面上相继制定了一系列关于政府购买公共服务的规章制度和实施细则,从指导思想和制度措施上开辟了政府购买公共服务前行的道路。

2007年,国务院办公厅发布了《关于加快推进行业协会商会改革和发展的若干意见》,首次明确提出要建立政府购买行业协会服务的制度。此后,我国政府购买公共服务的进程明显加快。2011年12月,由民政部和发改委印发的《民政事业发展第十二个五年规划》指出,在政府主导下,要向社会组织开放更多的服务资源,向社会组织转移政府职能。2012年2月,财政部出台了关于《2012年政府采购工作要点》,并在第一条中明确提出,要"研究制定推进和规范服务采购的指导意见,创造条件推进政府购买服务。逐步扩大公共服务、商业服务及专业服务的政府采购实施范围"。2012 年 3 月 19 日,前国务院总理温家宝在第十三次全国民政工作会议上指出,政府的事务性管理工作适合通过市场和社会提供公共服务,可以通过适当的方式交给社会组织、中介机构、社区提供。随后,民政部宣布 2012 年中央财政将首次安排 2 亿元财政资金,用于购买社会组织公共服务;而《中央财政支持社会组织参与社会服务项目资金管理办法实施细则》等文件也相继公布,并对政府购买社会组织公共服务的项目申报条件、评审程序、监管体系等作出了相应规定。2013 年 7 月 31 日,国务院总理李克强主持召开国务院常务会议,专门研究推进政府向社会力量购买公共服务等问题。2013 年 9 月 30 日,国务院公布《关于政府向社会力量购买服务的指导意见》,2013 年 11 月公布的《中共中央关于全面深化改革若干重大问题的决定》明确提出要"推广政府购买公共服务"。而这也充分说明我国政府购买公共服务正迈向制度化。

由此可见,在面对政府购买公共服务问题上,中共中央将此提升至"全面推进国家治理体系和治理能力现代化"建设的战略层面来认识和实施。因为政府购买公共服务不仅关系到政府职能转变、国家治理能力改善等重大改革问题,而且关系到社会民众的民生改善和社会福利提高等重大现实问题,是实现中国梦的基础。随着我国政府购买公共服务的深化和发展,社会民众将会获得更多的利益和实惠。

二、我国政府购买公共服务的现状

政府购买公共服务作为一种新型的服务供给方式,虽然在我国开展的时间不是很长,但发展却十分迅速,并且取得了非常显著的成效。通过推进政府购买公共服务的措施,促进了政府职能转变;加快了行政事业单位改革的步伐;进一步完善了国家采购制度;推进了社会基层治理工作;有效解决了公共服务不到位、服务质量差等一系列民生问题。从目前情况来看,我国政府购买公共服务呈现出欣欣向荣的发展趋势。

(一)由点到面,全面开花

从我国推行政府购买公共服务试点来看,最早始于 1985 年上海浦东新区的积极探索。当时,浦东新区社会发展局决定将一个新建的小区公建配套设施改建成为综合性的市民社区活动中,并委托了上海基督教青年会进行管理,而活动中心的建设则由社会发展局、新区社会发展基金会、基督教青年会三方合作完成。由此形成了由社会发展局主要负责提供土地和房屋,承担改建费用,由社会发展基金会负责将社会捐款投资于会馆主要设施建设,由基督教青年会负责会馆日常管理的一种新模式,这种模式打破了以往公共服务仅仅依靠政府单方面投资和管理运行的方式,开启了政府向社会购买公共服务的先例。

从 2003 年起,随着我国《政府采购法》的全面实施,政府购买公共服务的模式在全国许多大中城市广泛兴起,涉及的服务领域涵盖了教育文化、医疗卫生、城市规划、社区建设、环境保护、居家养老、残疾人服务、扶贫服务、政策咨询、科技等诸多方面。根据有关资料统计,如上海浦东新区政府于 2006 年委托社会组织承接公共服务项目的资金近 6000 万元,与 13 个社会组织集中签订了购买公共服务项目,涉及的服务涵盖了慈善救助、农民工子女教育、社区建设、残疾人关怀、居家养老等多方面。2007 年,上海浦东新区政府更是与 100 多家有资质的社会组织、中介机构签订了 30 多个公共服务项目。又如 2011 年,北京市政府公布了《北京市 2011 年政府购买社会组织服务项目指南》,该文件指出,将向社会组织购买 5 个方面 40 个类别,共计300 个公共服务项目,涵盖社会基本公共服务、社会公益服务、社区便民服务、社会管理服务、社会建设决策研究与信息咨询等多种服务内容。2013年,北京市社会建设工作领导小组办公室继续利用社会建设专项资金,向社会组织购买公共服务,其中有45个类别,共计500个公共服务项目。再如从2009年至2012年,广东省用于购买公共服务的政府财政经费已达111109万元。广州、深圳、东莞、佛山等市,公共财政预算成为政府购买服务的主要渠道,覆盖了43个类别。

由此可见,政府购买公共服务已纳入我国政府采购的重要内容,成为公共预算支出的新常态。由于有了公共财政资金的大力支持,我国在推进公共服务市场化进程中取得了十分显著的成效。

(二)因地制宜,彰显特色

由于我国区域差异,各地区的情况不尽相同,其政治、经济、文化、教育,甚至民情风俗都存在着一定差异,这也导致了各地政府在购买公共服务过程中,所购买的内容,购买的方式,购买的过程存在很大的差异。政府在购买公共服务的过程中因势利导、因地制宜,取得的效果十分显著。

(三)购买方式的多样化

当前,我国政府购买公共服务的方式多样化,主要包括:①项目招标;②直接购买个人服务或招募志愿者提供公共服务;③委托民间组织管理国有公共服务机构;④通过非竞争性购买公共服务,引入社会组织或机构参与到社会福利中。

(四)政策法规日益完善

政府购买公共服务的深化,既是政府行政制度变革、转变职能的需要,也是从根本上维护社会公共利益、满足社会民众的公共服务需求。政府购买公共服务能够有效、持续地推进离不开完善的政策法规对其进行指导和规范。随着各地政府购买公共服务的深入推进,与之相关的许多政策法规也在实践中逐步建立和完善,成为购买公共服务的指导性文件和法律规范。

[资料链接 10-4]

银川市政协视察居家养老服务工作

2017年8月10日,银川市政协组织部分政协委员,对银川市居家养老服务工作进行视察。为积极应对人口老龄化,银川市针对居家养老、社区养老的97%的老年人,依托社区、乡镇就近的医疗资源,通过政府购买服务的方式提供基本医疗和基本公共卫生服务。根据《银川市人民政府办公厅关于全面推进居家养老工作的实施意见》,给予60岁以上低保失能老人每人每月300元购买服务。截至2016年底,市财政投入329.49万元,为6446名生活困难老年人购买了居家养老服务。并取消城乡高龄津贴差别,按照80岁～89岁每人每月450元,90岁以上每人每月500元发放高龄老年人基本生活津贴。重点支持和培育了宁夏全天候智能居家养老服务中心、宁夏唐徕老年托护中心等医养结合的服务机构。在养老服务设施建设方面,截至2016年底,银川市社区建设老年活动中心和老年人日间照料中心86个、居家养老服务站231个、配餐中心4个、老年人助餐点56个、县级信息服务平台5个,安装居家养老服务呼叫器11929户。

资料来源:银川市政府网站 http://www.yinchuan.gov.cn(2017-08-18访问).

三、我国政府购买公共服务存在的问题

政府购买公共服务通过近二十年的探索和实践,有效地改进和完善了政府采购机制,提高

了公共服务供给效率。但是,由于我国政府购买公共服务仍然处于一个探索阶段,仍然存在不少问题。

(一)政府购买公共服务的法制不够完善

政府购买公共服务作为政府采购的一部分,应该按照政府采购的要求开展。但是,政府购买公共服务的很多规定与政府采购法的要求具有明显差异。例如政府购买公共服务的主体与政府采购法规定的政府采购主体就不完全一致;政府采购目录中关于服务采购的条目,很多也并没有把公共服务包含进去。这些都导致政府采购法对公共服务购买的约束力不够。

法制的不完善,导致目前很多地方还没有将政府购买公共服务纳入政府采购法中。这也导致政府购买公共服务不规范、竞争性不强、监管机制欠缺。相比于货物、工程的政府采购来说,政府购买公共服务还处于初级阶段。由于政府购买公共服务在发展初期以各地区的自发探索为主,各地区都是自己摸索经验,根据地方实践情况来制定相应的管理办法,导致全国性、全局性管理办法的缺失。由于各地区没有形成统一的规范和要求,这对于政府购买公共服务的长期发展来说是非常不利的,应该尽快完善法制,加大监管和控制力度。

(二)政府购买公共服务的规模和范围相对狭小

随着政府购买公共服务的战略性意义越来越凸显,政府购买公共服务的规模不断扩大,购买范围也有了很大的拓展。例如在我国,养老、特殊人群救助、弱势群体就业、城市垃圾收集、社区医疗、社区老年服务甚至公交、审计等领域,都开始纳入政府购买公共服务的范围,开展购买活动。但是,相比起政府自身提供公共服务的范围和公共服务支出总规模来说,实践中采用政府购买方式来提供的公共服务还非常有限。

(三)政府购买公共服务的独立性不强

由于长期以来的历史原因,我国并没有形成大量独立的非营利性组织,现在承接政府购买公共服务的,往往都是高度依附于政府的事业单位,或者由政府成立的社会组织。这导致政府往往选择向下属的组织或机构购买公共服务,使购买公共服务的过程缺少独立性。

(四)公共服务供给的监管机制不健全

我国目前的公共服务购买和供给中,对公共服务供给的监管机制还很不完善,公共服务供给的责任不明确。由于公共服务的特点,它并不好量化,质量上也没有确定的评价标准,同时公共服务提供中财政资金的使用效率也不容易准确评价,这些导致政府购买公共服务并不容易准确评价,也给监管带来了困难。公共服务供给的分散性、公益性、非一次性等都给监管带来困难。同时,由于政府购买公共服务还是属于比较新的事物,政府职能不清晰,管理权限不明确,导致监管的体系和机制不健全。而随着市场经济体制改革的不断深入,公共服务领域也必然将向社会和市场开放,由此,对公共服务的监督和管理提出了更高的要求。

(五)有能力承接公共服务的社会力量不足

从一般意义上说,政府购买公共服务,最适合的承接者是第三方非营利组织。而我国的社会组织发展十分不成熟。首先,我国大量的社会组织是依附于政府机构生存的,并不具备真正意义上的独立发展能力。另一方面,社会组织自身的发展不成熟,专业性、人员力量等方面都不完善,独立承担公共服务的能力不强。同时,民办社工机构还呈现组织资源短缺、运作机制不完善、服务绩效评估缺乏等组织能力不足的发展困境。社会组织发展不成熟、私营部门参与很少,导致能够承接提供公共服务的社会力量过于薄弱。

（六）地区发展不平衡

政府购买公共服务属于新的政府管理理念指导下的改革实践。与其他改革一样，政府购买公共服务也是从经济发达地区开始实行，欠发达地区会滞后很多。城市推进比较早，农村推进会相对落后。地域的经济实力、社会经济环境，以及政府领导的观念等，都会影响到政府购买公共服务进程的推进进度。

（七）政府购买公共服务的附加目的较多

政府购买公共服务往往与培育社会组织发展、提高就业等其他目的捆绑在一起，精简机构、降低公共服务成本的目的和功能反而被削弱。政府购买作为提高政府经济效率的手段时，关注点必然在服务质量和财政绩效的提高上。但是，目前的政府购买公共服务，往往被用作培育社会组织发展的重要手段，或者成为事业单位改革的桥梁，这就使得政府购买公共服务的核心目标发生了偏移，并致使对绩效的考评得不到足够重视。

第三节　政府购买公共服务推进

一、认识政府购买公共服务的重要意义

政府购买公共服务政策是党的十八届三中全会确定的转变政府职能、创新社会管理、提升公共服务供给效率的重要举措，不能将其视为简单的"购买行为"，应当看到其背后的政策功能，只有全面深刻意识到政府购买公共服务的必要性和紧迫性，才能在政策落实上保持目标一致性，释放政府购买公共服务的政策潜能。

（一）政府购买公共服务是提升国家综合治理能力的必然要求

党的十八届三中全会从我国社会结构、利益格局、思想观念变化的现实出发，将完善和发展中国特色社会主义制度，推进国家治理体系和治理能力现代化作为我国新时期改革的总目标。而现代化的国家治理注重契约精神、市场观念、法制观念的落实，同时注重公民参与、平等协商、绩效意识，以实现包括公民在内的有益资源积极参与到国家治理进程中来。从思路上看，我国当前推行的公共服务购买同西方的公私合作伙伴关系（public privatization partnership，PPP）模式是一致的，它们都强调将资源和事务交由更为擅长的主体进行配置和解决，两者在思路和技术上有很多相似之处，但在政策落实上有着各自的特点。

长期以来，受计划经济思想的影响，政府对于国家治理范围的所有公共服务供给主要依靠政府设立机构。随着形势的不断变化，这种政府包办模式使政府既没有精力做好分内事，又做了很多政府不擅长的事情，导致公共服务效率和质量都不尽如人意，对政府执政能力的发挥和公信力的提升造成了不好的影响。这次十八届三中全会的诸多决议和政策恰恰是解决这一问题的对症良药。从提升政府国家治理能力和公共服务供给能力角度看，政府购买公共服务的核心是在该领域中重新调配政府和市场、政府和社会的关系。通过发挥市场在资源配置中的决定性作用，激发市场中资源的活力和创造力，让政府集中精力在创造发展环境、维护社会公平正义等擅长的事情上。只有把资源交给善于配置的主体，才能实现国家综合治理能力的提升。

（二）政府购买公共服务是建设服务型政府的重要途径

改革开放以来，我国公共服务供给领域出现了多样化的供给主体和供给方式。而经济社

会的发展使人民生活水平逐步提高的同时,社会公众对公共服务的诉求范围不断扩大,公共服务需求水准也不断提升,能否及时满足社会公众的公共服务需求已经成为建设服务型政府的重要指标。在这一背景下,过去由政府部门直接提供的模式已经无法适应新形势,难以满足人们日益增长的公共服务需求。此时,只有有效调动现有资源、激发潜在资源,广泛地动员社会力量,努力构建多层次、个性化的公共服务供给体系,才能为社会大众提供及时、优质的公共服务。新时期,公共服务需求的另一特点是需求的多样化、个性化和专业化,也只有借助市场机制的作用,才可以发挥财政资金的杠杆作用,激发更多的社会资源参与到公共服务供给的进程中来,搭建起适应当前社会大众需求的公共服务供给新平台。

(三)政府购买公共服务是扩大内需的迫切需要

在现代经济社会,服务业的发展水平已经成为经济发达程度的重要衡量指标,在国家经济社会发展中发挥着举足轻重的作用。而我国服务业发展仍旧以传统服务业为主,作为现代服务业重要组成部分的民生服务业,如养老、家政、社会服务业所占比重很低,服务业的整体发展层次较低。李克强总理曾指出:服务业是我国产业结构的"短板",也是未来经济持续健康发展的潜力所在。所以服务业,特别是民生领域,是当前和今后我国经济结构调整的重点领域,也是落实改善民生、促进就业的重要举措。在这个过程中,通过政府购买公共服务将公共服务供给领域打造成现代服务业的重要组成部分。

发挥市场调节作用的政府购买公共服务机制有利于打破行政垄断带来的效率损失,能有效增加公共服务的供给数量和质量,间接带动了服务业发展水平;与此同时,政府购买公共服务还能激发社会组织的发展,作为解决就业压力的重要手段。所以,有效推进政府购买公共服务有利于推动我国服务业发展和开发新的就业机会。

(四)政府购买公共服务是深化财税体制改革的重要内容

十八届二中全会将财税改革置于非常重要的位置,首次将财政定位为"国家治理的基础和重要支柱",并提出了建立现代财政制度的目标框架。政府购买公共服务作为财政支出的重要组成部分,必然成为下一阶段财税体制改革与现代财政制度构建的重要内容。

首先,政府购买公共服务强调以需求和结果为导向的公共服务供给理念,可以降低公共服务供给成本、提高财政资金使用效率;其次,将公共服务购买纳入政府采购管理范畴中,既能体现预算公开、政务公开的大方向,又提升了政府管理的透明度;最后,通过政府购买公共服务,可以有效兼顾公平与效率,实现更高效率的资源配置,同时提升社会公众对政府的满意度。

二、政府购买公共服务的推进思路

我国开展政府购买公共服务的总体思路是通过政府购买公共服务实现公共服务供给主体的多元化、规范化与法治化,并以此促进政府职能转变和国家治理水平的提升。尽管各地区的实践过程中积累了许多宝贵的经验,但这些经验还不足以支撑政府购买公共服务制度的构建。根据上文对我国政府购买公共服务的分析和了解,我们从以下几个方面展开对如何推进政府购买公共服务进行探析。

(一)确定公共服务的购买范围

1.对公共服务进行合理分类

从国外政府购买公共服务的经验来看,并不是所有的公共服务都适合购买。而且,同一公共服务在不同的社会历史环境下也可能作出不同的购买决策。政府购买公共服务必须根据当时当地的实际情况,从公共服务的性质、公共服务供给市场发展情况等诸多方面综合考虑。我国政府公共服务的实际购买范围还要依赖于我国市场机制的完善水平、社会组织成熟程度、政府监管水平等因素。公共服务的合理分类是一项基础但又非常关键的工作。

地方政府可以先从那些市场较完善、购买计划明晰的养老、培训、医疗服务入手,积累经验,随着采购理念和购买技术的提升,逐步扩展到相对复杂的公共卫生、教育、文化等方面。具体分类方法应当根据公共服务开展阶段逐步进行。初期可以根据所有制性质划分,随着试点工作的细致和深入,可按照政府投资比例和内容来分类。当实践经验比较成熟时,可综合多个维度对公共服务进行分类。

2.多样化的公共服务购买方式

所谓多样化的公共服务购买方式,是指在签订公共服务购买合同的过程中,应该综合考虑公共服务特点和当地实际情况,灵活运用流程外包、公私合作、政府津贴、凭单支付等方式。例如,对于一些技术通用性程度高、质量标准比较明确的公共服务,如园林绿化、城市环卫等,可以采取服务或者业务流程外包的方式;对于需要基础设施或者其他资源投入才能完成的公共服务项目,如公共交通、扶贫计划等可以考虑流程外包,或者公私合作(PPP)的方式;对于消费群体范围明确、需求量大、技术要求低的公共服务,可以采取凭单式购买的方式。

[案例分析 10-1]

政府购买公共服务模式多样化

案例一:事业单位提供服务模式——非独立购买模式

北京市某城区 X 科技馆,是在区教委的指导下开展青少年科普活动的专门机构,其主要服务对象为青少年群体,同时配合街道开展社区居民教育等活动。在政府的项目委托和专项经费的支持下,科技馆开展了一系列公益性免费教学活动。该馆所有活动都在预算把控的基础上制定年初计划,在督导和抽检的监督下开展工作,所有项目均有严格的绩效考核指标和规范的建存档体系,以便年终总结考核。该组织属于全额拨款事业单位,其活动经费来源主要由自筹和财政拨款两部分组成。

从实际情况看,其一,该科技馆的自筹资金占比较小,基本以政府公共财政为保障提供服务,在政府购买公共服务关系形成的同时,存在与该项服务相关的服务机构、人员及财政资金。换言之,其提供的服务受利益集团影响较大,极容易受到政府及其委托处理机构等既得利益集团的干扰。其二,在这种政府购买公共服务模式下,事业单位承接政府购买的服务,其重大决策、人事任命及资金来源等都完全依附于政府组织,特别是在购买服务资金来源于公共财政的情况下,社会组织的权力和利益都有所削弱。一方面社会组织利用公共资金提供服务的独立性大打折扣,另一方面由于政府对服务项目的垄断,致使政府执行层的社会组织的利益受到损失,未能在制度上真正建立起强竞争性和独立性的政府购买公共服务模式。

非独立性购买模式在科技馆开展政府购买服务活动时呈现出比较现实的问题:①随着政府购买服务范围的扩大和服务项目的增多,科技馆对项目经费的需求呈增长态势,但上级的资金支持却缺少调整,造成经费使用的紧张。②被服务的社区办支持力度不够,科技馆需要自筹科普教学材料费,却不得通过向服务对象收费来弥补部分所耗材料的成本费用。③师资报酬低,工作强度大,教师参与提供服务的积极性不高。④科技馆提供的服务活动主要以上级布置的任务为主,自己无法根据服务对象的需求主动开发服务项目。⑤购买服务的各项规定相互制约,教条化较为明显,精细化管理不到位,制度建设有待加强。⑥科技馆承接服务处于被动地位,再加上缺乏有效的激励机制,主动承接意愿不强。⑦量化考核指标管理定位不明确,指标不科学,无法发挥导向作用。

上述问题的存在,使科技馆提供服务时的自身利益难以得到充分保证,意见反映比较强烈。

案例二:北京市某城区体育馆街道社区文化服务中心——独立购买模式

过去的一年中,该社区文化服务中心积极推动与社会组织合作的方式为社区居民提供某些公共服务项目。在这种模式下,街道组织作为合作方,公共财政资金只是作为合作项目的补充渠道,街道与社会组织之间不存在任何隶属关系,作为服务提供主体的社会组织自主性加大,政府购买公共服务受到既得利益集体的影响较小,在提供服务时也不存在上级单位的干扰和阻挠。由于服务资金主要来源于社会组织自筹及其他组织的捐助和财政专项资金,没有挤占街道原有的财政资金,也就不存在触动原有利益格局的情况。从实践结果看,这是比较成功的一种模式。该街道社区文化服务中心购买的"皮卡书屋"项目就属于这种模式。在项目实施前,该社区文化中心积极主动了解社区居民的需求,经过多次暗访和比较,确定承接服务的民间非营利组织,并通过为"皮卡书屋"项目提供场地、资金补助和政策指导等支持,吸引民间非营利组织投入到为社区居民提供阅读服务的项目中来。该项目至今已运行一周年,受到了社区居民的欢迎和喜爱。这种独立购买模式使社区购买的文化服务取得了很好的社会效益。

以上两个案例是我国目前政府购买公共服务中最为典型和最常见的两种模式。在模式一中,由于非制度化和非竞争性的影响以及较差的独立性,政府购买公共服务改革会遭遇强大的内部利益博弈。而在模式二中,由于具有较强的竞争性和独立性,利益冲突较小。由此可以推断,独立性购买模式将成为未来我国制度转型改革的方向和目标模式。因此,一方面要大力推动事业单位进行实质性改革,另一方面还要不断提高独立性购买模式的制度化、规范化水平。

资料来源:李永战,张翔.政府购买公共服务模式比较:基于典型案例的分析[J].中国民政,2015(15).

(二)合理定位政府职能

1.政府在公共服务购买过程中的职能定位

尽管通过公共服务购买,部分公共服务执行由社会组织完成,但政府在公共服务供给流程中的主导和监管作用没有改变,政府的主体地位和责任也没有发生变化。

政府在公共服务购买中的主体地位体现在如下方面:①政府要进行政策规划、责任归属划分;②政府负责公共服务购买政策、法律和标准的出台;③政府负责根据公共服务购买政策执行情况的反馈进行政策调整。政府在公共服务购买中的引导者地位体现在:①在公共服务市场已经形成的公共服务领域,通过公共服务购买项目促进市场秩序的形成;②在没有形成公共服务市场的公共服务领域,政府应当主动让渡利益,通过公共服务购买政策积极培育和提升包括企业和社会组织在内的主体的公共服务供给能力。

政府作为公共服务购买体系中的监督成员,应该根据监督反馈结果及时对购买环节进行调整,使社会公众享受高质量的公共服务,并引导社会组织向规范化、人性化、可持续性的方向发展,这也是政府在公共服务购买过程中要承担的不可推卸的责任。

2.合理划分中央政府与地方政府的职能

一般而言,社会民众受益的公共服务应由中央财政支持并管理,地方或区域民众受益的公共服务应由地方财政支持并管理,但实际情形往往有所出入。尽管有些公共服务尽管只是区域性的,但是却必须整合中央与地方的多个优势资源才能完成有效的供给。例如对资金、技术依赖比较高的公共服务,最好能整合中央政府的资源调控优势和地方政府的因地制宜优势。

而有些社会民众受益的公共服务的落实离不开地方政府的负责实施。所以,在公共服务购买中必须科学划分中央和各级地方政府的职能。中央政府除了制定政策和财政转移支付之外,还应当积极为地方政府公共服务购买创造宽松的环境。此外,中央和地方政府在公共服务购买中的职能划分还应当涉及监督考核的细分,以实现公共服务购买的规范化和法治化。

3. 完善政府购买公共服务的协同机制

从行政职权划分角度来看,我国公共服务的宏观管理权是分属于不同部委的,例如国防公共服务由国防部牵头、社会组织管理由民政部牵头、预算与政府采购管理由财政部牵头、公共卫生服务由卫生部牵头等。所以,坚持统一领导与各部门协同成为公共服务购买成功与否的关键。随着公共服务购买试点的推进,未来公共服务购买应当要纳入规范的政府采购框架和流程中,政府各个职能部门间的有效协同合作,对于完善政府购买公共服务的推进和执行起到一定的催化作用。

从公共服务外溢性来看,地区或者区域间联合采购既能实现采购的规模效应,又能借助区域联合提高公共服务购买效率。

[资料链接 10-5]

政府履职不能越位更不能缺位

近年来,政府购买公共服务逐渐成为流行趋势。但从各地的探索经验和暴露出的问题看,"买什么"是困惑着基层政府的首要问题。十八届三中全会《决定》中提出,市场要在资源配置中起决定性作用,同时更好地发挥政府作用。这为政府购买服务划出了两个边界:既不能越位,也不能缺位。

南京市财政局、市编办联合出台《2017—2018年度政府购买服务负面清单》,明确了230个政府职责项目不得通过购买服务的方式完成。清单厘清了政府依法履职和政府购买服务的边界,规定了哪些工作必须由政府职能部门亲力亲为。《负面清单》的出台,明确了政府购买服务的禁区,无疑具有很强的指导意义。

政府购买服务的初衷是减少财政压力、经济节约、促进竞争。中国人民大学公共管理学院副教授王丛虎曾表示,公共服务有三个基本参与者:消费者、生产者和提供者。如果政府既扮演生产者,又扮演提供者,其维持和管理的成本必然增加;而当生产者和提供者分开时,又必然提高了选择成本和交易成本。因此在考虑政府是否要购买公共服务时,还需综合评估成本与效益,不能简单地认为外包就一定"节约资金、提高效率"。

理论上,社会组织具有灵活性、竞争性和专业性等特点。可实际上不能一概而论,一些政府提供服务的事项,效益明显高于市场,就不宜盲目跟风推行政府购买公共服务;还有一些领域社会力量没有充分发育,无法提供高效优质的公共服务,继续由政府统一提供才更切合实际。因此,政府购买公共服务既要因地施策,也要因时制宜。在划下边界和禁区后,还需构建起精细化的分析评价体系,进一步界定公共服务的购买范围,明确具体事项。

从长远看,我们应当不断提高政府购买公共服务内容的多样性,促进社会组织的发育、成长,将社会能处理的项目、内容都交给社会。但立足当下,在政府购买公共服务的《指导目录》与《负面清单》之间,还有大块模糊地带;已经列入《指导目录》的事项,也并未都具备实施条件,现在远远没到"大撒把"的时候。例如西部某城市将养老服务外包给社会组织,却因为服务能力差,以至于刚开门就关门,政府花了钱,群众不满意。这何尝不是另一种"缺位"呢?

资料来源:南京日报 http://njrb.njdaily.cn/njrb/html/(2017-04 访问).

(三)鼓励社会力量多途径参与提供公共服务

提供公共服务是政府的主要职能之一,但并不意味着只是政府的事情。仅仅依靠政府的力量,难以提供满足社会需要的各种公共服务。政府必须鼓励和支持各种社会力量多途径参与到公共服务的提供中来,为政府公共服务提供必要的补充。鼓励社会力量广泛参与公共服务的提供,不仅是为了扩大公共服务提供范围、提高公共服务提供质量,更是为了调动社会向善的力量,营造社会和谐共建的氛围,提高社会凝聚力的重要方式。

实际上,很多社会组织、个人已经在为社会提供公共服务。例如一些慈善组织、宗教机构、公益性组织,开展的公益性活动等,他们已经开始成为公共服务尤其是社会公益性服务的重要提供者。政府作为最主要的公共服务提供者,有责任承担起大部分的公共服务。同时也应当鼓励其他社会力量参与到公共服务的提供中来,成为公共服务的补充力量。

(四)完善政府购买公共服务的法律体系

从公共服务购买的流程来看,公共服务购买纳入政府采购的总体框架下是一个大的趋势,即使是针对公共服务购买单独立法,也应当是《政府采购法》框架下的延伸。

1.依法确立政府购买公共服务的流程

合理、合法的公共服务购买流程是落实政府购买公共服务原则的保证。在公共服务购买立法上,应当明确购买范围、购买方式、公共服务的效果反馈等一系列细节。此外,还应当围绕政府购买公共服务建立配套性的制度规范,如政府购买公共服务项目的设立标准、社会组织资质认定与准入退出等方面。

2.完善我国政府购买公共服务法律体系

在我国《政府采购法》中,服务被定义为"除货物和工程以外的其他政府采购对象",但从2000年财政部出台的细化后的《政府采购品目分类表》中,作为政府采购对象的服务都是针对行政部门后勤服务的服务类项目,并不包括我们书中所探讨的公共服务。2010年年初出台的《政府采购法实施条例(征求意见稿)》虽然根据多年实践进行了颇具建设性的探索,但公共服务依然未能成为政府采购的新对象。应当适时补充《政府采购法》中有关公共服务购买的部分,针对性地对公共服务购买原则、公共服务质量标准和程序等进行规定。尽快出台相关的条例和办法,为中央和地方政府开展公共服务购买行为搭建法律框架。

3.完善我国政府购买公共服务配套法律体系

(1)补助与救济制度。由于我国公共服务承接主体发展参差不齐,所以有必要借助补助和救济机制促使其健康发展。政府购买公共服务补助、救济制度主要包括如下三方面:①资金援助制度,当公共服务承接主体因不可抗力遭遇困境时,政府可以直接进行资金补充,或者对参与公共服务购买项目的社会组织进行一定程度上的税收优惠。②政策优待制度,通过专门制定法律法规的方法给予社会组织税收优惠、财政补贴等。③事业单位改制补助制度,现行部分公共服务购买范围同事业单位的供给范围是重合的,为了助力事业单位改革,可以借助改制补助制度推动公共服务供给市场的发展和事业单位改制进度。

(2)政府购买公共服务纠纷解决制度。政府购买公共服务过程中涉及多个利益主体,在公共服务购买过程中难免出现纠纷,从而必须搭建政府购买公共服务纠纷解决制度。

政府与社会组织之间纠纷解决方面,主要应当通过完善合同内容的方式解决,一旦社会组织违反合同,可依合同规定处理,合同没有规定的,政府可依法对社会组织进行行政处罚;政府违反合同的,社会组织可依法申请行政复议或者提起行政诉讼。

社会组织与社会公众之间的纠纷解决方面,可以通过两种方式来解决:①诉讼,因社会组织责任导致的纠纷,社会公众可以提起民事诉讼,也可协商和解;若社会公众损失是由于政府政策落实造成的,公民可依法对政府部门进行行政复议或者行政诉讼,社会组织可作为第二被告。②选择性纠纷解决机制,该机制包含了诉讼制度以外的非诉讼纠纷解决程序或机制,主要包括调解、仲裁和信访,选择性纠纷解决机制适用于政府购买公共服务过程中的大部分情形。

(五)建立健全政府购买公共服务的监管评估机制

1.建立完善的监督机制

建立政府购买公共服务的监管机制,在政府购买的各个环节,调动政府相关部门、社会第三方评审机构、社会公众等各方力量,共同参与到购买公共服务的监督和管理中来,确保财政资金高效利用、公共服务低成本高质量、社会公众满意度高。

在政府购买公共服务中,应该重点监管以下几个环节:①购买公共服务的预算编制环节;②购买方式的选择环节;③承购方的选择环节;④契约的履行环节;⑤购买的结算环节。在政府购买公共服务的全程中,任何一个环节如若出现不符合规定的操作,都应当及时进行处理。通过建立事前、事中、事后的全过程监管机制,提高政府购买公共服务的绩效。

2.建立和完善公共服务绩效评估机制

对政府购买的公共服务进行绩效评估,是测定购买效果、判断承购方的专业性、管理能力和提供公共服务效果的有效手段,也是有效的监督手段。

绩效评估机制应包括以下内容:①明确评估主体;②制定标准化、可操作化的评估方式和评估标准;③明确评估方式,引入社会评估机制;④考核评估结果,作为再次竞购的依据。

本章小结

1.公共服务,是指政府或其他公共部门为了满足社会公众的需要,向社会公众提供的具有非营利性和非实物形式的服务,包括国防、公共安全、教育、卫生、社会保障、基础设施、环境保护、科学技术等方面的服务。

2.政府购买公共服务,是指政府为了更有效地满足社会公共服务需求,以建立契约关系的方式,利用财政资金向其他组织或个人购买公共服务的活动。

3.政府购买公共服务始于20世纪70年代末,是西方经济发达国家实行高福利政策过程中所带来的财政危机、治理危机、信任危机等压力下的改革成果。其中,在新自由主义经济学派和新公共管理运动的启蒙和影响下,公共选择理论、委托代理理论、福利多元主义等,成为西方各国政府行政管理体制改革的理论基础。

4.经过20多年的摸索和实践,我国政府在公共服务市场化方面进行了一系列有益的探索,取得了一定成效,初步总结出符合我国国情,且行之有效的公共服务市场化做法。

5.政府购买公共服务通过近二十年的探索和实践,有效地改进和完善了政府采购机制,提高了公共服务供给效率。但是,由于我国政府购买公共服务仍然处于一个探索阶段,仍然存在不少问题。

6.政府购买公共服务是提升国家综合治理能力的必然要求,是建设服务型政府的重要途径,是扩大内需的迫切需要,是深化财税体制改革的重要内容。

7.我国开展政府购买公共服务的总体思路是通过政府购买公共服务实现公共服务供给主体的多元化、规范化与法治化,并以此促进政府职能转变和国家治理水平的提升。确定公共服务的购买范围,合理定位政府职能,鼓励社会力量多途径参与提供公共服务,完善政府购买公共服务的法律体系,建立健全政府购买公共服务的监管评估机制。

关键概念

公共服务政府购买　政府购买公共服务　契约理论　系统论　绩效评估

本章案例或专栏资料分析题

1.阅读资料链接 10-1,结合公共服务的概念界定,了解公共服务的特性,分析公共服务与一般服务的区别与联系。

2.阅读资料链接 10-2,结合政府购买公共服务的概念,分析我国政府购买公共服务的基本范围应该是什么?

3.阅读资料链接 10-3,结合西方政府购买公共服务的发展历程,查阅资料,分析当前我国政府购买公共服务应该如何借鉴西方经验。

4.阅读资料链接 10-4,结合我国当前政府购买公共服务实施状况,查阅资料,了解我国地方政府购买公共服务的现状。

5.阅读案例分析 10-1,结合我国政府购买公共服务多种模式,分析我国政府购买公共服务的推进思路。

6.阅读资料链接 10-5,结合我国政府功能定位,分析我国政府应该如何更好地实现政府购买公共服务职能。

第十一章　发达国家政府采购制度

学习目标：本章主要介绍英国、美国等发达国家的政府采购制度，从而起到"他山之石，可以攻玉"的作用。通过本章的学习，掌握市场经济发达国家较为成熟且规范的政府采购制度，通过对比，思考如何完善我国的政府采购制度，构建符合社会主义市场经济要求的公共财政管理框架。

第一节　英国政府采购制度

国际上通行的政府采购制度起源于欧洲，英国是世界上第一个建立政府采购制度的国家。早在1782年英国政府就建立了政府采购，中央各部门的采购活动都是在政策指引的基础上进行的。经过长期的发展演变，特别是1973年英国加入欧洲经济共同体以后，逐步形成了一套较为完善的政府采购体系和运作规则。

一、政府采购原则

（一）"物有所值"原则

政府部门和其他公共机构采购商品和服务都必须做到"物有所值"。"物有所值"就是所采购的物品总成本和质量上都必须能满足使用者的要求。"物有所值"是英国政府采购的基本原则。

（二）竞争原则

在政府采购中"物有所值"主要是通过竞争来实现的。根据有关法律（如欧共体）规定，政府各部门在进行采购时可以自行决定最符合合同要求的竞争形式，要以最合理的价格采购自己需要的商品和服务。而且，有效的政府采购还能激发供应商之间的竞争，促进更高级竞争的进一步形成，从而有利于未来的采购，使之更加"物有所值"。竞争是政府采购的一条核心原则。

（三）以采购本身为出发点的采购政策原则

从政府采购的政策看，英国政府采购政策都偏重于原则和要求，政府采购以采购本身为出发点，政府不会通过政府采购去追求社会或其他政治目标，较少要求运用政府采购来实现某些经济目标。但政府部门却可以自由地根据各自政策环境选购友好合作方的产品，同时拒绝与不友好的供应商的往来，拒绝同犯有严重职业犯罪行为或经济状况不佳的供应商做生意。

政府鼓励采购方消除不利于小公司参与竞争的障碍，但并不意味着歧视大公司。地方优惠政策并不存在，但对于经过注册登记的残疾人工厂，情况有所不同，他们在投标合同时，出价可以低于欧共体规定的最低价,享有优先中标的机会。

[资料链接 11 - 1]

英国政府采购的"物有所值"原则

"物有所值(value for money)"是英国政府采购所遵循的基本原则和秉持的核心理念。物有所值既要充分考虑价格因素,又要考虑质量因素,关键是要实现价格与质量、性能的最佳组合,以满足公共需要。物有所值不是仅指最低的价格,而是指项目全周期的成本和质量、效能综合起来的最优化安排。比如在货物采购上,大部分办公用品和设备并非一次性投入,还需考虑到后期的使用、维护与维修等成本。因此,英国对每一次采购的成本和效益都进行充分评估,力求使每一英镑的花销都获得最好的结果,而不是仅仅关注采购时的低价格。

2007 年英国财政部发布"改革政府采购"报告,报告对良好的公共采购予以了界定,指出好的采购在购买一种符合要求的产品时应该考虑该产品的终身成本(whole-life-cost)来最大限度地实现物有所值;好的采购过程应在有限的时间和有限的预算内高效率完成;好的采购不仅应对社会有利、对纳税人有利,还应该对为政府提供产品和服务的企业有利,从而实现纳税人资金价值的最大化。2012 年一份名为《公共服务(社会价值)》的提案在英国上议院终审一致通过,它要求英国公共部门在履行公共服务合同时,必须考虑如何改善社区的经济、社会与环境福祉。在采购过程中,不能只考虑初始采购价格的高低等因素,还必须考虑社会、经济与环境价值,以公平的价格购买能真正造福于当地社区的公共服务。

资料来源:刘军民.英国政府采购制度简析与启示[J].财政研究,2013(03).

二、政府采购的部门

(一)监督管理部门

1.财政部"总额控制"预算管理

财政部通过预算确定收入和借款需求,对未来三年中每年的公共支出做一个"总额控制",并在各部门支出和应急备用资金之间作出总额控制的分配建议,并以此向议会提出资金要求,在每年的"公共支出咨情"中得到解决。下院通过投票批准预算,议会进一步通过"拨款条例","拨款条例"赋予各政府部门支出拨款的正式权力。

政府部门的所有支出都要得到议会授权是一条基本原则。如果有必要,政府部门可通过"补充预算"得到更多资金,但只能专款专用。各部门的支出都要受现金总额的限制,而且只能在资金划拨的财政年度之内支出。在"总额控制"的前提下,政府部门的少部分支出可在法律规定的范围内一次性使用。

2."全国账户委员会"进行部门支出监控

各部门的支出受议会"全国账户委员会"的监控,该委员会受由"部门审计员兼总审计长"领导的"全国审计办公室"协助。部门审计员兼总审计长享有高度的独立权,既有权决定审计程序及方式,也有权进行一些属于其职能范围的检查,有权决定其向议会所作报告的内容,有权对财政资金使用是否经济有效进行检查。检查目的之一是政府支出采购中是否做到"物有所值"。

3.会计官员个人责任监督

英国每个部门都有一名会计官员,他主要负责公共财政秩序和法规,同时保证财政支出周全合理,物有所值。根据政府会计条例,会计官员们必须关注财政部颁布的《采购政策指南》和《采购实施指南》。

(二)执行机构

1.各部门自行采购

过去,政府采购要求通过采购中心进行。而现在,各部门的权利较大,可以自由决定是否通过采购中心为各部门和其他公共机构签订采购初步协议。英国中央各部的预算部门和地方政府都拥有自行采购的权力,独立承担本部门、本地区的采购事务。

2.政府采购的主要支出部门及职责

政府采购的主要支出部门有国防部、社会保险部及救济机构、卫生部及全国卫生服务机构、环境、交通部及地区部门、教育及就业部、内政部,包括监狱服务机构、内陆税务局、海关及国内货物税收总署、北爱尔兰办公室、苏格兰办公室及威尔士办公室。

在欧共体政府采购协议附录1附件1中可以找到中央政府机构及其他机关的名单。

其他政府公共机关的名单由内阁办公室每年公布一次。

政府采购政策是针对政府各部门及其机构提出的,同时也要求政府采购职责范围内的其他机构加以遵循。例如:政府各部门可以为其他单位的活动提供资金,其财务备忘录必须提出资金使用的明确目标,政府采购必须实现物有所值。总额控制(包括文职人员的报酬、项目基金和采购)大约占国内总值的40%。

近几年来,各部门对他们使用的资产负有直接责任。例如:建造政府大楼的责任就从中央机构转移到一些具体部门,对某些援助性服务开始硬性收费,并逐步将这些服务部门私有化。此类例子包括文职人员膳食组织、前资产服务机构、出纳办公室等。私有化之后,那些商品和服务现在要从私营部门采购,与之相似,英国国有工业,如交通、电讯、能源和水力部门已转变为私营部门,他们的商品和服务现在需要通过竞争采购。

在很大程度上,财政部授权的支出可在一定范围内使用,但在大项目和特殊项目上的支出通常需要同财政部经费小组协商。

3.政府采购的指导管理部门——财政部

(1)采购负责部门(采购牵头人)。财政部作为政府采购的贯彻、调节和牵头机构,主要起管理作用。

在财政部门内通常有一个采购负责部门,负责制定部门采购政策以使物有所值。采购牵头人要向高级官员和各部部长提出建议,说明如何在部门内部组织采购,哪些合同需要中央的鉴定,以及应该采取何种采购技术等。在财政部的领导下还安排采购牵头人交流经验,解决一些共同问题。

(2)采购实施小组。重新命名的采购实施小组是财政部组建的负责政府购买的中央机构。其目的是为了汲取私营部门的专门知识和在政府内促成最佳实施方案。致力于更好地解决如下一些问题:为按制支出设立更好的资料库;实行跨部门协作;提供连锁管理;进一步发展采购专业化;确保有关各方对采购职能在管理和资源使用规划中的应有作用有更好的了解。

4.采购代理机构和采购行业协会

采购代理机构和采购行业协会,协助政府采购的实施。这些部门包括私人融资单位,它处理关于私营融资项目的政策和实践问题,并组成特别工作组,组员是从私营部门抽出的临时文职人员。特别工作组对专为私营融资项目所提的特别提案进行审查,确保项目可行。

三、政府采购的基本程序

从决策程序上看,各政府部门的政府采购都实行自我决策。各部门完全可以根据本部门的需要进行采购。各部门在采购决策中受到两方面的制约：一是这些部门所有采购商品和服务都必须在财政部授权支出的范围之内；二是他们的所有支出都必须向议会负责。

英国采购的具体运作，一般都经过以下几个过程：制定采购计划—确定采购需求—执行采购方式（选择供应商）—签订采购合同—合同履行—采购评估。英国权威机构的研究对成功的采购表述为：通过适当的渠道，以适当的价格获得适当数量、适当质量的商品或服务，并在适当的时间送到适当的地点。要达到这一目标，采购所必须经过的每一个过程都要加以认真对待。

（一）制订采购计划

英国预算支出部门一般制订三年的采购计划。计划由财务计划和业务计划两部分组成。编制的计划递交到财政部备案、汇总。财政部有专门负责备案支出部门的管理人员，对三年计划每年进行一次评估，主要是评估当年的采购计划安排的合理性，并对当年各部门支出作出总额控制的分配建议。当年采购计划与支出分配有差距时，财政部会对支出部门当年的采购计划安排提出质询，并有权将计划退回，要求支出部门重新编制。达成一致后，经批准，就由各预算支出部门独立组织实施。

（二）确定采购需求

各预算支出部门完全可以根据本部门的需要进行采购，但所采购的商品和服务，必须在财政部授权的支出范围内。采购部门在确定采购需求上，承担有一定的咨询义务。一些历史较长、规模较大的采购部门或采购代理机构，对于一些经常性、固定的物品还制定标准，进行标准化采购。有的甚至根据用户要求，设计特殊的需求标准，以便供应商对其产品加以改进，在投标时符合用户的要求。

（三）执行采购方式（选择供应商）

根据欧盟政府采购指令等规定，公共采购超过一定数量的必须在欧盟官方杂志上公告，实行国际竞争性招标。在英国，包括货物或服务超过 10 万英镑、工程超过 350 万英镑的采购都需采用国际竞争性招标的方式进行采购。

（四）签订采购合同

政府采购合同在欧盟采购指令或财政部制定的政府采购指南以及一些采购行业协会的有关文件中都有范本可参照制定。一般短期的、一次性的采购行为，采用固定价格合同。长期的采购行为，有的就需要采用可变价格合同。合同期限没有特别的规定，视情况而异。在英国，不同采购金额的合同必须由不同授权权限的采购官员负责签订，以明确采购职责和权限。

（五）合同的履行

合同签订后，一般不可改变，并随即按合同约定履行合同。在英国，政府采购资金的支付从时间上看，实行即期付款。一般在收到发票及收据的 30 天内，要将贷款支付给供应商。对于提前付款，可享受早期付款折扣。从支付人看，实行自行采购或委托代理采购的，由预算支出单位或用户支付；实行集中采购，由财政部门统一支付。

（六）采购的评估

采购的评估主要是起到对采购的监督、分析和对采购人员能力的评估等多方面的作用。不同的采购机构或采购中介代理机构，往往有不同的方式。较严格的采购评估是聘请独立的财务分析公司和专家进行抽查，被抽查的采购项目从采购计划制订到合同履约的全过程都要进行非常严格和仔细的审查。

四、政府采购方式与周期

（一）政府采购的基本方式

英国政府采购的基本方式，可以概括为：

1.竞争性投标方式

通过精心挑选供应商，要求它们以各自的生产产量、产品规格和生产执行情况进行竞争性投标。

2.公开招标方式

对于以价格为主要因素又相对较容易些的合同，各部门采取事先公开发布招标信息的方式，让任何对合同感兴趣的供应商都参加投标竞争。

3.协商和竞争投标相结合的方式

对于较复杂的合同，如私有经济项目，则应采取协商和竞争投标相结合的方式进行。

4.竞争性的协商谈判方式

对于少数极为复杂的合同，则只采取有竞争性的协商谈判方式。

5.单方投标的方式

对于极廉价的采购或极例外的特殊情况，采取单方投标的方式。

6.投标后再协商的方式

这种方式可以更好地用好资金和改进合同细节，对买卖双方都有好处。

（二）政府采购职业化

政府采购职业化在以下方面具有重要特征：政府部门参与了计划决策、项目确立、购买及合同管理的全过程。严格履行规定程序、各部门责任明确及内外审计公开，最大限度地防止不合理或不道德行为的发生，确保最大限度地"物有所值"。

（三）采取政府采购卡方式

政府采购卡是办事人员在授权范围内用于下订单的支付卡。政府采购卡的引进是一个新措施。政府采购卡的使用，由于免去许多票据而可以节省巨大的开支，同时还可确保向供应商及时付款。

（四）政府采购周期

1.付款方式

政府各部门的采购必须执行英国即期付款标准，在他们签订的合同条款中必须包括这样一条：要求供应商在与其承包人签订的合同中写明即期付款的条款。

2.合同期限无明文规定

对于合同期限没有特别的限定，但它们必须有一个符合合同目的的恰当期限，合同的条款模式多种多样，没有人为的硬性限制性规定。

五、政府采购法律法规

英国政府采购的法律依据及规定都散见于各类法律法规之中。

英国的政府采购法律法规人致包括如下内容：一般合同与商业法律；法定职责，如遵守国际条例；专门法律规定，如对行贿受贿或不公正合同条款的处理；旨在消除国别歧视、增强欧洲单一市场内商品和服务自由流动的欧共体条约及规定；世贸组织政府采购协议和其他国际协定,欧盟是这些签订协约方之一;法律先例,特别应包括这样一个案例:英国上诉法庭曾认为一个考虑恰当提呈标价的公共机构违反了默认合同,按这种合同一切损失都应获得赔偿。也就是说,上诉庭认为在合同裁决过程中还存在一个默认合同。

六、投标申诉

在英国,政府采购领域里很少有诉讼发生。政府采用传统的方式处理议会对合同裁决程序的抱怨。除了有关合同中规定的申诉外,很少有合法的补救存在。原则上,蒙受损失的投标商可向法院要求强制的和最终的补偿,但并不存在特定的调停。

当有必要实行欧共体指令并向那些因违反欧共体章程蒙受损失或险遭损失的欧共体商品供应商提供规定的补偿时,情况就不同了。根据欧共体法则,可以作出如下决定:一是供应商有遵守英国法规、服从指令的责任;二是这种责任最高法院可强制执行;三是此程序要求立即得到执行,除非法院同意,否则,三个月内必须强制执行;四是赋予法院终止裁决过程、驳回决议或赔偿损失的特殊权力;五是一旦签约,规定损失赔偿金为唯一赔偿;六是交由法院考虑进行损失赔偿的恰当基数,如投标费用、丧失机会的损失和收益损失;七是法院可以按照正常的程序和惯例处理这类问题,如关于权衡便利、考虑采用临时补偿或关于在临时补偿悬而未决时采用双方承担损失的方法;八是展望未来,考虑设立某种法庭是否合适,如减轻法院工作量或让高等法院的诉讼费用更低。

以上这些措施已实施多年,现在正用于欧洲其他国家供应商和适用政府采购协议的供应商。鉴于法院审理的诉讼案件寥寥无几,完全没有必要再设法庭。但他们仍在考虑是否需要选择一种解决纠纷的形式,如调停、和解或仲裁。

七、与地方政府的联系

地方当局是通过选举产生的机构。它们在法定职责内作出各自的采购决定。要履行它们受托于民众的职责,即高效办事原则,保证物有所值。它们需要独立的审核机关——审计委员会委派的独立审计机构的监控。

地方当局的法律体制和中央政府的法律体制相差无几,但还包括:

《1972年地方政府法案》要求地方当局颁布有法律效力的命令,规范对合同的裁决;《1980年地方政府房屋及土地法案》针对机构内部对有关建筑和交通的各种活动进行强制竞争投标的做法提出了要求;《1988年地方政府法案》扩大了强制竞争投标的要求,包括了人力、行政及专业服务;《1992年地方政府法案》为相关政府部门提供了如何执行强制竞争投标的说明。

八、国内国际采购

1999年,英国政府在财政部下设立了政府商务办公室(Office of Government Commerce,OGC),由其负责政府采购的国际谈判,将欧盟政府采购指令和WTO下的GPA协议转换为英国法律,制定国内政府采购政策与标准,对政府采购进行指导与监督,以及协助政府采购的各个部门提高采购业务能力。

2000年英国又在OGC下成立了执行机构——采购服务局(Buying Solutions)。该局通过提供采购框架协议、电子化采购平台等多种软硬件服务,协助政府部门和其他公共机构更便捷、有效地从供应商处采购50万种以上的产品和服务。OGC在全国5个大区按行业或部门设立了 50 多个采购机构,为各部门、各地方采购机构开展采购业务提供具体指导和协调。2010 年 6 月 15 日之后,OGC 机构建制转到了直属于中央政府的内阁办公室(the Cabinet Office)。

在英国,国内国际采购并无太大差别,但如下情况除外:在欧共体规定和政府采购协议基准线以下的合同,通常不在欧共体公报上刊登;非欧洲国家的供应商有权投标取得合同,但这种权利仅限于签署政府采购协议成员国的供应商,而且是在签署政府采购协议时提出过这种要求的;当欧共体实用规定实施时,在欧共体的商品和非欧共体的产品报价相当而后者的供应商在签署政府采购协议时并没有提出申请的情况下,欧共体的产品有优先权。

除此之外,英国的政府采购发展还受到其他一些因素的影响,主要有:采购行为的职业化程度提高;政府通过公共部门行为的私有化提高资金使用效率,将原先在内部承包的项目或战略性订购转为向市场招标公开竞争;在政府的私人融资优先制度中,各部门主要采购以资产为基础的服务而不是资本性资产;其他公私合伙形式的发展,如合资经营或公共部门赞助私人部门项目。

应指出的是:自从英国 1973 年加入欧洲经济共同体之后,政府采购就受到日益增多的各种法律条款的限制。

[资料链接 11－2]

现代化英国政府采购的影响

近年来,英国当局除了关注降低每年的政府采购支出金额之外,更将注意力放在通过政府采购对整个社会、经济的影响。从宏观视角分析,政府采购在近年来逐步实现"可持续发展"的目标;在微观层面,英国政府采购对当地大、中、小企业竞争优势培育也起到了调节作用。

(一)保持"物有所值"基本原则不变基础上,全面保障各个规模企业的利益和竞争优势

进一步诠释"物有所值"不仅是保证采购价格最优惠,也将未来折旧、维修等悉数算上,以终身使用成本最优为标准,同时权衡了国家政府采购时的规模效应,降低采购成本。而在地方政府中,鼓励小企业参与政府采购,满足其灵活、个性化的定制服务特点,全面顾及中小企业的发展,保护其竞争活力。从而顾全了大型企业和中小企业的不同发展模式,从最初的政府资金支持到政策倾斜给予小企业寻找新市场、避免与大企业正面对抗的机会。同时,英国政府采购也作为政策手段,对于由残疾人注册登记的公司给予低于欧盟投标最低价的出价权,从而使其享有最优机会,这也是有效解决残疾人就业的良方。

(二)政府绿色采购,进一步完善"可持续发展"目标

可持续发展是当今世界各国面临的新的发展方式。1994 年,英国制定的《可持续发展:英国的战略选择》为其走可持续发展道路,进一步节能减排奠定了基础。1999 年,英国政府第二份可持续发展战略公布,确定了同步发展经济、社会和环境的目标,并引入量化工具。这一战略确定也影响着英国政府采购行为。

英国政府在采购环节不断扩大节能和环境标志产品的范围,建立相应的节能环保产品采购评审和监督制度。同时,采用财政补助的方式,设立节能专项资金,支持企业生产高效节能产品。此外,英国政府于 2008 年推行了建筑节能措施,将博物馆、展览馆、政府大楼、中小学等房屋建筑材料采购按照节能情况划分等级颁发证书,并出台了一系列在采购阶段的保障措施。

(三)加强小企业、跨部门合作

1996 年,博维斯教授在注册会计师(ACCA)会议上发布调查结果称:英国的政府采购中,

中小企业只占到 14.31％ 份额。由此引起了英国政府的重视。负责政府采购政策的政府商务办公室(OGC)和负责中小企业发展政策的小企业署(SBS)于 2011 年联合公布面向中小企业的《中小企业参加政府采购招投标指南》,鼓励中小企业参与政府采购投标活动。同时向各级政府部门发布《企业虽小,价值不小》,由此要求降低中小企业参与政府采购的壁垒。

跨部门合作是当前施展政府采购抱负的最佳途径。首先需要更好地对优先领域进行创新,发掘潜力。英国当局认为,跨部门合作采购,最重要的是激励关键部门发挥自身作用。为此,英国政府提出扩大部门合作的要求包括:①需要内阁作出每年政府采购性质变化的声明,阐述如何更好实现公共服务的成果。②内阁部长应负责跟踪对于采购的承诺。③英国商业、创新和技能部(BIS)以及内阁办公室与其他部门合作,识别潜在机会,获得创新行业,保证创新对采购流程的支持。④制定发展战略采购服务技能人才库,以非正式或借调关系进行政府采购咨询。⑤组建更大规模和复杂的政府采购项目,组成"最强"小组,从政府外部发掘人才,从而降低对采购人员薪水支出成本。⑥建立健全地方采购法律规范。对于更复杂的采购,社区和当地政府及卫生部门应根据规定,在采购开发网络中加强合作。

(四)电子政务、创新采购途径

1994 年,英国开始大规模地进行政府信息化建设,同年出台的"政府信息服务计划",使其从全球化、知识经济的大背景出发,创建"电子英国"口号,并在互联网上建立英国政府信息中心。1998 年英国政府提出包含"确立正负电子采购目标""制订政府电子商务计划""加强政府服务与信息电子化"等具体措施,并于 1999 年开始"采购卡"制度。该制度实施至今,不仅便捷了政府采购的途径,提供政府采购效率,同时各部门按月公布每笔超过 500 欧元的采购明细,民众可在英国政府网站上知晓支出方向和供应商信息,这也为英国政府采购反腐败提供了大众监督的工具。截止到 2004 年,有 23000 张采购卡投入使用,为英国政府节约 3100 万英镑采购成本。

资料来源:周旭.英国政府采购演变进程及其影响[J].地方财政研究,2015(12).

第二节 美国政府采购制度

美国政府采购有比较悠久的历史。美国政府采购的历史可以追溯到 1792 年。当时政府采购的第一个立法确定了政府采购的责任人为美国联邦政府的财政部部长。1861 年美国国会曾通过一项联邦法案,要求每一项采购至少要有 3 个投标人。1868 年美国国会通过立法,规定超过一定金额的联邦政府采购,必须使用公开开标和公开招标的程序。考察美国政府采购制度发展史,不难看出,美国政府采购制度之建立与完善是以完整的政府采购法律体系为基础,政府采购的基本制度、价值目标、方式程序、救济途径等等都以法律、法规和程序加以规范,使美国政府采购制度在法律规范的前提下得以有效运作。

一、美国政府采购制度的法律体系

美国联邦政府采购涉及的法律、法规相当广泛,有专门的联邦政府采购的法规,还有与政府采购直接或间接相关的法律、法规,多达 4000 多个,可谓浩如烟海。在美国,签发政府采购合同的权力来自宪法。《美利坚合众国宪法》"序言"中陈述,联邦政府应"提供共同防务、促进公共福利和确保自由带来的幸福"。这一陈述被认为是联邦政府签发政府采购合同的权力来源。在此基础上,国会、联邦行政部门(主要是联邦政府采购政策办公室和依法设立的行政机构)和司法系统,在各自的职权范围内制定了大量的政府采购的法律、法规和程序。

(一)专门的政府采购法规

《联邦采购法规》(Federal Acquisition Regulation,FAR)是专门的政府采购法规,比较详细地规定了最重要的采购制度和政策,使得政府机构能够按照该法规具体实施政府采购。FAR由联邦政府采购政策办公室负责指导实施,对FAR的修改是由政府采购专家组成的委员会来进行,然后提交美国总统行政办公厅内设联邦行政管理和预算局进行最后的修订。最后,在所有修改生效前接受公众的评议。联邦政府机构根据FAR制定自己的采购条例,针对其特定的要求和合同作出规定。

(二)与联邦采购直接或间接相关的联邦法律

1. 1949 年的《**联邦政府行政服务和财产法**》(Federal Administrative Services and Property Act)

该法案规定了许多监管联邦政府合同的程序性要求,诸如制订政府采购计划、鼓励中小企业参与政府采购等。

2. 1984 年《**合同竞争法**》(Competition in Contracting Act)

该法案规定政府采购合同的签发必须采用全面、开放的竞争方式,符合条件的供应商都有权利参与政府采购合同的竞争。

3. 《**购买美国产品法**》(Buy American Act)

该法案已经实施了70多年,是美国政府采购重要的法律,它根据行政命令实施。要求政府机构购买本国的货物和服务,被认定为美国产品的必须具备两个条件:一是拟采购的项目即"最终产品"必须是在美国制造;二是最终产品采用的"实质上全部的"组件也必须是在美国制造的。例外的情形是,本国所供应的货物和服务的价格不合理,或者政府机构确认它们不符合政府的最佳利益,可以采购外国的产品。在美国成为GPA成员方后,通过《贸易协定法》,废止了《购买美国产品法》中指定从特定国家购买产品和物资条款的适用性,并且禁止不公平对待外国企业。

4. 《**信息自由法**》(Freedom information Act)

该法案要求政府机构应当将所有有关的政府采购信息充分、及时在有关媒体公布,或向任何有兴趣的人提供所有的采购信息和合同信息。但涉及有关承包商的商业秘密除外。

5. 1962 年的《**诚实谈判法**》(Truth in Negotiations Act)

该法案要求投标人有义务向政府机构提供准确的、现行和完整的成本或价格数据来支持其竞标方案,这样才能使政府机构作出公平的决策。如果投标人提供虚假的或误导性的数据,将受到罚款和刑事处罚。

6. 《**小企业法**》(Small Business Act)

美国政府采购非常重要的内容是实现社会政策目标,该法案要求行政机构将一定比例的合同给予小型企业和社会弱势群体(如妇女和少数民族)拥有的企业,以保证上述企业有机会获得政府采购合同。除本法案外,促进政府采购社会政策目标的法律还有《戴维斯—培根法令》。

为促进公共政策目标的实现,许多劳动法内容都融入了政府采购合同中。例如,就业机会平等和实施公平劳动(如加班补贴和安全的工作环境等),如果承包方未能遵守这些法律,将会失去政府采购合同并受到处罚。

此外，还颁布一系列法令规制政府官员和承包商之间的贪污和欺诈行为，如《贪污受贿、渎职及利益冲突法令》《反回扣法令》和《虚假赔偿法令》等。规范政府采购合同履行过程和政府采购赔偿方面的法令有《及时支付法令》《司法平等法令》等。

美国是联邦制国家，除联邦政府制定完整的政府采购法律、法规和程序外，各州和地方政府都有其自己的一套政府采购的法律、法规和程序。美国属于英美法系，判例在法律体系起主导作用。在政府采购法律体系中还包括行政和司法判例。总审计署办公室、合同上诉理事会、美国联邦赔偿法院和美国联邦上诉巡回法院都发布有关政府采购事务适用法律的规章制度、判例和法律解释。如果这些判例被归入普通法律制度，这些规章制度和司法解释都对政府采购事务产生普遍的约束力。

二、美国政府采购制度的基本原则

(一)公开竞争或充分竞争原则

公开竞争的目的，一方面在于保证政府采购活动能够以最优惠的价格采购到最优质的商品和服务，实现政府采购的最佳价值(best value)，竞争是保证政府从承包商处获得最佳价值和服务的主要方式。美国政府采购法律、法规要求在任何可行的地方都要采取竞争方式。竞争性程序的主要方式包括竞争性招标和竞争性谈判，如果不采用竞争性程序，采购机构必须以书面形式获得高层政府机关的批准。另一方面，公开竞争的目的还在于最大限度保证所有有意于参与美国政府采购的所有公司获得公平待遇，为此目的，强调政府采购的透明性，美国政府采购的许多法规是用来规范透明度的。要求采购机构平等、公正对待所有潜在的承包商，使他们拥有获得合同的平等机会。在政府采购文件中不得含有排斥潜在承包商的限制性条款等。

近年来，公开竞争的原则已经修改为"充分竞争"的标准。充分竞争被定义为合理地通知潜在的承包商有关采购事项，而且不能有迹象表明排斥、阻止潜在的承包商。

(二)公众利益和承包商利益的平衡原则

以特定的方式和程序进行政府采购以及严格政府采购合同的管理，其目的在于保护公众利益。政府采购花的是纳税人的钱，采购机构应当向公众保证这些税收资金的花费是经济节俭的、合理的、合法和诚实的。政府在合同中代表了公众利益，所以在政府采购活动中被赋予专门的权力，以保护公众利益。但为了制约采购机构滥用职权，政府采购的法律、法规也赋予承包商对抗政府的权利，以求双方利益的平衡。承包商被赋予通过申诉、仲裁或诉讼的权利以维护其合法权益。

(三)保证承包过程的完整性原则

美国政府采购制度重视政府采购合同建立和管理过程的完整性，以使公众有信心认为美国的政府采购制度是公开、公平和公正的。由于重视系统的完整性，使规则和程序非常复杂并且明显影响政府采购的效率。但美国的政府采购制度会允许合同过程的低效率，同时也经常在完整性和效率之间进行权衡，对过于复杂的程序进行方便简化。

为保持采购过程的完整性，通常向承包商广泛宣传政府采购的规章和制度，以及政府采购评估的方法。对于所有的标书，采购机构有义务认真考虑，保证所有承包商公平参加政府采购活动。

(四)实现社会经济政策目标的原则

联邦政府采购的政策目标是:获得最佳价值,包括提高产品和服务质量,降低成本,缩短采购时间,促进竞争,实现社会目标,降低商业和技术风险,提供一揽子采购服务。通过政府采购实现社会经济公共政策目标,是美国政府采购立法主要内容之一。这一政策目标通过制定专门的法律、法规和程序来实施,或者是在政府采购合同条款中体现。如《小型企业法》要求采购机构将一定比例的政府采购合同授予小型企业和弱势群体拥有的企业。在政府采购合同中融入劳动法和环境保护法的内容,要求承包商对其雇员采取公平的雇佣政策,遵守清洁环境的倡议等。

[资料链接 11 - 3]

美国政府采购理念演变

美国的政府采购经历了 200 多年的发展历程,在发展的不同阶段,目标不同,侧重点也不尽相同,从节支防腐到实现政府功能,从构建健全法制体系到改革政府体系,逐渐扩展了政府采购的内涵,从而形成了使用合同管理为手段,实现政府目标为导向的一个相对统一的政府采购体系。在这个发展过程中,主要经历了以下几个阶段:

(一)1778—1947 年,以节支防腐和维护政府公信力为主导理念的阶段

1778 年美国第一次有了政府采购行为的记录,这个阶段的政府采购经历和体验着消极和陈词滥调,采购官员们为了他们政治服务而采购,忽略了廉正和公共服务意识,政府采购中的腐败和受贿伤害了公众的感情,破坏了政府的公信力。1792 年美国政府通过了第一个政府采购规范法令,并在 1809 年开始通过采购法案来规制政府采购领域中的腐败,随后又先后颁布了 11 个重要的法案。政府通过一系列的立法来防止腐败,公众希望通过公平公正以及法律能够控制政府采购中的不良行为,许多阶段性的措施都是用来解决处理公共腐败。这一阶段政府采购的功能被认为是财政支出的附带品,采购人员只是做一些订单和支付凭证之类的简单工作。

(二)1947—1970 年,干预经济和扩大公民权利的阶段

二战后,美国总统杜鲁门保持着对政府采购改革的热情,这个阶段主要通过了 9 个重要法案。从这个阶段看,政府采购的政策目标在增强,政府采购支出的经济力量实现了政府的其他目标,例如环境保护、反对就业歧视、保证工作场所的安全、消费者事务等,同时扩大了公民的权利,在突出政策目标的同时开始兼顾成本和经济性目标的规划。

(三)1970—1990 年,契约私有化与国际化阶段

1969 年美国管理专家提出政府规模不断扩大的原因在于政府没有认真考虑私人部门的作用,每次面对新的需求就是官僚机构扩张的机会,此时相关专家第一次提出了国营改民营,后来称为私有化。此后,私有化的理念逐步被制度的设定者所采纳,也逐渐被公众所接受。在此阶段,政府先后颁布了 7 个重要法案,扩展了契约的理念并把它运用于服务领域。80 年代国家层面公共部门的契约与私有化是里根政府执政的创新,此阶段美国也确立了政府采购的长期目标,包括 GPA。通过政府采购市场的国际化,扩大了美国产品迈向国外政府的新机会,为美国工人开启了更多的工作机会。

(四)1990 年至今,政府再造与发挥政府采购战略作用阶段

这在一阶段,美国政府先后颁布了《政府采购简化法》《联邦采购改革法》《科恩法案》和《采购结果法案》等一系列重要法案,进一步改革和完善了政府采购过程,增大了采购授权,在采购

权限上明确了从集中采购到分散采购的趋势。同时,还颁布了相关法律实现政府电子采购,这是政府采购技术性的变化。在 20 世纪 90 年代,随着私有化和契约化观念已深入政府采购官员头脑,政府采购理念创新提出了公司竞争的理念,即衡量比较本身提供还是通过契约向私人购买哪个更有效。这个阶段,美国政府采购在实现政府目标的基本过程中发挥的战略地位越来越显著,逐渐将政府采购与国家战略规划结合在了一起。

　　资料来源:白志远.美国政府采购理念变迁及其目标体系[J].中国政府采购,2014(12).

三、美国政府采购的机构设置

(一)美国联邦政府采购的监督管理机构

　　美国联邦政府采购的监督管理机构有两个:一是美国国会下属的联邦会计总署(General Accounting Office,GAO);二是美国总统行政办公厅内设的行政管理与预算局(the Office of Management and Budget,OMB)。

　　1. 联邦会计总署(GAO)

　　联邦会计总署成立于 1921 年,是美国国会下属的一个机关,直接对美国国会负责,根据美国宪法,有权力处理国家支出情况。GAO 通过总审计署办公室执行对政府采购活动的监督。总审计署办公室有权力对行政机关的采购计划进行评估,可以接触所有的政府采购文件,为行政机关的采购计划提出建议,对政府采购项目进行审计。此外,GAO 还是受理承包商投诉的最具权威的机构,目前,GAO 雇佣 28 名律师,他们都是资深的政府采购法律专家,属于政府公务员。GAO 每年受理 1100 多件的政府采购投诉。GAO 的独立、高效和权威,在美国政府采购救济机制中起了非常重要的作用[①]。

　　2. 行政管理与预算局(OMB)及联邦政府采购政策办公室(OFPP)

　　OMB 负责联邦政府各部门的预算管理。OMB 参照联邦总务署制定的配置标准核定各部门的预算,并编制联邦政府预算草案,经国会通过后执行。美国所有政府部门的运行经费必须纳入预算,纳入预算的所有货物、服务和工程均需实行政府集中采购。通常情况下,没有预算不允许采购,也不允许超预算采购,更不允许挪用预算资金。

　　行政管理与预算局是美国总统行政办公厅内设机构,负责制订每年的预算并送交国会审议和颁布,以及发布有关各种管理领域的政府内部政策。为加强对联邦政府采购的管理,1974年 OMP 内设联邦政府采购政策办公室(the Office of Federal Procurement Policy,OFPP),设立 OFPP 的目的是"在行政机关采购制度的制订过程中起到总体的指导和领导功能"。OFPP 的主要职责是:拟订有关法律草案,提出修改或制定法律的动议,代表政府各部门在国会立法时向国会反映意见和建议;组织制定联邦政府适用的政府采购政策和法规,不断规范采购程序;负责政策性指导,核批政府各部门依采购法律法规拟定的有关补充规定(包括任何制度调整)。主要负责联邦政府采购的统一政策管理,不负责有关法律法规的具体执行和监督工作。它通过发布普遍适用于各个行政机关的规章制度,协调具体采购活动的实施。目前,OFPP 有13 名工作人员,主任经参议院批准后由总统任命,其他人员包括采购分析师、会计师和律师等。

　　OFPP 代表总统参与可以影响采购以及与采购有关的政策、程序和法规的立法工作。如

---

　　① 论美国政府采购救济程序[J].中国财经报,2003-03-04(6).

果出现与政府采购合同相关的问题,OFPP将分析其原因并出台补救措施,并对采购机构产生约束力。

(二)政府采购的执行机构

美国联邦政府采购采取非集中化的组织方式,绝大多数的政府采购项目由联邦政府中的行政部门直接进行采购。但在20世纪50年代以来,无论在民事采购还是在军事采购,集中化的采购趋势在加强。

1.联邦总务署集中采购

美国联邦总务署(General Service Administration,GSA)制定和颁布联邦政府采购条例(Federal Procurement Regulation),有权为几乎所有的联邦政府机构进行采购,有权设立标准和规范等,职权范围相当广泛。除国防部和交通部外,联邦政府其他机构及国会的政府采购统一由联邦总务署(GSA)负责。2004年联邦政府采购总额约3000亿美元,其中联邦总务署供应服务中心(FSS)采购400亿美元,其他大都是国防采购。

联邦总务署(GSA)除了由设在华盛顿的总部负责全面的采购管理及制度的执行,还在美国各大城市设立分部,进行地区政府采购。联邦及各州、各地政府总务署负责政府采购的执行管理,并具有高度的权威性。

GSA是依据《联邦财产和行政管理服务法》于1949年7月1日成立的,其宗旨是:通过提供最高性价比的工作场所、专业的解决方案、采购服务和管理,帮助联邦政府更好地服务公众。GSA是联邦政府独立机构,署长由总统征求参议院意见并经参议院通过后任命,直接对总统负责。GSA作为联邦政府的集中采购和资产管理机构,与OMB、人事管理局一起,被称为联邦政府的三大管理机构。OMB主要负责联邦政府各部门组织机构和经费预算管理等工作,人事管理局负责联邦政府雇员的管理。这三大机构是联邦政府正常、高效、有序运转的重要保障。

目前,GSA共有12577名工作人员,下设联邦供应服务中心(FSS)、联邦技术服务中心(FTS)、公共建筑服务中心(PBS)以及各类办公室,包括13个职能机构和遍布全国的11个地区办公室。为了提高执行能力和工作效率,满足各部门不断增长的信息类产品和服务的需要,使供应商更方便了解和接受GSA的采购流程,GSA计划将原来分布在不同部门的一些政府采购工作加以整合。这项计划于2005年3月动议,9月份开始整合FSS和FTS成一个新组织,即联邦政府采购中心(FAS)。FAS有4566名工作人员,占GSA总人数的36%,拟设置部门为:信息技术部,负责联邦政府各部门IT产品采购和网络建设;综合部,负责制定有关政策和签订各类采购合同;公务旅行与交通部,通过颁发采购卡为联邦政府雇员提供公务旅行的交通(机票)和住宿(定点优惠)等服务;政府采购学院,负责政府采购专业化培训。

2.部门采购需经GSA授权

在美国,没有部门集中采购和分散采购之分,政府采购就是集中采购,部门自行采购需经GSA授权,权限随时可以收回。美国没有《政府采购目录》和采购预算,政府部门采购所有货物、服务和工程均要通过GSA来进行,统一执行GSA集中签订的采购合同。大量的采购通过GSA按程序签订的长期供货合同或定点采购合同来进行,这种指定采购方式涉及1200万个物品种类,GSA签订的分类采购合同约15000个,每年采购金额320亿美元左右,约占采购总金额的80%。其他20%有特殊需求(15000个采购合同中未涉及)的采购由GSA授权各部门按规定程序自行采购,并将采购合同报GSA备案。

州政府、县市政府甚至大学的采购组织形式大多与联邦政府类似,也体现了采购执行管理的高度集中。

例如,加州政府各部门目前使用的计算机仅 HP 和 Gateway 两个品牌,各部门更愿意使用 Dell,但只有在特殊情况下并经加州服务总署批准方可采购。世界银行工作人员 10000 余人,其中总部 7000 人,3000 人分布在世界各地。该行年度经费预算 15 亿美元,其中 6 亿美元由服务中心(GSD)采购部负责集中采购,办公家具、办公设备和办公用品等全部统一配置标准,该行驻世界各国的分支机构也要执行统一配置标准。各分支机构自行采购的范围仅限于无法统一采购或驻在国拥有价格更为低廉的货物。

(三)政府采购救济机构

美国政府采购法对于合同形成过程中所产生的争议称为"合同授予争议"。对于合同授予争议的处理,可以向政府采购机构、联邦会计总署或美国联邦赔偿法院、美国联邦巡回上诉法院提起。

1.合同上诉理事会

合同上诉理事会是在采购机关内部设立的一个行政法庭,美国联邦政府绝大多数行政机关内部都设立合同上诉理事会,由其接受承包商的投诉,裁定政府和承包商之间的合同纠纷。合同上诉理事会的运作像法庭一样,但程序比较简易。听证的官员必须是从事政府合同事务五年以上的政府合同方面的专家。

2.美国联邦赔偿法院

美国联邦法院一般不受理政府合同纠纷。联邦赔偿法院是听证、处理政府合同纠纷和处理其他事务的专门联邦法院。政府合同的赔偿可以投诉到合同上诉理事会,也可以向联邦赔偿法院起诉。

3.美国联邦巡回上诉法院

对合同上诉理事会,或者联邦赔偿法院裁决不服的,可以上诉美国联邦巡回上诉法院。联邦巡回上诉法院一般审查法律问题。

四、美国政府采购流程管理

政府采购要求用招标程序,并以统一的单据和格式实行规范化操作管理。如,有标准的招标公告格式、标书格式规范的合同样本。同时规定招标的步骤的程序。实行招标制度的目的是为了保证政府采购透明和有效,政府采购部门及其官员的行为"像金鱼缸里的鱼一样"得到有关机构的监督,以保证采购既经济节省又能实现公共利益的最大增长。《联邦采购法规》和政府机构采购规则对采购流程作了明确的规定,主要规定以下三个阶段的程序:一是确定采购需求、制定采购计划程序;二是合同签订程序;三是合同管理、执行程序。

(一)确定采购需求、制订采购计划程序

1.确定采购需求

在这个阶段政府部门(买方)要提出自己所需商品或服务,并对这些商品和服务作一说明,说明必须包括所有跟该商品与服务价格密切相关的信息。如:商品(服务)功能或性能特点;采购总量;商品的交货期或服务的有效期等。政府一般通过两种方式提出它的采购需求:

(1)"功能说明"。通过这种方式提出采购需求时,政府应向可能签约的报价方说明所需商品(服务)的功能。报价方应在提议中向政府表明其产品满足这些功能要求的方式。比如,如果政府使用"功能说明"的方式采购轿车,政府就会说明其所需轿车的车速、燃料及必备的性能,而报价方则应向政府说明他们满足这些要求的最佳方式。"功能说明"是政府采购商业性用品最常用的方式。

(2)"设计说明"。使用这种方式提出采购需求时,政府应在"设计要求"中详细说明它将如何进行采购。

2.制订采购计划

政府采购计划既要满足采购需求,同时也要符合所有相关法规和政策规定。采购计划的制定涉及缔约人员、规划人员、会计人员、法务人员和相关专业的专家等,需要政府采购机构的采购人员协同合作。制订计划前进行市场调研,估算采购价格。采购计划力求详尽。

(二)合同签订程序

1.采购方式

采购机构根据不同的采购项目、规模和条件,通过竞争性招标、竞争性谈判或其他方式,以最低价原则或以最佳价值原则确定承包商,并与之签订采购合同。金额较小(2500美元以下,各级政府机构"使用"采购卡"就可采购;在2500~25000美元,各级政府机构一般采用"货比三家"式程序),采购要求特殊等,采购合同由用货单位说明理由,审查批准后直接采购,采购完成后要对每一步跟踪记录在案,完结后存档;金额超过法律规定限额以上,适合招标的合同,美国事务管理总署或有关政府部门进行国内或国际招标。招标方式有:

(1)竞争性招标(密封投标制)。竞争性招标是美国传统的政府采购方式,1809年通过立法要求政府采购采用密封投标的方式,使密封投标制成为政府授予合同的基本方式。密封投标制即政府不经协商与报价最低、能满足政府需求的投标商签订合同的采购方式。此后,公开竞争采购方式一直是美国政府采购的基本方式。

(2)竞争性谈判。1972年美国国会政府采购委员会报告指出,竞争性谈判应当被确认为一种正常有效的方式。此后,竞争性谈判在采购货物和服务中被广泛运用。所谓竞争性谈判是指政府与报价方进行协商,并就价格、技术能力及其他质量问题进行谈判的采购方式。采购机构通过"报价邀请书"要求潜在的承包商提出计划以满足政府提出的要求,采购机构单独和每一个报价可接受的范围内的承包商进行谈判,甚至要求提出报价的人提出他们"最优惠的最后报价",然后从最后报价中选择成交承包商。竞争性谈判在采购高科技设备或者系统时,或者采购其他需要考虑价格以外的因素的材料或者系统时被认为是最恰当的,同时为采购机构评价承包商的技术实力提供更好的机会。所以,有人认为竞争性谈判是政府在市场经济中得到最佳利益的最后途径。

(3)其他采购方式。在获得专业人员的服务和科研开发方面,采购机关采用的是另外一种竞争性方式,因为在这种范围内,对服务的质量和专家的专业水平的考虑要比竞争报价要多一些。

2.竞标方案的评估

对竞标方案的评估通常有两种方法:一是最低价格原则;二是最佳价值原则。最佳价值的评估是基于标书中陈述的相关评估标准的条文之上的,尽量避免评估小组的主观性。美国没有招标公司,政府机关可以直接发标进行采购。联邦政府也没有专门的评标专家库,评标委员会由用户代表组成。评标方法一般采用性价比法,投标报价事先不告诉评标委员会成员。评标过程为:先评产品质量和设计方案,分值小于70的被淘汰;入围供应商陈述;第二次打分,由用户代表按评分办法独立完成。性价比得分最高的供应商被推荐为中标人候选人。评标结果需经 GSA 审定后方具有法律效力,合同授予权属于 GSA。

3.建立供应商档案

为了加强对企业信息的掌握,美国政府采购规定,凡有意向政府部门提供货物或服务的企业,一般应向有关部门提出申请、注册,对企业按照国家标准局所定保准审查有关项目、索要相关资料,通过分析、评估,对合格企业进行归类和归档,公布合格供应商名单。这样做的目的一方面便于对供应商建立信息档案制度。另一方面,将政府采购中的资格预审在年初或提前一年完成。

4.审定承包商资格

对承包商资格审定从三方面来确定。

(1)确定投标文件或报价的回应性。确定回应性是指确定承包商的投标书是否完全符合招标文件的要求。在美国政府采购制度中还为修正承包商文件中的错误制订了特定的规章制度,目的是为了使投标文件具有回应性。

(2)确定承包商负责任性。"负责任性"是指承包商按照项目的要求执行合同的能力。在确定负责任性过程中,要求合同官员阅读所有现在和以前有关承包商业绩的材料,包括:承包商圆满执行合同的能力,包括财务状况和政府许可证等;承包商利用自身实力履行合同的意愿和决心;承包商是否有足够的诚意不折不扣地执行合同。

(3)确定承包商是否被阻止和中止。阻止是指当政府机关已经确认应该在一定期限内禁止和一个承包商签订合同的情况。中止是指政府机关决定在无限期内禁止一个承包商和政府签订合同的情形,通常是在阻止决定没有结论或者说有其他原因时作出。承包商被阻止或中止的原因是由于承包商有不道德或者是不诚实的行为,或者在执行政府合同过程中表现极其不良或者有不可接受的情况。政府机关将被阻止或中止的承包商列名公布,以防止其他政府机关与被阻止或中止的承包商签订合同。所以,采购机构在审查时应当阅读这个名单以确定承包商是否被阻止或中止。

选定承包商后,中标结果将公之于众,未中标投标人可以提出"投标上诉"。

5.合同签订、履行方式

GSA 使用最为普遍的采购方式是合同采购。所谓合同采购,即与供货商预先签订一定期限内的采购合同(合同有效期一般为 1 至 3 年,到期可续签;大多为无数量合同),为联邦机构提供采购服务。合同采购制度的实施是通过政府授权任命的合同官员来进行的,对合同官员的授权范围和界限是明确的,并且向所有的供应商公示。合同官员严格按照联邦政府采购的法规、制度和程序进行采购活动,只有合同官员才有权力代表政府与供应商签订合同。合同官员通过建立对采购系统的高效管理和监督确保政府采购法律、法规的有效实施,同时维护公众利益和供应商的合法权益。

(三)合同管理程序

合同授予后,必须对合同加以管理以确保承包商能够提供符合政府机构要求的产品或服务。合同的管理有严格的规章制度,合同管理的内容很多,主要包括对合同履行的监督、合同的变更、合同的终止等,都受到事先确定的管理和解决程序约束。联邦承包合同制度的实施是通过政府授权任命的"合同官员"进行的。对合同官员的授权范围和界限是明确的,并且向所有的承包商明示。合同官员严格按照联邦政府采购的法规、制度和程序进行采购活动,只有合同官员才有权力代表政府与承包商签订合同,该合同对政府产生法律的约束力。美国政府采购的合同官员制度,将采购合同的权力授予确定的合同官员,为整个政府采购系统带来稳定性。合同官员通过建立对采购系统的高效管理和监督确保政府采购法律、法规的有效实施,同时维护公众利益和承包商的合法权益。

这里我们介绍合同修改和合同中止的程序。

1.合同的修改

通常在合同中包含一个标准的"修改"条款用于说明合同修改的程序,政府需要依据这些程序进行修改以保证承包商执行修改的条款,而承包商必须遵守这些程序才能保证他在执行修改条款时得到赔偿。合同的修改必须以官方正式书面的合同修改的形式进行。政府向承包商发出"合同修改令",承包商在收到命令书后三十日内向政府提交一个报价,其中要求提高报酬和延期执行时间作为合同修改的回报。然后,政府和承包商就合同修改的条款方面进行谈判,如果能够达成一致意见,双方签订一个附加协议,成为合同正式的组成部分;如果不能达成一致意见,政府将会发出一个单方面的合同修改意见,然后指示承包商根据单方面的修改意见执行合同。对合同的修改不能超越原始合同的大致范围;如果是大量的修改,应该通过另行招标或竞争性谈判单独订立合同。当然,该单方面修改合同的决定受到纠纷处理程序中有关复议和上诉程序的约束,尽管承包商可以反驳单方面对合同的修改,但在纠纷没有解决之前承包商要根据单方面修改的内容执行合同。

2.合同的中止

合同中止的情形,一是因违约而中止合同;二是为政府利益而中止合同。

在合同履行过程中,政府和承包商都可能因违约而中止合同。守约方有权要求违约方赔偿损失。承包商在合同执行过程中延期严重的,政府可以发出一个中止合同的通知,但给承包商解释的机会,并给予十天或更多的期限纠正其违约。在中止合同后,政府可以自行完成此项目,或者另外签订合同,并从违约承包商那里收取合同完成造成的额外成本消耗。值得借鉴的是,在美国许多政府承包合同都要求承包商提供给政府一个第三方作为执行合同的担保人,通常是由保险公司提供担保,政府可以在中止合同后向保险公司提出索赔。

政府除了有权力因承包商违约而中止合同之外,政府还有权力在任何时候认为"符合政府利益"时中止合同。政府可以简单发送一个通知书给承包商告诉政府要以政府利益而中止合同,政府无须说明中止合同的理由,只要求政府在作出这个决定时是善意的就可以了,甚至如果政府可以从别处以更低的价格采购到此货物和服务时也可以中止合同。但承包商有权力因为执行合同中已经出现的费用、已经完成工作量的利润以及解决合同的索赔成本而得到补偿。

3.合同纠纷解决程序

合同纠纷的解决必须符合特定的法律、法规和合同条款的规定。解决合同纠纷,需要承包商首先向合同官员提交索赔要求书。索赔要求书说明索赔的理由、法律依据和索赔的金额等。合同官员在收到索赔通知书后六十日内签发决定。合同官员的索赔决定是承包商进一步进行行政复议和司法诉讼的前提。承包商不服合同官员的索赔决定,可以在受到索赔决定后九十天内就合同官员的决定上诉到合同诉讼理事会,或者在一年内向美国联邦赔偿法院提出上诉。

[案例分析 11-1]

美国政府采购合同中止与纠纷解决程序

要点提示:

1.合同纠纷的解决必须符合特定的法律、法规和合同条款的规定。

2.政府在合同履行中因处理与公共利益相关的事务造成其单方调整合同的履行都可能被认为是合理的。

【案情概述】

1989年春,美国林务局决定在明尼苏达北部重建和铺设一条进入湖边泛舟区域的道路,该项目被称为驼鹿湖路改造和铺设项目,项目为4段道路,分为重建3.4英里道路的1个基本工程段和3个可选工程段。林务局于1989年8月22日发布采购公告,1989年9月29日,向从事建筑道路施工的路易劳斯特父子公司授予了编号为50—63A9—9—4的政府采购合同。

双方签署的施工合同中包含《美国联邦采购条例》所要求规定的"工作中止条款":"1.采购合同官员可以基于政府利益,以书面形式要求承包商对本合同项下的全部或部分工作中止、搁置或中断,期限以其认为适当为准。2.如果合同全部或部分内容被中止、搁置或中断了一段不合理的时间,是由于负责本合同行政管理的采购合同官员的行为或合同官员在本合同确定的时限的不作为造成应调整合同以偿付因不合理的中止、搁置或中断而增加的履约成本(不含利润),并相应地以书面形式修改采购合同。但如果合同的中止、搁置及中断是由于其他原因,包括供应商的过错或过失,或本合同其他条款已经规定了如何进行公平的调整或排除了这种调整,则不得依据此条进行调整。3.在下列情况下依据此条的索赔不能成立,包括:(1)在供应商书面通知采购合同官员要求其做出该行为或未做出该行为之前的20天以前发生的费用(此条不适用于搁置的命令造成的索赔);(2)除非包含索赔数额的书面索赔主张是在中止、搁置或中断之后立即提出,不能晚于采购合同的最后付款日期。"

1989年10月19日,林务局签发了开工令,要求进行基本工程段和第2可选工程段施工,并于1989年11月2日通知第1和第3可选工程段开工。这一合同在后来因有居民基于环境保护考虑的投诉而影响了履行,致使承包商将采购人诉至法院索赔40余万美元。

【调查情况】

按照美国《国家环境政策法》有关项目环境影响评价制度的规定,涉案类似项目的启动要求联邦机构准备一份环境评估文件,并明确利益相关的个人或组织有权要求林务局停止实施某项工作或行动。同时规定,在收到第一层次的投诉后不超过20天的时间内,林务审查官有权接受任何有关或可能受影响的个人或组织在投诉中提出的停止项目的请求。

在本案中,选定工程方案的地区护林员贝克认为该项目"不构成影响人类生存环境质量的重大联邦行动"。但家住驼鹿湖边的萨默斯博士和其夫人于1989年6月12日投诉反对该项目。林务审查官1989年7月27日驳回其投诉后,萨默斯在1989年8月5日向地区林务官提出了第二层次投诉,并在涉案采购合同授予后致信林务局,表明其注意到之前投诉的项目订立了采购合同。1989年11月2日,萨默斯与林务局达成调解撤回投诉,林务局同意暂停部分项目施工,直到"对驼鹿湖道路重建项目的特定区域适时进行环境影响评估"。当日,采购合同官员签发了部分工程暂停令,涉及4个项目段中的2个。此后,林务局多次发放征询意见函,并举行了公众会议,最终,地区林务官还是驳回了萨默斯投诉的请求,同时,采购合同官员于1990年5月31签发了复工令,并于次日生效。

原告承包商称1989年11月2日收到部分工程暂停令时已经调动了设备到施工地点,准备组织施工。林务局没有指示何时会恢复施工,故设备只好留在工地闲置至1989年12月的第一周。原告还称工人持续空闲,不能重新调遣他们去参加另外的项目,停工持续了7个月。合同官员记录显示,承包商于1990年7月2日左右复工后持续施工。原告称,他们于1990年夏天和秋天实施工程时,是在一种与投标时所预见状况完全不同的最繁忙旅游季完成工作的,导致成本大幅增加,且在林务局下达停工令期间,设备在工地上闲置。但被告采购人则认为,原告本来就计划该项目在1989年11月30日至1990年5月1日期间停工,因为明尼苏达北部的冬天天气恶劣。这样,停工最多是使劳斯特在部分工程上不能施工持续大约8周,即1989年11月2日至30日,1990年5月1日至31日。

原告自1989年11月27日开始与被告协商索赔,到1994年6月20日提出了总额为40余万美元的索赔,合同官员驳回了全部索赔后,原告于1995年3月13日向法院起诉要求赔偿40余万美元,另加利息和合理费用及律师费。原告称暂停工作不是因为原告造成的,暂停工作时间不合理地持续了那么久,直接且必然地导致为完成采购合同而额外增加了费用。原告认为,依据合同的中止条款,被告应支付因暂停命令所导致的必然增加的费用。而被告答辩称,按照中止工作条款,林务局部分停止工作的时间是合理的,是为了执行必要的行政程序以回复萨默斯的环境问题抗议。

【问题分析与处理情况】

法院认为,为实现在工作中止条款下的索赔,原告需证明:1.合同履行被延迟;2.政府直接导致该延迟;3.延迟的时间超过合理长度;4.延迟导致原告增加额外的费用或产生损失。就本案而言,承包商有义务举证被告在事实上造成延迟,延迟对工程造成负面影响,使原告有权获得公平的补偿。被告认为原告未能证明停工令持续时间不合理。但是首先,林务局及时处理环境投诉,不但满足了每个环节规定的时限,在很多环节还提前完成。其次,合同官员在萨默斯投诉程序用尽时立即签发了复工令。另外,停工仅涉及4个项目段中的2个,并且主要是在原告计划停工期间。停工令也没有影响合同工期,实际完工比预定早了近4个月。因此,法院认可被告的答辩。就原告提出的林务局或许应告知其萨默斯抗议情况的问题,法院认为,处理环境抗议程序的法律发布在《联邦公报》上并在1989年生效,每个人都应被认为知晓联邦法律,故此,可认为在投标时原告已被告知可能会有居民反对该项目。

最终,法院认定,原告无权获得赔偿。尽管如此,也不能认为原告的索赔是轻率的,因为原告的确会由衷地认为自己受到了政府的伤害。然而,适用于政府采购合同的规则与那些适用于私合同的规则有所不同,正如法兰克福特大法官建议的,在1920年一份判决中出现并经常被引用的"同政府打交道,人们要丁是丁,卯是卯"的谚语,其反映的不是冷酷的见解,而仅仅表达了所有法院有义务遵守国会所界定的要求国库承担费用的条件。

资料来源:中国政府采购网 http://www.ccgp.gov.cn/wtogpa/news/201612/t20161205_7676098.htm (2017-07-30访问).

五、政府采购技术手段

美国政府采购充分运用现代化的技术手段,建立完善的数据库,实行网上采购等采购技术电子化。从而大大提高了采购效率,降低了采购成本,提高了采购信息的透明度。

(一)科学完备的数据库

GSA除了向联邦机构提供采购供应服务外,还负责联邦采购信息管理。主要是建立、更新、维护联邦商机信息系统和联邦采购数据系统。商机信息系统一方面发布有关采购信息公告,让广大供应商了解政府采购规则和需求信息;另一方面与联邦技术中心(全国有93个办事处)联网,让政府部门通过庞大的供应商信息库和商品信息库了解市场。联邦采购数据系统记录了每一单采购结果,除了政府采购信息统计和分析功能外,该系统还能起到辅助动产管理及审核有关动产预算的作用,可以根据上一年的经验数据推算下一年度的采购计划。

(二)网上政府采购的应用

现代信息技术的应用,大大提高了政府采购效率。

1. 电子采购(e-procurement)

GSA 按程序签订的长期供货合同或定点采购合同在网上公布,并与国库支付系统和各部门财务管理系统以及供应商网站联网,整合所有信息资源。系统通过安全性很高的口令方式来运行,用户同时可选用多家符合条件的供应商的产品,一次下单,信息直接通过网络发送到相关注册供应商,供应商直接按合同规定的方式供货;国库支付系统及财务管理系统同时收到相关信息,并根据合同条款直接付款。

2. 网上竞价(反向拍卖)

采购方在网上发布采购信息并设定起始价,在规定的时间内,符合条件的供应商通过网络投标低于起始价的价格,系统于截止时间关闭,并自动选择报价最低的供应商作为中标人。

第三节　其他国家政府采购制度

一、日本政府采购制度简介

(一)日本政府采购制度特点

和美国不同,日本并没有一个统一的类似美国 GSA 一样的采购主管机构,而是由各部或委员会依照自身需要自订采购计划并执行采购工作,由总理府官房外政审议室专门负责制定采购政策和采购法规,属于使用"分散采购方式"的典型国家。从统计数据来看,日本中央政府的主要采购单位为邮政省、文部省、厚生省及运输省等。

日本在政府采购过程中充分利用其国内、WTO 政府采购法规的各种例外条款,保护本国产业发展和供应商利益。但由于日本政府采购市场主要的海外供应商来自美国和欧盟,因此在过去几年,美、欧对日本政府采购市场的透明度以及非歧视性待遇方面给予了很大的压力,通过美日、日欧长期的双边磋商,日本的政府采购规模逐步扩大,政府采购市场已逐步调整成一个较为开放的市场,在制度上强调非歧视、公正、透明化等原则。但是,从整体上看,日本政府采购对国外供应商仍存在很大歧视(尤其是建筑工程采购),外商采购一般不超过采购总金额的 20%。

[资料链接 11-4]

日本政府采购中保护本国产业的例外条款

日本国内政府采购法规中的例外条款主要有三项:一是以有偿转让为目的的取得的货物或为转让该货物所必须直接确定的服务合同;二是以防卫厅经费采购的货物合同;三是货物采购合同或者特定服务采购合同涉及国家秘密的。以上例外性合同不适用日本政府采购的有关法律法规。

另外,对《政府采购协议》中所明确的例外,日本采取的方法是通过谈判将相关机构列为例外,明确纳入《协议》第二十三条,成为《协议》成员方共同适用的例外。这些机构实施的所有采购,都可以不履行《协议》规定的公开招标义务。

此外,日本还擅长利用"第三种机构"完成政府负有责任的物品和服务的采购。所谓"第三种机构",就是政府机构与民间企业联合兴办的、性质接近于政府机构的机构。这些机构每年承担着巨额采购任务,但并没有纳入《政府采购协议》和日本国内政府采购法规的适用范围。这些对《协议》中未明确的"例外"的运用实质上是对于国外产品服务和供应商的一种歧视待遇,构成了日本政府采购贸易的非关税壁垒,使日本可以充分利用它们回避国内产业和产品面临的竞争,对于其内倾性的财政支出政策也是有力的支持。

　　资料来源:中国政府采购网 http://www.ccgp.gov.cn/wtogpa/zhidu/201310/t20131029_3588893.htm (2017-08-04 访问).

(二)政府采购的法律法规

　　作为 WTO《政府采购协议》的发起方和最早签字方之一,日本除遵守《政府采购协议》外,还以自愿性措施进一步规范其政府采购法规与实践,其适用范围和采购规定细则与 GPA 和其本国原有政府采购法规相比均有所扩大和明晰。这些自愿措施由日本行动计划推动委员会制定。该委员会于 1985 年成立,主席为内阁秘书长,成员包括各部副职,最初为改善美日贸易逆差而设,但基本能贯彻非歧视待遇原则。

　　日本有关政府采购的国内一般性法规有:会计法(1947 年)、预算决算与账目公开条例(1947 年)、合同式商业交易法规(1962 年)等;中央采购机构符合 GPA 所适用的法规为 1980年由内阁及大藏省分别制定的"有关政府采购货物或特定服务特别程序的命令"和"实施细则";各部及机构依据上述法规另行制定更为详细的规范。上述行动委员会还负责制定超越 GPA 标准的自愿性措施。地方政府则以"地方自治法"(1947 年)为基本法,制定了地方政府采购相关的法律和规范。为了适用 1996 年的《政府采购协议》,日本还于 1995 年 11 月制定了"地方自治法施行令"特例实施细则并于 1996 年 1 月 1 日生效,用它来规范地方政府签订的采购合同,使其符合《协议》的要求。

　　这样,以第二次世界大战后会计法、地方自治法和 1996 年《政府采购协议》为基本法,综合政府各部门以及地方政府采购的相关法律规范细则,日本形成了独具特色的政府采购法律体系。

(三)采购方式

1.公开招标

　　公开招标即竞争性招标,又称一般公开招标(日文为"一般竞争契约"),即政府通过在官报上发表招标公告的方式公开邀请具有竞争资格的所有供应商参加投标竞争,价格最低者中标。

2.邀请招标

　　邀请招标即选择性招标(日文为"指名竞争契约"),实施选择性招标的原因主要有两个:一是因仅有少数供应商有能力参与投标而不适合采用公开招标的(近年来该因素已逐渐降低);二是使用公开招标不利于采购单位的(近年已成为主要原因)。

3.限制性招标

　　限制性招标(日文为"随意契约"),符合 GPA 第 15 条规定采用这一方式的前提是采购项目必须具有特殊性、专业性和复杂性(如火箭研发),或者仅有少数特定供应商可以提供所需产品或服务,或经多轮招标后仅有部分有能力的供应商参与投标。此外,如果某一供应商的投标价格虽然最低,但经评审发现其未来履约能力可能有瑕疵,也可以采用限制性招标。实施限制性招标的原因主要有以下几点:一是没有供应商参与公开招标或选择性招标;二是如果改变供应商可能会影响现有产品或设备的兼容性;三是基于保护专利与著作权等因素仅有单一特定供应商。

（四）信息公布

获得日本政府采购信息有三个途径：参加说明会、查询招标公告、查阅官报。

1. 说明会

每年年初由日本外务省集中召开一次，国内外供应商自由参加。在说明会上，各采购机构依次通报有关采购信息及金额 80 万特别提款权以上的采购项目。此外，各采购机构也可根据自身需要自行办理说明会。有关政府采购说明会事宜可在官报查阅。

2. 招标公告

凡适用自愿性措施的采购单位，最晚必须在采购前 50 天公告招标信息。该信息除可查阅官报外，还可以与各采购机构的外联部门接洽。公告项目必须包含：采购内容、投标商资格、取得招标说明书与投标的地点、决标方式及开标日期、地点、合同使用语言与货币种类（一般为日文与日元）。

3. 官报

日本官报有关政府采购版每日刊行，用日语和英语摘要的方式刊登各类采购信息，并自 1999 年 11 月起上网（每周更换一次内容）供外界查询。官报除公告招标信息外，也刊登决标结果。

（五）争端解决程序

1. 日本政府采购的申诉制度

申诉制度由下列三个单位组成：①日本官房长官政府采购办公室。由内阁秘书长担任主席，成员来自各部委机构副职或高层主管，主要任务是决定申诉的审议程序。②政府采购审议委员会。委员会是独立运作的公正单位，负责审议各项申诉，若发现已执行的采购中有不符合 GPA 规定或其他适用规则的，则拟定建议书送政府采购机构查处。委员会由政府采购方面学者、专家和退休官员等组成。③秘书处。由经济企划厅协调局负责，是受理申诉的联系部门。

2. 日本政府采购的争端解决程序

原则上适用 WTO"争端谅解"和《政府采购协议》的相关规定，并明确了如下处理细则：

（1）磋商解决。原则上，日本希望所有的政府采购争端案件均能通过磋商解决，秘书处负责安排双方磋商事宜。

（2）提出申诉。曾经参与某项个别或特定政府采购的当事人均可就该采购之瑕疵作为理由（如认为采购规格书内容有偏袒或招标过程与决标方式不妥等）提出申诉，但必须在案情缘由发生后 10 天之内向秘书处提出。

（3）受理申诉。申诉一经受理，审议委员会将通过官报、互联网等其他渠道予以公告，并邀集与该采购有利害关系的各方参与审议过程。

（4）采购单位的说明。采购单位应向委员会提出报告，将其副本抄送申诉当事人及与该案有关的对象；若后者对该说明报告满意，则审议结束，否则进入下一程序。

（5）委员会审议。原则上，委员会须在申诉提出的 90 天内审议议决，如果属于采购单位违反 GPA 等规定的情况，则发送建议书及审议结果至涉案采购单位查处。

二、新加坡政府采购制度简介

1995 年 5 月以前，新加坡财政部实行集中采购，主要由原中央采购处负责采购。而法定机构则自行采购。

1995 年 5 月,政府关闭了中央采购处,除了少数项目外,其他物品皆实行分散采购,由个别政府采购机构自行采购。只有少数项目由于经济效率的原因仍由财政部采购,如大米、纸张、微型电脑等。

1997 年新加坡加入关贸总协定以后,政府采购实行《政府采购协定》(简称 GPA)。1997 年 9 月,新加坡加入国际贸易组织的《政府采购协定》,该协定适用于新加坡所有的政府部门和 25 个法定机构。

(一)政府采购的基本原则和目的

新加坡政府采购的基本原则包括透明、物有所值、公平和公开竞争。

政府采购目的是为了确保政府采购招投标合同是公平、公开的;合同授予完全符合或在很大程度上符合规格的最低报价投标商;若不能完全消除则尽量减少采购官员的贪污机会。

(二)政府采购机构

1. 预算管理机关

新加坡是个城市国家,没有地方政府,政府采购政策由财政部的预算署制定,其权限来自于《财务程序法案》授权以及内阁授予的权力,这些权力适用于所有的政府采购机关。

2. 政府采购执行机关

政府采购活动由以下政府采购机关执行:

(1)政府部门。

(2)法定机构(类似我国的事业单位)。

它是按照特别设立的法案成立的,以执行特定的政府政策,向个别部长负责。法定政府采购机构与政府部门相比,有较多的自主权,如经济发展局(由贸易与工业部监督)等。法定机关有别于企业公司,后者不需要遵守政府采购条例。

3. 政府采购监督机关

审计总长对政府采购进行审计,确保政府采购政策的有效实行,如发现违规行为,则向公共账目委员会报告,违规部门和机构需要有合理的解释。

(三)采购程序

新加坡政府采购的基本过程包括以下几个方面:

1. 确定购买要求的过程

在这一过程中,政府采购机关根据其内部所规定的程序来确定所要购买项目的要求和数量。

2. 取得批准的过程

在这一过程中,政府采购机关根据所规定的程序来取得所需要的批准。

3. 计算采购价值的过程

计算采购价值的目的是要确定采购是否实行《政府采购协定》,同时用于决定适当的政府采购程序。在这个过程中,计算采购价值通常采用《政府采购协定》规定的计算方法估算采购价值,即包括所有的选购权以及不能故意把采购项目分解。

4. 确定采购项目的性质

在这一过程中要明确确定采购项目的性质:商品、服务还是建筑服务。确定项目性质的目的是用于确定采购实施是否符合 GPA 的条件(GPA 允许不同性质的项目采用不同的门槛价)。

5. 确定 GPA 的实施过程

如果符合以下任何一个条件,采购项目则不受 GPA 的限制:

(1)该政府采购机关并不列在新加坡的 GPA 承诺里面。

(2)该采购项目的估计采购值少于新加坡的 GPA 承诺的门槛价。

(3)GPA 允许的特殊情况。

(4)在新加坡的 GPA 承诺下允许的特殊情况。

6. 确定采购程序过程

在这一过程中,采购部门根据采购项目的估计值选择适当的采购程序。采购程序包括:①小额采购,1000 新元以下的采购;②报价,30000 新元以下的采购;③招标,30000 新元及 30000 新元以上的采购。

招标程序的选择可以根据不同情况决定,包括公开招标、选择招标和有限招标几种形式。

7. 执行采购过程

政府采购机关根据各采购程序的规定进行采购。

8. 重复订货过程

为了避免不公开的竞争和防止滥用职权,一般不鼓励重复订货。重复订货必须符合以下条件:合同规定中必须有该条文;要在首次采购之后的三个月内;重复订货的总值不超过原合同总值的 10%。

9. 合同的延长过程

这个过程主要是用于解决需购买附加项目可延长合同时间的问题。如果要延长合同,必须向有关部门的常务秘书或法定机构的执行总裁证明确有经济效率才行。

10. 应急订购过程

在出现以下情况时,可允许进行应急订购:工地情况有预想不到的变动;实际项目需要过去预想不到的增减。但是,所有变动都必须得到有关投标批准当局的批准。此外,对这些变动针对不同项目还有数目限制:①对于设备合同,其变动的幅度不超过原合同值的 5%;②对于建筑工程合同,其变动不超过原合同值的 10%;③土木工程合同,其变动值不超过原合同值的 20%。

(四)采购方式

1. 小额采购

小额采购是指 1000 新元以下的采购。进行小额采购,如果采购部门通过合约或广告等形式已经了解商品或服务的价格,则可以直接向单一的供应商采购;如果不了解价格情况,则鼓励采用口头报价进行采购。

2. 报价采购

3000 新元以上,30000 新元以下的项目要通过报价的形式采购。这种采购由两位官员负责,官员 A 负责邀请、接收、评估和推荐报价,官员 B 负责批准报价。在这种采购过程中,官员 A 至少要邀请三个供应商报告,即谓"货比三家"。

3. 公开招标

采购除非符合选择招标或有限招标的条件,否则 30000 新元以上(包括 30000 新元)的政府采购项目都必须公开招标。公开招标对供应商没有限制,任何供应商都有资格参加。进行公开招标要发表招标通告。首先,必须要在报刊上刊登广告,根据 GPA 的规定在报刊上公布 GPA 采购项目;其次,也可以通过电子资讯如国际互联网公布招标通告。

4.选择招标

选择招标可用于复杂和高技术需求的采购项目。进行选择招标,首先要对供应商进行资格审定,然后再向合格的供应商进行招标。这样做的目的是为了减少不必要的评估投标。

5.有限招标

有限招标可分成两种形式:有限非公开招标和取消竞标。

(1)有限非公开招标只向数位供应商招标。要进行有限招标,必须经过常务秘书或法定的执行总裁批准。另外,在以下情况下允许进行有限招标:①先前进行的公开或选择招标没有收到适当的投标;②项目属于公共利益。取消竞标是指采购不通过竞标的形式而直接向单一的供应商购买。

(2)取消竞标须经过四个阶段:①确定取消竞标的理由;②获得批准;③邀请提议;④评估投标或裁决投标。取消竞标一般有如下理由:①商品或劳务是由独家代理或供应的;②须确保能和先前购买的项目兼容;③极度急需;④符合公共利益。

第四节　　发达国家政府采购制度的启示

纵观世界各国政府,凡是市场机制比较健全的国家,大都有比较完善的政府采购制度。政府采购已成为当今世界各国宏观经济调控的重要手段之一,在实现特定的经济、社会目标如加快经济发展、实现充分就业、平衡财政预算、有效资源配置、合理分配收入、促进环境保护等方面发挥着越来越重要的作用。

一、健全的管理机制

一般来说各国或地区财政部门是政府采购制度中的一个重要管理机构,主要职责包括预算审查和批准、拨款,制定采购法规或指南,管理招标事务制定支出政策,管理和协调采购委员会的工作等。有的国家将政策制定和政策执行分开,由于政府采购政策已经延伸为一项国际贸易政策,各国的对外贸易管理部门也成为政府采购管理机构中的成员,专门负责对外磋商和谈判事宜。

世界各国或地区政府采购都规定采用集中和非集中两种方式,其集中化或分散化的程度因国而异,即使在实行相似的管理机构的国家之间,这种差异也是非常大的。如英国和新加坡管理机构设置相似,但是新加坡是实行高度分散的采购制度,只有有限的物品如纸张、大米等是通过集中购买的,其他物品是由各部门根据财政部制定的《政府采购指南》自行采购,我国香港特别行政区相反,除低价值的商品外都由物料供应处实行集中采购。

二、完善的政府采购法

无论是实行集中还是分散管理,各国都制定了较为完善的政府采购法规或采购指南,明确政府采购的范围和领域、采购实体、各实体招标的门槛价(即实行政府采购的最低价)、招标程序、仲裁机构、贸易补偿领域等。1971 年欧共体(现为欧盟)就通过了两个有关政府采购在欧共体内公开招标的法令,即"公共工程采购指令"和"公共部门货物采购指令",由于该条文比较严谨,又有一段时间的实践经验,因此关贸总协定(现为世界贸易组织)起草《政府采购协定》时主要借鉴了这一法律。目前作为世界贸易组织的成员,欧盟各成员均原则上执行世界贸易组织的《政府采购协定》。其他已加入世界贸易组织并在《政府采购协定》上签字的国家,如韩国、日本等国都在积极采取措施,对国内现行的政府采购法进行大量的修改以期符合《政府采购协定》的基本要求。已加入世界贸易组织但还未在该协定上签字的国家也在考虑修改本国政府采购法规,以期减少摩擦。

三、确定的采购原则

由于政府采购是寻求"财政资金最大化"的一项理财及反腐措施,各国在确定政府采购适用原则时虽各有侧重,但是主要来说有以下几方面:公平竞争原则、透明效率原则、诚实信用原则、物有所值原则。通过以上原则以及在实践中的贯彻执行,保护了政府采购各方的利益,达到了政府采购的目标。

四、公开招标采购方式

各国常用的招标采购方式主要有公开招标、选择招标和限制性招标,另外还有寻价采购和谈判采购等其他方式。公共招标由于有助于各国公共部门的资金使用得到监督和节约,从而降低政府部门的开支,进而减低国内的税赋,所以在各国政府采购中广为应用。选择招标和有限招标一般在特殊情况下应用。

例如在新加坡,除非符合选择招标和有限招标的条件,任何 30000 新元(含 30000 新元)以上的采购项目都必须公开招标,政府必须在报章上刊登广告,任何供应商都可以参加招标。选择招标可用于复杂和高技术需求的项目。有限招标则分为两类:一类是有限非公开招标,即因先前的公开招标没有收到适当的投标,或由于公共利益的原因,只向数位供应商进行招标;另一类是取消竞标,即只向单一供应商直接购买,但是形式上还是要通过招标、评估投标和裁决投票等诸阶段。

五、积极的申诉方式

许多国家的政府采购制度中包括申诉问题的特别条款,大致分为两类,一是在购买实体内明确上诉的程序,二是由独立的管理部门或司法部门制定申诉机制。一般情况下各国的申诉程序中还明确了申诉的有效时间及答复期限。

六、对本国市场实行保护

各国在制订本国政府采购相关法规条文中都有一些限制性措施,对本国产品的承包商和供应商提供优惠待遇,为本国企业留下更多的生存、发展机会。虽然《政府采购协定》中明确了国民待遇和非歧视性原则,但是即使是参加了《政府采购协定》的国家,公平竞争亦非绝对,可对有关政府采购提出保留,即对某些项目提出豁免。在政府采购问题上,各国政府包括美国、日本等最发达国家的政府,也没有全面开放本国庞大的政府采购市场,而是变换手法,尽力保护本国企业的利益。

美国至今还在执行 1993 年制订的《购买美国产品法》。该法规定,联邦政府在进行公共建设设施工程中,必须购买本国的产品,在美国建厂的跨国公司,只要其零部件 50% 以上在美国生产,就有资格参加政府采购的投标;本国没有生产而不得不采用外国的产品时,其零部件要有一定比例是国产的,或是参加政府采购投标的外国产品有一定的技术转让。欧盟各国在交通、电信、电力、能源等行业也都通过政府采购保护本国工业。

七、先进的采购技术

政府采购信息的公布和电子信息技术的应用是发达国家和地区政府采购的主要形式。按照政府采购的基本原则,大多数实施政府采购的国家规定超过一定数额的政府采购项目必须在全国性报刊上或政府公报上公布,而小额采购一般不发布采购信息。其中不少国家开始使用电子信息技术来提高采购效率。电子信息技术的应用,不仅能使其降低成本地向签约各方及愿意和政府交易的人士发布有效的信息,而且有利于政府机关对各项采购业务进行合理分类与安排。日本政府规定,不论其政府采购采用何种竞争方式,都必须通过中央政府指定的刊物"官报"或与"官报"类似的地方政府公报来发布招标公告、资格预审公告等信息;所有这些公告的信息同时发布在日本外部贸易组织的电子信息网上。

而美国政府除利用互联网公布采购信息外,还使用电子目录和电子合同网络系统,对一切同业务进行分类安排,政府通过运用电子信息技术就可以浏览目录或该网络系统,也可运用电子技术,通过电子商务直接订货,从而使政府获得最大收益。

八、普遍重视人员培训

此外,各国还非常注重政府采购专业人员的培训工作。在实行政府采购的国家和地区,都有一批非常专业的人员来负责和执行采购工作。这些人员都是经过培训的,考试合格后在财政部门和有关部门登记注册。各国的经验表明,培训要分层次:负责大宗采购或特殊商品采购的人员由中央政府来负责培训,小额商品采购可由各部门各地区自己培训。

本章小结

1. 英国作为世界上第一个建立政府采购制度的国家,经过长期的发展演变,已建立了健全完善的政府采购体系和运作规则。英国的政府采购制度以"物有所值"、竞争和以采购本身为出发点作为采购政策原则,由财政部、"全国账户委员会"和会计官员作为监督管理部门,各部门通过竞争性投标、公开招标、协商和竞争投标相结合等多种投标方式进行自行采购。一般的采购过程都要经过制订采购计划、确定采购需求、执行采购方式(选择供应商)、签订采购合同、合同履行、采购评估六个阶段。

2. 美国政府采购制度以完整的政府采购法律体系为基础,政府采购的基本制度、价值目标、方式程序、救济途径等等都以法律、法规和程序加以规范,使美国政府采购制度在法律规范的前提下得以有效运作。机构设置方面,美国联邦政府采购以联邦会计总署、行政管理与预算局以及联邦政府采购政策办公室作为监督管理机构,通过联邦总务署作为执行机构进行集中采购。《联邦采购法规》和政府机构采购规则对采购流程作了明确的规定,主要分为三个阶段:一是确定采购需求、制订采购计划程序;二是合同签订程序;三是合同管理、执行程序。

3. 日本作为"分散采购方式"的典型国家,在政府采购过程中没有统一的采购主管机构,而是由各部或委员会依照自身需要自订采购计划并执行采购工作,由总理府官房外政审议室专门负责制定采购政策和采购法规。在采购原则上,日本强调非歧视、公正、透明化等原则,以公开招标、邀请招标和限制性招标等形式进行采购。作为 WTO《政府采购协议》的发起方和最早签字方之一,日本除遵守《政府采购协议》外,还以自愿性措施进一步规范其政府采购法规与实践。

4. 新加坡政府采购制度以透明、物有所值、公平和公开竞争作为基本原则,由财政部预算署制定政府采购政策,政府部门和法定机构作为执行机关,采取小额采购、报价采购、公开招标、选择招标和有限招标等形式进行政府采购。采购流程一般包括确定购买要求、取得批准、计算采购价值、确定采购项目性质、确定 GPA 实施过程、执行采购、重复订货、合同延长、应急预购阶段。

5. 香港实行高度集中的政府采购制度,只有小额物品由各部门直接采购。所有的政府采购均由政府部门直接进行,不涉及任何中介机构。在采购过程中以公共责任、经济效益、清晰明确、公开公平作为采购原则,以公开招标、选择性招标、资格预审招标、单一招标或局限性招标四种形式进行采购。

6. 纵观世界各国政府,凡是市场机制比较健全的国家,大都有比较完善的政府采购制度。政府采购已成为当今世界各国宏观经济调控的重要手段之一,在实现特定的经济、社会目标如加快经济发展、实现充分就业、平衡财政预算、有效资源配置、合理分配收入、促进环境保护等方面发挥着越来越重要的作用。因此,发达国家和地区的政府采购制度对于完善我国的政府采购制度,构建符合社会主义市场经济要求的公共财政管理框架具有十分重要的借鉴与参考价值。

关键概念

物有所值　竞争性投标　公开招标　协商性谈判　功能说明　技术说明

本章案例或专栏资料分析题

1. 阅读资料链接11-1,正确理解和总结"物有所值"原则的内涵。

2. 结合英国的政府采购制度,阅读资料链接11-2,分析我国应借鉴英国政府采购制度发展创新的哪些方面。

3. 阅读资料链接11-3,结合当前美国政府采购的原则,谈谈对我国政府采购有何启示。

4. 结合美国政府采购的法律体系,参照案例分析11-1,分析如何进一步完善我国的政府采购法律制度。

5. 阅读资料链接11-4,分析我国在政府采购中如何对本国市场进行保护。

第十二章　国际经济组织与政府采购法规

学习目标：本章主要介绍具有代表性的国际经济组织制定的一系列的政府采购协议和规则，最具有代表性的是世界贸易组织制定的《政府采购协议》、世界银行制定的《采购指南》、联合国制定的《采购示范法》及其《立法指南》、欧盟制定的《政府采购指令》、亚太经济合作组织制定的《政府采购非约束性原则》。通过本章的学习，重点掌握这些国际性和地区性的政府采购协定和规则的形成与特点、主要内容等。

随着世界经济相互依存、相互渗透的程度日益加深，政府采购也被要求进一步融入世界经济自由化的进程。但由于政府采购的发展水平不一，贸易保护程度较高，一些国际性组织和地区性组织从促进贸易自由化的角度出发，制定了一系列政府采购协议和规则。本章主要对这些国际性的和地区性的政府采购协定和规则进行详细的介绍与说明。

第一节　世界贸易组织与《政府采购协议》

一、《政府采购协议》的形成与特点

（一）《政府采购协议》的形成

政府采购的国际化是伴随着国际贸易一体化的发展而发展的。在 1947 年起草"关税与贸易总协定"（GATT，以下简称"关贸总协定"）的时候，并没有将政府采购问题列入议程，但这并不是因为关贸总协定对政府采购未来发展造成的贸易歧视预计不足，而是由于当时政府采购的市场规模较小，对国际贸易的影响不大。另外，也与当时各国在政府采购中实行保护民族产业的特定政策有关。因此，关贸总协定将政府采购的相关内容排除在外。

进入 20 世纪 60 年代，政府采购对世界经济贸易的影响越来越大，主要表现在：

一方面，"看不见的手"对市场的自发调节出现失灵，各国越来越重视政府对经济的干预。由于政府采购在政府对经济的干预中能发挥特殊的作用，加之政府的财政支出也不断加大，使政府采购在各国经济中所占的比重不断增加，其作用不容忽视。

另一方面，随着国际贸易的发展，政府采购的规模越来越大。特别是到了 20 世纪 80 年代，大部分国家的各级政府都成为工程、货物和服务的最大买主。据统计，国际政府采购总额每年已超过数千亿美元，约占国际贸易额的 10% 以上。但由于政府采购不受关贸总协定的限制，各国纷纷采取行政或法律手段，规定政府部门和其他公共机构必须优先采购本国的产品，限制外国货物的进口，以保护本国供应商的利益。如美国的《购买美国产品法》（Purchase American Act）规定凡用美国联邦基金购买产品（包括工程、产品和服务），除非违反公共利益，

或国内产量不足,或质量不合标准,或价格畸高,否则均应购买本国产品。根据此法案,仅在美国产品价格高于外国商品的 5% 以上时才能向国外购买;欧盟和加拿大等国则通常采用行政或封闭式招标之类的做法进行政府采购,由于外国供应商不熟悉或不易达到产品规格及技术标准,使本国供应商在政府采购的投标竞争中往往处于有利地位。

随着国际贸易的扩大及世界经济自由化进程的进一步加快,潜力巨大的政府采购市场日益引起一些发达国家的关注,政府采购的作用已不容忽视。1963 年,代表发达国家的经济合作与发展组织(OECD,简称经合组织)首先开始着手制定政府采购领域的国际公共规则。1973 年,经合组织起草了一份"关于政府采购政策、程度和做法的文件草案",但由于发展中国家认为开放采购市场是发达国家之间的事,与发展中国家无关,因而该规则始终没有得到发展中国家的响应。直到 1976 年 7 月,在关贸总协定第七轮多边谈判——东京回合——中,政府采购问题才被列入谈判范围,并成立了政府采购的分题组,专门谈判政府采购问题,尽管只有一般原则的谈判,但其背景是强化包括政府采购在内的国际贸易自由化。经过长期的艰苦谈判,东京回合多边贸易谈判于 1979 年 4 月 12 日在日内瓦通过了由埃及、印度等发展中国家提出的、并得到发达国家的支持的协议,从而最终达成了《政府采购守则》(由于该协议涉及面较广,有时也称为《政府采购法典》)。该守则规定基于国家安全而采购的必要产品和服务,或是根据维持公共秩序、卫生防疫上的需要而采取的限制措施可以例外,即可以不适用于《政府采购守则》的要求,其他产品和服务的采购在成员方范围内必须遵守《政府采购守则》。

在适用范围方面,《政府采购守则》规定,当签约各成员方的政府采购超过 15 万特别提款权的货物或价值相当的服务时,应无条件地向其他缔约国的产品生产商和供应商提供优惠待遇;在国民待遇上,《政府采购守则》的签约国对采购对象的国内外供应商应给予同等待遇;在技术要求上,应以国际标准或以公认的国际标准作为依据,而不能以设计方面的技术规格对国际贸易设置障碍;在采购程序上,签约国应采取公开招标的方式进行采购,以确保国内外供应商在一个平等的水平上进行公平竞争。

《政府采购守则》于 1981 年 1 月 1 日生效。该守则将关贸总协定的一些基本原则,如最惠国待遇、国民待遇和透明度原则延伸到政府采购领域。但该守则所包括的范围非常有限,性质也是非强制性的。1983 年 12 月,各签约国就对《政府采购守则》进行了修改,就其适用范围的扩大、服务合同对象的补充进行了谈判,并于 1987 年 2 月通过了《政府采购守则的修改议定书》于 1988 年 2 月 14 日生效。

在乌拉圭回合谈判后期,《政府采购守则》签约国为了进一步提高政府采购的开放程度,开始谈判《政府采购协议》,并于 1993 年 12 月结束谈判,在对原《政府采购守则》内容进行大幅度调整后,形成了世界贸易组织(WTO)的《政府采购协议》。各缔约国在乌拉圭回合上就新的《政府采购协议》达成基本意向,该协议于 1994 年 4 月 15 日在马拉喀什按照自愿原则由部分世界贸易组织成员签署,但这一协议仅是作为世界贸易组织的附属协议,由世界贸易组织成员方美国、加拿大、欧盟 15 国、冰岛、以色列、日本、韩国、列支敦士登、荷属阿鲁巴岛、挪威、新加坡、瑞士等国家和地区(包括我国香港地区)缔约参加,另外还有一些世界贸易组织成员正在申请加入。

[**案例分析 12-1**]

增值税不纳入政府采购合同价值案

【案情摘要】

1976 年 12 月 21 日,欧共体第 77/62 号指令在确定政府采购合同是否受《政府采购守则》

约束时,从其成员国政府采购合同价格中排除了增值税,即认为采购合同的价值是排除增值税后的净价格。1980 年第 80/767 号指令对原来的指令进行了修改和补充,降低了适用的标准,但是这一标准仍然是排除增值税的合同价值。美国代表在 1981 年政府采购委员会的会议上第一次提出了与这一标准相关的税收待遇问题,这一问题直到 1982 年 2 月,一直保留在委员会的日常会议日程上。

【处理结果】

1981 年 10 月 23 日,美国要求根据守则第 7 条第 4 款与欧共体进行磋商。该磋商没有结果。在委员会会议上,会议虽然作了一些调查,以促进双方达成满意的解决办法,也同样失败。最终成立的专家组在审理后于 1984 年 5 月 16 日作出裁定:欧共体排除增值税的做法,如果采购实体不能免于支付增值税时,与当前守则的解释不符。

【本案件的意义】

该案件适用的是 1979 年的《政府采购守则》,而 1996 年生效的《政府采购协议》已经取代了旧的守则,但是该案对于现阶段仍然有很大的借鉴意义。新的政府采购协议在适用范围上较守则更加宽泛,将采购扩大到服务合同,并且包括了地方实体的采购。但是在协议第一条的"范围和领域"和第二条的"合同估价"及其他相关条款中仍然没有规定合同的价值是否包括增值税的问题,对于增值税的态度没有明确化。各国在执行政府采购协议时容易对此发生分歧,产生纠纷。该案件对增值税问题的解决,表明了增值税应包含在采购合同的价值之内,合同价值应该包括采购实体支付的所有价款、税费等相关费用,在很大程度上避免将来在增值税问题上发生纠纷。

资料来源:何红锋.政府采购案例评析[M].武汉:华中科技大学出版社,2008.

(二)《政府采购协议》的特点

与《政府采购守则》相比,《政府采购协议》具有以下几个主要特点:

1. 扩充了政府采购的内涵

《政府采购守则》规定,政府采购是指中央政府部门的货物采购。《政府采购协议》则将政府采购定义为中央及地方政府部门及其他公共部门的货物、工程和服务采购,从而使政府采购的内涵得以扩大。

2. 扩大了政府采购的适用范围

《政府采购守则》规定,仅规范和约束合同价值不少于 15 万特别提款权的中央政府机构进行的货物采购。而《政府采购协议》则适用于合同价值不少于 13 万特别提款权的中央政府货物和服务采购,不少于 20 万特别提款权的地方政府货物和服务采购,不少于 40 万特别提款权的其他公共部门货物和服务采购以及不少于 500 万特别提款权的上述各部门的工程采购。

3. 严格规定了合同的定价

虽然《政府采购守则》和《政府采购协议》都规定,采购实体不能将采购合同分割定价。但《政府采购协议》更进一步严格规定了合同的估价,如当单项采购要求签订一个以上的合同或分几部分签订合同时,以前以财政年度所重复签订的实际价值,或是本财政年度获首批合同后 12 个月内重复签订合同的价值作为估价基础。也就是说,单项采购项目在估算价值时,不得采取分割的形式,即化大为小、化整为零,以规避协议的规定。如果确有必要将采购项目分次或分项办理,应以 1 年为限计算采购总额,并以此作为是否达到政府采购范围的依据。

4.对招标方式的适用范围和有关程序期限进行调整,使之更为合理

《政府采购协议》规定,进行公开招标时,从招标通告发布之日起到招标截止之日的期限不得少于 40 天(《政府采购守则》规定为 30 天)。进行涉及使用合格供应商永久名单的有限投标时,从投标邀请书发出之日起到投标截止之日的期限不得少于 40 天(《政府采购守则》规定为 30 天)。与此同时,《政府采购协议》还规定,在遇有紧急情况下,上述各期限可以缩短为不少于 10 天。如再对同类合同进行招标,从招标通告发布之日(或投标邀请书发出之日)起到投标截止日的期限,可以缩短为不少于 24 天。

5.健全了缔约各方争端的协商解决机制

《政府采购协议》规定,《建立世界贸易组织的协议》中"关于争端解决规则和程序之谅解"的有关规定、原则适用于本协议。同时规定,任何缔约方认为自己从本协议直接或间接享有的利益受到侵害时,或者自己实现本协议的目标因另一个或另几个缔约方履行本协议规定的义务或实施任何有悖于本协议的措施而受阻时,该缔约方可以向其认为有关的另一个或另几个缔约方提出书面陈述和建议。世界贸易组织的争端解决机构受理争议后,有权成立专家组进行调查和审议,提出建议并作出裁决。同时监督建议和裁决的执行。这一机构还有权中止协议项下的减让和其他义务,或者当不可能撤销与协议相抵触的措施时,授权进行有关补偿问题的协商,此外,《政府采购协议》对争端解决的时限也作出了规定。

[资料链接 12 - 1]

GPA 规则下的政府采购市场有着更好的融合度

美国审计总署(GAO)在对全球 60 多个 GPA 缔约方、FTA 协议方、TPP 及 TTIP 参加方的政府采购市场数据进行调查后发现,自 2008—2012 年,这些国家政府的年平均财政开支约 19 万亿美金,其中用于采购货物、服务及投资资本项目的年均支出约 4.4 万亿美金,这一数据约占各国政府年度开支的四分之一。

若将 GPA 缔约方与 FTA 协议方在政府采购方面的相关数据作对比便不难发现,GPA 规则下的政府采购市场有着更好的融合度。在 GPA 规则下,欧盟与美国提供了约 80% 的政府采购市场规模,美国政府采购市场总规模大于其他所有与美国签署双边自由协定的国家市场总和。2008—2012 年间,除美国以外的 GPA 缔约方年采购规模略少于 2.5 万亿美金,相比之下,与美国签署双边自由贸易协定且同处于 GPA 协议下的参加方。

在所有 GPA 缔约方中,欧盟有着规模庞大的政府采购市场,占据了 GPA 市场总规模的 40%,一些欧盟成员国对公共采购有着巨大需求,英国、法国、德国、意大利及西班牙这五个国家占据了全部欧盟成员国政府采购规模的 70%;而卢森堡、拉脱维亚、爱沙尼亚、塞浦路斯及马耳他的政府采购市场规模加总也不及欧盟政府采购市场总规模的 1%。除美国与欧盟外,日本政府采购市场年平均规模约 3900 亿美金,占据了 GPA 参加方政府采购市场总规模的 10%,当然,其他一些 GPA 参加方也有着巨大的市场潜能,如加拿大与韩国等。

同一时期,与美国签署双边协议的国家年采购规模约 5000 亿美金到 6600 亿美金。作为北美自由贸易协定的签署国,加拿大与墨西哥政府采购市场每年的规模超过 2500 亿美金,占据了 FTA 采购市场总额的一半。当然,并非所有与美国签署的双边自由贸易协定都会带来丰厚的政府采购市场,中美洲自由贸易协定中的六个协议国(哥斯达黎加、萨尔瓦多、危地马拉、洪都拉斯、尼加拉瓜和多米尼加)的政府采购市场份额都非常小,平均规模仅为 65 亿～110 亿美金。

资料来源:中国政府采购网 http://www.ccgp.gov.cn/wtogpa/news(2016 - 01 访问).

二、《政府采购协议》的主要内容

(一)《政府采购协议》的性质

《政府采购协议》是世界贸易组织协会附件 4 中的四个单项贸易协议之一(其他三项分别是《民间航空器贸易协议》《国际牛肉协议》和《国际奶制品协议》),它只对接受协议的国家有效,并且没有规定一揽子接受的义务。

(二)《政府采购协议》的基本目标和一般原则

1.《政府采购协议》的基本目标

(1)通过建立一个有效的关于政府采购法律、规则、程序和措施方面的权利与义务多边框架,实现世界贸易的扩大和更大程度的自由化,改善、协调世界贸易运行的环境。

(2)通过促进政府采购中竞争范围的扩大,加强其透明度和客观性,促进政府采购程序的经济性和效率。

2.《政府采购协议》的一般原则

(1)国民待遇和非歧视原则。所谓国民待遇和非歧视原则是指,政府采购方面的法律、法规、程序和措施的制定和实施,不得对本国的供应商和产品提供保护而对外国的供应商和产品予以歧视。

(2)公开原则。公开原则要求有关政府采购的法律、规则、程序都应该公开。

(3)公平原则。公平原则是指,要建立完善的有关通知、磋商、监督和争端解决方面的国际程序,以确保有关政府采购的规定得以公正、迅速和有效的实施,最大限度地维持权利与义务的平衡。

(4)对发展中国家的优惠待遇原则。这一原则要求各缔约国,尤其是发达程度较高的缔约国,要考虑到发展中国家的经济和社会发展目标、国际收支情况等,向发展中国家,尤其是最不发达国家提供特殊的优惠待遇,以照顾其资金、贸易和发展方面的需求。

(三)《政府采购协议》的适用范围

1. 采购主体

政府采购的主体包括《政府采购协议》各成员国中的中央政府实体、地方政府实体以及所有按该协议进行采购的其他实体。《政府采购协议》适用的采购实体以各国加入该国《政府采购协议》时提供的采购实体清单为准,只有列入清单的实体才受《政府采购协议》的约束。

2. 采购对象

《政府采购协议》中规定的政府采购对象分为货物、工程和服务。货物项目的适用范围,除不包括国防及其他少数不适用本协议的产品外,其他产品都包括在内;在工程的适用范围上,要求以联合国物品分类所列的建筑工程为准,但《政府采购协议》排除了基本建设工程的特许合同的采购(BOT 基本建设合同);服务项目的适用范围各成员国分别列出开放的服务项目,并经谈判确定。

3. 契约形式

《政府采购协议》适用于任何契约形式的采购,包括购买、租赁、租买以及产品和服务的采购。

4. 门槛金额

门槛金额以双边谈判确定为主。一般而言,中央政府的采购限额不低于 13 万特别提款权,地方政府的采购限额则依谈判各有不同。如美国,地方政府的货物和服务的采购限额为35.5万特别提款权,其他公共团体的采购限额为40万特别提款权;日本地方政府的采购限额为20万特别提款权,其他公共团体的采购限额为13万特别提款权。以色列地方政府的采购限额为25万特别提款权,其他公共团体的采购限额为35.5万特别提款权。

5.除外范围

《政府采购协议》规定,各缔约国政府在采购国家安全所需的物资时可以不适用该协议,但对国家安全的标准则没有明确解释。《政府采购协议》也不禁止缔约方为维持公共道德、秩序与安全,保护人类、动植物的生命与健康、知识产权、残疾人、慈善机构和劳动产品及服务所采取的必要措施。

(四)《政府采购协议》对政府采购方式的规定

《政府采购协议》规定,政府采购方式应为公开招标采购、选择性招标采购和限制性招标采购。此外,该协议还规定了以谈判采购作为补充。

(五)《政府采购协议》对政府采购中招标程序的规定

1.采购邀请

按照《政府采购协议》第九条的规定,除"限制性招标程序"另有规定外,各采购主体应公布邀请参与各种意向采购的通知,并将通知公布在《政府采购协议》规定的刊物上,最大限度地邀请国内外供应商参加,以保证充分的国际竞争。通知的形式依内容要求的不同可采用"拟购通知"和"资格审查通知",通知至少以世界贸易组织的一种官方语言(英语、法语、西班牙语)公布。

2.供应商资格审查

按照《政府采购协议》第八条的规定,审查供应商的资格时,在条件上不得在外国供应商之间或本国与外国供应商之间实行差别待遇。同时,该协议对供应商资格审查的条件和时间也有原则上的规定。

3.招标文件

《政府采购协议》第十二条详细规定了对招标文件的要求。在招标程序中,若采购实体允许使用几种语言提出投标书,则要求至少其中一种语言是世界贸易组织的官方语言。除去为招标应付的金额和支付条件之外,招标文件应包括所有使供应商能及时作出投标反应的资料,主要有所购产品和服务的数量、产生重复合同的数量及时间、程序是公开的还是选择性的或是否涉及谈判、产品和服务开始或完成交货的日期、要求供应商提供的各种经济和技术指标,以及资金担保的资料、向采购实体寄送投标书的地址及索要补充资料的地址、所购产品和服务的任何必备条件的完整说明、授予合同的标准,等等。

4.产品技术规格

《政府采购协议》第六条规定了产品和服务的技术规格问题。技术规格是指产品和服务的特征,如质量、性能、安全与体积、符号、术语、包装、标志与标签、生产工艺与方法以及与采购实体规定的合格评定程序有关的要求。在制定招标的技术规格时,不能以独特的技术规格妨碍国际贸易。在可行的情况下,所列的技术规格应按国际或国家标准说明拟采购产品的性能,而不应详细描述细微特征。对于可能与采购项目有利害关系的供应商,采购机构不应接受其提供的有碍竞争的意见和建议。

5. 招标、接标、开标、授予合同

按照《政府采购协议》的规定,投标应邮寄或专人送达。如允许以电报、传真方式投标的,必须具备为评估投标所需的全部资料。投标禁止以电话方式提出。允许投标者在开标和签订合同之间改正因粗心所造成的错误,但不得因此产生任何歧视性的做法。接标及开标的程序与条件,应确保符合开标的要求,并且符合国民待遇与非歧视性原则。授予合同时,合同只能授予在开标时符合通知和招标文件的基本要求、符合参加招标条件的供应商。

6. 补偿

《政府采购协议》第十六条规定,采购实体在对供应商及其产品和服务进行审查和选择时,或在评估投标或授予合同时,不得规定、寻求和考虑补偿。但在发展中国家签署本协议时,与其他成员国协商使用补偿交易的条件,仅作为选择供应商的条件,不得作为评标的重要条件。补偿交易的内容,包括规定投标供应商承诺采购招标国家的产品、技术转让、前来投资、协助外销等。

(六)《政府采购协议》对发展中国家的特殊待遇和差别待遇的规定

《政府采购协议》第五条规定,双方在实施和执行本协议时,应依据其规定,适当考虑发展中国家,特别是最不发达国家的财政、贸易状况和发展的需要。在技术援助、资料提供等方面向发展中国家提供帮助。但对享受此待遇,《政府采购协议》又规定了严格的条件和限制。

(七)《政府采购协议》对政府采购中质疑程序的规定

1. 磋商

《政府采购协议》第二十条一款规定,当某一供应商对一项采购违反《政府采购协议》有关要求而提出质疑时,应积极与采购实体通过磋商来解决,各缔约方应鼓励供应商以此方式解决质疑问题。

2. 质疑程序

质疑程序是《政府采购协议》对各缔约行为的要求与约束,包括以下几方面:①每一缔约方应提供一套非歧视性的、及时的、透明的且有效的程序以使供应商对其曾经有利益关系的采购过程中可能存在的违反《政府采购协议》的情况提出质疑。②每一缔约方应以书面形式提供其质疑程序并使其可以广泛获得。③缔约方应确保《政府采购协议》范围内与采购过程相关的文件能保留3年。④有关供应商应在规定的时限内开始质疑程序并通知采购实体。⑤各项质疑应由一家法院或与采购结果无关的独立、公正的审议机构进行审议,该审议机构的成员在任职期间应免受外界干扰,但在由非法院机构作出审议时,该项审议应符合司法审议程序,或司法审议程序包含的有关规定。

(八)《政府采购协议》对政府采购中透明度的规定

签署成员方应鼓励其采购机构在一定条件下接受非签署成员方供应商的投标,以促进这些成员方政府采购措施的透明化,但签署成员方给予非签署成员方供应商的特殊待遇,仍应与本协议规定有所区别。

(九)政府采购委员会

政府采购委员会由签署成员方代表所组成,选举主席及副主席,每年至少召开一次会议,共同讨论与本协议有关的事务。委员会应就特定的事项,组成工作小组进行研究处理。

[案例分析 12 - 2]

与《政府采购协议》例外条款有关的"联想安全门"案

【案情摘要】

2006 年 3 月 20 日,联想集团在美国的合作伙伴——CDW Government Inc.（CDW-G)——宣布通过公开的招投标程序,获得美国国务院价值超过 1300 万美元的订单,并将提供 1.6 万台联想 ThinkCenter M51 台式电脑及相关设备。

消息公布后,美中经济安全审查委员会委员迈克尔·韦塞尔（Michael Wessel）提出,美国国务院使用联想电脑有可能对美国形成国家安全上的风险,美中经济安全调查委员会（US—CC)致信给美国众议院拨款委员会主席弗兰克·沃尔夫（Frank Wolf）要求后者进行调查,随后他给美国国务卿去信要求国务院解释。

美国众议院中以美中经济安全审查委员会委员身份出现的部分众议员对美国国务院购买"联想"电脑的反对,甚至联想到了"联想"的大股东是具有浓厚中国政府背景的中科院。正如美中经济安全审查委员会主席拉里·沃特兹尔（Larry Wortzel）所解释的,之所以认为采购联想电脑可能危及美国国家安全,是因为联想承认中科院拥有其至少 27% 的股份,而中科院是中国政府的一个机构。反对的理由很简单,担心有中国情报机构在这些将用于美国国家安全部门工作的电脑里做手脚,"安装特殊硬件和软件来搜集情报"。

【处理结果】

尽管联想一再表明将供货美国国务院的电脑的生产跟中国内地不沾边,但美国国务院依然变更了采购计划,决定改变这些电脑的用途。2006 年 5 月 18 日,美国国务院负责外交安全的助理国务卿理查德·格瑞芬（Richard Griffin）回信给弗兰克·沃尔夫,表示因为考虑到该 IT 设备供应商的所有权发生改变,国务院将会修改采购流程。国务院所采购的联想电脑将只用于非保密的系统,并对今后所采购的电脑系统进行更严格的审查。外交安全部门还将告知美国政府各部门,要求采取同样的措施。部分议员甚至对改变用途依然不满,他们认为即使不直接用于保密部门,因为使用联想电脑而给美国造成的安全隐患仍然存在。

【分析评论】

"联想安全门"事件经媒体报道后,联想以及中国官方一致的反应是美国这一做法对联想是"不公平"的。但美国的政府采购法制十分完备,更一向遵行公平、公正、公开的原则,如果说此次联想得到了不公平的待遇,是否是美国政府采购制度的运行出了问题呢?答案恰恰相反,这一事件或许正是美国按照相关的政府采购规则运作的结果。

资料来源:何红锋.政府采购案例评析[M].武汉:华中科技大学出版社,2008.

第二节　世界银行与《采购指南》

一、《采购指南》的形成

世界银行是世界银行集团（The World Bank Group)的简称。它最初为 1945 年 12 月 7 日成立的国际复兴开发银行（The International Bank for Reconstruction and Development, IBRD)。传统上,世界银行是联合国系统的一个专门发展机构,它包括国际复兴开发银行（IBRD)、国际开发协会（The International Development Association, IDA)和国际金融公司（The International Finance Cooperation, IFC)、解决投资争端国际中心（The International

Centre for Settlement of Investment Dispute)和多边担保机构(The Multilateral Investment Agency)。我们通常所说的世界银行,主要是指国际复兴开发银行和国际开发协会。国际复兴开发银行是 1944 年 7 月由 44 个国家参加的布雷顿森林会议一致通过《国际复兴与开发银行协定》而于 1945 年 12 月成立的,其主要业务是向发展中国家提供中、长期贷款。国际开发协会是由美国提议设立的,1959 年美国在世界银行的代表正式向世界银行理事会提出这一建议,同年 10 月得到通过。1960 年 9 月 24 日国际开发协会在华盛顿正式成立,11 月开始营业。国标开发协会的主要业务是专门向低收入的发展中国家提供长期无息贷款。

世界银行的宗旨是向发展中国家提供中长期资金支持和技术援助,帮助发展中国家实现长期、稳定的经济发展,其中,项目采购是其一种主要的贷款形式。这种贷款大部分用于对借款国具有战略性影响的部门,如农业与农村发展、基础设施建设等。由于这些投资在短期内很难收到明显的经济效益,国际上的商业银行和发展中国家的私人部门往往不愿涉足,世界银行在这些领域的投资贷款,对借款国的经济起着巨大的推动作用。

由于资金来自于各成员国及世界银行从国际资本市场上筹集的资金,世界银行必须保证它贷出的款项只能用于提供贷款所规定的目的,并且在使用时要充分考虑经济性和效率性,这种贷款使用的管理责任就是世界银行决定制定政府采购规则的主要原因。

《国际复兴开发银行贷款和国际开发协会信贷采购指南》(简称《采购指南》)于 1964 年首次出版,之后,世界银行不断对其进行修改和完善。最大的一次修改是在 1985 年,1996 年 1 月和 8 月又作了两次补充修改,修订后的《采购指南》分为三个部分,另外还有四个附件。

世界银行制定《采购指南》的主要目的就是,通过贷款,运用采购方面的经济政策,促进成员国经济的发展,尤其是发展中国家经济的发展,并加强对贷款的全方位监督。世界银行的成员国有 180 多个,而世界银行的工作人员是有限的,他们不可能参与每一项采购活动,但是通过制定《采购指南》,明确采购方式及适用条件,规定采购程序规则,就可以使借款国在利用世界银行贷款从事采购活动时,能够按统一规则来规范化运作。

[资料链接 12 - 2]
李克强会见欧洲复兴开发银行行长　中国正式加入欧洲复兴开发银行

国务院总理李克强 2016 年 1 月 15 日下午在中南海紫光阁会见欧洲复兴开发银行行长查克拉巴蒂。李克强表示,查克拉巴蒂此次访华,标志着中国正式加入欧洲复兴开发银行,双方合作掀开新的篇章。中方愿同欧洲复兴开发银行加强投融资合作,就推进"一带一路"倡议、国际产能合作等加强对接,积极开展第三方市场合作,为中欧深化互利合作提供支持。

查克拉巴蒂表示,过去 30 多年中国经济社会发展取得举世公认的成就,也为国际发展合作提供了有益借鉴。欧洲复兴开发银行相信中国政府对经济政策的把握,愿以中国正式加入为契机,积极推动欧中发展战略对接,深入推进各项合作倡议,加强同中国政府、企业界的沟通,以及在亚洲基础设施投资银行、二十国集团等多边金融机构和平台的合作,构建强有力的伙伴关系。

资料来源:新华网 http://news. xinhuanet. com/politics/.

二、《采购指南》的主要内容

(一)《采购指南》的适用范围

1.适用的合同

《采购指南》所规定的程序适用于全部或部分由银行贷款资助的货物和工程合同,包括BOT(building-operation-transference)合同和其他特许合同,对于不是由其贷款资助的货物和土建合同的采购,借款人可以采用其他采购程序,但是所采用的程序应有利于借款人履行其义务并更有效地实施项目,使得所要采购的货物和工程,在质量上符合要求,并能与项目的其他工程相配套,能及时交货或完工,价格不会对项目的经济和财务方面的可行性造成不利影响。

2.《采购指南》所覆盖的采购阶段

《采购指南》所覆盖的阶段不仅包括合同的订立和授予程序,而且包括项目采购计划以及采购合同的履行和管理。

3.《采购指南》不包括咨询服务的内容

有关咨询服务的内容,规定在世界银行 1981 年颁布的《世界银行借款人和世界银行作为执行机构聘请咨询专家指南》之中。

(二)《采购指南》的原则

1.经济性和效率性原则

世界银行贷款大多来源于各个成员国,贷款数额很大,且主要用于采购。如果采购不能经济有效地实施,就会造成巨大的浪费,项目应有的效益就不能充分实现,不仅使借款人及其国家遭受损失,也将使世界银行蒙受损失,并对世界银行各成员国产生不利影响。另外,采购如果缺乏经济性和有效性,将使项目的实施无论从质量上还是时间上都缺乏根本保证,从而使借款人及其国家遭到损失。

2.公平竞争的原则

世界银行是一个国际合作性组织,每个成员都向世界银行交纳会员费,因此它的所有成员国的合格供应商在参加招标竞争的过程中,应当竞争机会平等、条件公平合理,采购实体不得对任一符合条件的供应商施以歧视。

3.鼓励国际开发、促进发展中国家发展的原则

由于发展中国家无论是在资金实力还是技术水平和管理能力方面都与发达国家存在很大的差距,所以在实际投标中中标的往往是发达国家的供应商。世界银行的贷款主要面向发展中国家,要促进发展中国家经济的发展,因此在向各会员国的供应商提供平等竞争机会的同时,对发展中国家会员国的供应商给予一些特殊的优惠政策是必需的。

4.透明性原则

透明性原则是公共采购中的一项最为基本的原则之一。世界银行的《采购指南》规定的采购程序,最大限度地保证了整个采购过程的公开透明。透明性原则不仅可以保证采购程序的公开、公正和公平,促进政府采购各项政策目标的实现,而且对于防止采购过程中所产生的腐败现象也会起到极其重要的作用。

(三)《采购指南》对采购方式的规定

《采购指南》所规定的采购方式包括国际竞争性招标和其他采购方式两大类。世界银行认为,在大多数情况下,《采购指南》的要求和原则可以通过管理得当以及适当给予国内承包商以

优惠的国际竞争性招标得以充分实现。世界银行规定采取国际竞争性招标这一采购方式的目的就是要将借款人(即采购实体)的要求及时充分的通知给所有合格的、有意参加投标的投标人,并为其提供在货物和土建工程方面进行投标的平等机会。但是另一方面,在有些情况下,国际竞争性投标可能并不是最经济和最有效的采购方式,而采用贷款协议中规定的其他采购方式则更为经济有效。因此,《采购指南》还规定,一个具体项目的货物和土建的采购也可以采用国际竞争性招标以外的其他采购方式,但应经世界银行和借款人协商,并在具体项目的贷款协定文件中加以明确。

1. 国际竞争性招标(international competitive bidding)

国际竞争性招标,是指按世界银行《采购指南》规定的程序"及时充分"地通知会员国的供应商,为其供应所需货物和土建工程而进行投标提供平等机会。世界银行根据不同地区和国家的情况,规定了凡采购金额在一定限额以上的货物和工程合同,都必须采用国际竞争性投标的采购方式。对于一般的借款国而言,10万~25万美元以上的货物采购合同、大中型的工程采购合同,都应适用国际竞争性招标。在世界银行用于采购的贷款总额中,国际竞争性招标占80%左右。

世界银行的《采购指南》在国际竞争性招标方面还规定,在特殊情况下可以采取两阶段招标程序,即规定在无法事先确定技术规格的特殊情况下可以采用,如交钥匙合同或大型复杂的工厂或特殊性质的土建工程。该程序的步骤是:第一步,先由投标人谈各个建议的优点,达成共同的技术标准和性能技术规格;第二步,再提出最终的建议书和带报价的投标书,按照正常的招标方式进行招标。

2. 有限国际招标(limited competitive bidding)

有限国际招标是指不需要公开刊登广告,直接邀请投标人投标的国际竞争性投标。为了保证价格具有竞争性,在进行有限国际性招标时,借款人应当从尽可能多的供应商或承包商中征求投标。国际竞争性招标的程序除了广告和优惠外,其他一切方面都适用。

3. 国内竞争性招标(national competitive bidding)

国内竞争性招标是指在借款国国内进行的公开竞争性招标,适用于难以吸引国外竞争者参加的货物和土建工程。这种招标不需要发布采购公告,仅限于在国内新闻或官方杂志上刊登广告。招标文件可使用国内官方语言编写,可使用当地货币进行投标和付款。如果有国外竞争者愿意参加投标,应给予同等机会。

4. 询价采购(shopping)

询价采购是指对国内外几家供应商(通常至少为三家)提供的报价进行比较并作出最终采购决策的一种采购方式。该采购方式无需正式的招标文件,只适用于采购时可以获得的现货或标准规格的产品和服务。国际询价应邀请至少来自两个不同国家的三家供应商提出报价,但如果能从借款国的国内一个以上的来源获得货物,且价格具有竞争性,则可以采用国内询价。

5. 直接签订合同(direct contracting)

直接签订合同,又称单一来源采购,是一种没有竞争的采购方式。世界银行为此规定了严格的适用条件:现有货物或工程合同是通过世界银行接受的程序而授予的,可能需要续签以增购或增建类似性质的货物或工程;为了使设备或零部件标准化,以便和现有设备配套,而需要向原有供应商订货;基于产品的专卖性质只能从一家厂商获得;负责工艺设计的承包商要求从具体某一家供应商采购关键性部件,并以此作为性能保证的条件等。

6. 自营工程(force account)

自营工程是指借款人使用自己的人员和设备进行施工建设的工程,其适用的主要情况是:无法事先确定所涉及的工程量;工程小而分散,或者工程地点较远,致使承包商筹备费用过高;要求必须在不破坏在建项目的情况下进行施工;没有一个承包商对承担工程感兴趣等。

7. 由联合国机构承办的采购

在有些情况下,从联合国有关专门机构采购那些小批量的现货,可能是最经济、最有效的方式。这些货物主要是指教育、卫生以及农村供水和卫生方面的货物。是否通过联合国机构进行采购应由借款人作出选择,世界银行只是向借款人说明哪些情况下可以通过这种途径进行采购,借款人应向有关的联合国专业机构提出申请,在得到批准后按照有关程序进行采购。

8. 其他采购方式

《采购指南》还允许采用中间金融机构贷款的采购方式、BOT 或类似私营部门投资的采购方式以及社区参与的采购方式等。

(四)《采购指南》对采购公告的规定

《采购指南》采用总采购公告和具体合同预告相结合的公告制度,规定凡是项目中以国际竞争性方式采购的货物与工程,贷款人必须准备并交世界银行一份总采购公告。世界银行将免费在联合国出版的《发展商务报》上刊登,公告应包括下列内容:借款人名称、贷款金额和用途、国际竞争性招标的范围以及借款人负责采购工作的单位名称和地址。若可能,还应指明可以得到资格预审文件或招标文件的预定日期。送交世界银行的时间应不迟于招标文件已经准备好,将向招标人公开发售之前的 60 天。有关资格预审文件或招标文件对外发布不得早于刊登采购公告之后的 8 周。每年应及时向国际社会通报具体合同的招标机会,这类具体合同招标广告不要求但鼓励刊登在《发展商务报》上,至少应刊登在借款人国内广泛发行的一种报纸上。如果该国有官方杂志的话,还应刊登在官方杂志上。招标广告的副本,应转发给有可能提供所需采购货物、工程和服务的合格供应商所在国家的驻当地代表,也应发给那些看到总采购通告后表示感兴趣的国内外厂商。对于大型的、专业的或更重要的合同,借款人应将缴款书刊登在联合国《发展商务报》上,或国际上广泛发行的著名的技术杂志、报纸或贸易刊物上,邀请书应留出足够的时间使潜在供应商能获得资格预审文件或招标文件,并准备和提交招标书。

(五)《采购指南》对采购代理机构的规定

所谓采购代理,是指当借款人缺乏必要的机构、资源和经验从事采购时,可聘请一家专门从事国际采购的公司作为代理,世界银行也可以以这样的公司作为代理。采购代理必须代表借款人严格遵循借款协定中规定的所有采购程序,包括使用的招标文件、审查程序和文件要求。此外,也可以采取类似的方法聘请管理承包人,通过付费使其承包紧急情况下的重建、修复、恢复和新建的零碎土建工程,或涉及大量合同的土建工程。

(六)《采购指南》对国内优惠条件的规定

《采购指南》通过附件的方式规定,在征得世界银行同意的情况下,借款人可以在国际竞争性招标中给予本国制造的货物或提供的服务以优惠。在此情况下,招标文件应明确写明给予国内制造的货物或提供服务的优惠以及享受优惠的投标资格条件,但制造商或供应商的国籍不应该作为合格性的条件。比如,对于通过国际竞争性招标授予的土建工程合同,借款人可征得世界银行的同意,给予国内承包商的投标 7.5% 的优惠,但必须按《采购指南》附件二规定的评比方法和步骤进行。

(七)世界银行审查制度

为确保能遵守《采购指南》的各项规定,保证采购过程符合世界银行资助采购合同的要求,世界银行建立了严格的审查制度。《采购指南》规定,银行审查借款人的采购程序、采购文件、评标和授标及其相关合同,以确保采购过程按照协议的程序进行。世界银行的审查程序明确规定在《采购指南》的附件一中,包括对采购计划安排的审查、事先审查、对合同修改的审查、事后审查等不同的审查程序。由世界银行贷款支付的不同类别的货物、工程和服务的审查程序,在贷款协议中也做了明确规定。

第三节　联合国与《贸易法委员会货物、工程和服务采购示范法》

一、《采购示范法》的形成与特点

(一)《采购示范法》的形成

联合国贸易和立法委员会(缩写 UNCITRAL,简称贸法会,下同)是联合国大会的一个政府间机构,它是联合国大会为协调、统一国际的贸易法规,消除国际贸易的法律壁垒而成立的专职机构,于 1967 年设立,我国已于 1983 年加入该委员会。该机构的成员包括众多经济发展处于不同水平的国家和区域。考虑到政府采购与国际贸易密不可分,贸法会在 1986 年第十九届会议决定进行采购立法工作。由于认识到服务采购与货物采购、工程采购存在着很大的不同,贸法会决定首先制定货物采购与工程采购方面的法规。1993 年 7 月 5 日至 23 日在维也纳召开的第二十六届会议上,通过了《贸易法委员会货物和工程采购示范法》(简称《采购示范法》)及其《立法指南》。由于服务采购既是国家贸易中的一个重要领域,也是各国政府采购的内容之一,因此有必要进行规范,因此在 1994 年 5 月 31 日至 6 月 17 日在纽约召开的第二十七届会议上,贸法会对货物和工程采购的《采购示范法》做出了补充和修改,并将服务采购的内容纳入其中,形成了一直适用至今的《贸易法委员会货物、工程和服务采购示范法》简称《采购示范法》)及其配套文件《立法指南》,但没有废止先前的示范法文本。

(二)《采购示范法》的特点

《采购示范法》并不是真正意义的法,不具有任何的法律效力,对贸法会各成员国的行为不具有约束力。制定该法的主要目的在于:

(1)使采购开销尽量节省和提高效率;

(2)促进和鼓励任何国家的供应商和承包商的参与,促进国际贸易的发展;

(3)促进供应商和承包商为供应拟采购的货物、工程和服务进行竞争;

(4)规定给予所有供应商和承包商以公平和平等的待遇;

(5)促使采购过程诚实、公正,提高公众对采购过程的信任;

(6)使有关采购的程序具有透明度。

这些目标对于提高采购的透明度、节约财政资金、杜绝腐败和促进国际贸易有着积极的意义。

二、《采购示范法》的主要内容

(一)《采购示范法》的适用范围

1. 采购实体

《采购示范法》只规定了适用采购法的采购实体的最基本范围:采购实体指本国从事采购的任何政府部门、机构、机关或其他单位,也可以包括任何下属机构。如果有必要,还可以包括其他实体或企业等。

2. 采购形式及类型

《采购示范法》适用以任何方式进行的货物、工程和服务的采购,包括购买、租赁、租购、甚至可以易货采购。但涉及国防或国家安全的采购及在政府采购法律、法规中列明须排除在外的任何类型的采购除外。货物是指各种各样的物品,包括原料、产品、设备和固态、液态或气态物体和电力,以及货物供应的附带服务。工程,是指与楼房、结构或建筑物的建造、改建、拆除、修缮或翻新有关的一切工作以及根据采购合同随工程附带的服务。服务是指货物或工程以外的其他任何采购对象。

3. 所覆盖的采购阶段

《采购示范法》涉及的范围仅限于采购活动中中标人的选择及采购合同最终签订所使用的程序和规则,它不涉及采购活动发生之前的采购计划阶段和合同的履行阶段。因此,在《采购示范法》之内找不到关于对合同执行阶段所发生问题如何处理的有关规定。颁布国须确保有充分的法律和机构来处理采购合同的履行。

4. 咨询服务机构的特别条款

《采购示范法》为智力或咨询服务提供了一种明确的采购方法,因为服务采购不同于货物与工程采购,它涉及的是无形商品的供应,因而难以确定其质量和内容。提供服务的质量主要视供应商或承包商的技术和专门技术而定。在货物和工程采购中,货物和工程的价格往往是评审时考虑的主要因素;但在服务采购中,服务价格在评审中起的作用往往要低于供应商或承包商的技术和专门技术。

5. 排除条款

《采购示范法》有关条款规定,可以把关系到国防和安全的采购排除在外,颁布国在其采购法或实施条例中也可以指明另外的不适用的部分。

(二)《采购示范法》对供应商和采购商资格审查的规定

为了确保采购能够顺利履行,供应商和承包商必须在资格上符合采购实体认为适合于特定采购的下列标准:

(1)具有履行采购合同所需的专业和技术资格、专业和技术能力、财力资源、设备和其他物质设施、管理能力、可靠性、经验、声誉和人员;

(2)具有订立合同的法定权能;

(3)不能处于无清偿能力、财产被接管、破产或结业状态,其事务不能正在由法院或司法人员管理,业务活动也未中止,而且未因上述情况而成为法律诉讼的主体;

(4)履行了缴纳本国税款和社会保障款项的义务;

(5)在采购过程开始之前一定年限(各国制定)内,公司及其董事或主要职员未被判有与其职业行为有关的或与假报或虚报资格骗取采购合同有关的任何犯罪,也未曾在其他方面由行政部门勒令停业或经由取消资格程序而被取消资格。

在不损害供应商及其知识产权和商业秘密权利的前提下,采购商可要求供应商或承包商提供适当的书面证据和其他资料。对于需要资格审查的,可按资格预审程序进行资格预审,以使该实体得以确认该供应商或承包商的有关资格。

(三)《采购示范法》对采购方式的规定

《采购示范法》规定了多种采购方式,以使采购实体能够根据不同情况作出适当的选择,从而达到有效地促进竞争、节约费用、提高效率的目的。

对于采购实体在货物或工程采购中,应当以公开招标(open tendering)采购为主,只有在一些特殊条件下才可以采用其他方法,如两阶段招标(two step tendering)采购、征求建议(request for proposals)采购、竞争性谈判(competitive negotiation)采购、限制性招标(restricted tendering)采购、邀请报价(request for quotation)采购、单一来源采购(single-source procurement)等。

1. 公开招标采购

《采购示范法》规定,采用招标采购方式需具有以下一些条件:①一般情况下,邀请供应商或承包商的参与是无限制的;②招标文件须对拟采购的货物、工程和服务作详细的说明,使供应商和承包商有共同的依据来编写标书;③向供应商或承包商充分披露评价和比较标书以及选定中标者的标准,严格禁止采购实体与供应商就标书实质内容单独进行谈判;④在提交标书的最后截止日公开开标;⑤透露采购合同生效所需的手续。

2. 两阶段招标采购

两阶段招标采购方式的适用条件是:①当采购实体事先无法拟定有关货物或工程的详细价格,或对采购的服务难以确定其特点,但又要使其采购需要得到满足;②采购实体为谋求签订一项进行研究、试验调查或开发工作合同的。但若合同本身包括的货物生产量足以使该项业务具有商业性,或足以收回研究和开发费用的除外;③涉及国防或国家安全的采购,如果需要的;④已采用过公开竞争性招标,但未有人中标的。

在两阶段招标的第一阶段,采购实体可以广泛征求拟购货物或工程的技术、质量或其他方面的建议,对于符合条件的供应商或承包商,采购实体可以在第一阶段就其投标的任何方面同其进行谈判。在第二个阶段,采购实体邀请符合条件的供应商或承包商对最终确定的规格提出列明价格的最后投标。

3. 限制性招标采购

限制性招标采购方式允许采购实体向有限数目的供应商或承包商发出投标邀请,其条件为:①技术复杂或专门性的货物、工程和服务,只能从有限度的供应商取得。根据这样的原因进行限制性招标,应向所有可提供拟采购货物、工程和服务的供应商征求投标。②采购价值低或研究和评审大量标书所需时间和费用与拟采购货物、程或货物的价值不成比例。根据这样的原因进行限制性招标,应选取足够数量的供应商或承包商,以无差别待遇方式向其征求投标,以确保有效的竞争。③采购实体如果采用限制性招标方式采购,应在指定的刊物上刊登限制性招标的通知。

4. 单一来源采购

单一来源采购方式的适用条件为:①该货物、工程和服务只能从某一供应商或承包商处获得,或某一供应商或承包商拥有对该货物、工程和服务的专有权,采购不存在任何其他合理选择或替代物。②急需获得该货物、工程和服务,采用招标或其他采购方法均不切实际。造成这种紧迫性的情况并非采购实体所能预见,也非采购实体办事拖拉所致。③由于某一灾难性事件,急需获得该货物、工程和服务,采用其他采购方法不可行。④对于已从某一方供应商或承包商采购了货物、设备或技术的,出于标准化的考虑,或者因需要与现有的货物、设备、技术和服务配套,或者考虑到原先的采购能有效满足采购实体的需要,并且与原先的采购相比,拟采购数量有限,价格合理而不适另选其他来代替。⑤采购实体为谋求与供应商或承包商订立一项进行研究、实验、调查或开发工作的合同,但合同中包括的货物生产量具有商业可行性或足以收回研究开发费用的除外。⑥涉及国防或国家安全的采购,如果采用政府采购的方式,并断定单一来源采购最为适当时,可采用此方法。

对于服务采购的情况,《采购示范法》规定了服务采购的主要方法是征求建议书(request for proposals for services),目的是引起各方供应商或承包商的兴趣。服务采购主要方法的特点为,作为一般规则应无限制地征求供应商或承包商的建议,在征求建议中事先公开评审建议书的标准,事先公开在评选过程中将会使用的评选程序(三种选择程序)。根据第一种程序,采购实体对达到一定技术标准以上的建议书直接进行价格竞争;第二种评选程序规定采购实体先同供应商和承包商进行谈判,之后,再由供应商或承包商提出最佳的和最后的报价,这是一种类似征求建议书的程序;第三种程序规定,采购实体同达到最高技术等级的供应商或承包商只就价格问题进行谈判。根据这种程序,采购实体可按评分高低的顺序逐一地同其他供应商或承包商进行谈判,但只有在与前一个供应商或承包商谈判结束后,才能与下一个进行谈判。

(四)《采购示范法》对审查机制与程序的规定

为了确保妥善执行政府采购规则,供应商或承包商在采购实体违反有关采购法的规定,并使其受到或可能受到伤害或损害时,有权向有关部门提出投诉,要求对采购实体进行审查。《采购示范法》认为无论审查程序采取何种具体形式,至为重要的是,应提供充分的审查机会和规定有效的审查程序。

《采购示范法》首先规定供应商有权进行审查,同时又规定三种审查程序,即采购实体自查、上级行政机关审查和司法审查。采购实体自我审查,在尚未授予政府采购合同时尤其应当如此。

《采购示范法》同时还规定了由上级行政机关审查的程序,只要这种程序符合宪法、行政法和司法程序。

最后,《采购示范法》还确认了寻求司法审查的权利,但并不进而涉及司法程序法的事项,这种事项交由适用的国内法去解决。为了一方面维护供应商的权利,维护采购过程的公正无私;另一方面限制对采购过程的干预,《采购示范法》对审查程序又作了一系列的限制,以免供应商滥用审查程序。这些限制包括:对供应商或承包商根据《采购示范法》要求审查权利的限制;对申请审查和案件处理的限制,包括在行政审查级别上的暂停采购进程;留给采购实体自行作出的决定,如不直接涉及对供应商和承包商的公平待遇问题,则这些决定可以排除在审查程序之外。

[资料链接 12 - 3]

我国与联合国《示范法》

联合国的政府采购《示范法》是以国际惯例为基础建立的一个政府采购的法律框架,针对采购实体在各种情况下进行的采购行为规定了原则性的程序和框架,旨在帮助没有政府采购法的国家按国际惯例选定本国的政府采购法规,同时,帮助政府采购制度不健全的国家按市场的要求,完善其政府采购制度。

我国应依据《示范法》的精神制定和完善我国的政府采购法律,充分借鉴《示范法》的有关规定,使我国的政府采购制度做到高起点、标准化和国际化。在法律中明确政府采购的原则、适用范围、采购方法及其适用、采购程序、采购审查等,建立起与国际接轨的政府采购制度,促进我国企业走出国门,与世界各地的企业展开竞争。同时,我们也应该结合本国的国情,充分考虑到我国还是发展中国家,利用好对发展中国家的优惠待遇和保护性条款,从而使得我国政府采购制度在保护国内市场的同时,实现与国际规则的接轨。

资料来源:刘小川,王庆华.经济全球化的政府采购[M].北京:经济管理出版社,2001.

第四节　欧盟与《政府采购指令》

一、《政府采购指令》的形成及共同特点

(一)《政府采购指令》的形成

欧盟(前身为欧共体)目前已经成为全球区域性组织中组合最完全、影响力最大的共同市场。欧盟条约的目标是创立一个人员、货物、服务和资本自由流动的统一内部市场。欧盟货物流通自由化的概念不仅包括以营利为目的的企业间交易的自由化,也包括公共部门之间的贸易自由化。目前,欧盟的公共采购金额占成员国 GDP 的 10% 以上,开放成员国的政府采购市场已成为欧盟的一项重要任务。

欧盟在其区域内建立国际政府采购制度的努力要比关贸总协定通过的《政府采购协议》早13 年。为了消除贸易壁垒,促进货物、资本和人员的自由流动,早在 1966 年,《罗马条约》就规定了政府采购的四项原则,即不能基于国籍进行歧视,禁止对来自其他成员国的供应商或承包商的竞争加以限制;货物的自由流动,禁止采取进出口的数量限制以及对其他货物进出口有同样影响的措施;设立企业的自由;服务提供的自由。但由于这些原则过于笼统,在适用的过程中很难操作。为了把原则具体化、程序化,1992 年欧盟成立后,相继颁布了关于公共采购各个领域的《公共指令》,构成了欧盟的公共采购法律体系。在这个法律体系中有四部指令是关于政府采购的实体性法律,包括公共服务、公共供应、公共工程和公用事业四个指令,在实体法的公共采购指令中,公共采购指令、公共供应指令和公共服务指令的适用范围、程序及其他方面的规定较为相同,而公用事业指令由于其特殊性,涉及私营领域的组织,与其他公共采购指令相比则有比较大的差别。另有两部为程序法指令,包括公共领域救济和公用事业救济两个指令,救济法令规定的是,在政府采购的任何阶段,成员国对违反欧盟公共采购指令的行为所应提供的适当、有效的补救措施。

欧盟的《政府采购指令》是欧盟理事会与欧洲议会共同通过的。《政府采购指令》只规定了一个法律框架,要求其成员国在规定的期限内转换为国家法律,并自行选择转换的形式和方法。如要求"服务指令"须于 1993 年 7 月 1 日前转换完成,成员国必须使其政府机构和公用事业公司的合同授予程序符合指令规定的要求。《政府采购指令》的各项内容对成员国都具有法律的约束力,但即使在《政府采购指令》不要求竞争的情况下,成员国的政府机构和国家的其他部门还必须遵守欧盟条约的义务,尤其是不应当以国籍或它们所在成员国为由,歧视欧盟的供

应商、承包商和服务提供者。

(二)《政府采购指令》的共同特点

1.《政府采购指令》的目标和原则

《政府采购指令》的目标是确保各成员国遵守关于在单一市场中货物和服务自由流动的规定,具体包括:

(1)在欧盟成员国范围内提高采购程序和活动的透明度;

(2)促进成员国之间货物和服务的自由流动;

(3)改善公共供应和服务合同有效竞争的条件。

为了实现这些目标,欧盟通过其指定的指令确认了三项基本原则,即透明度原则、非歧视原则和竞争性原则。

2.《政府采购指令》的适用范围

(1)缔约机构。《政府采购指令》所适用的缔约机构通常是指中央、地方和地区政府机关以及公法所管理的或由指令所规定的其他公共机关。公法所管理的公共机关是指为了满足公共利益,由国家、地方或地区当局管理或资助的具有法人资格的机关。每个指令都含有指令所适用的名单附件。其中,公用事业指令的范围更广,它包括一些国有化产业以及交通、能源、水利和通讯领域内提供公用事业服务的私营公司。通常,此类公司都被授予特许权或专有权以履行他们的职能。

在实践中,法院也可以解释缔约机关的定义。为完成某项任务由立法授权设立的机构,即使不是正式的国家机关,也可以被认定为缔约机关。

(2)《政府采购指令》所指的使用合同。《政府采购指令》将政府采购合同分为八大类:公共工程合同、公共工程特许合同、补贴工程合同、公共供应合同、公共服务合同、公用事业许可合同、设计竞争合同、公用事业合同,但每个指令也都规定了免除使用指令的具体条件。

3.采购程序

(1)公告。公共采购领域最重要的程序之一是所有受指令管理的合同必须在官方杂志(official journal,OJ)上发布公告,邀请承包商进行投标,这就是"竞争邀请"(call for competition)。竞争邀请也必须公布在欧洲委员会(European Commission,EC)的计算机信息系统,即每日电子标讯(Tenders Electronic Daily)上。《政府采购指令》规定了四种公告:定期合同预告、使用合格者名单公告、招标公告及授予合同公告。

(2)招标程序。在授予合同时缔约机构必须使用的三种程序是公开程序、限制性程序和谈判程序。除了公用事业指令外,所有的指令都鼓励使用公开和限制性程序,并对使用谈判程序的条件作出规定。公用事业指令允许缔约机构可以选择使用任一程序。

(3)时间限制。每一个指令都规定了缔约机构必须允许投标人呈递标书以及在限制程序和谈判程序下申请投标的最低时间限制。

(4)合同可否谈判。《政府采购指令》的制定是建立在充分预计到缔约机构使用不可谈判合同的基础上的。虽然没有具体要求缔约机构在招标文件中详细列出拟授予合同的所有条款,缔约机构可以根据具体情况自己选择,但《政府采购指令》却要求缔约机构在合同文本中说明要满足的最低规格标准以及可接受变更的程度。如果招标文件中确实包含有合同草案,那么《政府采购指令》的程序规则就要求投标人作出决策:要么接受,要么放弃。

(5)合同文件的提供。根据公开采购程序,缔约机构必须在接到投标申请后的6天内将合同文件提供给有兴趣的投标人,而与合同有关的其他信息必须在投标截止日至少 6 天之前提供。如果不可能在 6 天内提供合同文件或者需要现场进一步提供文件时,时间限制就必须延长。

(6)技术规格。为了避免对外国投标人歧视,缔约机构必须使用欧洲标准或规格,或者实施欧洲委员会标准的国家标准。在得不到这些标准的情况下必须参照(按优先顺序)实施合同的技术规格。缔约机构必须将这些技术规格包括在合同文件中,并对没有使用欧洲标准或通用技术标准的原因作出记录。

(7)选择标准。希望投标的供应商、承包商和服务提供者需要满足具体的目标标准。这些标准包括他们的财物、经济或技术能力。若不能满足这些条件,缔约机构就会将其排除在考虑范围之外。在公用事业领域,缔约机构可以设定自己的标准,只要这些标准是客观的并且每个有兴趣的投标人都能得到。

在公共领域,相关的指令详细列出了使用的资格标准。然而,就财务和经济能力而言,《政府采购指令》只列出说明其符合要求的证明文件类型,而且允许缔约机构要求额外信息。《政府采购指令》允许成员国出于国内政策原因的考虑将某些投标人排除在外,只要这些政策不与欧洲委员会法律相冲突,但通常禁止出现将合同预留给某一特定供应商的现象。

(8)授予合同的标准。缔约机构在决标时可以选择最低报价的投标或经济上最有利的投标。

二、《政府采购指令》的主要内容

(一)公共工程指令

公共工程指令合同是第一个受到欧盟管理的合同,第一个公共工程指令制定于 1971 年,之后进行了无数次修改,目前的公共工程指令是在 1993 年 9 月开始采用的。

1.适用范围

(1)缔约机构。公共工程指令适用于中央、地方和地区机关以及公法所管理的由《政府采购指令》规定的其他公共机构。公法所管理的公共机构,是指由国家出资或控制,具有法人资格,并且不具有工业或商业性质的机构。

(2)适用合同。公共工程指令适用于工程合同,指任何以建筑工程、土木工程和安装工程的设计和施工为目的的所有书面合同。对于公共住房工程,由于要根据其规模大小、复杂程度和工期长短等不同情况要求签约当局、承包商和专家进行早期的合作,所以适用特殊的合同方式,包括住房特许合同、工程管理合同、设计加建设合同等。

(3)适用合同的例外。不适用于公共工程指令的合同包括:公用事业指令所适用的所有合同;依据国际协定,或根据国际组织的程序,或与依据某一协定驻军有关授予的合同;涉及国防的合同或声明是保密合同的。

2.采购门槛

公共工程指令适用于合同价值超过 500 万欧元的建筑工程合同,其价格需考虑所涉及的工程合同的总体价格,包括所有的供应和服务。公共工程指令禁止通过分割合同或采用特殊的计算方法将合同价格置于限额以下,从而规避指令规则的行为。如果将一项工程分割成数个合同,在衡量工程合同是否达到公共工程指令规定的限额时,应该用其合并的价值。

3. 采购程序

(1)公告。除了在有限的情况下不要求竞争邀请之外,所有的工程合同必须以招标通告的形式在官方杂志和标讯电子日报上公告。另外,缔约机构在批准了工程计划之后,也必须尽快公布一个定期合同预告(periodic indicative notice,PIN),列明未来工程合同的细节。在合同授予之后,缔约机构必须在官方杂志和《每日电子标讯》上发布公告,列明授予合同的细节,包括价格、中标承包商的名称以及分包工程合同的比例。

(2)不使用竞争招标的条件。公共工程指令规定,在有限的条件下,可以使用谈判程序而不发出竞争邀请,这一有限条件是指以下几种情况:采用公开招标程序或限制性招标程序没有收到合适的投标,而原有合同的条件又未作出重大的改变;基于技术或专有权等的保护,工程只能由特定的承包商来完成;在出现不可预见的异常紧急的情况下,来不及采用公开招标程序甚至是规定的谈判程序,但异常紧急情况出现的原因并非来自于缔约机构;现存合同项下需要未预料到的额外工程,该额外工程由于经济和技术方面的原因不能同主合同分开,但是该额外工程仍由原承包商完成并且其价格不超过原合同的50%;需要重复完成的类似工程,只要第一个合同是通过竞争邀请授予并且新工程仍由原承包商完成。

谈判程序也可以在邀请竞争的情况下使用,条件是:采用公开招标程序或限制性招标程序没有收到合适的投标,而原合同的条件又未作重大的改变;谈判所涉及的工程纯粹是为了研究和开发,不带任何营利的成分;在特殊情况下,工程的性质或附带的风险不允许进行总体定价。在采用这种谈判程序时,缔约机构必须准备一份报告,说明合同的详细情况和使用该程序的理由。

(3)时间限制。一旦发出竞争邀请,缔约机构必须在一定的最低时限内开始其选定的授予合同程序。时限因所选定的程序而有所不同:

①公开程序。在公开程序下,接受投标的最低时限是从在官方杂志上发出招标公告之日起的52天以内,或者已发布工程定期合同预告之日起的36天以内。

②进行竞争邀请的谈判和限制程序。在谈判程序下,收到投标申请的最低时限是从在官方杂志上发出招标通知之日起的37天以内,紧急情况下可缩短至15天。在限制程序下,收标的最低时限是从招标邀请发出后的40天以内;在发布定期合同预告的情况下,可缩短为26天;在紧急情况下,仍可进一步缩短到10天。

③工程特许合同。如果缔约机构授予工程特许合同,收到投标申请的最低时限是自通知发出后的52天以内。然而,如果特许权人授予此类合同,则收到投标申请的最低时间限制缩短为37天。而接受投标的最低时间限制是在通知发出后或在投标邀请发出后的40天以内。

(4)选择标准。服务提供者要满足完成招标服务所要求的具体标准,主要指完成服务所具有的实力和能力,包括财务状况和经济、技术能力等,并要求服务提供者提供与达到标准相关的各类信息,同时排除如破产、有不当行为的供应商。公共工程指令还规定,成员国可以保留知名服务提供者的官方名单,某机构如果列入本国的官方名单上,则其他成员国也必须认定该机构符合自己的入选名单。

(5)合同授予标准。合同可以授予报价最低的投标人,也可授予经济上最有利的投标人。

(二)公共服务指令

1. 内容及起点价

公共服务指令是指合同部门雇用某人提供服务所签订的合同,而不是指服务特许合同。

这里所提供的服务包括两部分共 27 类：

第一部分包括：①车辆与设备的保养和维修；②陆路运输服务,包括装甲车服务和外交信使服务,不包括邮政运输和铁路运输；③航空运输服务,不包括航空邮政运输服务；④陆路邮政运输服务,不包括铁路和空中邮政运输服务；⑤电信服务,不包括音频电话、电传、无线寻呼和卫星通信服务；⑥金融服务,一是保险业服务,二是银行与投资服务,不包括与证券及其他金融汇票的发行、销售、购买及运输有关的金融服务和中央银行服务(此项的例外是不适用于公共事业部门)；⑦计算机与相关服务；⑧研究与发展服务；⑨会计、审计和记账服务；⑩市场调研和民意测验服务；⑪管理咨询服务和相关服务,不包括仲裁和调解服务；⑫建筑设计服务、工程服务和综合工程服务、相关的科技咨询服务、技术检测分析服务；⑬广告服务；⑭建筑物清扫服务和财产管理服务；⑮交费或按合同出版与印刷服务；⑯排污和垃圾处理服务、环保服务以及与之类似的服务。第二部分包括：⑰宾馆与饭店服务；⑱铁路运输服务；⑲水上运输服务；⑳支援辅助运输服务；㉑法律服务；㉒人事安排与供应服务；㉓调查与保安服务；㉔教育与就业教育服务；㉕健康与社会服务；㉖文化娱乐与体育服务；㉗其他服务。

其中,第二部分的服务不受竞争规则的约束。

这些服务的起点价一般为 20 万欧元,但也有许多例外,除标准例外以外,指令中规定的例外还包括雇用合同、某些电信服务、土地、广播器材和广播时间、仲裁或者调解服务、某些金融和研究服务的合同以及具有专利性质的合同。

2. 采购方式

正常情况下,应该使用公开招标或限制性招标的采购方式,但在下列情况下,竞争性谈判采购方式也可以使用：一是所提供的服务具有风险,禁止估算总价；二是拟采购的服务难以适应招标要求的技术规格。

因技术或工艺原因,或者因与保护专利权有关的原因,拟采购的服务只能由某一特定的人来提供,在此情况下,还可以采用非竞争谈判采购方式。

3. 采购信息发布要求

就第一部分服务而言,在财政年度开始后,必须尽快将采购信息送至官方杂志处。具体要求如下：

(1)采用公开招标采购方式的,投标准备期从信息发送之日起计算,不少于 52 天,在已发布信息时为 36 天。

(2)采用限制性招标采购方式的,申请投标的时间,从信息发送之日起计算,不少于 37 天(紧急情况下不少于 15 天),已发布信息时为 26 天(紧急情况下为 10 天)。

(3)采用竞争性谈判采购方式的,申请谈判的时间,从信息发送之日起计算,不少于 37 天(紧急情况下不少于 15 天)。合同授予通知的期限为 48 天。

对于第二部分服务合同,是否发布合同授予通知,由采购者自行决定。

(三)公用事业指令

第一个公用事业指令于 1990 年 9 月开始采用,涵盖了能源、水利交通和通讯领域。大多数欧盟成员国在 1003 年 1 月 1 日前必须实施,西班牙在 1996 年 1 月 1 日,希腊和葡萄牙在 1998 年 1 月实施。该指令在 1993 年 6 月修订时又加入了关于服务方面的规定,并要求各成员国必须在 1994 年 7 月 1 日实施。

1.适用范围

(1)缔约机构。缔约机构包括:全国、地区和地方政府机构;公法所管理的机构,该机构具有法人地位,由国家资助或控制且不具有工商业性质;成员国以专营执照的形式授予特殊或专有权利的机构,这些机构常常被赋予进行特定经营活动的权利,包括征用或使用财产,或为高速公路安装、架设或铺设设备的权利;向另一具有特殊或专有权的实体供应可饮用水、能源或热暖的实体。

(2)适用的合同。公用事业指令适用于由缔约机构签订的建筑或土木工程,产品供应以及与相关活动有关的服务提供合同。公用事业指令中有关货物、工程和服务合同的定义与公共领域的指令基本相同。其所适用的合同包括框架协议。框架协议是指缔约机构同一个或多个供应商谈判达成协议,确定可适用于其后特定时期内授予合同的标准的条款。缔约机构以指令的规定签订了框架协议后,根据该协议授予的合同不必遵守指令规定的广告要求。

①设计竞赛。设计竞赛的要求较公共服务指令在一定领域内增加了限额,通信领域为60万欧元,其他公用事业为40万欧元。

②服务合同。和公共服务指令相类似,公用事业指令也区分了剩余服务和优先服务,后者适用所有采购规则而前者只受限于有限的要求。

③工程管理合同。对于工程管理合同,与公共工程指令适用的条件相同。

④工程特许合同。公共事业指令明确规定工程特许合同,但通常认为,缔约机构授予的工程特许合同适用于该指令,但非缔约机构特许权人授予的分包合同不能适用指令。

公用事业指令具体适用的合同包括四大类:

第一类,提供或经营与饮用水、电力、燃气、热暖的生产、销售或运输有关的公共服务网络,或向公共服务网络供应此类产品。

第二类,征用某一地理区域勘探或开采石油、天然气、煤及其他固体燃料,或向使用空、海或内陆航道的承运人提供机场、港口或其他重点设施。

第三类,经营铁路、自动化系统、电车、汽车或缆车等公共运输网络。

第四类,提供或经营公共通信网络或提供公共通信服务,但不包括广播和电视。

(3)适用合同的例外。一些合同不适用指令,最主要的是:

与活动无关的合同或同任何成员国无关的合同;依据某一国际协定或由某一国际机构授予的合同;声明是秘密合同或必须采取特殊安全措施的合同;基于转售或向第三人出租而授予的合同,但条件是缔约机构享有从事此项活动的特殊或专有权利并且其他机构在同等条件下不能自由从事此项活动;在电信领域,如果缔约机构同其他实体在同一地区和同等条件下竞争同一服务,旨在使缔约机构能独家供应电信服务的供应合同;授予另一个缔约机构的服务合同,该服务合同符合公共指令的规定,并且授予基础是签约机构根据国家规则所享有的专有权;缔约机构授予其附属机构的服务合同,或如果合资企业由几个缔约机构组成,那么该合资企业授予其中一个缔约机构或该缔约机构的附属机构的合同,但这一免除适用的唯一条件是:在该附属机构前三年的与服务有关的收入中,至少80%来源于向其提供的此类服务;有声和无线电话服务合同,传真和卫星服务合同,不动产合同以及研究和开发合同;水资源公司购买水的合同,能源公司购买燃料或能源的合同。

2.采购门槛

公用事业指令是用于采购货物价值超过以下限额的公共供应合同:工程合同为500万欧

元;电讯供应和服务合同为 60 万欧元;其他供应和服务合同为 40 万欧元。

估算公用事业的合同价值的规定与公共指令相同。计算框架协议的基础是协议期内预计所有合同的最大估计值。供应和服务混合合同的价值是供应和服务的综合,包括定址和安装。禁止分割合同或采用特殊的计算方法规避适用指令,对于分成若干部门的工程合同,应计算各部门的合同总价值以决定是否适用指令,对 100 万欧元以下的部分,只要不超过合同总价值的20%,可不适用指令。

3.采购程序

(1)公告。公用事业合同一般应在官方杂志和标讯电子日报上发布公告,进行竞争邀请。公告必须采用以下形式:招标公告、定期合同预告、使用合格供应商名单体系的公告、合同授予通告。

(2)采购方式。与公共服务指令规定不同是,只要满足一定条件,公用事业单位可以采用任何程序而不用竞争招标。这些条件是:发布竞争邀请后没有收到合适的投标,而且原合同的各项条款没有根本性改变;仅用于研究、试验、学习或开发,没有任何利益成分;基于技术、艺术原因或因为保护专有权,合同只能由特定的承包商完成;不可预见事件导致出现异常紧急情况,无法进行公开招标或限制招标的程序;原供应商的额外供应合同,该合同是对正常供应或安装部分的更换或延伸,更换供应商将会导致技术不相容等问题;未预见到的额外工程和服务,该工程与服务由于经济和技术原因不能与主合同分开,该额外工程和服务仍由原承包商完成;同类合同的重复,只要原合同的授予进行了竞争邀请,该工程仍可授予原承包商或供应商;依据指令授予的框架协议。

(3)时间限制。公用事业指令所规定的时间限制一般要比公共服务指令规定的短。

①公开程序。接受投标的最低时间限制是发布采购通知后的 52 天,或者在发布定期合同预告后的 36 天。

②限制性招标和谈判程序。接受投标申请的最低时间限制一般是发出通知或邀请起的 5 周时间,但在任何情况下不得少于 22 天;接受投标在所有的候选人都有平等的机会递交投标书的情况下,由签约人和投标候选人共同决定。如果没有达成协议,签约机构必须规定一个时间限制,通常要有 3 周时间,至少不能少于发出投标邀请起 10 天。没有规定紧急情况的时间限制。

(4)选择标准。指令规定:在缔约机构对所有的潜在投标人都是客观公正情况下,采购机构可以自行决定选择供应商的标准。缔约机构对有兴趣的各方,也应提供这些标准。

(5)技术规格。在通常的情况下,公用事业合同有尽可能采用欧洲委员会制定的标准和技术规格的义务。但是考虑到公用事业合同的技术特点,公用事业指令比其他领域的指令允许更多的免除适用。

(6)合同授予标准。同其他领域一样,公用事业指令也规定将合同授予报价最低或经济上最有利的投标人。

(7)第三国产品。公用事业指令专门制定了一个第三国条款,针对来自于非欧盟国家,并且也没有同欧盟成员国进行相互间市场准入安排的国家的产品和服务。在一项公共供应合同招标中,原产于第三国的产品比例超过投标产品总价值的 50%,公用事业机构可以拒绝该项供应合同的投标。这□规定仅对投标书所包含产品的原产地做出限制,而与供应商的国籍无关。此外,如果按照合同履行标准,两个以上的投标相当,那么应优先将合同授予投标中来自第三国产品的价值没有超过限额 50%的投标人。在这种情况下,如果价格差异不超过 3%,即可认为是适当投标。

(四)救济指令

如果一投标人感到由于缔约机构不遵守欧洲委员会的采购规则而受到伤害时,可以直接向委员会或其国家法院申诉。在前一种情况下,委员会可以起诉有关的成员国和缔约机构。然而,由于委员会有限的资源,只是在有关大型项目或政治敏感地区的申诉案并且明显违反了指令或委员会其他条约的情况下,委员会才有可能采取行动。即使委员会真的采取了行动,缔约机构也可能不愿采取救济措施。在这种情况下,如果缔约机构不遵守规则的行为可以归因于该成员国的话,唯一的救济方法就是委员会向欧洲法院起诉该成员国违反条约。虽然欧洲法院的确有很大的权利包括取消已经授予的合同,但是这一过程漫长而烦琐。再者,如果合同已经履行完毕,最终诉讼的结果也会变得没有任何实际意义。如果在国家法院起诉,由于缺乏欧盟统一规则,此类案件就依据其本国法律审理,这就会导致所采取措施的有效性在成员国之间的差异。鉴于委员会处理申诉的困难及国家法院审理程序的问题,必须制定有效而统一的国家救济制度以加强政府采购的规则。

1.公共领域救济指令

于1989年被采用的公共救济指令,要求保证在授予公共工程、公共供应和公共服务合同时遵守欧洲委员会的采购规则。指令规定的申诉权利只赋予有兴趣获得特定的产品、工程和服务合同,并已经或正在受到缔约机构违反规则行为的损害的供应商、承包商和服务提供者。

(1)成员国的救济方式。成员国应建立尽可能迅速有效的审查程序对违反欧盟公共采购法律,或违反执行欧盟法的国内规则进行审查。审查机构在处理纠纷时可以采取以下措施:

第一,采取临时措施,以纠正违反行为或防止更大损害;

第二,撤销非法决定,如取消招标邀请或合同文件中的歧视性的技术、经济或财务决定;

第三,补偿受害人损失,成员国可以要求审查机构在决定损害补偿之前撤销其非法决定。

(2)欧盟的救济方法。公共领域救济指令规定,授予欧盟委员会一种职权,即在合同授予前发生了明显违反欧盟规则的情况下,欧盟委员会有权通知成员国及缔约机构,说明理由,限期改正。

欧盟委员会在实施这一职权时,成员国必须在21天内作出答复,包括以下内容:

第一,确认已经实施了违法行为;

第二,说明不予纠正的原因和理由;

第三,合同授予的程序已经中止或撤销;

第四,合同授予程序没有中止或撤销的原因。

如果成员国及缔约机构未上报或者委员会对上报的结果不满意,委员会可随时启动《罗马条约》第169条款,起诉该成员国不履行欧盟规定的法律义务。而欧盟委员会在启动《罗马条约》169条款程序之前没有义务采用纠正机制,也就是说,纠正机制的存在不能成为不启动169条款程序的借口。

此外,欧洲法院也可以发出临时命令,撤销有瑕疵的合同程序或撤销已授予的合同;按照《马斯特里赫特条约》的有关规定,如果成员国不履行欧盟规定的义务,也将受到罚金制裁。

2.公用事业救济指令

公用事业救济指令在1992年开始采用,各成员国必须在1993年1月1日之前将指令转换为国内法。

（1）成员国的救济措施。

①损害救济。申诉人必须提出遭受损害的理由或证明。它包括：对欧洲委员会法律或该成员国法律的违反事实；有获得合同的真实机会的证明；违反的结果使其机会受到了不利影响的证明。与公共领域救济指令相同，公共事业指令在规定撤销违法决定之前，损害赔偿可以独立地进行，一般情况下，赔偿的损失包括准备投标或参加授予程序的成本，有时按成员国的法律还有可能包括损失的利润。

②其他救济。公共事业指令还规定了其他补救措施，包括以下内容：

第一，临时措施。为了防止损害的进一步扩大，指令规定审查机构有权撤销违法决定，包括公告或合同文件中的歧视性决定。

第二，就违反期间的时间长短按日罚金。罚金的数量应对缔约机构具有威慑作用，使其不再违反或不继续违反指令规则。

（2）欧盟的救济措施。

①纠正机制。在这一点上，公共事业指令与公共救济指令的纠正机制相同，但成员国对委员会的答复时间限制为30天。

②调解机制。这是公用事业指令所设置的一个特殊机制。当有兴趣获得公用事业合同的当事人认为自己的利益已经受到或即将受到损害时，可以向委员会或指令附件所列举的国家机关作出调节的请求。若缔约机构愿意参加调解，则实施调解程序，可以由委员会从注册调解员名单中任命一名调解员，也可以由争议双方从注册调解员名单之外进行选择。调解员应给申请人、缔约机构和参与合同授予的其他投标人作口头或书面陈述的机会，并尽可能依据欧盟法规促成和解。但在调解过程中，各方有权退出调解，有权随时终止调解程序，双方必须承担各自的费用以及调解程序的一半费用。

③公证。这也是公共事业指令设置的特殊程序。为了取得证明缔约机构符合欧盟法律和其国内法律的要求，缔约机构可以选择就其合同授予程序和做法，定期接受独立的公证员的检查。公证不产生法律效力，只证明缔约机构在一段时间内是否遵守了政府采购规则，公正结果可以在官方杂志上发表。公共领域救济指令和公用事业救济指令都要求成员国对违反公共采购规则的行为提供适当的欧盟和本国法律救济方法。这两个指令包含有相似的条款，但在国家一级上，对公共领域的救济范围受到更多的限制，只有公用事业领域才有调解和公证制度。

3. 附加救济方法

欧洲法院确立了欧洲委员会法律高于国家法律并可直接生效的一般原则。

这一原则使欧盟的国民无论在其本国的法庭上或向委员会申诉时都可直接援引指令规则。因此如果成员国不能按期履行其正确实施指令的义务，那么该成员国不能损害申诉人直接依赖指令的权利。

第五节　亚太经济合作组织与《政府采购非约束性原则》

一、《政府采购非约束性原则》的形成与特点

《政府采购非约束性原则》是亚太经济合作组织准备在其成员国（或地区，下同）范围内建

立的一套具有强制约束性的过渡性原则,以此推动各成员国逐步开放政府采购市场。

在亚太经济合作组织(APEC)中,各成员国经济发展水平参差不齐,既有美国、日本这样的发达国家,又有菲律宾、越南这样的发展中国家。就政府采购制度而言,发达国家多已开放了政府采购市场,市场规范,制度健全;而发展中国家由于市场经济不发达,大都尚未建立政府采购制度,有的甚至还未将政府采购制度的建立纳入议事日程。在这种情况下,在亚太经济合作组织内部,实行一套强制性的约束性原则是不必要的,也是不现实的。因此,亚太经济合作组织首先考虑制定非约束性原则,让发展中国家进一步理解政府采购制度,促使其进一步建立政府采购制度,从而尽快将亚太经济合作组织各成员国的政府采购制度统一起来。

亚太经合组织将政府采购纳入自由化进程始于1994年的《茂物宣言》,该宣言确定了亚太经济合作组织贸易与投资自由化的时间表,要求各成员国最迟于2020年相互开放政府采购市场。此后又确定了成员国政府采购制度的目标,一要在成员国间逐步统一政府采购政策与体制;二要相互开放政府采购市场。1995年12月,亚太经济合作组织部长级会议在日本的大阪举行,会议通过的《大阪行动议程》中,将政府采购列入亚太经济合作组织贸易与投资自由化的15个具体领域之一。会后,亚太经合组织投资委员会成立了由各成员方参加的政府采购专家组,负责具体落实有关政府采购要求的相关工作。

为了实现总体目标的要求,亚太经合组织成员将分步骤进入政府采购市场的开放阶段。第一阶段为1996—2000年,在这个阶段内,要调查、收集各成员的政府采购法规,建立相关的信息数据库,公布各成员的政府采购信息。第二阶段为2010年前,是政府采购非约束性原则的形成阶段,该阶段着重于推进政府采购对话机制,促进亚太经济合作组织各成员方政府采购信息的进一步交流,寻求建立区域性非约束性的政府采购规则,制定亚太经济合作组织《政府采购非约束性原则》并由发达国家(或地区)的成员率先执行。第三阶段为2010—2020年,是各成员继续遵守非约束性原则的阶段和建立约束性原则的阶段,也是非约束性原则向约束性原则的过渡阶段。到2020年,要全面实现开放政府采购市场的总目标,要求各成员遵循《政府采购约束性原则》,最终实现成员范围内的政府采购自由化。

二、《政府采购非约束性原则》的主要内容

亚太经合组织制定的《政府采购非约束性原则》,实际上是亚太经合组织的政府采购准则,它是许多具体原则和要求的总称。目前,亚太经合组织在广泛征求各成员意见的基础上,拟提出进行讨论的原则包括透明度原则、公开和有效竞争原则、物有所值原则、公平交易原则和国民交易原则。目前,经讨论并确定的原则只有透明度原则,它是于1997年8月在加拿大纽芬岛召开的亚太经济合作组织采购专家组第六次会议上讨论通过的。1998年2月,在马来西亚召开的专家组第七次会议上,讨论了非约束性原则的另外两个具体原则:公开和有效竞争及物有所值原则,但这两个原则还未得到投资委员会的确认。下面只简要介绍透明度原则的基本内容。

透明度原则的基本内容是:有关采购信息应通过各种稳定广泛的媒体,持续及时地向所有感兴趣的团体发布。其中的采购信息是指有助于潜在供应商作出非正式决策的信息;稳定广泛的媒体是指固定的、专门的发布渠道或影响力较大的传媒渠道;持续及时是指长期保持制度的透明性,将信息的更新、变化和附加信息及时通知有关团体。尽管如此,透明度原则并不意味所有的信息都必须公布。对于商业上的敏感信息,发布后将不利于公平竞争、妨碍法律的实施、违反公

共利益或不利于经济安全的信息等可以保密,但因保密而不公布此类信息时,应说明原因。

(一)《政府采购非约束性原则》对采购总体运行环境的规定

《政府采购非约束性原则》要求亚太经合组织的各成员必须公布有关政府的法律、法规、条例、司法决定、管理规则、政策、采购程序及其运作过程。公布这一过程的目的是为了增进成员国之间对各自政府采购制度的相互了解,在亚太经济合作组织区域内逐步形成统一的政府采购规则体系,也使供应商懂得政府采购的游戏规则。落实这一要素的措施包括:公开发布"游戏规则";发布开放实体名单或非开放实体的名单;公开法规政策的任何变化情况;建立信息联系网站;尽可能将以上信息输入因特网上亚太经济合作组织政府采购的子目录中。

(二)《政府采购非约束性原则》对采购机会的规定

采购机会的公开透明将鼓励更多的供应商参与竞争,为采购实体提供更多的选择机会,提高政府采购资金的使用效率,具体内容为:政府采购一般要采用公开竞争招标采购方式,如果采用其他采购方式,需要在采购邀请书中说明具体的采购方法;如果采用公开招标的方法,应至少在一家媒体上发布采购公告,如官方杂志、政府公报、报纸、专业刊物、网络及大使馆、领事馆的宣传材料等;应给有兴趣的供应商留有充分的时间进行准备并提交报价;公布采购实体的具体联系地点,表明他们对所要采购的产品和服务的兴趣所在;对于高价值、复杂的采购可以采用两阶段性招标程序,每个阶段都要给有兴趣的供应商留有充分的时间准备作出实质性的反应。

(三)《政府采购非约束性原则》对采购要求的规定

所有作出实质性反映的信息都应全部公开。落实这一要求的具体措施包括:采购须知的内容应包括产品和服务的性质、特性、数量、交货数量、交货时间、截止日期、招标文件的获得、投标地点的联系方式;及时公布上述信息的变化情况;应招标人的要求,及时提供招标文件及其他信息;利用国际的或其他标准,根据性能或运行特点制定技术规格。

(四)《政府采购非约束性原则》对评标标准的规定

所有的评标标准都应当是透明的,并要严格按照评标标准授予合同,保证采购的公正性和统一性。落实这一要求的具体措施包括:在采购须知或招标文件中明确评标标准,包括优惠条件;作好采购记录。

(五)《政府采购非约束性原则》对授予合同的规定

合同的授予应当是透明的,这是政府向供应商及公众表明其信誉的方式。落实这一要求的具体措施包括:公布投标结果,包括中标供应商的名称和标的价值,公布签约的时间和地点;将评标结果及时通知未中标的供应商,对未中标的问题作出答复,退还投标保证金。

(六)《政府采购非约束性原则》对申诉途径的规定

寻求申诉的途径是透明的,这是使采购程序保持公正、公开、公平的重要保障,有利于维护政府在公众中的信誉,具体内容为:指定一个团体或人员负责处理供应商对采购过程提出的申诉,建立一个独立的机构处理申诉问题;处理申诉的程序应当公开;申诉程序对国内和国外的供应商应该平等适用。

第六节　我国政府采购国际化

政府采购国际化是世界经济一体化和国际贸易全球化的必然结果,所谓政府采购国际化是在贸易自由化进程中,国家间因相互开放政府采购市场而导致政府采购政策、体制及制度同质化或纳入国际规制的趋势。随着我国经济的发展,对外交流与合作的深入开展,政府采购的国际化进程不断加快,领域也不断扩大。财政部先后建立了中国—欧盟政府采购对话机制、中国—美国政府采购技术性磋商机制;参加了 APEC 政府采购专家组、联合国贸易法委员会政府采购工作组会议,并以观察员身份参加 WTO 政府采购委员会活动;先后与澳大利亚、新西兰和韩国在自贸区框架下开展政府采购谈判。因此,关注和追踪我国政府采购的国际化进程,充分预测和分析国际化进程中将面临的诸多问题,调整相关政策,并提出相应解决对策,使我国政府采购领域合理有序开放,对促进我国对外经济的持续、良好、健康发展具有重要意义。

一、我国政府采购的国际化已成必然趋势

在经济全球化和贸易自由化的趋势下,作为 WTO 成员方,我国必须积极参与国际组织和协议,加快推动我国政府采购制度的完善与改革,为我国产品抢占国际采购市场打下良好的基础。与此同时,欧美等发达国家通过有关渠道不断向我国施加压力,促使我国尽快加入 WTO《政府采购协议》。由此,我国加入《政府采购协议》并开放政府采购市场是必然趋势。

(一)外资引进间接开放了政府采购市场

实行优惠政策在吸引外商投资方面起到了巨大的促进作用。跨国公司的进入不仅带来了资本和技术,更值得关注的是其进入显著地改变了国内产品市场的供需关系和市场运行机制。中央政府采购网于 2009 年公布的"2009—2010 年中央国家机关汽车协议供货汽车厂商名单"中的 38 家汽车厂商,其中包括 21 家自主品牌企业,同时也包含宝马、奔驰等外资品牌。跨国公司及外资进入中国的同时早已导致政府采购市场的国际化。

(二)国际金融组织的资助开放了政府采购市场

改革开放以来,中国接受了来自世界银行和亚洲开发银行为代表的国际金融组织的项目资助,这种资助要求采购必须按照国际上的规范方式向各国的供应商进行平等开放,允许他们进行公平竞争。这种资助规模一直以来对中国的经济发展起到了非常重要的作用,据此,中国政府采购的相当一部分其实早已不得不对外开放了。因为在外国和国际金融机构贷款的项目采购中,必须按照国际规则,实行国际性竞争招标投标,国外许多企业通过这个渠道已经进入中国的政府采购市场。在最近的 30 年里,中国实际使用国际金融机构和外国政府援助性贷款超过了 1400 多亿美元。如上海苏州河治污工程、北京地铁、首都机场等项目都接受过来自国际的资金和技术援助。

国内供应商也积极投标世界银行贷款项目。世界银行于 1951 年将国际竞争性招标作为一种极好的采购方式加以推广,结果证明,采用这种方式进行采购,能够很好贯彻世界银行对采购的基本要求。在实践中,国际竞争性招标采购的金额占贷款采购总金额的 80% 左右,在中国的世界银行贷款项目中,国际竞争性招标采购的金额也占贷款采购总金额的 70% 以上。

(三)联合国希望不断加大在中国市场直接采购的额度

随着联合国采购活动逐渐向欠发达地区倾斜,发展中国家的成交总额已经超过了发达国家,联合国从各供应国采购的所有物资中,有约 20% 其实是"中国制造",但与中国直接交易的份额却一直在 1% 左右徘徊。这意味着大量的"中国制造"是通过第三方供应国或其他渠道转入联合国采购系统。联合国采购报告指出,浙江宁波很多文具企业都曾给联合国供货,但几乎所有产品都是通过欧美中间商的品牌和名义进入联合国采购系统,企业只赚到一些微薄的加工费,也没有成为联合国的直接供应商,与中国贸易大国的地位很不相称。除了自身办公所需

外,联合国采购的商品和服务大多针对发展中国家以及贫困地区人口,对商品最主要的要求是质量、安全和实用,加之采购商品多达 1 万多种,因此特别适合中国现阶段各类企业参与。联合国及其他许多机构都已感觉到中国商品在质量、信誉方面所取得的巨大进步,采购门槛也不高,加之中国商品的价格优势,因此都愿意加大在中国市场的直接采购。

(四)充分发挥政府采购调控社会经济的作用的必然要求

中国的政府采购法在制定过程中,很大程度上参考了联合国示范法 1994 年的版本《货物、工程和服务采购示范法》,尤其是采购方式和采购程序方面。但由于中国政府采购的宗旨是"提高政府采购资金的使用效益,维护国家利益和社会公共利益,保护政府采购当事人的合法权益,促进廉政建设",第九条在定标时该如何执行没有规定,致使公共政策职能关注不够。此次示范法修订增加了考虑社会经济政策这一条,即增加"本国采购条例或其他法律规定允许或要求采购涉及的程序中考虑到的本国社会、经济、环境政策,而不是仅仅完全考虑经济技术优势",将对中国的政府采购市场产生重大影响。

(五)中国已着手多边和双边共同开放政府采购市场

一方面,中国正在积极实施自由贸易区战略,很多正在谈判或即将开始谈判的国家和地区都已经加入 GPA,如挪威、冰岛、瑞士、日本、韩国、我国台湾地区等。他们在谈判中也很有可能提出政府采购方面的要价。中国政府也于 1996 年向亚太经合组织提交的单边行动计划,明确表示最迟于 2020 年与亚太经合组织成员对等开放政府采购市场。所以,对中国政府采购市场而言,开放是必然的趋势。

另一方面,加入 GPA 谈判是中国入世承诺之一,虽然中国并未承诺在入世同时加入GPA,但仍然表示将"自加入时起成为《政府采购协议》观察员,并将尽快通过提交附录 1 出价,开始加入该协议的谈判"。因此,启动并开展加入 GPA 谈判首先是中国履行加入 WTO 承诺的需要。

二、政府采购国际化对我国的影响

开放政府采购市场具有两面性,加入 GPA 可以享受他国开放市场的好处,同时也要承担开放本国市场的义务和责任,对像我们这样一个政府采购制度建立时间不长的发展中国家而言,可以说是机遇和挑战并存。在短期内,国内企业还是会受到不小的冲击,但从长远发展来说,逐步开放我国政府采购市场,对我国政府采购市场的发育、采购主体的成熟、有关采购法规制度的健全,特别是对政府管理的开放、透明和防止腐败都有着积极的促进作用。具体体现在以下几方面:

(一)积极影响

1.完善公共市场体系,促进政府廉政建设

开放政府采购市场意味着要按照国际组织所要求的非歧视、透明化等原则来进行,这将有助于我国公开、公平、公正的公共市场体系的建立,使我国政府采购市场得到迅速发育和规范,市场经济体系更加健全,经济发展将呈现明显的开放性、互融性和法治性。同时,政府采购市场的开放将促使我国政府采购法律更加完备,采购操作机制更加健全,并有助于防止公共采购市场腐败,促进政府廉政建设。

2.提高行政管理效率和公共服务质量

一方面,开放政府采购市场可以使国内采购人在很大程度上摆脱购买国货规则的限制,有权更为便利地获得更优质的包括外国产品和外国供应商提供的服务和工程,从而提高行政管理效率和公共服务与设施质量。另一方面,由于政府采购市场开放会引发国际供应商间的竞争,通过竞争可以提高我国技术引进的档次,从而提高政府采购的效率,合理利用国家财政资源。此外,开放政府采购市场还可以强化国内竞争环境,通过为企业提供均等的商业机会,促使企业提高效率,为企业发展提供良好的市场环境。

3.开拓国际政府采购市场

政府采购市场是世界贸易重要组成部分,但政府采购市场的开放是对等的,要想进入其他国家的政府采购市场,必须以开放本国政府采购市场为前提。例如,《美国贸易法案》规定,不允许美国政府部门向没有和WTO、GPA组织签署协定的国家采购商品和劳务,也就是说,没有参加GPA且没有对美国对等开放政府采购市场的国家或地区,均被排除在美国联邦采购的范围之外。以前,我们的政府采购可以采购外国产品,而我国的民族品牌却难以进入到外国的政府采购市场。

4.增强企业国际竞争力

政府采购市场的开放,必将对国内企业形成一定的压力和动力,促使其面向市场组织生产,这将有助于国内企业不断改进技术和加强管理,提高产品质量和服务水平,从而从整体上提高国内企业在国内外市场上的竞争力及抵抗风险的能力,有利于尽快打入国外政府采购市场,获取更多的中标机会,从而扩大产品出口,并不断开拓对外经济合作新渠道,在世界经济竞争中占据一席之地。

5.合理解决国际政府采购活动中的争端

GPA争议处理制度的最大、同时也是WTO其他争议解决制度中绝无仅有的特点,是允许供应商在质疑程序中直接引用GPA的规定主张自己的利益,并对其他方因没有履行协定中的义务,或执行的措施同协定规定存在冲突而造成其利益受到直接或间接的损害或诋毁,或者该协定目标的达成受到任何阻碍时,可以通过磋商和争端解决机制,求助于《关于争端解决规则和程序的谅解》中的条款以达成相互满意的解决方案。GPA还对质疑和争端解决的时限作了具体规定,这些规定将为我们合理地解决国际政府采购活动中的争端、保护自身利益提供有力的法律武器。

6.提高国际贸易中的谈判地位

随着经济全球化、贸易自由化的不断深化和竞争的不断加剧,政府采购市场必将逐步由封闭走向开放,作为一个具有巨大潜力的特殊的消费市场,政府采购市场在对外经贸关系中的地位必将越来越重要。由于我国政府采购市场拥有巨大的发展空间,我国政府采购市场的开放政策也必将为世人所关注,因此,运用好政府采购市场开放政策,将有助于提高我国在WTO中的地位,提高我国在国际贸易中的谈判地位。

[案例分析12-3]

我国政府采购的国际化

我国某隧道股份有限公司是一家具有40年隧道施工历史的隧道施工专业公司,从20世纪90年代开始分别承建了我国香港地区和新加坡的地铁和排污隧道项目,尤其是从2001年到2005年,以总承包商的身份,一举中标了新加坡地铁环线的3个标段,合同金额达9亿新币,赢得了很好的声誉。在"走出去"的过程中,该公司还与法国的布依格公司、奥地利的阿尔波内、瑞典的NCC等公司建立了良好合作关系,从而积累了一定的进入欧盟市场的经验。

2005 年年初,该公司新加坡分公司通过奥地利阿尔波内公司获悉,希腊首都雅典将建造一个地铁延伸段工程,造价约为 3.5 亿欧元。阿尔波内公司是一家奥地利的知名建筑企业,与该公司有着多年良好的合作关系。由于该公司在新加坡隧道工程中的突出成绩,阿尔波内非常希望再次与该公司合作参与希腊工程,加入一个由中国、奥地利、希腊和美国公司共同组成的联营体对该工程进行投标。该公司认为这是进入欧盟建筑市场的契机,于是立即着手投标准备。随后取得工程参与比例的 23%,份额名列第二。

然而,当该公司更为积极地与欧盟成员国的公司加大合作力度时,却遇到了难以逾越的障碍。因为上述雅典地铁延伸段工程招标文件中商务条款有一条规定,投标公司必须来自WTO 正式成员,并签署过 WTO 的 GPA,由于我国政府还未签署该项协定,中国公司无法参与工程投标。这个结果不仅令中方公司颇为失望,奥地利阿尔波内公司也表示非常遗憾。在他们看来,由于欧盟关于政府采购协定的限制,使他们失去了一个具有很强技术能力的合作伙伴,也降低了他们的竞争实力。他们还认为,与中国公司的合作将大大提高中标的可能性,尽管如此,该公司没有放弃努力,而是通过其他渠道积极争取让该公司加入联营体中,并与业主进行了协商,但是既定的条款始终成为中方公司加入的鸿沟。该事件的发生,对中国公司进入欧盟市场的项目产生了很不利的影响。不久,上述隧道公司获悉爱尔兰也将建地铁项目,然而也由于同样的原因使其不得不放弃机会。对此,该公司副总经理曾痛心地表示:"这就像一道屏障挡在中国公司面前,迫使我们不得不调整进入欧盟市场的时间表。"

由此可见,加入 GPA 有利于中国企业开拓海外政府市场。只有加入 GPA,在一定程度上开放我国的政府采购市场,他国才能对我国开放政府采购市场,我国有竞争实力的产业和企业才可以利用市场准入和国民待遇原则,在平等的基础上参与国际市场竞争,才能在国际政府采购市场中发挥自己的比较优势并占据一席之地。但我国发达的是劳动力密集的制造业,这些产业有较强的参与国际政府采购市场竞争的能力,而软件、电脑、汽车等高新技术产业的竞争力不强,很难在国外政府采购市场中立足。如此看来,加入 GPA 只会给中国企业一张海外政府采购市场的"准入证",而"国货"是否能真正攻入国外政府采购市场还是一个需要具体分析的未知数。

资料来源:张家瑾. 我国政府采购市场开放研究[M].北京:对外经济贸易大学出版社,2008.

(二)消极影响

1.相关弱势产业受到冲击

开放我国政府采购市场对我国经济的最大影响是对相关弱势产业的冲击,例如软件、汽车等高新技术产业可能会受到一定冲击。GPA 禁止使用抵偿办法,这对以前实行当地含量、技术转让、合作生产要求等规定的产业和相关企业参与竞标也十分不利。但我国在谈判加入GPA 时,可充分运用 GPA 对发展中国家特殊与差别待遇的规定,在不违背 GPA 原则的前提下,合理保护国内产业,控制政府采购市场开放度。

2.整体上将影响我国在政府采购市场的外贸平衡

我国企业由于缺乏竞争力,打入国外政府采购市场的能力有限,因而很难在国外政府采购市场中立足。而我国占有优势的劳动密集型产品和服务领域的政府采购,其规模在我国政府采购总规模中所占的比重相对来说又很少。与此相反,发达国家和经济相对发达的发展中国家和地区的产品和服务,将凭借其良好的性能、完善的营销网络和售后服务占领我国市场。因而,一旦开放政府采购市场,从整体上将影响我国在政府采购市场的外贸平衡。

3.国家信息安全和经济安全受到挑战

开放政府采购市场会带来安全问题,一是信息安全,我国当前的信息产品可能存在很大的安全隐患(王从虎,2008);二是经济安全,核心技术如果在国内得不到扶持,将会永远受制于人。

4.经济和社会不稳定性风险加大

我国开放政府采购市场,加入 GPA 后,以往依靠政府订单生存的一些企业,如部分软件企业和汽车制造业,极有可能因此减少甚至失去原有订单,部分现有从业人员的失业风险加大,从而增加了经济的不稳定性。如果社会保障措施不能及时跟进,社会不稳定性的风险继而加大。

三、建立与国际接轨的政府采购制度

(一)国际化政府采购制度的特点

通过研究西方发达国家,如美国、英国、法国等的政府采购制度,国际经济组织的政府采购规则和一些政府采购开展比较早、制度比较成熟的发展中国家,如新加坡、韩国的政府采购制度,我们发现,比较完善的政府采购制度都具有如下特点:

1.完善的公共采购法律体系

美国联邦政府的采购法律明确分为基本法律和实施细则两部分,联邦和地方还通过众多的条例和细则完善政府采购。欧盟在公共采购方面都制定了基本法律,以《公共指令》作为基本法,并在基本法律原则的指导下制定了实施条例。欧盟各国的采购立法也都是以《指令》为基础的,尽管各国可以在某些程序性问题上有不同的规定,但在原则上必须和欧盟法律公共指令相一致。

2.完善的政府采购操作程序

(1)有明确的目标及原则。各国政府采购制度的建立一般都以促进财政经济节约的目标及其他具体的社会经济目标的实现作为其根本使命。基本原则包括采购的透明度原则、竞争性原则、公平性原则等,这些原则贯穿在整个采购过程中,成为一国政府采购活动的灵魂。

(2)以招标程序为主、适应各种采购环境的完整采购程序。各国政府采购法律都对政府采购的主要方式及其限制条件作出明确规定,将公开招标采购方法作为政府采购的首选方法,规定在一般情况下采购机构必须采用公开招标。从而既保证了政府采购的公开、公平、公正、经济等原则,又最大限度地促进了政府采购经济节约目标的实现。

(3)精简但又高效的采购管理体制。将政府机关所使用的一切物资或服务的采购与供应都集中于政府所设立的特定机构进行,也即集中采购制,渐成各国实行政府采购组织管理的统一模式。

(4)完善而有效率的救济程序。救济程序是有效的政府采购制度必不可少的一项内容。各国都在其采购法律中规定了这种程序,允许采购双方通过司法的、行政的等手段对不当的采购行为提出质疑。

(5)专业化的公共采购机构和采购队伍。美国联邦政府总务管理局专门负责联邦政府民事部门的采购供应工作,国防部、民航局等也设立了专门采购机构,负责本部门的采购业务。

(二)与国际接轨过程中的我国政府采购制度发展策略

在经济全球化的背景下,我国必须借鉴西方国家和一些政府采购制度发展富有成效的发展中国家的经验和教训,结合我国的国情,建立起具有中国特色的并能与国际政府采购规则有效接轨的政府采购制度。

1.渐进性策略

世界市场是统一的,如果我国不开放国内采购市场,他国也不会对我们开放,我国企业将失去国外庞大的采购市场。政府采购市场的开放是必然趋势,但市场的开放一定要讲究渐进性和次序性。日本、韩国、中国香港等国家和地区都是在本国或本地区完全成为外向型经济国家后才加入《政府采购协议》,美国在加入《政府采购协议》后,依然在电信等某些领域不对国外供应商开放。所以我国必须加强研究,依据我国的经济发展水平、各行业的发展水平和产业政策的需要,确定市场开放的范围和层次。先对外开放有一定竞争优势、能与跨国公司相抗衡并能抵抗外资入侵的行业,如计算机硬件、办公设备、纺织等,后开放竞争力较弱的行业,如邮电、电信、金融保险等服务业。

2.倾斜性策略

开放政府采购市场的前提是对民族产业的适当倾斜。鉴于我国经济存在着深层次的结构性矛盾,在我国政府采购市场尚未开放之前,配合国家的产业政策,通过制定有利于保护民族工业的采购方法,通过对供应商的择优以及为其创造平等的竞争环境,完成我国市场的契约化过程,从经济全球化的政府采购实现经济结构的优化。

3.配套性策略

政府采购制度的建立和完善需要其他方方面面改革的配套进行。我们应充分意识到,我国是在社会主义市场经济尚未完全建立的前提下开始逐步建立政府采购制度。作为政府采购主体之一的微观基础企业没有真正形成“自主经营、自负盈亏”的硬约束机制;政府采购实体和采购主管部门的职能还没有彻底转变,还不能适应市场化的需要;各种市场主体的竞争环境和竞争条件不对等,使各类主体难以在同一起跑线上展开竞争,而且各类市场竞争主体的市场机会不均等,不平等的竞争必然导致不公平的结果,从而会使政府采购政策的公平竞争的机制失灵。作为政府采购客体的要素市场发育不充分,市场的信号机制不灵敏,而且还没有形成一个统一的市场体系。这都成为政府采购制度完善的极大障碍。

政府采购市场的发育需要经历一个漫长的过程,制度的完善和创新同样需要一个长期的过程,但面临经济全球化的挑战、短期内国际采购规则加入的要求,我国必须加快政府采购制度的建设步伐。

本章小结

1.世界贸易组织制定的《政府采购协议》是在《政府采购守则》的内容进行大幅度调整后,形成了世界贸易组织(WTO)的《政府采购协议》。该协议于1994年4月15日在马拉喀什按照自愿原则由部分世界贸易组织成员方签署,但这一协议仅是作为世界贸易组织的附属协议,由世界贸易组织成员方美国、加拿大、欧盟15国、冰岛、以色列、日本、韩国、列支敦士登、荷属阿鲁巴岛、挪威、新加坡、瑞士等国家和地区(包括我国香港地区)缔约参加,另外还有一些世界贸易组织成员方正在申请加入。

2.《政府采购协议》是世界贸易组织协会附件4中的四个单项贸易协议之一(其他三项分别是《民间航空器贸易协议》《国际牛肉协议》和《国际奶制品协议》),它只对接受协议的国家有效,并且没有规定一揽子接受的义务。

3.《国际复兴开发银行贷款和国际开发协会信贷采购指南》(简称《采购指南》)于1964年首次出版,之后,世界银行不断对其进行修改和完善。最大的一次修改是在1985年,1996年1

月和 8 月又作了两次补充修改,修订后的《采购指南》分为三个部分,另外还有四个附件。

4.世界银行制定《采购指南》的主要目的就是,通过贷款,运用采购方面的经济政策,促进成员国经济的发展,尤其是发展中国家经济的发展,并加强对贷款的全方位监督。世界银行的成员国有 180 多个,而世界银行的工作人员是有限的,他们不可能参与每一项采购活动,但是通过制定《采购指南》,明确采购方式及适用条件,规定采购程序规则,就可以使借款国在利用世界银行贷款从事采购活动时,能够按统一规则来规范化运作。

5.《采购示范法》并不是真正意义的法,不具有任何的法律效力,对各成员国的行为不具有约束力。制定该法的主要目的在于:使采购开销尽量节省和提高效率;促进和鼓励任何国家的供应商和承包商参与,促进国际贸易发展;促进供应商和承包商为供应拟采购的货物、工程和服务进行竞争;规定给予所有供应商和承包商以公平和平等的待遇;促使采购过程诚实、公正,提高公众对采购过程的信任;使有关采购的程序具有透明度。这些目标对于提高采购的透明度、节约财政资金、杜绝腐败和促进国际贸易有着积极的意义。

6.《政府采购指令》的目标是确保各成员国遵守关于在单一市场中货物和服务自由流动的规定,具体包括:在欧盟成员国范围内提高采购程序和活动的透明度;促进成员国之间货物和服务的自由流动;改善公共供应和服务合同有效竞争的条件。为了实现这些目标,欧盟通过其指定的指令确认了三项基本原则,即透明度原则、非歧视原则和竞争性原则。

7.亚太经合组织制定的《政府采购非约束性原则》,实际上是亚太经合组织的政府采购准则,它是许多具体原则和要求的总称。目前,亚太经合组织在广泛征求各成员国意见的基础上,拟提出进行讨论的原则包括:透明度原则、公开和有效竞争原则、物有所值原则、公平交易原则和国民交易原则。

8.政府采购国际化是世界经济一体化和国际贸易全球化的必然结果。所谓政府采购国际化是在贸易自由化进程中,国家间因相互开放政府采购市场而导致政府采购政策、体制及制度同质化或纳入国际规制的趋势。

关键词

国民待遇和非歧视原则　　国际竞争性招标　　有限国际招标　　自营工程　　政府采购国际化

本章案例或专栏资料分析题

1.阅读案例分析 12-1,结合案例内容,了解《政府采购协议》的发展历程,并分析对我国现阶段政府采购制度发展的借鉴意义。

2.阅读资料链接 12-1,结合《政府采购协议》的内容及特点,分析我国积极加入开放政府采购市场的原因。

3.阅读案例分析 12-2,结合《政府采购协议》相关规定,分析"联想安全门"事件对中国政府采购制度的启示。

4.阅读资料链接 12-2,结合《采购指南》的内容及特点,查阅资料,了解我国与世界银行的合作进程及内容等。

5.阅读资料链接 12-3,结合联合国的政府采购《示范法》的内容,分析我国应如何正确处理我国与政府采购《示范法》的关系。

6.阅读案例分析 12-3,结合政府采购对我国的影响,分析我国应如何应对政府采购的国际化。

附录 政府采购案

案例一 资质非 往日不可追

一、案例材料

20××年5月3日,C采购人委托W招标公司,就该单位"信息网络及服务器采购项目"进行公开招标。5月5日,W招标公司在中国政府采购网发布招标公告并发售招标文件。

5月8日,投标人H公司向W招标公司提出质疑,称:本项目的招标文件将"计算机信息系统集成一级(含)以上集成资质"作为资格条件,属于以不合理条件对供应商实行差别待遇或者歧视待遇,要求删除该资格条款。W招标公司答复质疑称:W招标公司在综合考量了项目采购内容、所需专业技术复杂性等特殊情况后,才将"计算机信息系统集成一级(含)以上集成资质"作为投标人的特定资格条件,符合《中华人民共和国政府采购法》第二十二条的规定,不属于以不合理条件对供应商实行差别待遇或者歧视待遇。H公司对W招标公司的质疑答复不满,向财政部门提起投诉。

本案争议的焦点是,"计算机信息系统集成资质"能否作为投标人的资格条件。因此,财政部门核查了本项目的招标公告、招标文件等材料。经审查,招标公告及招标文件中设置了"投标人须具备计算机系统集成一级(含)以上资质"的资格条件。W招标公司在发售招标文件之前,将编制完成的招标文件交C采购人确认,在得到C采购人确认同意后发售招标文件。另查明:国务院在2014年1月28日《国务院关于取消和下放一批行政审批项目的决定》中已经明确将"计算机信息系统集成企业资质认定项目"取消。同时,由中国电子信息行业联合会颁发的"信息系统集成一级资质"要求申请企业"注册资本和实收资本均不少于5000万元,或所有者权益合计不少于5000万元"、"近三年的系统集成收入总额不少于5亿元,或不少于4亿元且近三年完成的系统集成项目总额中软件和信息技术服务费总额所占比例不低于80%"。

二、案例分析

本案反映了政府采购活动中出现的几个相关问题:

一是采购人、代理机构可以根据采购项目的特殊要求,规定供应商的特定条件,但不得以不合理的条件对供应商实行差别待遇或者歧视待遇。本案中,虽然W招标公司认为其将信息系统集成资质作为投标人资格条件与项目的特殊要求存在关联性,但是在开展本项目采购活动时,信息系统集成资质已经不再是法定资质,不应列入采购文件,且由中国电子信息行业联合会颁发的计算机资质对企业的注册资金、营业收入等规模进行了限制,违反了《政府采购促进中小企业发展暂行办法》(财库〔2011〕181号)第三条的规定。因此,信息系统集成资质不能作为投标人的资格条件。本项目将这一资质作为实质性条款,违反了《中华人民共和国政府采购法》第二十二条、第三十六条及《中华人民共和国政府采购法实施条例》第二十条的规定,构成对供应商实行差别待遇或者歧视待遇。

二是采购文件在编制中的违法行为的法律责任由采购人和代理机构共同承担。虽然 C 采购人委托 W 招标公司从事政府采购代理活动,但采购文件的编制由 C 采购人及 W 招标公司共同完成,且经 C 采购人书面确认,所以 C 采购人及 W 招标公司均应对违法行为承担责任。

综上,财政部门作出处理决定如下:本案中,H 公司认为 C 采购人和 W 招标公司将"计算机信息系统集成资质"作为投标人资格条件,属于以不合理条件对供应商实行差别待遇或者歧视待遇,投诉事项成立。根据《中华人民共和国政府采购法》第二十二条第二款、第三十六条第一款第(二)项、《中华人民共和国政府采购法实施条例》第二十条、《政府采购供应商投诉处理办法》(财政部令第 20 号)第十九条第一款第一项和《政府采购促进中小企业发展暂行办法》(财库〔2011〕181 号)第三条的规定,决定采购活动违法,责令 C 采购人废标,修改招标文件后重新开展采购活动。同时,对 C 采购人和 W 招标公司在招标文件中将"计算机信息系统集成资质"作为资格条件的行为,根据《中华人民共和国政府采购法》第七十一条第(三)项的规定,对 C 采购人和 W 代理机构的违法行为分别做出警告的行政处罚。

案例二 "何时"用"何法"

一、案例材料

20××年 7 月,Y 招标公司接受采购人委托,就该单位"某系统建设项目"组织公开招标工作。7 月 10 日,Y 招标公司在中国政府采购网上发布了招标公告。7 月 15 日,A 公司认为招标文件中存在歧视性条款,向 Y 招标公司提出质疑。7 月 16 日,Y 招标公司答复质疑。A 公司对质疑答复不满,向财政部门提出投诉。8 月 7 日,Y 招标公司在中国政府采购网发布了中标公告。

财政部门调取了本项目的招标文件、投标文件和评标报告等资料。在调查过程中发现,本项目是行政机关使用财政性资金采购货物,预算金额为 1200 万元,属于政府采购,应当适用《中华人民共和国政府采购法》及相关规定,但 Y 招标公司未按照《中华人民共和国政府采购法》规定的程序开展采购活动,适用法律错误。对此,财政部门依法启动监督检查程序。

Y 招标公司称,在其与采购人沟通过程中,因公司代表理解错误,导致其按照招标投标法的规定和程序进行本项目招标工作,公司并非故意规避政府采购法及其实施条例的规定。

财政部门在进一步调查中查明:20××年 10 月,本项目可行性研究报告的批复文件中记载:"资金来源:全部由中央投资安排解决"。随后,采购人与 Y 招标公司沟通项目具体情况,并将本项目批文提供给 Y 招标公司。

二、案例分析

本案反映了代理机构在开展属于国家机关使用财政性资金采购货物的政府采购活动中,未按照《中华人民共和国政府采购法》、《中华人民共和国政府采购法实施条例》及相关政府采购政策的规定进行的问题。

《中华人民共和国政府采购法》第二条规定："在中华人民共和国境内进行的政府采购适用本法。本法所称政府采购,是指各级国家机关、事业单位和团体组织,使用财政性资金采购依法制定的集中采购目录以内的或者采购限额标准以上的货物、工程和服务的行为。"

本案中,虽然 Y 招标公司称,因公司代表理解错误,导致其未按照政府采购法规定组织招标工作。但根据项目批文中的规定,可明显判断出本项目所用资金为财政性资金,已经达到政府采购的限额标准,且 Y 招标公司作为专业从事政府采购的代理机构,应当知道本项目须按照政府采购法及其实施条例规定开展采购活动。

综上,财政部门做出处理决定如下：本项目适用法律错误,采购程序违法。根据《中华人民共和国政府采购法》第三十六条、《政府采购供应商投诉处理办法》(财政部令第 20 号)第十九条的规定,责令采购人重新开展采购活动。根据《中华人民共和国政府采购法实施条例》第六十八条的规定,责令采购人对未按政府采购法及其实施条例的规定组织采购活动的行为进行整改。

根据《中华人民共和国政府采购法》第七十一条、第七十八条及《中华人民共和国政府采购法实施条例》第六十八条的规定,对 Y 招标公司未按政府采购法及其实施条例的规定组织采购活动的行为作出罚款,一年内禁止其代理政府采购业务的行政处罚。

案例三　询价中的价格及深层问题探讨

一、案例材料

某单位委托采购中心采购某款 2.0 手动豪华型轿车,采购中心在当地网站上发布了采购公告,到截止投标时间只有三家供应商来领取标书,开标现场只有两家供应商来报价。采购主持人宣布了相关纪律,提醒采购人,由于此次采购没有达到三家供应商的数量要求,采购人要求又比较急,因此在比价的基础上,采购人有决定权是否接受最低报价。两家投标人的报价分别为 151800 元,153800 元。采购人代表不能接受此价格,认为比开标前协商的价格高,没有达到承诺的经过政府采购要下降 4％的降价幅度。由于采购人是政府部门,经办人马上向领导汇报,反映出的问题性质突然升级,开始上纲上线了,片面之词很多了,诸如什么政府采购价格高,还不如自己进行采购,于是领导本来意识当中对政府采购的坏印象就被激发出来了,来电话质问采购中心,还向监管部门提出批评。采购中心及时与供应商进行联系,供应商的解释是,由于当时的经办人对市场价格不是很了解,为了吸引顾客,才说让利 4％的,我们现在的报价已经很低了。采购中心让其向采购人作出解释,挽回对采购机构的不良影响。

二、案例分析

此款车的真实价格情况,我们可以从网站上进行一些粗略的了解,广东、深圳、上海的官方和经销商报价为 15.38 万,北京的报价分别为 15.38 万、15.28 万、15.08 万不等。那么通过这个价格来对照本地供应商的报价,不能说已经很低,是有降价的空间的。而我们也能理解大城市的报价与本地供应商的取得价格是两个概念,但是供应商单位在前期采购问价时承诺的让利 4％点是有可能的,按照官方 15.38 万价格进行计算,可以降价 6152 元,那么承诺的销售价格应该是 147648 元,而现在的报价比此价格高出 4152 元。

三、政府采购价格因素的由来

1.采购人不按照规则出牌,不能利用采购机构实践探索的最新成果

针对轿车采购品牌之间竞争不充分的现状,我们现在探索并实施的政府采购协议供货制度,取得了很好的成效,所涉及的各款轿车的价格普遍比市场价低,而非政府采购服务对象以外的采购对象是得不到此类价格优惠的,曾经有人想通过政府采购为个人购置一辆政府采购价格的车,却被供应商严词拒绝。这个例子说明协议供货的价格已经很低,是各品牌车辆为了谋求一个相对稳定的政府采购市场所作出的通盘考虑,而单个的品牌竞争是达不到这样的效果的。所以省财政厅一直要求各地采购车辆通过政府采购协议供货渠道,假如由于特殊需要而要采购协议供货以外的车辆的,必须报省厅统一组织采购。然而在实际运行中,采购人往往有自己的特殊需要,因为轿车是领导的专利,谁也控制不了,而政府采购监管部门也只是口是心非地要求不定品牌采购,在遇到采购人定品牌要求时,照样下达采购计划,根本不进行审核,致使采购机构由于竞争不充分而遭受领导和采购人的非议。

2.采购人利用采购中心作为幌子

采购人作为使用方,加之领导因素存在,有时对车的需求十分急,于是就与当地采购人进行协商,承诺报价,哪怕高一点也能接受。由于政府采购事业深入发展,已经在艰难运行中形成了一定气候,任何人不通过政府采购至少在报账时会遇到麻烦,更怕外界议论,于是走政府采购的形式变成了大家的共识。在不充分竞争的情况下,供应商中标与否就变成了采购人意愿的体现。更为可气的是,采购人取得了自己理想的轿车时,还可以反过来说政府采购价格高,假如是自己买将会怎样,说一些没有根据的,或者标准不一的话已经变成了各地一道风景线了。

3.采购中心定价只能是按照投标人的报价进行,无权要求投标人如何报价

即使采购项目能够充分竞争,按照采购法规定,只能取最低价中标,采购中心没有权利要求供应商如何降价,而且政府采购法还有一项规定,那就是采购人有权对超出采购预算的报价提出否决权,那么后期再提出采购价格高是不是自己打自己嘴巴呢?

4.询价采购竞争不充分,外地供应商由于营销体系受限制,不能参与竞争

我们知道,轿车行业有4S店,有销售区域的划分,定品牌采购基本上只有有限的供应商来参与投标,一般是达不到法律规定的数量方面的要求的,即使能满足要求,也是来陪标和凑数的。采购人也不可能对市场行情有充分的了解,就这种情况下,采购人有时也忘不了捕风捉影,对采购机构说三道四。

5.采购机构为了生存收取一定的费用也有可能提高报价,但不是主要因素

有些政府采购中心至今还收取一定比例的中标服务费,目的是维持正常的运行费用,因为虽然集中采购机构是全额拨款单位,但财政紧张的地区却从未有过拨款,因此收取中标服务费是迫不得已的举措,投标人在报价的时候可能就要加上这部分成本,虽然量是很少的,可能只有3‰的比例,却往往成为采购人指责采购中心价格高的借口,给外界的印象就是采购中心导致了报价的提高,基本上没有人进行客观的实事求是的分析。

6.供应商利用采购人对市场体系不了解进行变相剥削

轿车市场瞬息万变,而作为购买单位的经办人员来说,对该市场的掌握往往是空白,供应商信誓旦旦的事情往往就是"忽悠"手段,而且有些采购经办人也不是十分负责任的,反正也不

是自己出钱,出了问题也不是自己采购的,有采购机构在后面顶着呢。在这种情况下,采购人有时对自己受到了供应商的愚弄是不在意的,变相纵容了供应商的一些愿望的实现。

7.高价有时是喊出来的,对比标准不一致

采购人认为价格高,一般说来仅是泛泛而谈,缺乏有凭有据的例证。主要表现在:一是来源于外地的货源存在运输、保管成本以及本地供应商的利润留成等,不能与外地市场价格相比;二是单位的零星采购需求形成不了规模采购效应;三是不排除个别没有中标供应商以及外地没有参与投标的供应商有"吃不到葡萄说葡萄酸"的心理;四是采购人拒绝协议供货内的品牌,选择自己或者领导喜好的品牌,致使竞争不充分,价格提高;五是有些采购人在标配基础上进行超配,以超配的产品与外地市场标配产品进行对比,显然是不公平的;六是不能排除有些采购人因为被剥夺了自由购买权而发生无中生有的起哄行为;七是对于政府采购项目而言,采购单位需要发票,供应商要付中标服务费等,而个人询价不包括这些内容。

价格问题是采购人与领导对政府采购设置的枷锁,是对自己的购置权被剥夺的一种强烈抗议,而政府采购内外交困,执行环境不利,采购中心艰难生存。可以说除了零星的询价采购由于与生俱来的竞争不充分的原因外,规模以上的采购项目的节约率都是很高的,凡是真正接触过政府采购的人都有这样的认识,那么价格高的问题为什么要屡屡出现在领导人与社会媒体的嘴边呢? 其实原因很简单,就是相对弱小的政府采购机构企图控制出钱买单位的自主权,而政府采购从业人员时刻受到采购当事人与社会各界的监督,不得不为自己对客观公正性的追求付出惨重的代价,虽然自己失去了政府采购的话语权,解释起来也显得苍白无力,但是政府采购的事业还必须负重前行,对于采购中心来说,迫切需要做的工作就是积极宣传与耐心解释,这应该是采购中心编外职能的最主要方面的内容了,想来也是一种悲哀的事情。

案例四 "服""货"单行

一、案例材料

20××年8月,某代理机构接受采购人某中心的委托,就该中心"计算机网络系统总集成项目"组织公开招标工作。8月9日,代理机构得到采购人对招标文件的确认后,在中国政府采购网上发布了招标公告,并同时开始发售招标文件。在招标文件发售期内,共有4家供应商购买了招标文件。8月30日投标截止,4家供应商按时递交了投标文件。代理机构组织了开标,采购人和投标人代表参与了开标仪式。开标仪式结束后,代理机构组织了评标工作,评标工作由2名采购人代表和5名随机抽取的专家组成的评标委员会共同完成。经过评审,评标委员会向采购人推荐A公司为中标候选人。采购人对评标结果进行确认后,代理机构于9月8日发布了中标公告,公布A公司为中标人。

中标公告发布后,B公司提出质疑,称:A公司于20××年5月22日中标的另外一个项目"服务器采购项目"是"计算机网络系统总集成项目"前期建设的一部分,A公司提前获知了项目关键信息,具有优势,违反了《中华人民共和国政府采购法》公平竞争原则和《财政部关于信息系统建设项目采购有关问题的通知》(财库〔2011〕59号)的规定,应取消A公司投标人及中标人资格。采购人、代理机构答复称:服务器采购项目是货物采购,是F卫星临时应急的联调联试支撑平台,建设在采购人大楼机房内,主要支持卫星在轨测试期间的工作。"计算机网络系统总集成项目"采购的是集成服务,集成对象建设在某气象卫星地面站数据中心机房内,主要支持卫星业务运行等业务应用使用,集成对象不包括"服务器采购项目"的采购内容。B公司对此质疑答复不满,向财政部门提出投诉。

本案争议的焦点是,货物项目是否适用财库〔2011〕59号文件。因此,财政部门调取了本项目的相关资料。调查发现:"服务器采购项目"采购的是货物,采购内容主要为服务器设备,目的是为卫星应用系统的开发与联调联试提供计算资源、存储系统、数据传输通道等。而"计算机网络系统总集成项目"采购的是服务,采购内容为科研试验卫星地面应用系统工程计算机网络系统的集成服务,不包含相关软硬件设备的采购供货,目的是将科研试验卫星地面应用系统所有的IT相关软硬件集成为在功能、性能等方面均满足要求的气象卫星应用系统基础支撑平台。

二、案例分析

本案反映了政府采购活动中,供应商对财库〔2011〕59号文件的误读。将招标文件中明确规定的服务供应商,扩大为货物供应商。

根据财库〔2011〕59号文件的规定,在信息系统建设中,受托为整体采购项目或者其中分项目的前期工作提供设计、编制规范、进行管理等服务的供应商,对于理解及把握采购内容具有一定的优势,其再参加项目的采购活动,存在违反公平竞争原则的可能性。为保证政府采购公平、公正,凡为整体采购项目提供上述服务的法人及其附属机构(单位),不得再参加该整体采购项目及其所有分项目的采购活动;凡为分项目提供上述服务的法人及其附属机构(单位),不得再参加该分项目的采购活动。

根据《关于〈中华人民共和国政府采购法实施条例〉第十八条第二款法律适用的函》(财办库〔2015〕295号)的规定,为促进政府采购公平竞争,加强采购项目的实施监管,《中华人民共和国政府采购法实施条例》第十八条规定,"除单一来源采购项目外,为采购项目提供整体设计、规范编制或者项目管理、监理、检测等服务的供应商,不得再参加该采购项目的其他采购活动。"其中,"其他采购活动"指为采购项目提供整体设计、规范编制和项目管理、监理、检测等服务之外的采购活动。因此,同一供应商可以同时承担项目的整体设计、规范编制和项目管理、监理、检测等服务。

上述文件规范的是前期服务项目与后期货物采购项目的关系,以及整体项目服务与分项目服务等关系,有明确和特定的内容,不能作扩大解释。本案中,服务器采购项目采购的是货物,本项目采购的是集成服务,货物项目并不适用上述文件的规定。

因此,财政部门认为:"计算机网络系统总集成项目"尚未采购设备,不能认定"服务器采购项目"是"计算机网络系统总集成项目"的前期工作,也不属于财库〔2011〕59号文件规定的情形。A公司没有违反《中华人民共和国政府采购法》公平竞争原则和财库〔2011〕59号文件的规定,不应取消A公司投标人及中标人资格。

综上,财政部门做出处理决定如下:根据《政府采购供应商投诉处理办法》(财政部令第20号)第十七条第(二)项的规定,投诉事项缺乏事实依据,驳回投诉。

案例五　竞争性谈判结果缘何"难产"?

在政府采购活动中,尽管采购前的准备工作做得很充分,待采购活动正式开始后,常会出现一些始料未及且非常棘手的"特情",致使活动无法正常进行,面对这种情况,代理机构往往显得很窘困,如果停止,则要面对采购人的埋怨、不解与催促;倘若继续,又违反法律规定,势必导致违规操作,到底该何去何从? 一起无果而终的竞争性谈判活动相信会给从业者一些启迪。

一、一起未宣布成交结果的竞争性谈判案例

某采购人预算为 40 万元的内部宣传资料印刷业务,因时间紧急,采购方式为竞争性谈判,并委托招标代理公司采购,前来响应这次采购活动的供应商很少,谈判小组好不容易筛选出A、B、C 三家印刷厂交发出谈判邀请。谈判活动开始后,代理公司特意请了一名公证员对活动进行公证,所幸三家供应商都来了,从数量上看已符合法定要求。竞争性谈判文件规定参加谈判的供应商必须向谈判小组递交一式三份的包括报价单、资格证书影印件等相关资料,并交纳谈判保证金,C 是新开办时间不长的供应商,对投标谈判之道不谙,虽递交了有关资料,但内容不全、份数不足,也就是说不符合谈判文件的规定。为促成这次采购活动,代理公司、采购人、谈判小组均采取"忽略"的方法让 C 过关,在接下来的谈判中似乎很平静,最终报价显示 C 最低,按照谈判文件规定该供应商应成交,可其他两家供应商很有意见,均称 C 未按规定递交相关资料。按照谈判文件规定,代理公司受托应当场宣布成交结果,可碍于 A、B 激烈反对,活动结束后,代理公司并未宣布成交结果。

A、B、C 三家都想要个结果,于次日接踵来到政府采购监管部门"告状",A、B 反映 C 未按谈判文件要求提供相关资料,因而不能成交;C 则认为自己报价最低理应成交,代理公司说其相关证件提供不全,C 说家里都有。代理公司和采购人认为,请来三家供应商很不易,如果谈判时将其中一家"废"了,谈判活动就要失败,重新组织,时间来不及,因此,在明知 C 供应商存在"缺陷",还是凑合着进行,有趣的是当时参加谈判的四位评审专家竟无一提出异议,在没有结论的谈判结论书上居然还签了字,拿了评审费走人。

二、调查与处理

政府采购监管部门调查后发现此次竞争性谈判活动存在以下问题:

导致未能确定成交结果的直接原因是,报价最低的 C 印刷厂未能按照竞争性谈判文件要求提供一式三份的相关谈判资料,而谈判文件规定资料提供不全者不具备谈判资格,可见 C 不具备谈判资格,虽然其报价最低。代理公司的竞争性谈判文件存在重大缺陷,一是在谈判文件中未列出供应商资格条件,特别是对印刷许可证这一特殊资格条件只字未提,让人感觉模糊不清,难以捉摸;二是谈判文件中没有规定成交供应商无故弃标或履行不当的违约责任;三是谈判文件未明确质量和服务相等的标准,也未要求供应商对谈判项目的具体要求作书面承诺。代理公司为促成采购活动,因担心"废"掉一家后,供应商数量不足三家而导致活动失败,明知C 印刷厂有问题,不具备谈判资格,还继续谈判,属于违规操作。

针对上述问题,政府采购监管部门作出如下处理意见:

要求采购人和代理公司立即停止此次竞争性谈判活动,此次谈判活动所作结论无效,退还

供应商已交的保证金,做好解释工作;责成采购人和代理公司修改竞争性谈判文件,重新组织采购活动,相信一两天重新准备不会耽误多少时间;对代理公司进行警告,令其在以后的招标采购活动中严格依法定方式和程序操作。

三、反思

所幸上述案例并未确定成交结果,实际工作中,为促成采购活动而放弃政府采购法律原则规定的案例并不鲜见,尤其是社会中介代理机构、"自收自支"的集中采购机构代理的项目,往往促成的概率较大。究竟原因,一是代理机构为了生存而急于揽活收费,在组织采购活动时也有一定的成本投入,因追求营利把规范操作放在第二位,见利忘法,忽视了规范操作的极端重要性,还有些代理机构处处"讨好""迁就"采购人;二是采购人"一手捧",所有事务均由代理操作,至于规范与否并不过问,只着急要个结果;三是监管部门监督不力,对采购活动的现场监督跟不上,公证员未起到公证作用,公证不能替代监管,以至于竞争性谈判过程出现了违规操作行为仍旧照常进行;四是一些新开办的供应商误打误撞,不懂规矩,缺乏细心和耐心,按规矩办事的习惯有待培养,自己不符合条件应主动退出的意识有待强化。

四、启示

实现采购目标不能以牺牲程序规范为代价,无论是身处操作一线的代理公司、采购人、评审专家,还是肩负监管职能的政府采购管理机构,都必须时刻牢记并落实到具体的采购实践中去。

(一)代理机构不能为促成采购活动,而放弃规范操作

第一,必须做足竞争性谈判文件,不能存在"缺陷",对供应商资格条件要明确而不含糊,作为谈判文件的一项重要内容,尤其是特殊资格条件应前置,对采购项目的质量、性能等具体要求要列明,对违约责任要明确,对实质性内容如服务、配置、质量、交货期等要求供应商以书面形式承诺,对成交供应商确定办法要明确,特别是判断质量和服务相等的标准;第二,不懂就问,实时请示监管部门,不能"带病操作";第三,要辅导"新手",为新开办供应商提供更多咨询,如案例中 C 公司就是初来乍到,没有经验;第四,对重大事项,如安全责任等在谈判过程中要重申,可要求供应商再次承诺。

(二)监管部门应做好采购活动的事前和事中监督,不能"坐等"问题出现

第一,应前移监管关口,审核采购文件,重点是资格条件,特殊条件,谈判文件内容的合法合规性,有无指定货物的品牌或服务的供应商,采购文件的完整性;第二,做好采购活动的现场监督工作,发现错误及时纠正,发现问题及时处理,避免问题"搞大"了甚至难以"收拾"了再解决;第三,采购活动如出现重大违法违规问题,应依法叫停,不能做和事佬;第四,加强对采购代理机构的监管,经常开展考核检查活动,督促代理机构健全内控制度和操作规范。

(三)评审专家要规范自己的执业行为并切实担负起评审责任

第一,要坚持原则,在正式评审前首先要做好投标供应商的资格性和符合性审查工作,对在初审中不合格的供应商当废则废,正当的评审执业行为不能为招标采购单位所左右,不能迁就条件软的供应商;第二,要对自身的评审行为负责,作出客观公正的评审结论,绝不能"赶场子收租子",必须确保评审质量,减少"后遗症"。

(四)供应商在政府采购活动中既要公平竞争,也会学会和谐共处

第一,要行使知情权,以竞争性谈判为例,在竞争性谈判活动开始前,可向招标采购单位提出建议,可各派一名代表查验其他供应商所提供资料的完整性和真实性,利于供应商之间的相互监督;第二,遇事保持冷静,按正常程序主张自己的权利,不能搅局,在采购活动中,如不符合条件应主动退出,切忌浑水摸鱼;第三,做足投标文件,严格按招标采购文件规定的格式、内容、数量、密封制作,真正把"实力装进标书";第四,新开办供应商要多学习"取经",有不清楚的地方要多向招标采购单位咨询,要多向业内行家、同行"老手"请教。

案例六 投标是否一定得携带资质原件

一、案例材料

案例材料一:某市采购中心组织地税局核心交换机升级及布线系统优化项目,采购方式是公开招标,预算金额是 30 万元,招标公告和标书都要求所有投标供应商在投标时必须携带营业执照、税务登记证和厂商对此项目的授权书原件,否则投标无效,而戏剧性的场面发生在投标现场,所有的供应商不约而同都没有携带任何资质原件,而且事前也没有与采购中心进行沟通,都是抱着侥幸心理参与投标。采购中心与监管部门一致认为,既然标书有明确要求,强行开标很容易引起意想不到的问题,必须按无效标处理。采购人虽然感到有点失望,但也不想违反程序。

案例材料二:某市公安局交巡警支队通讯铁塔项目开标,采购方式是竞争性谈判,采购预算 20 万元,要求开标现场携带的资质原件有营业执照、税务登记证、钢结构工程承包资质、建筑安装企业安全资格证书、质量体系认证证书等原件。开标现场评委发现,四家投标单位中,一家建筑安装企业安全资质证书已过期,未带过期的原件,声称以后不办此类证书了,将统一由省建设厅发放安全生产许可证;一家缺钢结构资质,说是拿到广西投标去了;一家未带任何资质原件;只有一家是完全合格的。巧合的是这四家投标企业都是外省同一县的企业,他们认为采购中心要求太严格。最后此标作废标处理。

二、案例分析

(一)为什么要携带资质原件

上例中,根据采购人要求,结合政府采购操作的实际情况,该采购中心在发布公告时就要求投标人必须携带资质原件参与投标,标书中也有明确的规定。从目前了解的情况看,有些采购中心开标现场不需要审核资质原件,由采购中心资格审查人员负责,在发放标书时进行审验,但这样做也有不妥的地方。为什么要携带资质原件,一般来说是根据政府采购的实际情况做出的。一是采购中心工作人员专业知识有限,根本应付不了门类繁多的采购项目技术方面的要求,因此所谓的资格审查是没有权威性的,往往成为供应商投诉的焦点。二是有些情况不能事前审核投标资格。采购中心虽然要求全国各地供应商上门购买标书,目的是为了审查其投标资质是否有效,但有时供应商路途遥远,上门购买标书浪费时间不说,还提高了采购成本,必然要转嫁到采购项目支出上,与节约财政资金的原则相违背,于是标书以电子文档资料或传真的形式发出的概率提高了,方便了投标人的同时,对资质的审查必要性就降低了,最多只是以传真件的形式提供资质。采购中心利用网络技术,公布标书内容,让有资格的投标人自由下载标书已经成为一个发展趋势,这种情况下,要想审查资质原件是不可能的。三是供应商库不能解决所有问题。入库的供应商资质是经过采购中心审核的,但采购项目对投标人的资质要求是一个动态的过程,会因为项目内容的不同而有所改变,所以,验资工作不是一劳永逸的。作为单一的采购中心来说,供应商库的内容永远是有限的,而政府采购法规定符合要求的供应商都有投标的权利,因此越来越多的库外供应商的资格审查是逃避不了的,而且即使审核过的供应商资质也因时间而过期,或者因时代发展发生一定的变化,定期重新验资也是很重要的。四是评委也有一些误解。有些评委也认为自己是来评标的,没有必要再来审查投标人的资质原件,这应该是采购中心事先应该做的事情,这点是评委的误解。以前的评分办法设计中投标人的资质是得分点,《财政部关于政府采购货物和服务项目价格评审管理的通知》(财库〔2007〕2号)中,明确指出"投标人的资格条件,不得列为评分因素",并不是说放低对资格的要求,而是想在准入起点上实行公平,有保护中小企业的潜在设计功能,一点也没有放弃的资格重要性的认识,而资质的真伪只有原件才能反映出来,且各专业的评委对行业资质的具体情况比较熟悉,有利于有效甄别各项资格证书的有效性,应该说这是评委的职责所在。

(二)带资质原件是否必要

上述案例中,投标人不是对携带资质原件的要求熟视无睹,而总是有一定理由。冠冕堂皇的、可以说得出来的理由是,资质原件拿到别处投标了,只能放弃金额较少项目,来碰运气而已;副本也带不出来,因为老板不在家;单位有规定资质原件不允许带出来等等。其实供应商是有一些难言之隐的,因为现在有很多单位是借用符合招标要求单位的资质原件来投标的,借资质原件不是白借,是有偿服务,如盖单位公章要交纳600元,使用资质复印件交纳1000元,使用资质原件交纳的钱更多,这就是很多投标人不愿意携带资质原件的根本原因。因为投标人也知道,即使能够借出资质原件也不能保证中标,投标成本的提高要转嫁到报价方面,一旦报价提高了,又失去了竞争优势,在这样的两难抉择中,投标人选择不想投入过多但又不能放弃投标希望的最好策略,就是不带资质原件,用"碰运气"来挑战采购中心恪守的原则性。

政府采购实践使我们十分清楚地认识到,涉及资质问题的重要性是不言而喻的,假如资质掌握不好而发生的任何问题,谁也承担不了这个责任。铁塔项目投标中假如中标人没有钢结构工程承包资质,或者没有建筑安装企业安全资格证书,一旦出现质量与安全问题,那是要发生重大的责任事故的。而且这方面的资质要求也是省厅明确规定的基本要求,不是故意苛刻投标人的。特别值得注意的是,由于这个项目的招标文件都是以电子文档的形式发给各投标人的,事前对投标人的情况一无所知,也不是供应商库的成员,因此慎重是必要的。此标宣布废标是明智的选择,是对投标人发出的正确的导向信息,重新开标的资质要求必须要维持原状,显示政府采购的权威性。

(三)两难选择

第一,供应商不能理解,认为没有必要。对于携带投标资质原件的问题,有些供应商指责采购中心要求太严格了,我们在外地投标都是复印件加盖公章就可以了,带资质原件能证明什么,公章就代表了投标单位。从采购中心的角度说,供应商的资质原件能证明其合法的投标资格、法人授权书的有效性,是保证投标质量的重要措施,不能排除复印件存在虚假成分。当然投标人与资质原件拥有者是否具有一致性,目前政府采购领域其实在放纵借用资质投标行为,所以有供应商认为资质原件不能说明问题,这是问题的一个方面。另一方面,借用工程投标的标准做法,投标人必须要携带原件才能投标,因为工程质量是不能触动的"生命线",而政府采购涉及较多的货物采购,由于质量因素的重要性被隐藏了,没能引起各方面的重视,以复印件的形式提供资质材料,验资就变成了形式。

第二,采购机构从怀疑、徘徊到坚持。从采购人需求的具体内容来说,并不是所有项目都要携带资质原件的。如有些项目只要生产开发商出具对项目的授权,就可以不需要投标人再提供营业执照和税务登记证等企业身份证件,那么自然而然我们就可以想到,那些没有固定营业场所,甚至没有法人身份的人,只要取得授权就可以来投标,不确定因素明显增多。采购中心经历了过多的开标现场供应商集体不带资质原件的情况以后,有时想为什么投标人明知故犯,不遵守采购中心的要求,就会反思标书规定是否过分了,是否应该改进工作。经过开标与重新开标的几次反复以后,一般来说未带资格原件的供应商都能在第二次开标时带来,说明不是采购中心的要求过分,而是投标人故意对最基本的投标要求不响应,明显是对标书的具体内容不重视,存在侥幸心理,不是不会投标。投标人一般只看中采购项目的具体内容,即对采购项目的技术要求比较重视,而对规范采购要求的其他条件不屑一顾,增加了采购中心坚持投标人携带资质原件的信心。

第三,监管与评委认为要按照标书执行,适当时候是否可以咨询外市采购中心的具体操作情况。监管部门的话是很好说的,可以咨询周边地区的操作情况,走出去看看,以便吸取别人的成功经验,假如不带资质原件的情况一再发生,说明这种现象就要值得探索了,是不是某个环节出了问题,不能回避问题,要采取适当的措施解决这样的问题,不能一直浪费时间,拖延采购人的需求。评委其实是很坦然的,他们认为来参加评标依据的是标书与评分办法,不符合标书与评分办法的规定,就是无效标或废标,这是天经地义的事情,而且这样一来能显示公平,同时自己也不需要承担违背具体要求的责任。

(四)结论

1. 从目前投标现状看,携带资质原件是必要的

采购中心坚持标书要求,不勉强开标,按照原标书要求,重新开标时,投标人往往能够提供资质原件,说明了什么问题。供应商不带资质是在考验采购机构坚持原则的能力,考验采购机构的规范性,是供应商与采购机构之间的有关规范操作的一场博弈。投标人提供能证明投标资格的证明材料,来证明自己的合同履行能力,采购机构严格提请评委注意规定的资格审查步骤,这期间没有例外和值得通融的渠道。案例一中,重新开标时,四家投标供应商标来了三家,来的三家资质原件全部齐全,这说明了什么?只要采购机构动真的,供应商就不存在碰运气的心理了。

2. 对于政府采购资质原件的问题的认识也要与时俱进,不能一意孤行

各地采购中心的有些不同的做法,通过了解,现在大部分政府采购中心不要求现场带资质原件,只需要携带加盖公章的复印件就可以了,这样操作起来就能够解决操作效率问题,解决供应商的实际困难。因为实事求是说,有些资质原件确实是带不出来的。至于如何保证供应商提供资格证明材料的真实性,采购机构也不需要担心,因为投标单位的公章就是最大的保证,而且标书中也可以注明中标候选人的资格后审的具体事项,一旦发现供应商提供虚假资质材料而骗取中标机会的,一律取消其资格,并进行严肃处理。即使以后发生投诉事件,那时采购中心与采购人再要求中标人提供原件材料也不迟,而且必须要提供。从操作实践上来看,这样做程序合理,实际效果也较为理想,至少采购中心没有被陷进投诉旋涡中。鉴于以上的分析,我们认为采购中心在采购人没有特殊要求的前提下,原则上可以在标书中要求投标人只携带资格复印件、营业执照和税务登记证及组织机构代码等,这些企业存在必须具备的一般性资质材料,提供复印件是可以的,但投标单位必须盖章认可,承担真实性的责任。当然对于一些重大的采购项目,我们认为携带资质原件是更加稳妥的事情,采购机构在这个问题上一定要权衡利弊,作出明智的选择。

案例七　两起投诉彰显评标问题

一、案件情况

投诉一:20××年 7 月 12 日,某职业高级中学公开招标采购 30 台数控机床。此次投标共有:宁第一数控机床厂,南京某数控机床厂、苏北某机床销售公司、南京某机床销售公司等 5 家供应商。开评标工作在采购监管部门人员的监督下进行,评标工作由采购人从中心评委库中随机抽取的 4 名专家和 1 名采购人代表组成的评标委员会负责,经过认真评审,推荐南京某数控机床厂为第一中标候选人。在宣布结果后约两小时,采购监管部门就接到其他参与投标的供应商投诉,反映:南京某数控机床厂不具备招标文件规定的资质,其注册资金没有达到 1000万元,不应该中标。为此,采购监管部门非常重视,立即调阅招标文件、评标报告、投标文件等有关采购资料,对投诉人反映的情况进行核实,在初步确认属实基础上,要求采购人重新召集原来的评标专家进行复议。经过二次复议,发现招标文件第二条投标人资格条件其中第六款规定:"生产企业参与投标的,注册资金必须达 1000 万元以上;代理销售商参与投标的,注册资金必须达 50 万元以上。"而南京某数控机床厂提供的营业执照上注册资金仅为 500 万元,另外三家注册资金也没有达到规定标准。根据招标文件第四条第四款规定:"投标人不具备招标文件规定资格要求的,由评标委员会在资格审查时,按无效投标处理。"最后,评标委员会认为因没有合格投标人,此次招标失败,建议采购人重新招标。

投诉二:20××年 12 月 11 日,某局采用竞争性谈判方式采购 40 台办公电脑,此次参与谈判的电脑供应商有:某市鸿达电脑公司、南京某电脑销售公司、某市振兴电脑公司等三家。谈判活动由招标采购监管部门派人监督。谈判及定标工作由采购人从中心评委库中随机抽取的 2 名专家和 1 名采购人代表组成的谈判小组负责,定标标准为综合计分法。经过三轮谈判和最终报价,谈判小组根据采购文件规定的计分标准,进行综合计分。最后,确定某市鸿达电脑公司计 80 分排名第一,某市振兴电脑公司计 73 分排名第二,南京某电脑销售公司计 68 分排名第三。谈判结束后,将计分结果向所有参与的谈判供应商进行了宣布,并在有关媒体上进行公示。在公示期间,采购监管部门接到投诉,反映:某市鸿达电脑公司提供的有关信誉证书、财务资料等存在弄虚作假,不应计分。为此,采购监管部门立即通知采购人,暂停公示,并暂缓与某市鸿达电脑公司签订合同。同时,要求采购人组织原来的谈判小组成员对谈判供应商提供的有关证明材料进行重新审核。经过审核,发现某市鸿达电脑公司提供的近两年来企业经审计的资产负债表、损益表系自己打印,加盖本公司印章,提供的获奖证明系图片。根据采购文件第八条评定办法及计分标准第 4 项财务状况(5 分)规定:"提供近两年企业经审计的资产负债表、损益表及经营状况(由有资质的审计结构出具)。根据损益情况得分。"第 5 项信誉(5分)规定:"按产品获得国家级、省部级、市级荣誉证书得分(提供原件、复印件)。"某市鸿达电脑公司这两项不应得分。最后,谈判小组对某市鸿达电脑公司重新计分为 70 分,低于某市振兴电脑公司,取消其第一中标人资格,确定某市振兴电脑公司为第一中标人。并将结果通报给参与谈判的三家供应商,同时进行公示,没有再发现异议。

二、案件分析

上述两起投诉,问题最终得到了纠正,采购监管部门对参与评标的专家和有关采购当事人进行了处理。这两起评标中存在亟待解决的问题。

(一)评标专家素质亟待提高

评标专家在评标过程中,一是不负责任,敷衍了事。在评标中,不能认真熟悉采购文件,对采购文件的评标标准把握不准;对投标供应商提供的资料,走马观花。二是业务不熟,水平不高。有的专家虽有专业知识,但是不知道怎么评标,对评标程序不熟悉。三是原则性不强,人云亦云。在评标中,不能公平客观对待每个投标供应商,看采购人眼色行事,美其名曰:为了采购成效。问题虽然出现与少数专家身上,但评标作为采购活动中的一项关键工作,直接关系到政府采购的成效,担任此项工作的评标专家作为采购活动评判人,必须认真负责,才能保证采购的公平、公正。为此,必须要进一步加强评标专家管理,提高评标专家素质。首先要严把进入关。选拔高素质评标专家进入评委库是采购监管部门的一项重要工作,评标专家选拔不仅要注重学历与职称、专业知识、工作经历,还要注意其敬业心、责任心、工作态度、原则性等,力戒随意发放一张表格、简单看看个人资料的做法。其次要加强培训。评标专家来自不同部门,从事不同职业,工作经验、业务水平、工作热情等参差不齐,要提高评标专家素质,必须要加强培训。通过培训,能够让评标专家认识到评标工作的重要性,系统地学习政府采购法、招投标法以及相关政策法规,领会法律精神,知悉采购方式与操作程序,评标步骤,熟悉合同法、经济法,掌握必备的谈判技巧等,进一步提高自身的理论素养。最后要强化考核奖惩。采购监管部门要制定一套完整的考核措施和考核办法,定期对评标专家的工作态度、业务水平、遵纪守法等方面进行综合评定,定期召开评标专家座谈会,通报考核情况,对考核较好、称职的评标专家给予表扬和奖励;对考核较差、不称职的评标专家给予警告、暂停评标资格或清退出专家库。

(二)采购人评标中的职责必须明确

上述两起投诉固然评标专家具有主要责任,但是采购人也具有不可推卸的责任。一是没有认真向评标专家介绍采购情况。采购人和服务机构采购中心人员在评标前,只是简单扼要地向评标专家负责介绍了此次采购项目的要求,给每个评委发了一本招标文件就了事。二是没有认真审核投标供应商资料。作为采购人首先要审核供应商资质,选择合格的供应商参与投标,如果采购人能够严格把关,也就不会出现上述两起投诉。三是采购人带有倾向性。据查,在电脑采购中,采购人代表明知投标人提供的荣誉证件不规范,仍坚持认可,计满分。作为采购主体的采购人在采购活动中一般处于强势地位,对采购起着主导作用,在评标中利用自己的优势,左右评委的意见,在评标定标上,说话带有导向性,计分带有引诱性,使政府采购流于形式,不能真正体现公开、公平、平等竞争原则。为此,必须正确界定采购人在评标过程中的权利和义务,明确其职责,使其在评标过程中,既能发挥采购人的积极作用,又不要干涉评标专家独立评审和定标。如,评标前,采购人应同评标专家详细地介绍采购文件情况,主要包括采购项目的性能,规格、技术参数,评定标准等;如果采购文件规定由评标专家审核投标人资格的,应告知资格标准、审核要求等。在评标时,要监督评标专家按照采购文件规定的评标标准要求,为自己选择一个合格的供应商,不是参与评标的人不得随便插言;参与评标的代表也要降低身份,以一名普通专家身份公平、公正地参与评标,才能保证结果公正。

(三)采购监管部门监督必须到位

上述两起采购活动,采购监管部门都派员参与了开评标过程监督,仍然发生投诉,这说明我们的监督没有真正到位。目前,在实际工作中,有的监督人员监督开评标只是现场坐坐,纪律读读,通信工具收收,专家外出跟跟等。至于评什么,怎么评,评好评坏那就是评标专家的事,使监督变成形式。为此,监督必须做到眼到、耳到、嘴到、眼到,不但要看评标专家评标表现,而且还要看采购文件,熟悉此次所监督采购项目的要求,评定标标准;看投标文件,知晓投标人的报价、资格、所投产品情况,评标报告等。耳到,就是要专心听取评标专家的讨论、提问,投标人的答疑等。嘴到,就是发现问题要及时指出,及时更正。只有做到"三到"才能保证监督到位。同时还要把握分寸,不要干涉评标专家的正常评标,保证评标客观公正。

案例八　监管部门要及时处理投诉事件

在规定时间内、按规定程序处理供应商投诉事件是财政部门履行监管职能的一项重要内容,这项工作的时效性和政策性极强,投诉事件处理的质量如何事关整个政府采购工作的公开、公平、公正与否,因而各地对此都很慎重。但投诉事件处理过程中并非一帆风顺,时常受到各种外界力量的干扰,发生在某地的一起"没有句号"的投诉事件就是一个"例外"。

一、"没有句号"的供应商投诉处理事件

某采购人欲采购 5 台视频展台,预算价 35000 元,当地已对视频展台实施了定点采购,定点供应商有 A、B 两家,采购人来到采购中心要求办理相关手续,采购中心的同志依据生产厂家控制价和定点供应商投标让利率给出了采购指导价,并告知采购人"你们依据指导价在 A、B 两家询价,取价格低的为成交供应商,询价时应组成包括专家在内的 3 人以上询价小组,不能将一家供应商的价格信息透露给另一家供应商",下午采购人打来电话说,"我们确定 A 为成交供应商,每台价格 6800 元,A 供应商着手备货。"不料次日上午,采购人又打来电话说,"昨天的成交结果能否作改动,因为我们把 6800 元的价格告诉 B 供应商后,B 说他们可以再降 20元一台,所以我们考虑选择 B",采购中心同志答复"成交结果已经确定,不可随意协商改动。"最终采购人还是选择了 B。此时,A 供应商已将货备齐并准时整装待发,A 不服且气愤异常,遂向采购人和采购中心提出质疑,继而向政府采购监管部门提起投诉,监管部门在受理投诉后也组织专人进行调查,但就是没有"回音",眼看过了 30 个工作日,投诉人硬是没接到监管部门的只言片语,更别说书面形式的处理决定,又过了一段时间,投诉人按捺不住主动登门要处理决定,可就是没有处理决定,投诉人只得隔三岔五地来"转悠",这起投诉事件的处理始终没画上"句号"。

二、原因分析

一起原本十分简单的供应商投诉处理事件为什么会久拖不决,令投诉人倍觉无奈,也令受理部门觉得很被动。据知情人透露,主要原因:一是幕后力量介入,在投诉事件处理过程中,不断地有"高层人士"打招呼要求"适可而止",不要把事情"搞大",执法人员感到压力很大,公正

执法遭遇了权势的挑战，以致一拖再拖，拖而不决；二是执法人员"心慈手软"，执法刚性不够，关键时候"顶"不住、"扛"不住，认为一旦处理将给被投诉的供应商造成不良影响，本着放人一马，得饶人处且饶人，于是采取拖的策略，实施模糊操作，以求让时间来"淡化"一切，消磨投诉人的锐气，让投诉人知难而退，最终平息事态；三是投诉供应商未能坚持到底，实践中不少供应商往往很有"理"，但法律知识缺乏，以致投诉无门，从而延误宝贵的时间，丧失维护自身合法权益的机会，确实让人感到很可惜。

三、职能部门要为投诉事件依法"画句号"

投诉事件久拖不决将产生很多不良反应，一方面，投诉供应商会认为监管部门执法不力，无力履行维护公平、公正政府采购秩序的职责，显得很无能，刚性不够，于是"翻脸不认人"，将不作为或作为不力的监管部门推到"被告席"上，这样的事件已不鲜见；另一方面会无情打击供应商参与政府采购活动的信心和热情，权益受到侵害却无处申诉，供应商认为找财政部门不管用，以后遇事可能"乱告状"，破坏供应商投诉事件正常的处理机制，给我们的工作带来更多被动。另外，投诉事件得不到及时处理，就意味着违法违规供应商游离于法律监督和文件规范之外，不守规矩的供应商会变得更加肆无忌惮。

各级政府采购监管部门必须把依法做好供应商投诉事件的处理工作作为促进政府采购事业发展的关键环节来抓，并以此来加快建设法治化政府采购步伐。

首先，各级领导机关和领导干部要支持而不干预干扰正常的采购工作，不乱打招呼，不搞以权压法，带头执行政府采购法律法规，倡导有序竞争，维护采购秩序，绝不给监管部门的同志制造"麻烦"和施加压力，让执法者能够放手刚正执法，打消其后顾之忧，做建设法治政府采购的领导者和践行者。

其次，监管部门在受理和处理供应商投诉时必须坚持法律为先，不可挑战，不畏权，不畏关系，积极作为。拖着办或拖着不办绝不是解决问题的办法，应以积极的态度主动工作，必须按规定程序受理、处理，区分正常投诉和恶意投诉，在收到投诉书后5个工作日内进行审查，对不符合投诉条件的及时处理，不可置之不理，如内容不符规定，应告知投诉人修改后再投诉，如不属本部门管辖的应转送有管辖权的部门并通知投诉人，不可马虎从事，力求善始善终。同时，要敞开供应商投诉之门，为供应商做主，让受委屈的供应商有话敢讲，有冤好申，宣传投诉处理办法，公布投诉电话，方便供应商投诉。

再次，供应商要学会依法维权。投诉过程中不可慌乱而"四处喊冤"，也不可困在家时生闷气，要懂得按程序办，先质疑，再投诉，投诉时应当提交包括投诉人和被投诉人名称、具体的投诉事项及事实根据、质疑和质疑答复情况及相关证明材料的投诉书，如对财政部门的投诉处理决定不服或者财政部门逾期未作处理的，应立即依法申请行政复议或者向人民法院提起行政诉讼，不要坐失良机。

案例九　带"病"的成交通知书该如何处理

一、案例

成交通知书

A 公司(供应商)：

20××年×月×日你公司参加了×局办公大楼空调采购项目的竞争性谈判活动。经谈判小组综合评审,你公司符合采购单位的要求,被谈判小组确定为该项目的成交供应商。请你公司接到成交通知书后七日内与×局签订合同,否则将视为放弃成交资格。

×市采购代理有限责任公司(加盖章)

20××年×月×日

二、案例分析

从该案例来看,该采购代理机构发出的这份成交通知书有"病"在身,主要表现在：

1. 成交通知书的发出主体有误

成交通知书就是采购人在确定成交供应商后向成交供应商发出的通知其成交的书面凭证。顾名思义,成交通知书的发出主体应当是采购单位×局,而该成交通知书的发出主体是×市采购代理有限责任公司,与《中华人民共和国政府采购法》的规定相悖。

2. 成交供应商的确定有错

《中华人民共和国政府采购法》第三十八条第五款规定,"采购人从谈判小组提出的成交候选人中根据符合采购需求、质量和服务相等且报价最低的原则确定成交供应商……"可见,成交供应商的确定权在采购人,就此例来看,应当是×局,而不应当是该采购项目的谈判小组,谈判小组只有邀请权、谈判权、推荐权,谈判小组岂能"越俎代庖"地确定成交供应商?

3. 签订政府采购合同期限不对

《中华人民共和国政府采购法》第四十六条规定,"采购人与中标、成交供应商应当在中标、成交通知书发出之日起三十日内,按照采购文件确定的事项签订政府采购合同……"不难看出,签订政府采购合同的期限应为自成交通知书发出之日起三十日内,而非此例所述时限在"接到成交通知书七日内",二者时差达二十余天,这对于远在外地的成交供应商 A 公司来说,要求近乎苛刻。

4. 成交通知书的行文欠妥

一是 A 公司通过资格审查后,应当是接受该空调采购项目谈判小组的邀请,方可参加谈判活动的。二是应当是经谈判小组集中谈判,而非"综合评审"。三是"签订合同"应当为"签订空调项目政府采购合同",简省为"签订合同"易生歧义。四是成交供应商若在法定期限内不与采购单位签订政府采购合同,应当依法承担法律责任。成交通知书正文中应当有所阐述。五是政府采购委托代理协议中,若明确委托采购代理机构发出成交通知书,那么采购代理机构在成交通知书中应当说明"受采购单位×局委托"事项。

那么,如此多"病"的成交通知书,怎么办?

第一,作为政府采购监督管理部门,应当加强对成交通知书的监督检查。一是看成交通知书的内容是否执行了有关政府采购法律、行政法规和规章;二是看成交通知书发出前,是否通过规范的采购方式执行了公开透明的政府采购程序;三是从成交通知书各要素来分析,协助采购人把握好其实质性内容,从而切忌让成交通知书"带病上岗"而损害政府采购形象,维护好采购当事人的合法权益。

第二,作为采购人,应当熟知政府采购法律法规,依法委托代理采购项目。根据《中华人民共和国政府采购法》的规定,成交供应商的确定权非采购人莫属,谈判小组不可替代,那么采购人在与采购代理机构签订采购项目委托代理协议时,应当书面明确成交通知书的发出代理事项,一方面维护自身的合法权益,另一方面防止采购代理机构越权代理,或因代理不当承担连带法律责任,约定发出成交通知书的权利义务,做好"采、用分离"工作。

第三,作为成交供应商,应当"慧眼识珠"看清成交通知书。首先,从成交通知书发出的主体、成交供应商的确定、成交通知书都齐备的要素等方面,来审查成交通知书的内容是否符合政府采购法律法规的规定,千万不要被政府采购市场竞争的胜利"冲昏了头脑","只见树木,不见森林"。其次,看本企业参与的采购项目与成交通知书所述采购项目是否相吻合,是否通知与本企业成交。再者,签订政府采购合同的时间、地点是否交代清楚。总之,供应商接受成交通知书要审慎,要保证其内容合法有效,拒收"带病"的成交通知书,维护好自身的合法权益。

第四,作为采购代理机构,应当依法代理执行采购业务。一是慎重与采购人签订委托代理协议,依法书面明确成交通知书发出的代理事项,约定自身权利义务,把握好角色定位,恰当行使代理权限,保护好自身权益。二是把握好采购代理过程。应当站在公开、公正、公平的立场上,加强工作人员教育和培训,提高采购代理质效,依法运作采购程序,若代理发出成交通知书,须得到采购人的书面确认通知,申明受采购人委托,力求成交通知书合法有效,谁成交、什么项目、签订采购合同的时间、地点等各要素齐备,做到依法代理,为采购人、供应商提供优质服务,避免成交通知书"百病缠身",维护好政府采购代理形象。

案例十 供应商投标具"伪证","裁判"怎么办

一、某招标项目中出现虚假投标资料的案情简介

某地对办公自动化设备定点采购项目进行公开招标,开标时,共有 8 家供应商参与角逐,除 A、B 两家新近开办的供应商外,其他供应商都是颇具规模且久经标场的老企业,实力较新开办企业自然胜出一筹,A、B 两企业也有自知之明,但求胜心切又苦于没有什么"拿得出手"的投标资料,于是脑筋一转启动了"造假机器",走东奔西,全速造假,在投标文件中掺杂了大量虚假资料。以 A 公司为例,注册开张仅两年时间,全部员工仅有 5 人,年销售收入 20 万元左右,系增值税小规模纳税人,但其提供的投标资料却和当地老字号企业不相上下,如技术人员多达 16 人,纳税高达 12 万元,而当地开办数年且具一定规模的老字号定点供应商技术人员大多为 6 人左右,全年纳税金额在 9 万元左右。当次参与评审的专家都是当地人,专家们对该项目投标供应商的情况都非常清楚,评标委员会一致认定 A、B 投标供应商在技术人员和纳税金额两项评标依据上存在严重造假行为。

二、遭遇虚假资料，评审该如何进行

评委们在评标时，对高度怀疑的虚假资料要通过问题澄清程序，要求投标供应商作出解释说明，争取在问题澄清阶段确定投标资料的真伪，如果仅通过澄清程序难以断定资料的真假，必须再行调查核实，以最终确定供应商投标资料的真实性。确定供应商投标资料为虚假资料后，应分析提供虚假资料的投标供应商情况，分类处理。

（1）如提供虚假资料的仅为个别或少数供应商，则应对提供虚假资料谋取中标的供应商投标作无效投标处理。

（2）如提供虚假资料的现象发生在大多数供应商或全部投标供应商身上，意即为通病，此类情形还要分两种情况处理。

招标活动可以重新来过的，则应作废标处理，招标采购单位应宣布当次招标活动作废，重新组织招标，对有提供虚假资料"前科"的供应商按监管部门处理意见作禁入处理。

招标活动不能重新来过的，情况紧急，如抗洪抢险、重大疫情等不容有任何耽搁的，评标委员会集体讨论并提交招标采购单位报监管机关研究批准，在不违反招标文件确定的评标方法和评标标准、不影响采购结果公正性的前提下，应将涉及虚假资料的评标要素取消，不纳入评审范围。

三、治理虚假投标要健全惩防并举体系

供应商投标时提供虚假资料，违反了诚实信用这一政府采购的基本原则，给造假者自身也给整个政府采购秩序造成了不良影响，这种风气必须刹住，不能任其蔓延。而要切实有效地治理虚假投标，需建立环环紧扣的防假、查假、打假、拒假工作机制。

首先，招标采购单位要硬化、优化评标要素设置，立足于在招标前期源头"防假"。招标采购单位在设置评标要素时，要避免出现给供应商钻空子造假的要素，在保证整个评标要素与招标项目相匹配的前提下，尽可能将评标要素硬化，使评标诸要素具有刚性品质，让投标供应商们"硬碰硬"地竞争，一些与招标项目关联度不大的评标要素必须删除，让投机者没有造假的可能。

其次，评审专家要练就"火眼金睛"，堵截虚假投标，在招标中期"查假"。评审专家在评标过程中要讲原则、按评审程序办事，要有足够的耐心，负责任地做好投标供应商的资格性审查和符合性审查工作，对有疑点的投标文件要启动问题澄清程序，不能带着问题评标，对问题的处理要准确定性，不可似是而非，"睁一只眼，闭一只眼"，要练就识真辨伪的"火眼金睛"，要以"打破砂锅问到底"的精神善查慎断虚假投标。

再次，监管机关要逢假必打，以匡正采购秩序，在招标后期"打假"。监管机关应依据政府采购法律规定对提供虚假资料谋取中标的投标供应商进行处罚，可处以采购金额千分之五以上千分之十以下的罚款，列入不良行为记录名单，在一至三年内禁止参加政府采购活动，有违法所得的，并处没收违法所得，情节严重的，由工商行政管理机关吊销营业执照；构成犯罪的，依法追究刑事责任。提供虚假材料谋取中标、成交的，中标、成交无效。

最后，供应商要"一心向善"，不走歪门邪道，在政府采购活动中主动"拒假"。所有有志于政府采购市场的供应商在踏入采购市场之前，第一要务是高举诚信大旗，确立诚信经营的理念，要充分意识到任何损人害己、投机取巧的行为均是极端愚蠢的，同时要加强企业内部管理，

严防资质材料被他人盗用，严格项目授权审批程序，不能自砸"招牌"，失信于采购人和采购机构，建立良性的内部竞争机制，防止无谓的"内讧"，靠出卖自己的资质收取"管理费"过活的供应商须立即"打住"，须知政府采购合同是不容许随意转让的，如一意孤行，可以预见"关门大吉"的到来已为期不远。

四、如必须设置可能引起造假的评标要素，应做好招标前的调查摸底和招标后的后审公示工作

（一）采集和使用调查资料作为评标依据须把握的几方面

一是适用情形，通常情况下，不宜频繁使用调查资料作为评标依据，因为调查的内容即使再客观，也难以保证真正地、完全地、公正地对待每一个投标供应商，调查资料的真实性和准确性常为调查人的好恶所左右，所以只有特定的采购项目或特殊的采购方式，如确有必要才可使用调查资料为评标依据。二是调查内容，并非所有的评标依据都可使用调查资料作为评标依据，从某种意义上讲调查资料往往只能作为辅助性的评标依据，如前所述，调查的内容应是一些易浮报作假的但通过肉眼可以观察的客观性事物。三是调查资料的用途，应根据具体采购项目的需要使用调查资料，有的应作为直接的评标依据，有的应作为间接性评标依据，供评委们对照核实，起到"佐证"作用。四是调查时间的把握，调查时间过早，目标太大，徒耗精力；调查时间晚了，仓促行事，效果很差。最佳调查时间应在招标文件出售截止时间到来后，立即组织精干力量对潜在投标供应商进行有针对性的调查，注意在发布招标公告时，应给调查时间留有"余地"。五是调查方式，基本的方式是在财政部门的"跟踪"监督下，以采购机构为主体联合采购人和相关职能部门组成调查组直接调查，确保资料的真实性和准确性，还可采用市场运作的途径委托专业的中介机构进行调查。六是调查方法，主要有实地察看、核对资料、查找档案、技术鉴定等，有些必要的资料应复印，还可商请技术权威部门协助调查核实，提高调查的质量。七是调查对象，调查的主要对象自然是潜在的投标供应商，对纳税金额、技术人员等资料的调查，还应到税务、人事、劳动等部门进一步核实，以求准确无误。八是调查活动与信息保密。在调查过程中，参与调查的人员应该有较强的保密意识，对掌握的供应商商业秘密无论是在招标期间还是在日后都应"守口如瓶"，协助调查的相关职能部门也应做好保密工作。九是供应商该怎么做。在调查过程中，供应商应主动配合调查人员的工作，展示诚信形象，实事求是地提供相关资料，更不能弄虚作假欺蒙调查人员。十是评委在评审时应注意什么。评委在评审时应仔细地将供应商投标文件与采购机构的调查资料进行分析对比，不可完全依赖调查资料，评标结束后，留出一定的时间接受供应商的质疑。

针对使用采购机构的调查资料作为评标依据存在的一些缺陷，如果时间比较充裕，对客观性评标依据的采集应通过非调查方法实现，即由招标项目的评标委员会负责，而不寻求评委会以外力量的支持，也不受任何有碍公正评标的外在因素的干扰，通过评委们的独立工作完成投标文件的评审工作。具体的操作方法是采用两阶段评标法，第一阶段"室外操作"，在完成投标文件的资格性和符合性检查后，评委们集体讨论列出需要核实的评标依据，然后在有效监管下，由评委们集体对有效投标文件的供应商逐一地进行实地取证；第二阶段"室内操作"，依据招标文件规定的评标方法和评标标准，结合投标文件和核实取证的资料做好评审工作，并形成最终的评标结论。

（二）后审公示不失为采购工作实践中的有益探索和尝试，是处理解决采购失误的一种补救性措施，但需正确引导，规范操作

其一，财政部门担负着政府采购工作的监管职能，要及时总结后审公示的成功做法及不足之处，研究其必要性和科学性，并从立法定规的角度出发，制定切实可行的操作规程，将后审公示纳入法制化轨道，方便招标采购机构执行；其二，在政府采购活动中，要超前把供应商资格审查工作做细做实，尽量避免矛盾后移，为后审公示减压，招标采购机构在发布采购信息时应列明供应商的资格条件，在发放招标文件、询价文件等采购文件时从严审查供应商资质，在邀请招标、竞争性谈判活动中还应发布资格预审公告，在评审阶段首先要对投标供应商进行资格性审查；其三，招标采购机构在对中标供应商进行后审公示时，一定要出于公心，坚持原则，做到是非分明，重证据轻言辞，必要时可对中标供应商进行实地考察，防止一些"包装靓丽"的空壳公司蒙混过关，审查人如与被审查对象有利害关系应实行回避制度，避免人为因素干扰；其四，要正确把握审查的期限，切忌久拖不决，保证后审公示的时效性，可与处理供应商质疑有机地结合起来，不要因噎废食，耽误采购项目实施；其五，要加强对审查环节的监督工作，政府采购监管部门在招标活动结束后要主动介入后审公示工作，对其实施必要的监督，监察机关也要对相关人员实施追踪监察，招标采购机构审查结束后应及时地将审查结果报监管部门备案；其六，要注意收集审查资料，及时整理归档，保证资料的完整性，以备后查；其七，要做好语言文字记录工作，将后审公示的情况记录在案，方便日后查阅；其八，审查结果要及时公开，以书面形式通知被审查的供应商，并在媒体上公布，也可与采购结果一并在政府采购信息发布指定媒体上刊登公告。

案例十一　　买方权益谁来过问

一、实例材料

某采购单位（以下简称买方）委托采购代理机构以公开招标方式采购办公大楼电梯4部。招标公告发布后，前来报名投标的供应商有6家。经买方资格审查，采购代理机构向合格的5家供应商A、B、C、D、E发出了招标文件。投标时，只有4家供应商按招标文件的要求提交了投标文件。评标时，评标委员会进行符合性评审就发现，4家供应商的投标报价均超过了该采购项目的预算价，于是评标委员会根据《中华人民共和国政府采购法》的有关规定，慎重作出建议买方废标的评标报告。买方当场宣布废标。买方当日将有关情况报告了当地政府采购监管部门。政府采购监管部门根据《中华人民共和国政府采购法》和《政府采购货物和服务招标投标管理办法》的有关规定，将此采购项目改用竞争性谈判方式采购。之后，采购代理机构执行竞争性谈判程序，成立谈判小组，制定谈判文件，对资格审查合格的5家供应商发出了谈判邀请，并提供了谈判文件。谈判结束后，谈判小组出具评审报告并推荐成交供应商为D。买方当场宣布D公司为成交供应商。翌日，供应商B就该项目的成交结果向买方提出书面质疑。买方在法定时间内作出不改变成交结果的书面答复。供应商B对买方的答复不满，就此事项向当地政府采购监督管理部门投诉。监管部门受理了此项投诉，于是书面通知买方暂停采购活动。

二、案例分析

从以上事例来看,作为政府采购最主要的当事人——采购单位,即买方,其合法权益实质上受到这样或那样的侵害,却难以有效维护。

1.在法律上缺乏强有力的后续保障

从《中华人民共和国政府采购法》来看,维护买方权益的只有采购信息"发布"权、资格审查权、采购代理机构选择权、中标成交供应商的"敲定"权、废标权、签约验收权等。而单就此实例而言,在执行采购程序的过程中,历经多个环节,旷日持久,牵制了买方精力和时间,采购活动还是"竹篮打水",采购项目无法实施,采购需求难以满足,这个中的损失谁来承担?《中华人民共和国政府采购法》赋予了供应商质疑与投诉的权利,而采购人这方面的权益保障在法律上明显是个"空白",令采购人茫然不知所措。

2.在效率上大打折扣

就此实例来看,买方从招标公告发布,直至暂停采购活动,前后历时一个半月,还是"一场空",就算监管部门维持谈判结果,处理投诉完毕,还要签订采购合同,实施采购项目,还得花时间,这就延长了采购周期,延期实施采购项目,采购效率大打折扣,无法及时满足买方的需要,势必严重影响买方相关工作的正常开展。

3.在程序上过于烦琐

依此实例看,一个采购项目就前前后后历经了招标公告发布—资格审查—招标—投标—开标、评标—废标—谈判—投诉—暂停采购活动等一系列过程,一环套一环,依照法定程序走,一步都不能跳跃。事实上,在执行采购程序之前,买方有个政府采购预算编制与批复,采购计划上报与下达,采购委托代理协议的签订的过程,之后又有签订采购合同,实施采购项目,验收付款等环节。因此,一个采购项目实施下来,通常让买方采购人员"说破了嘴","跑断了腿","一路走来不能回",道道程序如地雷,弄不好就半途而废,以致买方见采购程序望而生畏。

4.在行为上受多重制约

就《中华人民共和国政府采购法》来看,许多条款对买方行为进行了法律约束,明确了法律责任。就此例而言,公开招标和竞争性谈判采购方式都是由监管部门审批核准的,采购程序是由采购代理机构执行的,评标和谈判结果是由评标委员会和谈判小组把关的,还要接受供应商书面质疑,并及时书面答复。是的,不以规矩不成方圆。法律本身就是调整采购活动的行为规范。但是,方方面面对买方的行为过多制约,实质上是忽略了买方的正当利益,侵害了买方的合法权益。

5.在质疑答复上处于"弱势"

就此实例来看,从招标到谈判,采购项目刚刚执行完毕采购程序,得出成交结果,就有供应商来提出异议,又是质疑,又是答复,买方得及时应对并书面通知质疑方和有关供应商,得完成好法定的义务。供应商仗着有相关法律规定"撑腰",只要是自认为采购文件、采购过程和中标、成交结果使自己的权益受到侵害时,"理直气壮"地质疑,使买方得及时回复,怠慢不得。可说不定"按下葫芦浮起了瓢",才走了东家,又来了西家,你来我往,对供应商的质疑买方疲于被动应付,还要让质疑方对答复结果满意,否则,质疑方有权上监管投诉。

综上所述,在当今我国政府采购逐渐步入法制化、规范化轨道的今天,如何保障买方的合法权益,则是新形势下政府采购监督管理部门面临的崭新课题。这就需要政府在法制上完善,在程序上简化,在效率上提高,在行为上权衡,维护好买方的合法权益,促使采购活动有法可依,有章可循,有序采购,依法操作,消除现行采购中的弊端,加强财政支出管理,提高采购质量和效率,维护好政府采购形象。

案例十二　标书售卖时间岂可随意延长

一、案例材料

某单位委托政府采购中心就党员干部现代远程教育终端结点建设项目进行公开招标。按照中央和省远程办的要求,该市要在全市一百多个乡镇(街道)总共近两千个行政村建设远程教育工作站,给每个站点配备计算机、电视机及相关配套设备。当地政府对这个招标项目十分重视,成立了由纪委书记为组长的招标工作领导小组,纪委和政府采购管理处等相关部门为监督小组的招标监管机构,并就采购招标工作的总体设想、采购工作时间安排、采购资金的筹集调度、采购招标工作的基本方法等召开了两次工作会议。政府采购中心在招标前期较早介入方案的起草,为领导小组决策提供参考。一切相关程序完成以后,采购中心在财政部门规定的媒体上发布了招标公告,规定2月15日至2月28日开始出售标书(节假日除外),开标时间为3月15日,充分考虑了春节过年的因素,同时也基本满足了招标工作领导小组规定的"2月10日前首批300个终端接收站点设备采购公开招标,3月10日现场竞标,签订合同进行采购,3月底前完成设备安装与调试"的要求。在正常的发售采购文件截止时间以后,陆续有一些供应商,如当地的大型商场部门经理纷纷上门要求购买标书,甚至出动领导身边工作人员替自己说情,找到采购经办人、政府采购监管部门、集中采购机构分管领导及别的部门领导,要求通融,认为只是取得投标资格,至于是否中标是另一回事,过年前后开会耽误了收集招标信息的时机,自己有过错,但是有众多的供应商参与投标岂不是更有利于政府采购的公开竞争。采购中心的答复很明确:标书上规定的投标截止时间,是程序上的事情,从采购中心的工作环节上来说,必须维护标书的尊严,任何人来打招呼也不可能得到标书,招标活动开标现场投标人的名单必须与采购中心的登记名称相一致,否则就是无效标。要求购买标书的供应商在几天内闹得沸沸扬扬,各供应商可以说各显神通,但是采购中心一直把关严密,滴水不漏,几天以后这场风波终于趋于平静。

二、案例分析要求

政府采购实践工作中,经常会遇到一些难以想象的事情,本来明确规定的事项,总有人认为可以进行"通融",这也间接地反映了我国法律执行环境的不完善。我们看到标书明确规定了发放具体截止时间,但过了截止时间以后,仍有一些供应商软磨硬泡,寻找种种借口,动用种种关系,想取得投标或别的权利,特别是采购项目预算比较大的时候。但是这种非正当权利与采购中心正当履行权利之间是没有通融余地,供应商有时还不理解这样的做法,甚至还投诉说采购中心限制了供应商的基本权利,对此采购中心应该坚持原则,旗帜鲜明,唯有如此才能逐渐营造出良好的政府采购法律执行环境。针对案例中反映出来的采购中心应对寻求"通融"的问题,谈谈自己的看法。

案例十三 采购行业"乱收费"何时了

一、案例材料

一县级市未成立集中采购机构,采购单位将采购项目放在当地综合招标投标中心执行。其发生在综合招标投标中心的各项费用清单如下:

(1)入场会费(含报名费):综合招标投标中心向每个报名供应商收取的。入场年会费标准:新会员6000元,老会员2000元。

(2)项目代理服务费:综合招标投标中心向采购单位收取的。收费标准:采购标的额在100万元(含100万元)以内按2‰收取,采购标的额在100万元以上按1.8‰收取。

(3)标书费:采购代理中介机构向符合资格条件的供应商收取的。收费标准:一般项目1600元,特殊项目2000元。

(4)中标、成交服务费:采购代理中介机构向中标、成交供应商收取的。收费标准:采购标的额在100万元(含100万元)以内按1%收取,采购标的额在100万元以上按0.8%收取。

(5)程序公证和合同公证费:公证部门向采购单位、中标成交供应商收取的。收费标准为采购标的额的0.2‰。

(6)编制标底场地费:综合招标投标中心向编制标底的社会中介机构收取的。收费标准按每天500元。

(7)开标答疑会务费、协调服务费:综合招标投标中心向采购代理中介机构收取的。收费标准按每场800元收取。

二、案例分析问题

(1)总结采购行业乱收费的弊端。

(2)分析采购行业乱收费的原因。

(3)如何治理采购行业的乱收费?

案例十四 政府采购能否舍"贱"求"贵"

一、情况介绍

某日,某市中心医院第一批医疗仪器政府采购招标会在该院行政大楼第三会议室举行。为了增加对政府采购的监督力度,这次招标除了邀请区检察院的检察官外,还第一次邀请医院工会主席和员工代表进行现场监督。

在评标过程中,其中的一台深度麻醉监护仪引发了一场"争议"。事情是这样的:共有三家供应商参加竞争,分别代表三个品牌投标。通过综合因素分析,很快淘汰了一个品牌,对剩下的两个品牌却举棋不定了。一个价格12.5万元,一个价格19万元,如果仅从价格和医院利益角度考虑,应该毫不犹豫取前者。但是,由于由病人负担的、应用时必须消耗的电极片,前者只能使用每只250元的同一品牌高档电极片,而后者可以使用每只仅2、3元的普通电极片。如医院购买前者,虽然节约了 6.5 万元,但是极大地加重了病人的负担。因此,大多数同志认为,我们贯彻"三个代表"重要思想,应该体现在时时处处,要为广大病人着想,宁可医院多负担一些,也要尽量减轻病人负担。

经过讨论,这种意见逐渐得到全体评委的认可,也得到监督人员的赞成。大家一致同意采购 19 万元的由瑞士席勒公司生产的深度麻醉监护仪,这成了该市实施政府采购制度四年多来第一例舍"贱"求"贵"的采购案例。

二、案例分析问题

(1)如果你是其中的医院代表,你会放弃价格较低的供货厂家,选择对医院较贵而对患者综合较便宜的产品吗?

(2)如果你是其中的评标委员,你会放弃相对容易的不会引起争议的"低价中标",而冒可能被批评的危险,力主为老百姓的利益选择吗?

(3)如果你是其中的监督人员,你能坚决支持上述"反常"的做法吗?

(4)如果你是其中的低价厂商的投标人员,你能理解对方,而不去投诉吗?

(5)这种评标,是否只是情理因素推导的结果?

(6)他们是如何评标的?

案例十五
供应商投标资格条件不能搞"拿来主义"

对一些技术复杂、预算金额较大的采购项目,很多中小企业因自身资格条件尤其是"特殊资格条件"较弱而无缘采购,如"计算机信息系统集成资质证书"就不是一般小企业所具备的。于是,一些中小企业就采取"曲线救国"的办法,"傍"大企业的资质来投标,具体做法是借用或租用大公司资质,小企业的法人代表为大企业法人代表的授权人,业务做成以后,小企业须交纳"管理费"给大企业,大企业也乐意坐享其成。还有些大企业不愿意出借或出租自己的资质,但为了发展业务,自己去投标,中标后,在未经采购人同意的情况下,将业务分包给小企业做。此类现象如同一股浊流在政府采购市场中暗涌,有关方面须有所警觉,实践中不乏这方面的案例。

某地一低压配电柜项目采用竞争性谈判方式采购,集中采购机构一面在有关媒体上刊登竞争性谈判资格预审公告,要求供应商在接受预审时须提交营业执照、"3C"强制认证书、法人代表授权书及个人的身份证,一面紧锣密鼓地制作谈判文件并准备谈判的相关事宜。项目经办人在资格预审时发现了一件"怪事",有一位供应商的代表手持"A 电气制造有限责任公司"的相关证件送审,经审查获通过,此人尚未离开,又来了一位供应商代表手持"A 电气制造有限责任公司"老总的委托书前来参加预审,采购机构的经办人不由一怔"一个公司冒出两个代表"? 随即正色道"这是怎么回事? 到底谁是真正的 A 公司代表?"结果两位"代表"皆言自己是真的,并指责对方是"冒牌货",就在争执渐趋白热化时,又闯进了一位自称是 A 公司的代表疾呼"我才是嫡亲的",采购机构的经办人"蒙"了,决定对 A 公司的预审暂停。通过调查发现,原来该地盛产配电柜,素有"配电之乡"美誉,一些做大的配电柜制造企业便不再从事具体的制造业务,而是过着"卖招牌收管理费"的日子,将自己的资质材料让与他人使用,A 公司办公室主任坦言"授权书签得多了,不经意间出现了重复,这是我们的工作失误,请谅解。"试问,这仅仅是"工作失误"吗?

某地集中采购机构正组织一教学用具公开招标项目的投标、开标活动,细心的公证员在接收供应商的投标文件时发现有两位投标人分别递交了"B教学教具厂"的投标文件,投标文件从外观上看完全符合招标要求且都盖有"B教学教具厂"的章印,但外包装纸袋显然出自两处。公证员不动声色,经和现场监督人员、采购人代表和集中采购机构代表商议后,决定"装糊涂"先不捅破,待依法定程序开标后看过投标文件再说,开标后,现场的人员均发现盖有"B教学教具厂"章印的两份投标文件无论在制作风格,还是在对招标文件实质性响应方面都迥然不同,手持B厂投标文件的两个"投标人"素不相识,来自不同城市,面对如此窘迫的场景,都"愣"在那里,须臾两"投标人"都辩解自己是合法的"投标人",并说对方是冒名顶替。在征得其他投标供应商同意后,集中采购机构立即与B厂法人代表联系,要求确认谁是合法的被授权人,并将书面确认函传真过来,得到"验明正身"的投标人如释重负,公证员在细看另一位投标人的"法人代表授权委托书"时发现了"蹊跷"所在,原来授权书有涂改痕迹,在追问下,该"投标人"承认这份授权是针对某地的另一项目,但在认真研究分析后发现无利可图,这才"改"投今天的项目。

某医院采购一套医院信息系统管理软件,采购前经过大量的市场调查并到兄弟医院观摩后,医院领导"拍板"决定采购某知名软件,该软件供应商的生产地址在省城,但在D医院所在市设有分公司,分公司的负责人得知这一信息后,立马赶到D医院进行洽谈,并称总公司已经知道这件事,委托我们分公司全权办理,并亮出分公司的营业执照,医院经办人查看后发现"字号"与软件品牌相投,也就没有深究,接下来买卖双方进入到讨价还价程序,最终成交。软件很快进入安装调试,试运行正常,验收合格,付清了全部款项。一年内,软件运行出现了障碍,医院的正常工作受到严重影响,院领导急得团团转,经与上述分公司联系,电话停机,无法联系,无奈之下找到了分公司的上级总公司,总公司说并不清楚这件事,设在D医院所在市的分公司已经注销,在院方一再要求下,总公司派出技术人员进行实地检查,发现D医院所用软件并非是他们的产品,医院领导大呼上当,但要求总公司承担相关责任,事情变得复杂了,目前仍处"搁置"状态。

中小企业借用、租用大公司的资质;大企业出借、出租自己的资质都严重违背了诚实信用的市场准则,害人误已,得不偿失,扰乱了政府采购正常的交易秩序,影响是恶劣的。应如何解决这一问题呢?

案例十六 为何状告采购监督机构失察之过

1月6日,L建筑供应商分别向县政府领导人和市招标投标监督机构反映:某县招标投标监督机构在交通大楼施工工程招标活动的评标期间,"挂羊头卖狗肉",名行监督之职,实与招标人为伍,共同排斥特定投标人,默许评标专家主观臆断,定向否决中标候选人。由于其失职行为,才导致与中医院病防楼施工工程招标"遭遇两重天"的结局。要求县政府予以纠正,还我公道,恢复各类供应商对政府采购市场"三公一诚"的信心。县政府领导非常重视,当即要求县纪检、监察部门调查处理,并尽早报结果。

一、告状的缘由

　　该县交通大楼施工工程是框架结构 16 层、建筑面积 14800 平方米、包工包料、工期 610 个日历天、评标办法是采用综合评分法。20××年 12 月 26 日上午九点,该工程开标会在县招标投标服务中心如期开始,共有三家投标单位投标,他们的投标报价分别为:L 为 2326 万元,A 为 3426 万元,B 为 2817.651 万元。评标委员会为 5 人:招标人代表 1 人,从市区专家库中随机抽取经济类和技术类评标专家各 1 人,从县专家库中也抽取经济类和技术类评标专家各 1 人。招标人为增强评标的科学性,提升单位干部职工和社会的信任程度,依照要求在开标前半小时与当地监督机构商定专家构成和抽取地点。依法组建的评标委员会,按照七部委 12 号令的规定开展评审中,发现 A 投标人工程量清单第 139 项与招标人提供的原件不符,改动较大,符合招标文件(二十二)10 条废标条款的规定;安全生产监督费、文明施工费的取费费率不符合上级规定,符合招标文件第九页二十二条(11)废标条款的规定;B 投标人对投标文件的工程量清单的工程数量和序号有三处改动,也符合招标文件(二十二)10 条废标规定;只有投标人 L 的投标有效。由相关投标人代表到评标现场确认并签字后,评标委员会对如何定标展开充分讨论,招标人对项目招标活动中各个环节的开展情况,特别是发售招标文件和投标情况向评标委员会作了汇报,大部分同志认为:购买招标文件的潜在投标人有六家,而如期投标的仅三家;虽然三家合法投标,但竟然有两家投标如此草率,应该说竞争性不算强。故评标委员会通过表决一致同意因缺乏竞争性而建议招标人宣布:此次招标失败,依法重新招标。

　　该县中医院病防楼施工工程是框架结构 10 层,建筑面积 17700 平方米,招标范围是土建水电、设备安装、内外装饰项目且包工包料,评标办法也是采用综合评分法,报价要求中载明:本工程设定最高限价,并在开标三天前公布。第二年 1 月 5 日上午九点,该工程开标会也在该县招标投标服务中心如期开始,共有五家投标单位投标,他们的投标报价分别为:J 为 2248.77 万元,O 为 2263.56 万元,Z 为 2231.47 万元,S 为 2030.74 万元,D 为 2203.38 万元,Z 为 2188.36 万元。评标委员会 7 人除招标人代表 1 人外,其余 6 人在县招标投标监督机构人员的监督下全部从市评标专家库中随机抽取。经过评标委员会认真评审,经集体汇总发现 6 家投标人中,有 5 家为废标,并全由相关的法人或投标人代表签字确认。之后,评标委员会对此次招标结果开展了讨论,认为只有两种可能:一是确定仅有有效投标人 S 为中标候选人,二是建议此次招标失败,重新依法招标。此时,招标人代表提出要求,由于病员过多、急需用房,而且县领导多次亲临指导多次催促施工,最好迅速组织上马施工,能确定的情况下,尽量确定中标候选人。这样,评标委员会考虑到有效标 S 施工组织设计方案合格,报价低于招标人 2318 万元的最高限价较多且与各投标人报价相比较低,由各个成员白纸黑字写出后报评标委员会负责人汇总表决结果:为 7 人一致同意,推荐 S 为中标候选人。

　　时间相隔仅十天,两个项目规模基本相同又在同一地点开标、评标,都是同一招标监督机构监管,开标会全都有效合法,都是只有一家有效标,而且投标报价都比较低的情况下,有的评标委员会推荐了中标候选人,有的评标委员会却没有推荐中标候选人,如此相同条件下的评判竟然有两种截然不同的结论,"招标监督机构干什么去了",这激起了 L 建筑供应商的强烈不满。

二、两者的不同点

招标文件要求不同导致评标委员会评审结果不一样。这是产生评判结果的重要依据之一。该县中医院病防楼工程施工招标文件设立了最高限价而交通大楼施工工程的招标文件没有设立最高限价。中医院病防楼施工工程有效投标文件S的施工组织设计方案合理,其报价与其他五家投标人的报价相比较低且又在招标文件规定的范围内;而该县交通大楼施工工程的招标文件没有最高限价的规定,尽管L的投标报价比其他两家低,也无法让专家有充足的理由评判其合理性。

投标人数多少不一,竞争性也不一样。这也是评判问题的重要原因。该县交通大楼施工工程的招标文件有五家购买而只有三家投标,而该县中医院病防楼施工工程有六家投标,两者一比较,他们的竞争程度也就显而易见。

评标委员会裁量的依据不一样。该县中医院病防楼施工工程的评定依据除招标文件外,还有该省建设厅2003年下发的《关于明确当前招投标监督管理若干问题的通知》对依法进行重大偏差的认定中规定:"各级招标投标监管机构要监督评标委员会对有效投标少于三家时是否具有竞争能力性的判定,防止主观臆断,定向否决,对于使用国有资金的项目,在一般情况下,如有效投标的技术方案合理可行,同其他所有投标人的投标报价相比其报价比较低,且在招标人的期望值范围内,则评标委员会应当根据评标办法的规定从有效投标中推荐中标候选人。"这个规范性文件要求在技术方案、投标报价、招标人的期望值等各个条件都具备的情况下,评标委员会就应该判定其为中标候选人,如果不下这个结论应该说是错误的,可以肯定,此评标委员会的判定是符合规定的;而该县交通大楼施工工程的评标委员会是针对二三千万的房屋工程项目,在招标人没有设立最高限价、投标人只有三家且又有两家为废标的综合情况下,是依据《评标委员会和评标方法暂行规定》即国家七部委第12号令第二十七条:"……否决不合格投标后,因有效投标不足三个使得投标明显缺乏竞争的,评标委员会可以否决全部投标。"认为:有效投标不足三个使得投标明显缺乏竞争,否决全部投标,完全在法律赋予的裁量权之内。

案例十七　透过价格问题质疑协议制度

案例一:某采购需要购买某品牌电脑,数量有十几台,由于一些环节上出现点问题,本来在协议供货内的项目,被财政部门定为询价采购,此品牌的协议供货价格是7500元,而询价采购的三家供应商的报价分别为:5600元、5800元、6580元。与协议供货相比,最高差价为920元,最高差价为1700元。小小的一台电脑就有如此高的价格悬殊,使采购人也大吃一惊,而采购人没有质问省市联动协议怎么了,却担心报价5600元的供应商能不能供货,或者是不是申货,后期维护能不能得到保障,于是就与中标候选人进行联系,好在供应商还没有及时订货,提出要有协议供应商的授权,询问协议供货中标供应商后证实,该询价项目中标人没有向自己订货,认定肯定来货渠道不正。其中有一个背景必须申明,该案例询价采购中,报6580元的供应商是该品牌电脑的协议供货指定的地区协议供应商。最终采购人在可以想象的诸多方面因素的促进下,已向采购中心出具书面申请的情况下,更改品牌,恢复走协议供货的渠道。

案例二:某年3月份,某单位买一台笔记本电脑,协议供货网络核定的最高限价比实际供货价高出 1700 元(最高限价为 15300 元,实际供货价为 13600 元),采购单位项目经办人是很正直的,认为价格太高,没有按照协议供货的所谓最高限价付款,而是经过了讨价还价。当年 11 月份,该单位购买 5 台笔记本电脑,协议供货单价最高限价是 30500 元,实际供货价只有 24800 元,相差 5700 元。我们试想就是以 24800 元价格供货,供货商还是有利润的,而假如按照最高限价供货,一台差价 5700 元,5 台的总差价为 28500 元人民币,当地财政将多付出这笔巨款,太惊人了。从中可以看出,协议供货的定价机制出了严重问题,协议供货不是在节约财政资金,而是在大量地浪费宝贵的财政资源。这里供应商以及协议供货的组织者没有推卸责任的借口,因为所有的服务、配置是一样的,而且是在中标供应商指定的地区协议供应商手中供货的,出现价格高的情况值得深入思考。

案例十八　供应商投诉的要诀

一、案例材料

供应商 A 同 B、C、D、E、F6 家以资格审查合格的身份,参加了一采购单位 Y(委托采购代理机构 X 公开招标方式采购)视频会议系统及设备的采购项目的招标活动。最终经评标委员会综合评审,供应商 B 以综合评分最高、质量服务最优、报价最优惠等优势取得了中标人资格。Y 当场宣布 B 中标。次日,A 认为此中标结果侵害了自己的权益,以书面形式向 Y 提出质疑。Y 当日作出了不改变中标结果的书面答复。之后,A 仍对 Y 答复不满意,于是向该地财政部门提交了投诉书,投诉 Y、X、B 三方。

二、案例分析要求

从此案例来看,供应商 A 将采购人、采购代理机构、中标供应商三者同作为"被告人",来了个"串串告",全部投诉到政府采购"法官"——财政部门那儿。政府采购监督管理部门根据《中华人民共和国政府采购法》和财政部令第 20 号《政府采购供应商投诉处理办法》的有关规定,不予受理,驳回此项投诉,供应商 A 倍感困惑,问题出在哪里? 供应商投诉的要诀是什么?

案例十九　能否改为竞争性谈判

一、案例材料

某政府采购代理机构接受委托,为公安部门社会治安综合治理防控工程所需电子监控设备招标,采购预算 150 万元。招标公告期内,有四家供应商购买标书,参与投标。开标时,实际只有两家供应商投标。按照《中华人民共和国政府采购法》第三十六条规定:在招标采购中,符合专业条件的供应商或者对招标文件作实质响应的供应商不足三家的,应予废标。因此该代理机构防控工程电子监控设备招标不成功,废标。同时,代理机构、采购人将废标理由通知了所有投标人。

由于采购人所采购的电子监控设备急需安装,时间非常紧张。代理机构与采购人商量,决定采用竞争性谈判招标,由前来响应招标的两家供应商重新报价,选择了一家供应商作为中标供应商。

二、案例分析要求

(1)本次招标作为废标,是否符合《中华人民共和国政府采购法》的规定?

(2)改为竞争性谈判,在程序上是否妥当?

案例二十　　"任性"的采购人

一、案例材料

20××年2月20日,A采购人委托M招标公司,就该单位"PC服务器采购项目"进行公开招标。2月22日,M招标公司在中国政府采购网发布招标公告并发售招标文件。标书发售期间,共有7家供应商购买了招标文件。3月20日投标截止,4家供应商按时提交了投标文件。开标仪式结束后,M招标公司组织了评标工作,由1名采购人代表和4名随机抽取的专家组成的评审委员会共同完成了评标,按次序推荐B公司为第一中标候选人。3月21日,M招标公司向A采购人发送了评审报告。4月11日,M招标公司发布中标人为第二中标候选人D公司的中标公告,并向D公司发送了中标通知书。4月14日,A采购人与D公司签订采购合同。

4月17日,投标人B公司向财政部门来函反映,称:A采购人未经评审委员会评审直接决定其他候选人为中标人的行为违法。A采购人答复称:B公司投标文件中业绩部分存在造假,涉嫌提供虚假材料谋取中标,由于M招标公司未按要求组织复审,本项目又急需采购PC服务器,A采购人只能自行确认第二中标候选人D公司为中标供应商。

本案争议的焦点是,在A采购人认为第一中标候选人B公司投标业绩涉嫌造假的情形下,是否可以不按照评审委员会推荐的中标候选人顺序确定中标人并与其签订采购合同。因此,财政部门调取了本项目的招标文件、投标文件、评标报告及评标录像等资料。调查发现:3月21日,M招标公司向A采购人发送了评审报告,按次序推荐B公司为第一中标候选人。随后,A采购人对B公司进行了公开调查,认为其投标业绩造假,于4月7日要求M招标公司进行复审。由于M招标公司未组织复审,A采购人于4月10日以其有权确定中标人为由,自行确认第二中标候选人D公司为中标供应商。4月11日,M招标公司按照A采购人的要求,发布中标人为D公司的中标公告,并向D公司发送了中标通知书。4月14日,A采购人与D公司签订采购合同。

关于A采购人认为B公司业绩造假的问题。经审查,B公司提供的业绩材料符合招标文件要求,不存在提供虚假材料谋取中标的情形。

二、案例分析

本案反映了政府采购活动中出现的几个相关问题:

1 采购人未在5个工作日之内在评审报告推荐的中标候选人中按顺序确定中标供应商

本案中,M招标公司于3月21日向A采购人发送了评审报告,按次序推荐B公司为第一中标候选人,截至3月29日5个工作日期限届满,A采购人未确认采购结果,该行为违反了

《中华人民共和国政府采购法实施条例》第四十三条第一款的规定。

2. 采购人不得要求评审委员会违法重新评审

根据《关于进一步规范政府采购评审工作有关问题的通知》(财库〔2012〕69 号)规定,评审结果汇总完成后,采购人、采购代理机构和评审委员会均不得修改评审结果或者要求重新评审,但资格性检查认定错误、分值汇总计算错误、分项评分超出评分标准范围、客观分评分不一致、经评审委员会一致认定评分畸高或畸低的情形除外。本案中,第一中标候选人 B 公司业绩可能造假不属于重新评审的法定情形,A 采购人以此要求 M 招标公司组织重新评审的做法违反了该规定。

3. 采购人不得自行改变评审委员会推荐的中标候选人顺序选择中标人

如果采购人发现第一中标候选人存在违法行为的,根据《中华人民共和国政府采购法实施条例》第四十四条的规定,应当书面向本级人民政府财政部门反映。本案中,A 采购人自行确认第二中标候选人为中标供应商的行为违反了该规定。

4. 采购人应按照法律及招标文件的相关规定签订采购合同

根据《中华人民共和国政府采购法》第四十六条规定,采购人与中标供应商应当在中标通知书发出之日起三十日内,按照采购文件确定的事项签订政府采购合同。实践中,采购人、采购代理机构往往通过隐瞒政府采购信息、改变采购方式、不按采购文件确定事项签订采购合同等手段,达到虚假采购或者让内定供应商中标的目的。因此,采购人应当依照采购文件所确认的标的、数量、单价等与中标供应商签订采购合同。

参考文献

[1] 肖建华.政府采购[M].2版.大连:东北财经大学出版社,2016.

[2] 孙文基,戴民辉.政府采购理论与实务[M].苏州:苏州大学出版社,2014.

[3] 杨灿明,李景友.政府采购问题研究[M].北京:经济科学出版社,2004.

[4] 张馨.财政学[M].北京:科学出版社,2010.

[5] 韩宗宝.政府采购基础与实务[M].北京:中国财政经济出版社,2010.

[6] 马海涛.我国政府采购制度研究[M].北京:北京大学出版社,2007.

[7] 窦洁.政府采购的宏观经济作用[M].北京:北京工业大学出版社,2002.

[8] 施锦明.政府采购[M].北京:经济科学出版社,2010.

[9] 廖少刚,熊小刚.政府采购[M].北京:对外经贸大学出版社,2013.

[10] 李月.论政府采购中供应商公平竞争权的法律保护[D].大连:东北财经大学,2011.

[11] 夏曙锋.我国政府采购方式运用问题研究[D].北京:首都经济贸易大学,2007.

[12] 杨珍增,郝碧榕.知识产权保护与离岸采购——基于美国制造业数据的研究[J].国际贸易问题,2017(4):62-73.

[13] 白留杰.德国政府采购法律制度[J].中国政府采购,2007(10):11-12.

[14] 李显冬,魏昕.政府采购法实施条例条文理解与案例适用[M],北京:电子工业出版社,2015.

[15] 吴小明.政府采购实务操作与案例分析[M].北京:经济科学出版社,2011.

[16] 兰相洁.政府采购模式的现实比较与路径优化[J].改革,2012(3).

[17] 马海涛,陈福超.政府采购手册[M].北京:北京大学出版社,2016.

[18] 马海涛,姜爱华.政府采购管理[M].2版.北京:北京大学出版社,2016.

[19] 陈共.财政学[M].北京:中国人民大学出版社,2015.

[20] 财政部国库司,等.中华人民共和国政府采购法实施条例(释义)[M].北京:中国财政经济出版社,2015.

[21] 吴小明.政府采购实务操作与案例分析[M].2版.北京:经济科学出版社,2014.

[22] 陈汉文.审计理论[M].北京:机械工业出版社,2009.

[23] 李彬.21天突破审计[M].北京:经济科学出版社,2017.

[24] 刘海桑.政府采购、工程招标、投标与评标1200问[M].2版.北京:机械工业出版社,2016.

[25] 白志远.政府采购政策研究[M].武汉:武汉大学出版社,2012.

[26] 章辉.政府采购风险及其控制[M].北京:中国财政经济出版社,2009.

[27] 于安,宋雅琴.政府采购方法与实务[M].北京:中国人事出版社,2012.

[28] 焦富民.政府采购救济制度研究[M].上海:复旦大学出版社,2010.

[29] 梁戈敏.中国政府采购道德风险及其规避北京[M].北京:经济科学出版社,2011.

[30] 陈晓华.控制供应商滥用质疑权利的对策[J].中国政府采购,2009(6).

[31] 焦富民.我国政府采购制度立法缺陷分析[J].河南省政法管理干部学院学报,2007(1).

[32] 张维迎.博弈论与信息经济学[M].上海:上海人民出版社,2005.

[33] 王东伟.我国政府购买公共服务问题研究[M].北京:经济科学出版社,2015.

[34] 冯华艳.政府购买公共服务研究[M].北京:中国政法大学出版社,2015.

[35] 王丛虎.政府购买公共服务理论研究[M].北京:经济科学出版社,2015.

[36] 贺巧知.政府购买公共服务研究[D].北京:财政部财政科学研究所,2014.

[37] 吕侠.中国政府购买公共服务研究[M].长沙:湖南师范大学出版社,2015.

[38] 李国强,袁东明,等.中国政府采购制度与运行机构研究[M].北京:中国发展出版社,2014.

[39] 刘军民.英国政府采购制度简析与启示[J].财政研究,2013(3).

[40] 赵谦.美国政府采购制度的启示与思考[J].财政研究,2011(3).

[41] 刘小川,王庆华.经济全球化的政府采购[M].北京:经济管理出版社,2001.

[42] 张家瑾.我国政府采购市场开放研究[M].北京:对外经济贸易大学出版社,2008.

[43] 刘建琼.中国政府采购市场开放现状与趋势[M].北京:世界图书出版社,2012.

[44] 刘建琼.开放政府采购市场的理论与实践[J].开放导报,2012(5).

[45] 詹姆斯·布坎南.自由、市场和国家[M].北京:北京经济学院出版社,1995.

[46] 詹姆斯·布坎南.民主财政论[M].北京:商务印书馆,1993.

[47] 米歇尔·R.利恩德斯,哈罗德·E.费伦.采购与供应管理[M].北京:机械工业出版社,2001.

[48] 叶彬.采购学[M].台北:立学社图书有限公司,1969.

[49] 刘小川,王庆华.经济全球化的政府采购[M].北京:经济管理出版社,2001.

[50] 中华人民共和国政府采购法[M].北京:中国民主法制出版社,2002.

[51] 刘汉屏.政府采购理论与政策研究[M].北京:中国财政经济出版社,2004.

[52] 孟春.政府采购理论理论与实践[M].北京:经济科学出版社,2001.

[53] 王亚星.政府采购制度创新[M].北京:中国时代经济出版社,2002.

[54] 黄恒学.公共经济学[M].北京:北京大学出版社,2002.

[55] 施锦明.政府采购理论与实务[M].厦门:厦门大学出版社,2003.

[56] 鲍先广.政府采购法实施手册[M].北京:中国财政经济出版社,2002.

[57] 王家林.中国政府采购制度理论与实践[M].北京:中国财政经济出版社,2003.

[58] 胡家侍,杨志安.政府采购研究[M].沈阳:辽宁大学出版社,2002.

[59] 何红锋.政府采购法详解[M].北京:知识产权出版社,2002.

[60] 李建国,黄建国.中华人民共和国政府采购法实务指南[M].北京:中华工商联合出版社,2002.

[61] 倪东生.政府采购的有效运作[M].北京:中国物资出版社,2003.

[62] 王亚星.政府采购制度创新[M].北京:中国时代经济出版社,2002.

[63] 政府采购法配套规定[M].北京:中国法制出版社,2005.

[64] 刘慧.世界贸易组织《政府采购协议》导论[M].北京:中国社会科学出版社,2003.

[65] 楼继伟.政府采购[M].北京:经济科学出版社,1998.

[66]　暨南大学财政系.财政学[M].上海:暨南大学出版社,2004.

[67]　马海涛,徐焕东,等.政府采购管理[M].北京:经济科学出版社,2003.

[68]　刘小川,王庆华.经济全球化的政府采购[M].北京:经济管理出版社,2001.

[69]　马海涛,陈福超,李学考.政府采购手册[M].北京:民主与建设出版社,2002.

[70]　Gorden Tullock.寻租:对寻租活动的经济学分析[M].李政军,译.成都:西南财经大学
　　　出版社,1999.

[71]　Charles K Rowley, Robert D Tollision, Gorden Tullock. Political Economy of the
　　　Rent-Seeking[M]. Kluwe Academic Publishing,1988.

[72]　Gordon Tullock. Rent-Seeking[M]. Aldershot:Edward Elgar Publishing company,
　　　1994.

[73]　James M Buchanan, Robert D Tollision, Gorden Tullock. Toward a Theory of the
　　　Rent-Seeking Society[M]. College Station Texas A&M University,1980.

[74]　Robert D. Tllision,Roger D. Congleton. The Economic Analysis of Rent Seeking[M].
　　　Aldershot:Edward Elgar Publishing Company,1995.

[75]　A C Harberger. Monopoly and Resource Allocation[J]. American Economic Review,
　　　1954,5(2):77－92.

[76]　A. O Krueger. Political Economy of the Rent-seeking Society[J]. American Economic
　　　Review,1974,64(3):291－303.

[77]　政府采购的双重作用[N].政府采购消息报,2003－01－21.

[78]　边俊杰."政府采购"新论[J].财政与税务,2001(1).

[79]　财政部国库司政府采购处.答疑解惑之"为什么说我国政府采购工作是从1996年开始
　　　的?[J].中国政府采购,2001(3).

[80]　贺卫,王浣尘.以制度创新抑制寻租性腐败[J].政治与法律,2000(1).

[81]　余显才,雷俊.政府支出管理的重要制度政府采购方式比较研究[J].中国经济信息,
　　　2001(9).

[82]　张明治.透析网上政府采购[J].中国政府采购指南,2001(11).

[83]　李政军.寻租与DUP活动:一个比较分析[J].江汉论坛,2000(9).

[84]　裴育.政府采购中的委托代理关系[N].经济学消息报,2001－09－28.

[85]　裴育.政府采购资源配置效益分析[J].财政研究,2002(8).

[86]　郭平,洪源.政府采购寻租行为的经济学思考[J].企业经济,2004(8).

[87]　王健平.香港高度集中的政府采购[N].经济参考报(京),2005－08－03.

[88]　楮小法.高度集中的美国政府采购体制[EB/OL].中国政府采购网,2006－05－24.

[89]　楮小法.政府采购的国际经验与借鉴[EB/OL].中国政府采购网,2006－05－24.

[90]　政府采购研究中心.美国与韩国的政府采购制度比较[EB/OL].中国政府采购网,2006
　　　－05－24.

图书在版编目(CIP)数据

政府采购/宋丽颖主编. —2 版. —西安:西安交通大学
出版社,2018.1(2023.8 重印)
普通高等教育"十三五"财政与税收专业规划教材
ISBN 978－7－5693－0392－6

Ⅰ.①政… Ⅱ.①宋… Ⅲ. ①政府采购制度-中国-高等
学校-教材　Ⅳ.①F812.2

中国版本图书馆 CIP 数据核字(2018)第 016285 号

书　　名	政府采购(第二版)	
主　　编	宋丽颖	
责任编辑	魏照民	

出版发行　西安交通大学出版社
　　　　　(西安市兴庆南路 1 号　邮编:710048)
网　　址　http://www.xjtupress.com
电　　话　(029)82668357　82667874(市场营销中心)
　　　　　(029)82668315　(总编办)
传　　真　(029)82668280
印　　刷　西安日报社印务中心

开　　本　787mm×1092mm　1/16　印张 22　字数 526 千字
版次印次　2018 年 2 月第 2 版　2023 年 8 月第 2 次印刷
书　　号　ISBN 978－7－5693－0392－6
定　　价　49.80 元

如发现印装质量问题,请与本社市场营销中心联系。
订购热线:(029)82665248　(029)82667874
投稿热线:(029)82668133
读者信箱:xj_rwjg@126.com